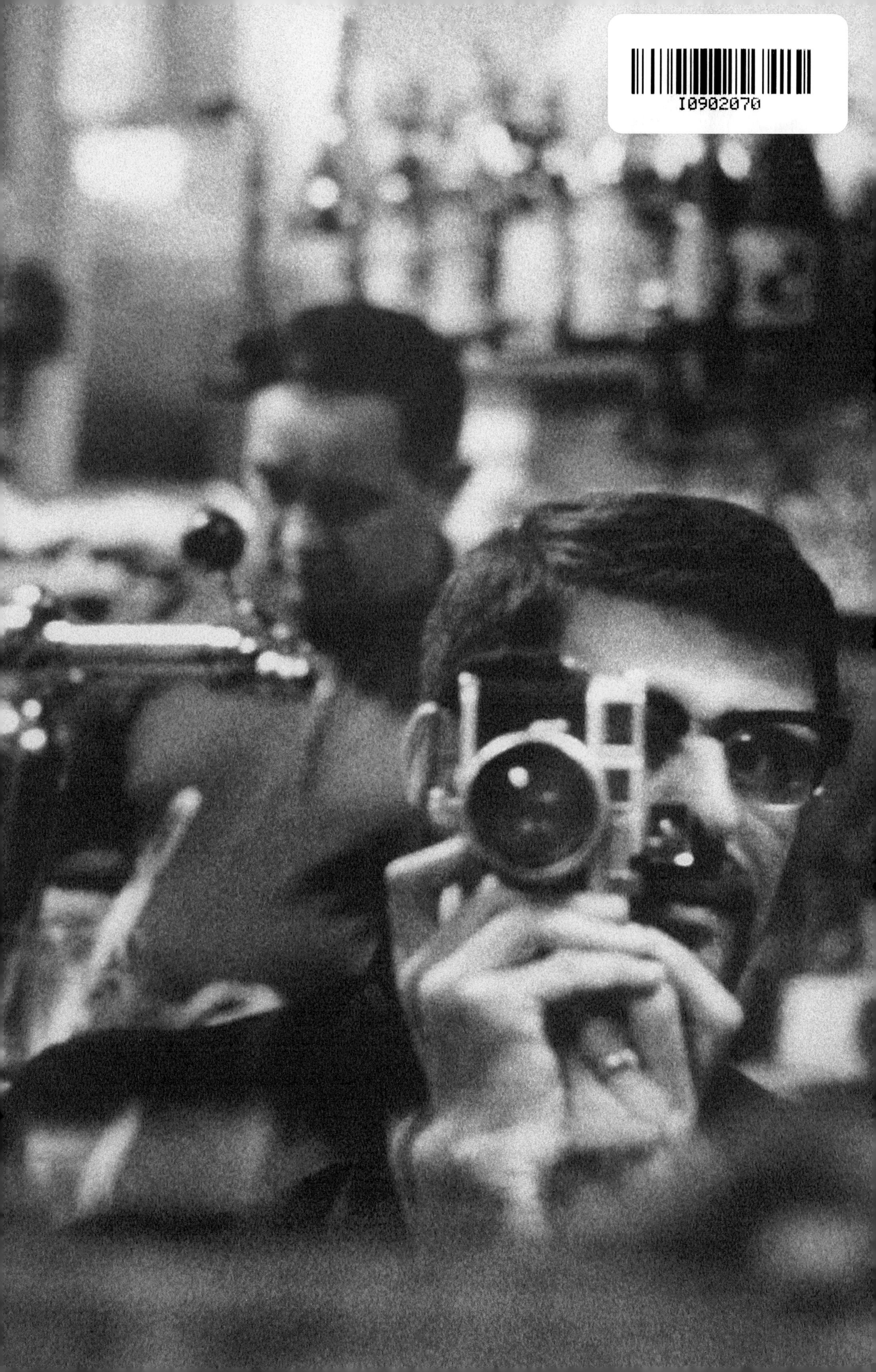

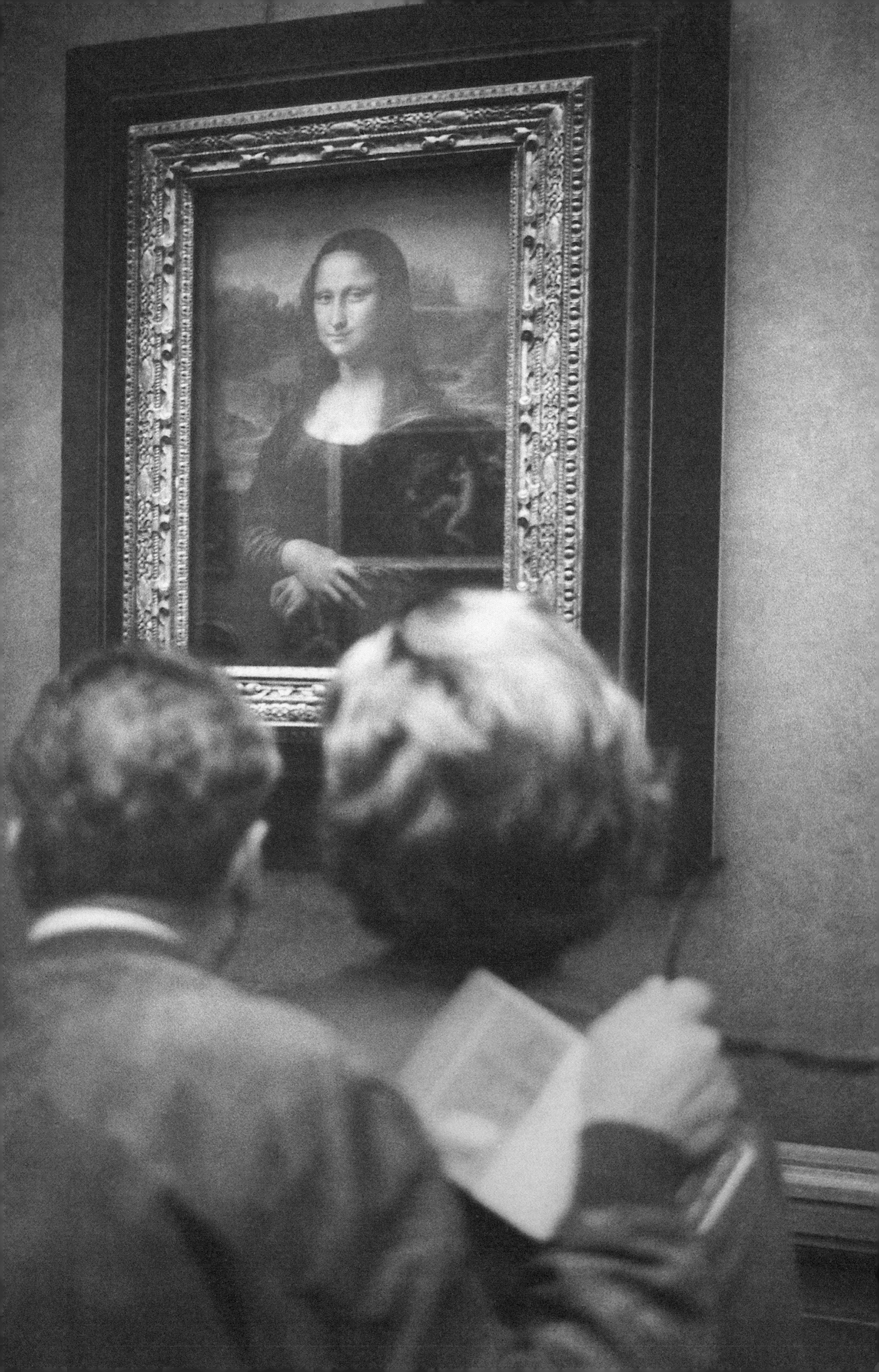

Pařiž / *Paris*, 1968

Foto © Pavel Dias

Pavel Dias

Fotografie *Photographs* 1956–2015

K vydání připravili Filip Láb a Jan Havel

Univerzita Karlova v Praze

AS

Nakladatelství Karolinum 2015

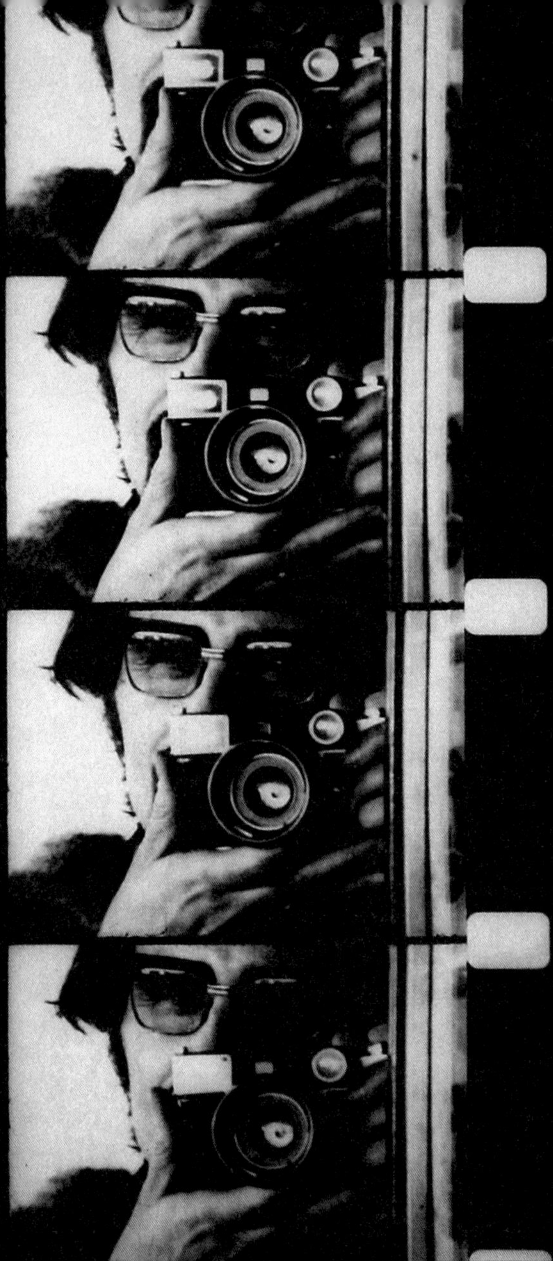

ISBN 978-80-246-3017-5

Filip Láb
Fotografie Pavla Diase

Fotografické dílo Pavla Diase patří mezi základní práce české novinářské a dokumentární fotografie. Dias začal fotografovat v druhé polovině padesátých let, v období pomalu se uvolňujících společenských a politických poměrů. V období, kdy byl fotožurnalismus u nás oproti okolnímu světu deformovaný dobovou ideologií, opožděný, s přerušenou kontinuitou vývoje. Fotografie byla zatížena teorií socialistického realismu a moderní novinářská fotografie se u nás ustavovala velice pomalu. Dias začíná fotografovat v době, kdy formální i obsahovou strnulost fotografie ve službách ideologie začala nahrazovat fotografie živá, zachycující člověka a skutečný život. Dias se stal jedním z hlavních nositelů odkazu klasické humanistické fotografie u nás a tento životní přístup si udržel až do dnešních dní.

Fotografie Pavla Diase jsou na první pohled celkem nenápadné. Jeho snímky mají místy až malířskou kompozici, jsou klasicky stavěné. Pracují s jednoduchou vizuální gramatikou, stojí na základních vztazích mezi hlavními objekty i jednotlivými obrazovými plány. Dias často volí co nejjednodušší kompoziční řešení tak, aby byla zobrazovaná informace co nejlépe a nejsrozumitelněji zprostředkována divákovi. V tomto aspektu svého díla se silně projevuje Dias-fotoreportér, se snahou o maximální objektivitu a nezaujatost. Jakkoliv je tento boj o nestrannost pro každého fotografa ze samé povahy fotografického média vždy dopředu prohranou bitvou, Dias se přesto znovu a znovu pokouší tomuto nedostižnému žurnalistickému ideálu v každé své fotografii přiblížit. To vše pak činí s jasným vědomím donkichotské povahy svého snažení. Pokouší se zprostředkovat nezaujatý pohled na zobrazované skutečnosti, působit jako nestranný zaznamenávající pozorovatel, se vší protikladností, která je v každé takové snaze obsažena.

Přes objektivizující přístup, pokoušející se o neustálý odstup, je ve fotografiích Diasova přítomnost vždy nějak implicitně obsažena. Většinou ale nikoliv přímou projekcí autora skrze formální stránky fotografie. Dias se nepokouší primárně o vytváření neotřelých, autorsky vyhraněných fotografií s na první pohled rozeznatelným rukopisem. On sám je přímou součástí svých snímků, v každé z jeho fotografií cítíme jeho osobní přítomnost, účastenství. Obsah je v jeho fotografiích obvykle povýšen nad formu, popis a informování jsou nadřazeny obrazovému efektu, emoční výpověď nad kompoziční řešení. Aspekt subjektivního autorství a rukopisu je výrazně potlačený, fotografie jsou civilního rázu, s důrazem kladeným na lidskost, laskavost, porozumění, vcítění, soucit. Diasovy fotografie fungují víc jako okna do reality v klasickém malířském pojetí než jako subjektivní interpretace světa realizované pohledy fotografa na skutečnost.

Pro Diase je charakteristická jednoduchá, místy až minimalistická skladba obrazu. Často se uchyluje k centrální kompozici, hlavní objekty jsou ve středu obrazového pole. Ani prostorová řešení jednotlivých obrazových plánů nebývají příliš komplikovaná, formální čistota a čitelnost jsou vždy na prvním místě. Na dnešní poměry Dias až neobvykle často využívá portrétní (vertikální) orientace svých fotografií, celkem paradoxně, vzhledem ke svým kořenům u filmu. Mohlo by se zdát, že jde o další z projevů vlivu klasického fotožurnalistického zázemí. Pro tištěná média, obrazové časopisy, komplexní fotoreportáže a obrazové eseje bylo totiž vždy střídání obrazového rytmu nutností, takže fotograf se musel často uchylovat k pořizování fotografií vertikálního formátu. Dias vytváří vertikálních fotografií skoro stejné množství jako těch s horizontální kompozicí, prostě proto, že se mu lépe komponují, vertikální formát mu vyhovuje minimálně stejně dobře jako ten klasický filmový. Z kameramanské praxe si naopak odnáší respekt k plnému formátu políčka filmu, zásadně nedělal ze svých negativů výřezy, jak bývalo v té době obvyklé.

Diasovy fotografie ukazují děje obvykle spíš klidné, dost často ze své podstaty statické. Zachycuje okamžiky zastavené na vrcholu zobrazovaných dějů. Bezvýhradně naplňuje základní koncept humanistické fotografie – rozhodující okamžik. Používá teze rozhodujícího okamžiku značně odlišným způsobem, než na jaký jsme zvyklí třeba přímo u propagátora této koncepce Henriho Cartier-Bressona. Ten využívá rozhodujícího okamžiku pro fotografování kulminací dějů mnohem více obrazově, vytváří vizuálně

Foto © Karel Cudlín

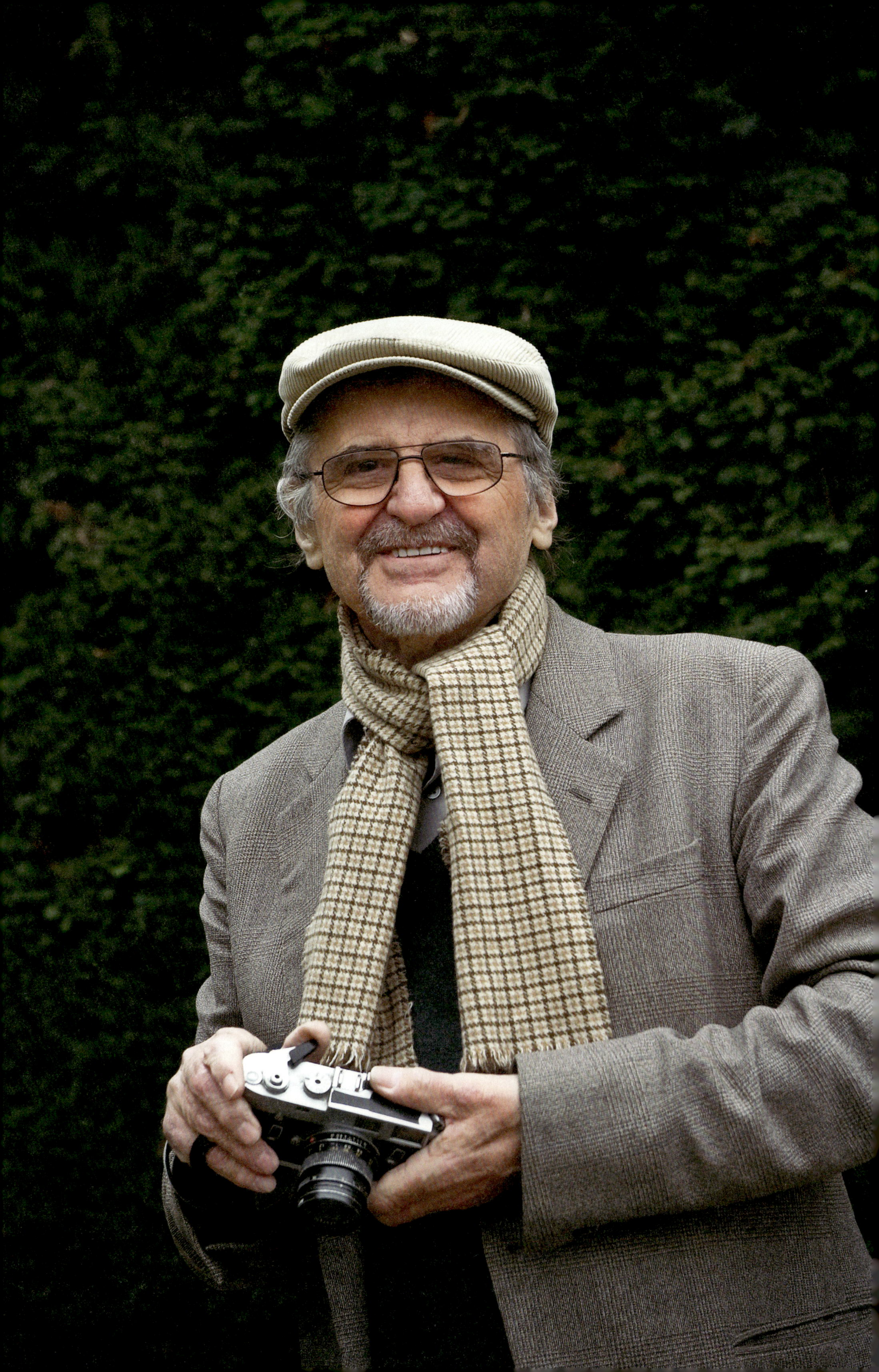

rafinované a na první pohled atraktivní kompozice. Oproti tomu Dias je vizuálně mnohem střídmější, jeho fotografie jsou postaveny na zachycování kulminací převážně niterných dějů. Tam, kde se u Cartier-Bressona na fotografiích skládají vizuální spektákly, zůstává Dias ve svém výrazu minimalistický. O to víc se při tvorbě svých fotografií plně soustředí na primárně nezřejmé, nezobrazitelné významy a aspekty zachycovaných dějů. Samo drama na jeho fotografiích je obvykle introspektivní povahy, odehrává se v nitrech Diasových hrdinů. Postavy na jeho fotografiích vždy vyzařují silné emoce, nikdy nejsou výrazově neutrální. I pokud některý snímek zobrazuje absolutně klidné a tiché chvíle, v Diasových fotografiích se tyto okamžiky stávají chvílemi maximální koncentrace, mystického ustrnutí. Diasovy rozhodující okamžiky zastavují čas v momentech exponovaných emocí, silných výrazů, osobních dramat, výjimečných, stejně jako každodenních. Dias je ve svém vidění a zobrazování světa absolutně empatický, naplno prožívá svět s všedními hrdiny svých fotografií. Zároveň s tím se mu ale zázračně daří udržovat dostatečný odstup a nadhled, neztrácí schopnost vidění a akcentování souvislostí, komentování dění.

Emoce na jeho fotografiích obvykle vystupují skrze výrazy a upřené pohledy jednotlivých postav na fotografiích, kterými se otevírají jejich další významové rozměry. Pohledy realizované v rámci obrazu, pohledy upřené ven mimo rám, přesahující svět obrazu, odkazující k nejistotě absentujícího, neviděného. Pohledy pevně, hypnoticky hledící přímo do objektivu, divákovi do očí. Pohledy vytvářející vztahy mezi jednotlivými aktéry navzájem, propojující scénu s divákem, či naopak budující nadhled, méně angažovaný odstup od dění.

Diasovy snímky vtahují diváka zpět do okamžiků děje, místy až s uhrančivou úspěšností. Nejedná se ale o klasické návraty v čase, jak toho bývají fotografie obvykle schopny. Mnohem víc než o milníky, zářezy v čase, záznamy konkrétních situací, jde o autentické prožitky zachycovaných, univerzálně platných archetypálních situací. Situací, které fungují i v dnešní době se stejnou intenzitou jako před půl stoletím, bez ohledu na to, v jakých společenských či sociálních kulisách a v jaké době se odehrávají. Tím jsou Diasovy fotografie výjimečné, i přes svou dokumentární či novinářskou podstatu jsou především obecnými, nadčasovými komentáři lidského žití. Proto působí stejně silně rané snímky z padesátých let jako fotografie o padesát let pozdější. Převážně v tom tkví Diasův humanismus. Proměnám okolního světa a společenskému vývoji navzdory se stále znovu a znovu vrací ke svému původnímu humanistickému mottu – chce vysvětlovat člověka člověku, vidět život ve všem. Mottu, které se opakuje ve většině fotografií znovu a znovu, nezávisle na tom, jestli jde o snímky z Čech z let padesátých či šedesátých, fotografie z Anglie, Francie, Španělska, Mongolska, Indie, o normalizaci let sedmdesátých, svět koní, koncentrační tábory či náboženská témata. Člověk a jeho život stále zůstávají středobodem Diasových fotografií.

Přestože Dias dlouho částečně pracoval jako dokumentarista a fotožurnalista, nikdy ve své práci nespadl do reportérské profesní rutiny. Ostatně Dias nikdy nebyl fotoreportérem v pravém slova smyslu. Prvotní pro něj byla vždy především samotná potřeba fotografovat, podávat výpověď o okolním světě. Publikování prací byl pak jen další krok, jak svá sdělení dostat k většímu množství diváků.

Formální a obsahovou kvalitu svých fotografií udržuje Dias na co nejvyšší úrovni napříč celým svým dílem. Fotografie jako médium je výjimečná tím, že může poskytnout co nejpřesnější popis zobrazované reality. Tatáž fotografie ale obvykle není schopná odpovídat na základní (nejen) novinářské otázky co, kdo, kde, kdy, jak, proč. Diasovy snímky na tyto otázky, stejně jako většina ostatních fotografií na světě, odpovědi neposkytují, a ani nemohou. Diasovou výhodou ale je, že tyto odpovědi primárně nehledá a jeho fotografie je neposkytují v podstatě záměrně. Drží se na mnohem obecnější, symboličtější rovině. Díky tomu mají jeho fotografie obrovské privilegium, které je i v dnešní době, přesycené vizualitou, valné většině obrazů upíráno: totiž schopnost existovat a sdělovat bez pomoci vysvětlujícího textu, doplňujícího další nezbytné informace a fakta. Dias nepotřebuje ke svým fotografiím dodávat kontextuální informace, jeho fotografie stojí samy o sobě, jako čiré obrazové formy informace. Maximálně jsou ukotveny uvedením roku či místa jejich pořízení, detailnější popis není třeba. Jeho fotografie hovoří samy za sebe, komunikují přímo. Díky tomu je jeho dílo stále navýsost aktuální, a jakkoliv z velké části vznikalo ve spolupráci s médii a pro média, výrazně přesahuje standardy tohoto typu novinářské fotografie.

Fotografické soubory

Dias fotografuje formou dlouhodobě vytvářených, tematicky zaměřených celků. Tato systematičnost a sekvenčnost tvorby je další z věcí, které se Dias naučil při práci u filmu. Na svých souborech pracuje souběžně, postupem času je doplňuje, vrací se k nim. Nejde o pevně vyselektované, rigidní série, kde má každý snímek své jasné místo. Soubory působí otevřeným, nezakončeným dojmem, autor si nechává potenciální možnost, kdykoliv se k fotografiím vrátit a soubor znovu vzít a doplnit o další snímky.

První Diasovy fotografie z dob studií na Střední škole uměleckých řemesel ze série *Vesnice – domov* byly přímou reakcí na setkání s katalogem Steichenovy výstavy *Lidská rodina*. Záhy adoptovaný humanistický náhled na svět a fotografii začal Dias rozvíjet ve své maturitní dokumentární sérii z brněnských ulic, kterou koncem padesátých let rozpracoval do širšího souboru *Brno – život města*. Do brněnských ulic se Dias později opakovaně vracel při práci na školních souborech během studií na FAMU nebo při práci na fotoreportážích pro obrazový časopis Mladý svět. Fotografie z Brna jsou příběhem města vyprávěným očima chodce, jednoduše, prostě. Snímky ze života přelomu padesátých a šedesátých let jsou přímočaré, silné ve své jednoduchosti.

Od roku 1958 spolupracoval Dias s Leošem Neborem a své fotografie začal publikovat v nově vzniklém, dobovou ideologií jen minimálně zatíženém časopise Mladý svět, ve kterém Nebor pracoval jako vedoucí fotografického oddělení. Díky Leoši Neborovi začal Dias spolupracovat s Arnoštem Lustigem, Gabrielem Laubem, Edou Kriseovou, Miroslavem Lid'ákem a Ljubou Horákovou. Grafickou podobu Mladého světa s velkým akcentem na fotografii vytvořil grafik Jaroslav Weigl. K nejbližším Diasovým spolupracovníkům v Mladém světě patřili redaktoři Jaroslav Maršálek a Karel Hvížd'ala.

V roce 1960 vystavil Dias své fotografie spolu s kolegy z Mladého světa Miroslavem Huckem a Janem Bartůškem na společné výstavě v předsálí kina Lucerna. Výstava s názvem *Příběhy na kinofilmu – chceme vidět život ve všem* byla manifestem civilního, humanistického přístupu k fotografii, oproštěné od jakéhokoliv ideologického socialistického nánosu. Tématem výstavy byl každodenní obyčejný život, práce, láska, mladí lidé, touha po životě; fotografie zobrazovaly všední život, autostop, taneční, život mladých rodin.

Všichni tři fotografové, které spojoval obdiv k fotografické agentuře Magnum, pracovali v souladu s bressonovskými tezemi, své snímky nearanžovali, využívali plného formátu políčka negativu, nedělali výřezy, fotografovali na citlivý kinofilm. Do českého prostředí přinesli čistý dokumentarismus, ve světě již dávno běžný. V našem prostředí byla v té době standardem pro publikování středoformátová fotografie a obvykle z ní odvozené výřezy z negativu, takže Dias i jeho kolegové museli prosazovat a obhajovat svůj přístup i technickou použitelnost „malého" formátu políčka kinofilmu.

Postupem času začal Dias fotografovat také v zahraničí, v roce 1961 fotografoval na jedné ze svých prvních zahraničních cest do Moskvy. Po otevření hranic v roce 1967 fotografoval na návštěvách Mongolsko, Egypt či Itálii. Navštívil Indii a Nepál, kde vytvořil rozsáhlý fotografický cyklus, který mu byl bohužel zcizen dřív, než stačil fotografie vystavit.

V roce 1964 zakončil své studium fotografie na FAMU výstavní sérií, která kombinovala fotografie z nejrůznějších souborů. První práce, kterou díky svým předchozím kontaktům ze školy dostal, bylo natáčení filmu Věry Chytilové *Sedmikrásky*. Dias se postupem času přestal živit výhradně dokumentární fotografií, vybavil se velkoformátovým fotoaparátem a začal peníze vydělávat reklamou.

V roce 1966 fotografoval první hotelový dům v Praze na Invalidovně, kde zároveň se svou ženou a dětmi bydlel. Výsledný soubor obrazovou kvalitou výrazně převyšoval tehdejší běžný novinářský standard. Fotografie doprovázely reportáž Petra Chudožilova s názvem *Dům na vysoké noze*, která vyšla v Literárních novinách. V témže roce sestavil Dias ze svých souborů *Brno – život města* a *Mládí* kolekce pro putovní výstavu po SSSR.

V druhé polovině září 1968 odletěl Dias na desetidenní pobyt do Paříže, kde vytvořil rozsáhlý soubor padesáti až šedesáti fotografií s názvem *Reminiscence na Paříž*. I přes relativně krátkou dobu, kterou v Paříži strávil, nafotografoval velice hutný soubor, vyznačující se maximální soustředěností na téma, intenzitou. Jeho fotografie byly ovlivněny zostřeným vnímáním stále většího kontrastu mezi svobodnou zemí a situací doma, s nejistou budoucností po invazi vojsk Varšavské smlouvy. V Paříži naopak fotografoval svobodnou, bezstarostnou atmosféru každodennosti, radostný život v ulicích, kavárnách, barech. Reminiscence na Paříž patří mezi jeden ze základních pilířů Diasova fotografického díla.

Během událostí srpna 1968 Dias skoro nefotografoval, byl příliš zahlcen samým děním, pocity bezmoci. K tématu se vrátil o rok později, při příležitosti pohřbu Jana Palacha. Tehdy vytvořil rozsáhlou fotoreportáž pro Svět v obrazech s názvem *Loučení s Janem*, ve které dokumentuje jedno z posledních masových gest vzdoru proti okupaci. Po mnoho dalších let nebylo možné tento soubor vystavovat, kromě jediné ikonické fotografie muže na zadní plošině tramvaje, otáčejícího se za smutečním průvodem. Fotografie bývala vystavována pouze s označením data, nikoliv samotné události.

Torzo a judaika

V průběhu šedesátých let začal Dias fotografovat cyklus o koncentračních táborech s názvem *Torzo*. Tomuto tématu se poprvé věnoval v roce 1963 při školní návštěvě tábora v Buchenwaldu. Téma koncentračních táborů bylo pro Diase formující, vždyť právě z Buchenwaldu se na konci války vrátil jeho dědeček, který byl klíčovou postavou Diasova dětství. Naplno se tomuto cyklu začal věnovat o pár let později, kdy se mnohá fotografická témata let šedesátých stávala nežádoucími a postupem času ubývalo možností je publikovat. Koncentrační tábory Diasovi umožnily dál fotografovat univerzálně platné, nadčasové téma v duchu humanistické dokumentární tradice.

Koncentrační tábory Diase nezajímaly jen v souvislosti s holocaustem a druhou světovou válkou, ale opět především na obecné rovině, jako represivní zařízení, které může sloužit jakémukoli nesvobodnému režimu. Obecný důraz na totalitu byl hlavním předmětem Diasovy pozornosti. Záměrně se tak na jeho fotografiích neobjevují žádné znaky nacistické ideologie, aby bylo zlo vykresleno jako obecný problém, nikoli spojováno pouze s jednou určitou ideologií. Na souboru pracoval přes třicet let, jádro série bylo představeno na divácky velice úspěšné výstavě v prostoru bývalého koncentračního tábora v Osvětimi roku 1979. V roce 1994 vzniká v městské galerii ve Svitavách rozsáhlá ucelená výstava tematického cyklu *Torza*. Dias soubor *Torzo* uzavřel v roce 1995 fotografiemi z 50. oslav osvobození tohoto tábora. Jedna z fotografií, s názvem *Osvětim 1995*, obraz mladého muže tlačícího invalidní vozík s jedním z posledních bývalých vězňů, získala první cenu v kategorii fotografická reportáž – jednotlivé snímky na prvním ročníku domácí fotožurnalistické soutěže Czech Press Photo. K tématu koncentračních táborů se Dias opakovaně vracel i později.

K fotografiím zpracovávajícím téma koncentračních táborů se volně váží některé další Diasovy soubory. Na základě přátelství s Arnoštem Lustigem se začíná na konci sedmdesátých let věnovat tématu judaismu. Na původní sérii *Kafkova Praha* z roku 1964 navazuje rozsáhlým souborem *Židovská Morava a Slezsko* a *Židovské Čechy* z přelomu tisíciletí a také souborem *Izrael*. Velkou část souboru z Čech a Moravy tvoří výtvarné a statické fotografie mizejících židovských objektů, fotografie bez lidí, stylizované snímky s výrazným symbolickým poselstvím. Na přelomu tisíciletí dělal Dias kurátora části velkého výstavního projektu *Židovská Morava*, pořádaného společností K2001. Jeho fotografie vytvořené pro tuto výstavu se staly základem pro další vlastní soubor *Osiřelá sousedství*, věnovaný židovské kultuře v Čechách a na Moravě. Všechny tyto soubory pak označuje zastřešujícím společným názvem *Hlubiny paměti*.

Koně

Druhým rozsáhlým tématem, na kterém v sedmdesátých letech Dias intenzivně pracoval, byli koně. Soubor *Mizející svět koní* představoval pro Diase další humanistické téma, na kterém mohl pracovat, ale které mu umožnilo odpočinout si od tíživé práce na souboru o koncentračních táborech a dál se profesně a autorsky realizovat v neradostných společenských poměrech normalizace a vyrovnávat se s nelehkou rodinnou situací. Zároveň byl svět koní tématem divácky atraktivním. Téma koní Diasovi opět umožnilo cestovat, fotografoval nejen doma, v Polsku, Rumunsku a Maďarsku, ale také v Německu, Anglii, Francii a Španělsku.

Fotografie koní vystupují z klidného, kontemplativního ladění většiny Diasovy tvorby. Do tohoto souboru jako jednoho z mála projektuje Dias vášeň, zde se plně angažuje. Nikoliv skrze laskavý humanistický náhled a sociálně či politicky kritický pohled, ale poprvé ryze osobně. Opouští objektivizující snahu o nadhled, tolik přítomnou v ostatních souborech. Dias využívá relativní neutrálnosti tématu vztahu člověka a zvířete, doslova povoluje opratě a víc promítá sám sebe do těchto snímků. Zde se projevuje nejvíce subjektivity, autorská stránka fotografií vystupuje na povrch víc, než u něj bývá obvyklé. Fotografie jsou výrazně dynamičtější, nejen z povahy tématu vyjadřujícího rychlost a akci, tedy aspektů, které bývají v Diasových fotografiích v podstatě tabu. Právě tady Dias nejvíc opouští svou obvyklou snahu o neutralizující odstup a umožňuje divákovi dívat se na dění přímo svýma očima, umožňuje mu prožít Diasův soustředěný pohled fotografa-dokumentaristy na svět koní zprostředkovaný skrz hledáček fotoaparátu.

Obvyklé introspektivní drama, pro Diasovy fotografie typické, bývá u tématu koní často nahrazováno dramatem dějovým. Rychlost a akčnost dění světa koní umožňovaly Diasovi pracovat živelněji, dravěji. Víc se střídá úhel pohledu i záběru, ohniska používaných objektivů. Místo účasti a empatie nastupuje fotograf-divák, pozorující dění z větší dálky, z odstupu, tentokrát ale fyzického. Fotografie nepostrádají dramatické gesto, kontrastní světlo, dynamiku, akci. Hypnotický snímek s názvem *Nový Tekov* z roku 1976 zobrazuje zvěrolékaře uspávajícího koně, kterého drží popruhy několik mužů. Fotografie svým dynamickým, rozmáchlým a vypjatým gestem, dramatickým kontrastním světlem a tmavým pozadím odkazuje k šerosvitu i dynamice vrcholných děl caravaggistů.

Koně Dias fotografoval již během studií na střední škole, poprvé během jednoho výletu s učitelem Karlem Otto Hrubým, kdy fotografoval hřebčíny na jižní Moravě. Postupem času se k tématu koní vrátil a rozpracoval ho v sériích *Tvář dostihů*, *Formule I/I*, *Without Blinkers*, *Svět koní, svět lidí*. Z cesty do Mongolska přivezl soubor o soužití člověka s koňmi s názvem *Země Kertaka*. V roce 1979 fotografoval dostihy v anglickém Ascotu. Ve stejném roce se uskutečnila první velká výstava s názvem *Tvář dostihů* v galerii D na Smíchově, která je také největší Diasovou pražskou výstavou. Další výstava těchto fotografií už se konala v místech, kde je uvidí lidé, co s koňmi pracují a žijí – přímo v dřevěné rotundě uprostřed hřebčína v Napajedlech.

Fotografie koní jsou také tématem jediné fotografické publikace, která Pavlu Diasovi vyšla. Kniha s názvem *Koně formule 1/1* (zkratka 1/1 označuje anglického plnokrevníka) vyšla v roce 1986 v nakladatelství Pressfoto v obřím nákladu 75 000 výtisků. Původní název měl být *Tvář dostihů*, když ale nebylo Diasovi umožněno publikovat fotografie ze západních zemí, takže obsahovala jen snímky z domácího prostředí, rozhodl se nechat si původní název pro vhodnější příležitost v budoucnosti. Publikace získala ocenění Ministerstva kultury Nejkrásnější kniha 1986. Plánované pokračování, kniha *Svět koní, svět lidí*, byla na zásah nakladatelství stažena z výroby. Žádná jiná rozsáhlejší publikace od té doby Pavlu Diasovi nevyšla a v očích širší veřejnosti se tak stal na dlouhou dobu známým především jako „fotograf koní“.

Slavnosti víry a naděje

Víra v životě člověka je dalším z dlouhodobých, neuzavřených témat Diasova díla. Na víru se Dias soustředil i ve svých souborech věnovaných judaismu, paralelně s tím zároveň od poloviny šedesátých let zpracovával téma víry v dlouholetém cyklu *Slavnosti víry a naděje*. Vztah člověka, víry, hledání vlastního vztahu k náboženství, to vše se v těchto fotografiích prolíná, ať jsou z prostředí domácího, velikonoční Sicílie, poutních míst ve francouzských Lurdech nebo ve Španělsku, kde fotografoval sevillské svátky Semana Santa.

Fotografie cyklu *Slavnosti víry a naděje* jsou opět maximálně soustředěné na obsah, hledají duchovní dimenzi, vztah obyčejného člověka a věcí ho přesahujících, předivo primárně neviditelné, nehmotné. S citlivostí sobě vlastní Dias vytváří fotografie obrazově prosté, soustředěné, upřímné, tiše a skromně představující své protagonisty. V těchto sériích je opět velice silně patrný klasický Diasův humanistický přístup, stavící výpověď vysoko nad obrazový efekt.

V roce 1994 představil Dias *Slavnosti víry a naděje* na autorské výstavě v galerii Genesis. V roce 1997 se stal kurátorem rozsáhlé výstavy se sakrálním tématem *Liturgický rok*, která proběhla v brněnském Domě umění. Výstavu tvořilo 120 fotografií různých autorů, sám Dias se zde účastnil právě fotografiemi z cyklu *Slavnosti víry a naděje*. Část kolekce výstavy *Liturgický rok* byla později vystavena při příležitosti výročí založení benediktinského kláštera v Rajhradě. Zde Dias zároveň doplnil výstavu o fotografie dokumentující objekt samotného kláštera, zničeného obdobím totality.

Po roce 1989

Během listopadu 1989 Dias hodně fotografoval a vystavoval v různých kolekcích revolučních a porevolučních skupinových výstav. Jednou z prvních takových byly výstavy *Československý listopad 1989* v Galerii Foma na Jungmanově náměstí a stejnojmenná expozice v Mánesu. V prosinci 1989 Dias představil své fotografie z listopadových událostí také v předsálí Mahenova divadla v Brně.

Nově otevřená možnost svobodného cestování, bez nutnosti víz a výjezdních doložek, umožnila Diasovi opětovné fotografování v zahraničí. První porevoluční cesta vedla do Berlína, kde dokumentoval události krátce po pádu berlínské zdi. Na dalších cestách do zahraničí pak doplňoval a rozšiřoval své soubory, opakovaně navštěvoval například Holandsko a Belgii.

Svoboda po roce 1989 umožnila Diasovi rekapitulaci některých fotografických projektů. Ve Svitavách v roce 1994 vystavuje soubor *Torzo* spolu s fotografiemi svých studentů, konfrontuje tak různé pohledy na stejné téma. Ve stejném roce probíhá v Pražském domě fotografie retrospektiva Pavla Diase. Jeho výstavou je otevřen Kabinet fotografie ve Slezském muzeu v Opavě. V roce 1996 se účastní fotografické dílny o městě Neratovice, pořádané Miroslavem Huckem a prezentované na výstavách v Neratovicích a v Praze.

Planeta malého prince

V roce 1979 Pavla Diase těžce zasáhla smrt jeho prvního syna Pavla, který zemřel na leukémii. Dias se dlouho snažil s touto obrovskou ztrátou vypořádat. Po dlouhých desetiletích nalezl způsob, jak se s osobní tragédií srovnat a zároveň pomoci dalším nemocným dětem. Tak vznikl v roce 1994 projekt *Planeta malého prince*, kde svůj život v nemocnici fotografovali sami dětští pacienti onkologických a hematologických oddělení. Impulsem k tomuto projektu byla kniha francouzského spisovatele Antoine de Saint-Exupéryho *Malý princ*, kterou jeho zesnulý syn dostal k narozeninám. Dias se rozhodl, že když nemůže na tématu pracovat sám, mohly by se mu věnovat samy děti, kterým by taková činnost nabídla rozptýlení a zároveň prostor k vyjádření. Z fotografií a kreseb pořízených dětskými pacienty uspořádal Pavel Dias s Jiřím Sommernitzem publikaci s názvem projektu *Planeta malého prince* a následně byla představena i formou výstavy, která putovala celou republikou. Výtěžek z prodeje byl věnován hematologickým oddělením v České republice. Úspěšný projekt pak pokračoval v letech 1996–1997 pod názvem *Poselství malých princů*. V roce 1995 byla kniha *Planeta malého prince* na veletrhu Interkamera oceněna titulem „Fotografická publikace roku“.

Alexandr Hackenschmied

Postava Alexandra Hackenschmieda provázela Diase již od padesátých let, kdy ve zlínských filmových ateliérech pracoval jako elév u filmu *Vynález zkázy* režiséra Karla Zemana. Tehdy ve fotografickém oddělení ateliérů objevil Pavel Dias negativy z cesty Alexandra Hackenschmieda po Indii. Po mnoha letech se Dias do archivu zlínského studia vrátil, aby znovu nalezl fotografie, které poprvé spatřil v padesátých letech. Původně hledanou Indii nenalezl, ale doslova objevil Ameriku. Našel totiž Hackenschmiedovu dokumentaci cesty zlínských filmařů do USA z roku 1935. Z těchto nikdy nezpracovaných fotografií uspořádal Dias v roce 1999 výstavu Alexandra Hackenschmieda v rámci zlínského Festivalu filmů pro děti a mládež. Za podpory zlínských filmových ateliérů odjel Dias na svou první návštěvu USA. Hlavním důvodem návštěvy byla autorizace nově nazvětšované výstavy. Během tohoto pobytu Dias vytváří celou řadu Hackenschmiedových portrétů. Z fotografií poté realizuje výstavu A. Hackenschmieda v pražském Francouzském institutu. Tyto fotografie se v roce 2000 objevují v monografii A. Hackenschmieda vydané v nakladatelství Torst.

Baťův Zlín

Velkým tématem v současnosti jsou pro Pavla Diase zanikající funkcionalistická města architektury Baťova impéria a Baťův Zlín. Kromě Zlína, ke kterému má Dias celoživotní vztah, se prostřednictvím svých fotografií pořizovaných na velký formát 13 × 18 cm věnuje i dalším bývalým satelitům firmy Baťa u nás i v zahraničí.

Kromě Zlína fotografoval Dias v Otrokovicích, Napajedlech, Třebíči, Partyzánském, Svitu, Liptovském Mikuláši. Ze zahraničních satelitů navštívil a fotografoval např. Tilbury v Anglii, francouzské Bataville, nizozemský Best, Borovo v Chorvatsku, Chelmek v Polsku a mnoho dalších míst.

Filip Láb
The Photography of Pavel Dias

Pavel Dias's work forms one of the touchstones of Czech journalistic and documentary photography. Dias began taking photographs in the second half of the 1950s, a time that saw the gradual relaxation of social and political norms in what was then Czechoslovakia. This was also a time when the development of Czechoslovak photojournalism lagged behind the rest of the world, due to the ideology of the day. It was burdened by the ideas of socialist realism and fought to find an established place for itself. Dias began taking photographs at a juncture in time when the stiffness of form and content serving the predominant ideology was giving way to live photography capturing people and real life. Dias was one of the main representatives in this country of classical humanist photography, an approach that characterises his work to this day.

At first sight Dias's photographs might appear unremarkable. Some feature an almost classical, painterly composition. He works with a simple visual grammar and focuses on the basic relationship between the main objects and individual visual plans. He often selects the simplest composition so that information is conveyed as intelligibly as possible to the viewer. In this respect Dias comes across strongly as a photo-reporter, endeavouring to achieve maximum objectivity and impartiality. Though the very nature of photography makes this quest for objectivity an already lost cause, Dias again and again attempts to move closer to this unattainable journalistic ideal in each of his photos. He does this with a clear awareness of the Don Quixote-like character of his efforts. He attempts to provide a detached view of the reality depicted and to function as an impartial observer, accepting all the contradictions contained in each such essay.

This objectifying principle, which strives to maintain a constant distance, means that Dias is always somehow implicitly present in his photographs. However, this does not involve the direct projection of the artist into the formal aspect of a photo. Dias is not interested in setting himself apart from other artists by employing some idiosyncrasy that is instantly recognisable as his. He himself is a part of his pictures. In each of his photos we feel his personal presence and participation. Content is usually elevated above form, description and information are more important that the visual effect, and the emotional content is superior to composition. An overly subjective individual style is suppressed in photographs of ordinary people, with an emphasis on human qualities such as kindness, understanding, empathy and compassion. Dias's photographs function more as a window onto reality in the classical painterly sense, rather than a subjective interpretation of the world realised by means of the photographer's perspectives on reality.

Dias's work is characterised by a simple, in places minimalistic, composition. He often resorts to centralised compositions, with the main subject matter placed firmly in the middle of the visual field. Not even the spatial layout of individual visual plans is overly complicated, with clean formal lines and legibility the priority. Dias is unusual by today's standards in that he often uses the portrait (vertical) mode, which is strange given his roots in film. This may be another instance of the influence of photojournalism, since an alternation of the visual rhythm was always necessary in newspapers, magazines, photo reportage and pictorial essays, and the photographer often had to resort to taking photos in portrait format. Dias uses portrait and landscape formats to the same extent: the vertical mode suits him as much as the traditional letterbox film format. On the other hand, his experience as a cameraman gave him respect for the full frame of a film and he did not cut his negatives, as was the custom at that time.

Dias's photographs usually depict calm situations, often static in essence. He captures the moment at the culmination of the events depicted. He respects fully the basic concept of humanistic photography, i.e. the decisive moment. He uses the principle of the decisive moment in a very different way to what we are used to in the work, for instance, of the propagator of the term, Henri Cartier-Bresson. The latter uses the decisive moment in order to shoot the culmination of events much more dynamically, creating a subtle and at first sight attractive composition. Dias is more austere. His photographs attempt to capture the culmination of essentially internal events. Where Cartier-Bresson assembles visual spectacles, Dias remains expressively minimalistic. He concentrates on what is not evident at first sight, on unnameable meanings and aspects of the events depicted. The drama in his photos is usually of an introspective character and played out inside his subjects. The figures he shoots always radiate strong emotions and are never neutral in expression. Although a shot may depict an absolutely calm, quiet moment, in Dias's hands such a moment becomes an instant of maximum concentration, a mystical petrification of time. Dias's decisive moments suspend time at the instant of exposed emotion, strong expression, and personal drama, both exceptional and commonplace. In his vision and depiction of the world Dias is always empathetic. He experiences the world and the sublunary heroes of his photographs to the full. At the same time, he miraculously manages to maintain the necessary distance and detachment and does not lose his ability to see and accentuate quiddities and comment on events.

Emotion in his photographs is usually manifest through the expression and fixed stare of individual figures, and this opens up new dimensions of meaning. Glances contained within the framework of the shot, looks focused on a point beyond the frame, surpassing the world of the picture, making reference to the uncertainty of the absent and unseen. Hypnotic looks staring fixedly and directly into the lens, into the viewer's eyes. Looks creating relationships between individual actors, creating a vibration between the viewed image and its viewer, or, on the contrary, establishing detachment, a less engaged distance from events.

Dias's pictures draw the viewer back into the instant of the event, sometimes with almost spellbinding success. This does not involve taking us back in time, as photographs often do. Far more than mere milestones, cross-sections of time, or records of concrete situations, Dias's work records authentic lived experience, universally valid archetypal situations, situations that possess the same intensity today as half a century ago, regardless of what the social context was at that time. In this respect Dias's photographs are exceptional: despite their documentary or journalistic essence they transcend all ordinary, timeless commentaries on human life. This is why the early photos dating back to the 1950s have the same force as photographs taken fifty years later. It is here above all that Dias's humanism resides. Despite the transformations going on in the surrounding world and developments taking place in society, again and again he returns to his original humanistic motto: to explain humankind to itself, to see life in everything. A motto that is repeated in most photographs irrespective of whether they were taken in Czechoslovakia during the 1950s and 60s, or in England, France, Spain, Mongolia or India, or during the normalisation period of the 1970s, or whether they are of horses or concentration camps or address religious themes. The human race and the life it leads remains at the core of Dias's photographs.

Although Dias has long worked as a documentary and photojournalist, he has never fallen into professional routines. Indeed, he has never really been a photo-reporter in the strict sense of the word. Most important for him was simply the need to take photographs and to offer his own testimony regarding the world around him. Publishing his work was simply the next step in making his message accessible to a greater number of people.

Dias maintains the highest quality of both form and content across his entire oeuvre. Photography is an exceptional medium in that it can offer the most accurate representation of the reality it depicts. However, it is usually unable to answer any of the fundamental questions of journalism, namely what, who, where, when, how and why. Dias's pictures, like those of most other photographs in the world, do not and cannot offer answers to these questions. However, Dias has the advantage of not actually looking for these answers: the fact that his photography does not offer them is basically a deliberate strategy. They remain on a much more general, symbolic level. This lends his photographs a great privilege, one that is denied the vast majority of images in today's world, saturated as it is by the visual, and that is the ability to exist and communicate without the assistance of an explanatory text providing yet more essential information and facts. Dias does not need to add contextualising information to his photographs. They stand on their own as purely visual forms of information. At most the year or place they were taken is specified, but a more detailed description is unnecessary. His photographs speak for themselves and communicate directly. Thanks to this his work possesses a timeless currency, and though his pictures were largely created in cooperation with the media or for the media, they effortlessly exceed the standards of this type of journalistic photography.

Series

Dias works with thematically linked cycles created over long periods of time. This systematic, sequential way of working is something else Dias picked up from film. He works simultaneously on his cycles, returning to them and adding to them over time. These are not firmly selected, rigid series, in which every picture has its own clear place. They are ongoing and open-ended. The artist leaves a back gate unlatched so that he can return to the photographs whenever he wishes and add more.

The first of Dias's photographs from the series *Village – Home*, which dates back to when he was studying at the Secondary School of Applied Arts, were in response to his encounter with the catalogue accompanying Steichen's exhibition *The Family of Man*. Dias quickly began developing his newly acquired humanist view of the world and photography in his documentary series for his baccalaureate shot on the streets of Brno, which at the end of the 1950s he reworked into the larger *Brno – The Life of the City*. Later, while studying at FAMU or working on photo-reportage for the magazine Mladý svět [*Young World*], Dias would often return to the streets of Brno seeking inspiration. These photos are the story of the city told through the eyes of a flâneur. They are simple and unadorned. The work dating back to the turn of the 1950s and 60s is straightforward, granite-like in its simplicity.

In 1958 Dias began a collaboration with Leoš Nebor. He published his photos in the newly established magazine Young World, which remained largely uninfluenced by the ideology of the time and where Nebor was head of the photography department. Through Nebor, Dias came into contact with Arnošt Lustig, Gabriel Laub, Eda Kriseová, Miroslav Lid'ák and Ljuba Horáková. The magazine's graphic design concept placed a large emphasis on photography and was the brainchild of Jaroslav Weigl. Dias also worked closely with Jaroslav Maršálek and Karel Hvížd'ala on Young World.

In 1960 the Lucerna Cinema played host to a joint exhibition of work by Dias and two colleagues from Young World, Miroslav Hucek and Jan Bartůšek. Entitled *Stories on 135 Film – We Want to See Life in Everything*, the exhibition was a manifesto calling for a civil, humanist approach to photography, free from any traces of communist ideology. The exhibition depicted ordinary, everyday subjects: work, love, young people and the desire for life, through photographs of a bus stop, a dance, the life of young families, etc.

All three photographers, linked by their admiration for the Magnum photographic agency and taking their inspiration from Bresson, did not arrange their photos, used the full format of the frame of the negative, made no cuts, and shot on sensitive 35mm film. They brought a pure documentary feel to Czechoslovakia that had already caught on in other parts of the world. At that time medium-format photographs were the publishing standard in this country, as well as the close-ups created by cutting the negative. Dias and his colleagues had to assert and defend their approach and the technical utility of the smaller 35mm format.

As time went on Dias was able to take photographs abroad. In 1961 he travelled to Moscow. After the borders were opened in 1967 he took photographs of Mongolia, Egypt and Italy. He also visited India and Nepal, where he created an extensive cycle that was unfortunately stolen before he had a chance to exhibit it.

In 1964 he marked the completion of his studies at FAMU with a series that combined photographs from different collections. His first job, acquired thanks to contacts made at school, was to record the making of the film *Daisies* by Věra Chytilová. Over time Dias acquired a large-format camera and moved from exclusively documentary photography into advertising.

In 1966 he shot the first boutique hotel with serviced apartments at Invalidovna, Prague, where he was living with his wife and children. The cycle that resulted was streets ahead of the visual standards common in journalism at that time. The photographs were accompanied by an article written by Petr Chudožilov entitled *A Building Living the High Life*, published in Literární noviny. In the same year Dias put together a collection from his cycles *Brno – The Life of the City* and *Young People* for an exhibition travelling around the USSR.

In September 1968 Dias went on a ten-day trip to Paris, where he put together a large set of fifty to sixty photographs entitled *Reminiscences of Paris*. Though only in Paris for a relatively short time, he managed to shoot a compact collection characterised by a powerful focus on the subject matter. The collection reveals his heightened perception of the ever increasing contrast between France, a free country, and the situation in Czechoslovakia, facing an uncertain future after the invasion by Warsaw Pact forces. In Paris he photographed the casual, carefree atmosphere of life on the boulevards and in cafés and bars. *Reminiscences of Paris* is one of the central pillars of Dias's work.

During the events of August 1968, Dias scarcely worked. He felt helpless in the face of what was going on. He gave vent to these feelings a year later upon the occasion of the funeral of Jan Palach, creating a large photo reportage for the magazine The World in Pictures entitled *A Farewell to Jan*, in which he documented one of the last mass demonstrations in opposition to the occupation. For many years he was unable to exhibit this collection, with the exception of one iconic photograph of a man on the rear platform of a tram turning to look at the funeral procession. The photo was exhibited with only an indication of the date on which it was taken, but no details of the event.

Torso and Judaism

During the course of the 1960s Dias began his cycle on concentration camps entitled *Torso*. He had become interested in this theme in 1963 during a school trip to Buchenwald. This was a formative theme for Dias: his grandfather, who had been a key figure during his childhood, had himself returned from the Buchenwald concentration camp at the end of the war. Dias flung himself fully into this topic a few years later, by which time many topics related more directly to the 1960s had been deemed undesirable by the communist regime, with the result that publication was impossible. This shift in subject matter allowed Dias to continue to take photographs with a universal, timeless message in the spirit of the humanist documentary tradition.

Dias was not only interested in concentration camps in connection to the Holocaust and World War II, but also how they represented a repressive apparatus that could be deployed by any authoritarian regime. Totalitarianism in general was the focus of Dias's attention. For this reason there are no symbols of Nazi ideology in his photographs: instead, evil is depicted as a universal phenomenon and not linked to a particular ideology. He was to work on this cycle for more than thirty years. The core of the series was exhibited at a very successful exhibition in the premises of the Auschwitz concentration camp in Oświęcim, Poland, in 1979. In 1994 a comprehensive exhibition of the thematic cycle *Torso* was exhibited in the Svitavy Municipal Gallery. Dias completed the cycle in 1995 with photographs taken at celebrations of the 50th anniversary of the liberation of Auschwitz. One of the photos, entitled *Osvětim 1995*, which shows a young man pushing one of the last former prisoners in a wheelchair, won first prize in the category photographic reportage at the first ever Czech Press Photo competition. Dias was to return many times to the theme of the concentration camps later.

Several other cycles by Dias have links to the photographs on the theme of concentration camps. Inspired by his friendship with Arnošt Lustig, at the beginning of the 1970s he began taking an interest in Judaism. The series *Kafka's Prague* (1964) was joined by the large cycles *Jewish Moravia and Silesia* and *Jewish Bohemia* from the turn of the millennium, as well as *Israel*. A sizable part of the cycles *Bohemia* and *Moravia* comprises static photographs of disappearing Jewish buildings, photographs with no people, and stylised pictures with highly expressive symbolic messages. At the turn of the millennium Dias curated a large part of the large project *Jewish Moravia*, which had been organised by the K2001 Association for Culture and Dialogue. The photos he took for this exhibition became the basis for another cycle entitled *Abandoned Neighbourhoods*, dedicated to Jewish culture in Bohemia and Moravia. Taken together these cycles are known by the joint title *The Depths of Memory*.

Horses

Dias's second important theme, on which he worked intensively during the 1970s, involved horses. The cycle *The Disappearing World of Horses* was not just another humanistic theme, but an opportunity to take a break from the emotionally draining work on concentration camps. It also allowed him an opportunity for self-fulfilment on both a professional and artistic level within the otherwise joyless environment of normalisation, and to come to terms with a difficult family situation. In addition, the world of horses was very popular among viewers. The topic allowed Dias to travel and to take photographs in Poland, Romania, Hungary, Germany, England France and Spain, as well as in Czechoslovakia.

The photographs differ somewhat from the calm, contemplative mood of most of Dias's work. This is one of the few collections into which Dias projects passion. He is fully engaged in these photos, not by virtue of a kindly humanism or social and political critique, but on a purely personal level. He abandons his efforts to find an objective perspective and takes advantage of the relative neutrality of the theme of man and beast to allow himself free rein (literally) and project himself into his pictures. There is more subjectivity present than in any other cycle, and the presence of the artist rises to the surface. The photos are significantly more dynamic, among other things in the way they express speed and exertion, qualities that tend to be banished from Dias's other photos. Dias gives up any attempt at detachment and allows the viewer to see events as he himself saw them and to re-experience the documentary photographer's focused view of the world of horses as mediated by the viewfinder.

The introspective drama typical of Dias's photography is replaced in the photos of horses by the drama of action. The speed and tumult of the world of horses allowed Dias to work more spontaneously and aggressively. The field of view and the focal points of the lenses changes rapidly. Participation and empathy give way to the photographer qua observer, watching events from a greater, but this time physical, distance. The photographs feature dramatic gestures and contrasts of light, dynamic and action. The hypnotic photo *New Tekov* (1976) portrays a veterinarian tranquillising a horse being held down by straps by several men. The photo's sweeping, highly charged, gestural quality and the dramatic contrast between the light foreground patches and the dark background puts one in mind of the chiaroscuro and dynamism of works by the mature Caravaggio.

Dias had in fact been taking photos of horses while still at secondary school. His first such studies were during a trip with his teacher Karel Otto Hrubý, when he took photos of a stud farm in South Moravia. Over time he returned to this theme and expanded it into the series *The Face of Horseracing*, *Formula l/I, Without Blinkers*, and *The World of Horses, the World of People*. A trip to Mongolia resulted in a cycle on the cohabitation of man and horse entitled *Country of the Wild Mongolian Horse*. In 1979 he travelled to England and took photos of horseracing at Ascot. In the same year he held his first large exhibition entitled *The Face of Horseracing* at Gallery D, Smíchov, which was also his largest exhibition in Prague. Another exhibition of the same photographs was organised in a place where the people who would see it lived and worked with horses, i.e. in the wooden rotunda in the centre of the stud farm in Napajedla.

Photographs of horses also form the theme of the only book of Dias's work ever published. Entitled *Horses Formula 1/1* (the abbreviation 1/1 is used of an English thoroughbred), the book was published in 1986 by Pressfoto in a huge print run of 75,000 copies. The title was originally to have been *The Face of Horseracing*. However, since Dias was forbidden from publishing photos taken in the West, the book only contained photos shot in Czechoslovakia, and so it was decided to retain the original title for a more suitable opportunity in the future. The publication was awarded the prize for Most Beautiful Book 1986 by the Ministry of Culture. The planned follow-up, a book entitled *The World of Horses, the World of People*, was withdrawn on the instigation of the publisher. Since then there has been no full-size publication devoted to Pavel Dias, and consequently the photographer has long been known to the general public as the "photographer of horses".

Celebrations of faith and hope

Faith in the life of man is another theme Dias continues to explore in his work. He had already examined faith in the collections devoted to Judaism, and from the mid-1960s worked on the topic of faith in a cycle spread over many years entitled *Celebrations of Faith and Hope*. The photographs of this collection are permeated with the relationship between man, faith, and Dias's search for his own relationship with religion, explored within the Czechoslovak environment, Easter in Sicily, a pilgrimage to Lourdes, and in Spain, where Dias shot Holy Week, or Semana Santa, in Seville.

The photos contained in the cycle *Celebrations of Faith and Hope* are again fully focused on content. They represent a quest for a spiritual dimension, the relationship of the ordinary person to phenomena beyond understanding and the invisible, intangible links between them. With a sensitivity peculiar to him, Dias creates simple, intense and honest images that quietly and privately introduce their protagonists. This series again features Dias's evidently classical, humanistic approach, prioritising message above visual effect.

In 1994 Dias had a solo exhibition in the Genesis Gallery of *Celebrations of Faith and Hope*. In 1997 he curated a large exhibition on sacred themes entitled *Liturgical Year* at the House of Arts, Brno. The exhibition comprised 120 photographs by different artists, and Dias was represented by a selection from the cycle *Celebrations of Faith and Hope*. Some of the exhibition *Liturgical Year* was later shown upon the occasion of the anniversary of the founding of the Benedictine Monastery in Rajhrad. Dias supplemented the exhibition with photographs documenting the monastery building, destroyed during the communist period.

After the Velvet Revolution

During the events of November 1989 Dias took many photographs and featured in many revolutionary and post-revolutionary group exhibitions. One of the first of these exhibitions was *Czechoslovak November 1989* at the Foma Gallery on Jungmann Square, and there was an exhibition of the same name at the Mánes Gallery. In December 1989 Dias exhibited photos he had taken during November's revolution in the foyer of the Mahen Theatre, Brno.

The ability to travel freely without needing an exit visa meant that Dias could once more take photos abroad. His first trip after the revolution took him to Berlin, where he documented events shortly after the fall of the Berlin Wall. He made repeated trips to Holland and Belgium, expanding his cycles in these and other countries.

The possibility of freely exhibiting after 1989 meant Dias could revisit certain of his projects. In Svítavy in 1994 he exhibited the collection *Torso* along with photographs by his students, and confronted the same theme from different perspectives. During the same year there was a retrospective of his work at the Prague House of Photography. An exhibition of his work marked the opening of the photographic department at the Silesian Museum, Opava. In 1996 he participated in a photographic workshop devoted to the town of Neratovice organised by Miroslav Hucek and presented at exhibitions in Neratovice and Prague.

Planet of the Little Prince

In 1979 Pavel Dias was deeply affected by the loss of his elder son to leukaemia. It was only many years later that he alighted upon a way of dealing with his personal tragedy while also helping other sick children. This was the project *Planet of the Little Prince*, launched in 1994, in which hospitalised children in the cancer and haematology wards took photographs of their lives in hospital.

The impulse behind the project was the book *The Little Prince* by the French author Antoine de Saint-Exupéry, which his deceased son had once received for his birthday. Dias decided that, while he might be unable to work on this theme himself, there was no reason why the children should not. In addition, the activity might provide them some distraction and a space in which to express themselves. Pavel Dias and Jiří Sommernitz took the photographs and drawings by the young patients and put together a publication entitled *Planet of the Little Prince*, which was subsequently presented in the form of an exhibition that travelled around the whole of the Czech Republic. The proceeds from the sale of the book were donated to haematology wards in the CR. This highly successful project continued in 1996 and 1997 under the title *Messages of Little Princes*. In 1995 the book Planet of the Little Prince was awarded the title of "photographic publication of the year" at the Interkamera trade fair.

Alexandr Hackenschmied

Alexandr Hackenschmied has featured in Dias's life since the 1950s, when Dias worked in the Zlín film studios as a trainee on the film *A Deadly Invention*, directed by Karel Zeman. It was at that time that Dias came across negatives from a trip Alexandr Hackenschmied had taken around India. Years later Dias returned to the studios hoping to find the same photos. In this he failed. However, he literally discovered America, in the form of Hackenschmied's documentation of a trip taken by Zlín-based filmmakers to the USA in 1935. Using these never-before developed pictures, in 1999 Dias organised an exhibition devoted to Hackenschmied as part of the Zlín Film Festival for Children and Youth. With the support of the Zlín film studios, Dias travelled to the USA for the first time. The main reason for the trip was to authorise a new, enlarged exhibition. Dias took many portraits of Hackenschmied, using which he organised an exhibition entitled A. Hackenschmied at the French Institute in Prague. In 2000 these photographs appeared in a monograph entitled A. Hackenschmied and published by Torst.

Baťa's empire and Zlín

An important theme for Pavel Dias at present is the vanishing functionalist architecture of the cities of the Baťa empire. As well as Zlín, a town with which Dias has been associated all of his life, he took large 13 × 18 cm format photographs of other former satellites of the Baťa company in the Czech Republic and abroad.

In the Czech Republic he took photos of Otrokovice, Napajedlo, Třebíč, Partyzánské, Svit and Liptovský Mikuláš. He has also shot Tilbury in England, Bataville in France, Best in the Netherland, Borovo in Croatia, Chelmek in Poland, and many other cities.

Fotografie jako obraz lidských příběhů

The photograph as an image of human stories

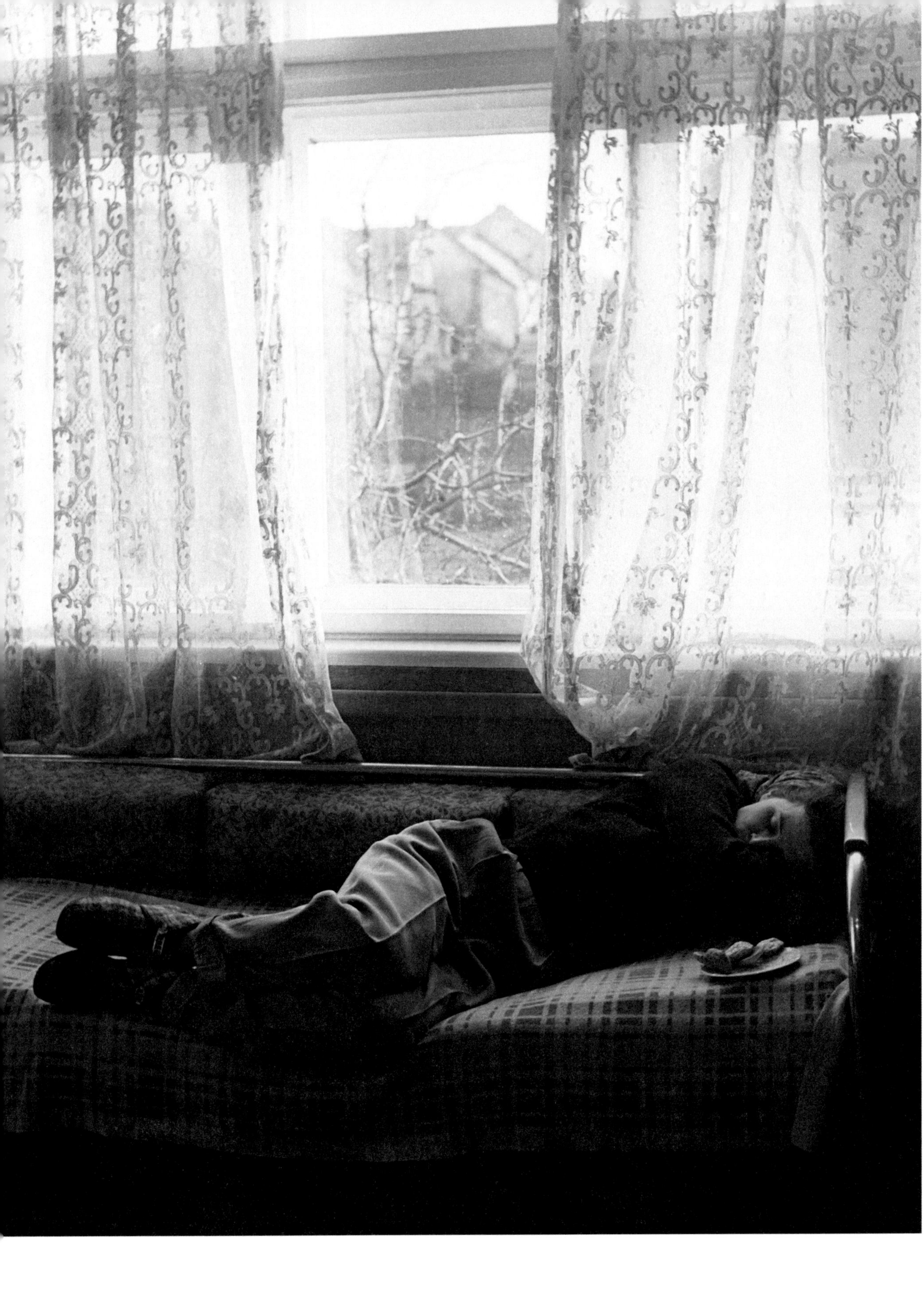

Gottwaldov, 1956

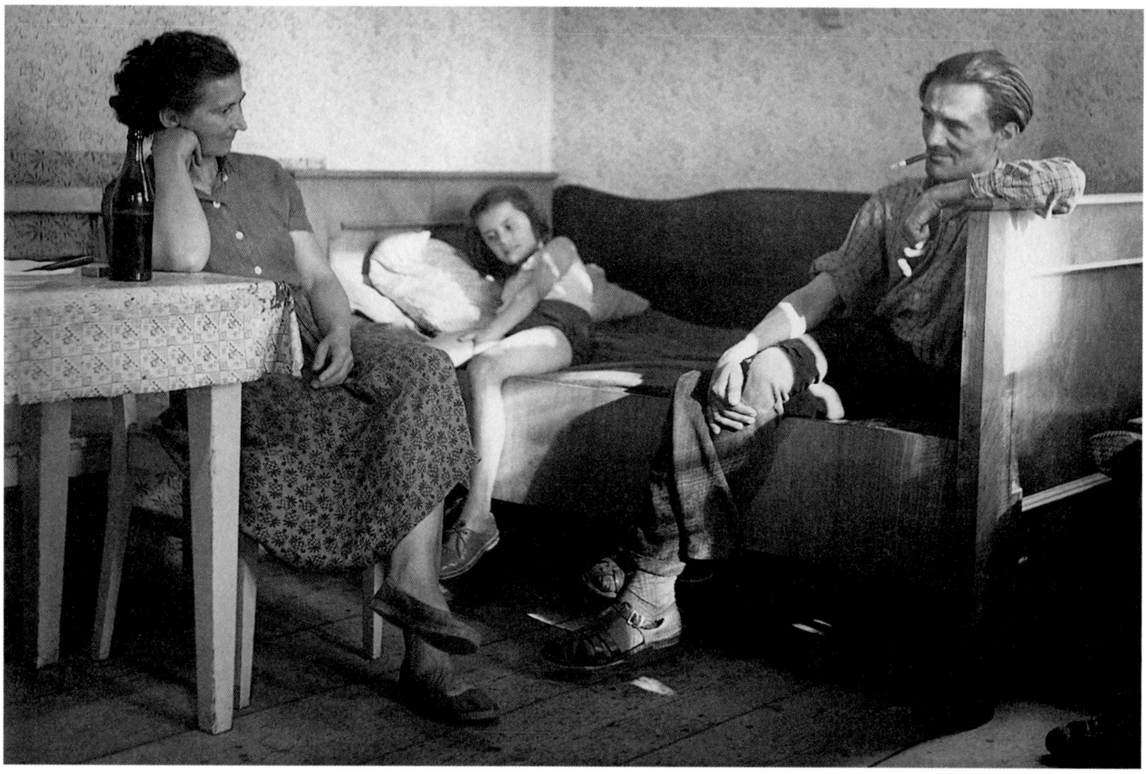

Jeseník, 1956

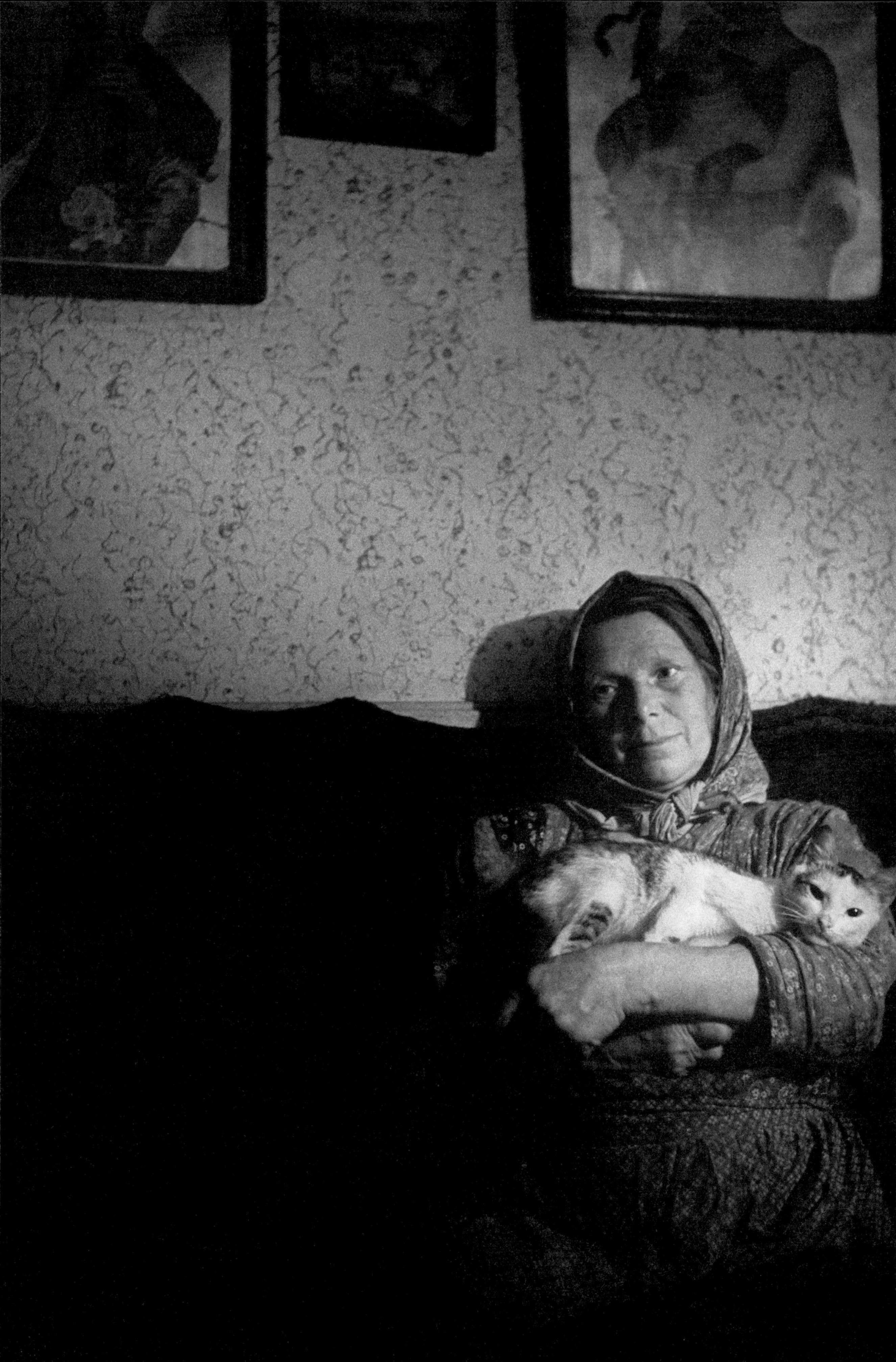

Brankovice, 1956

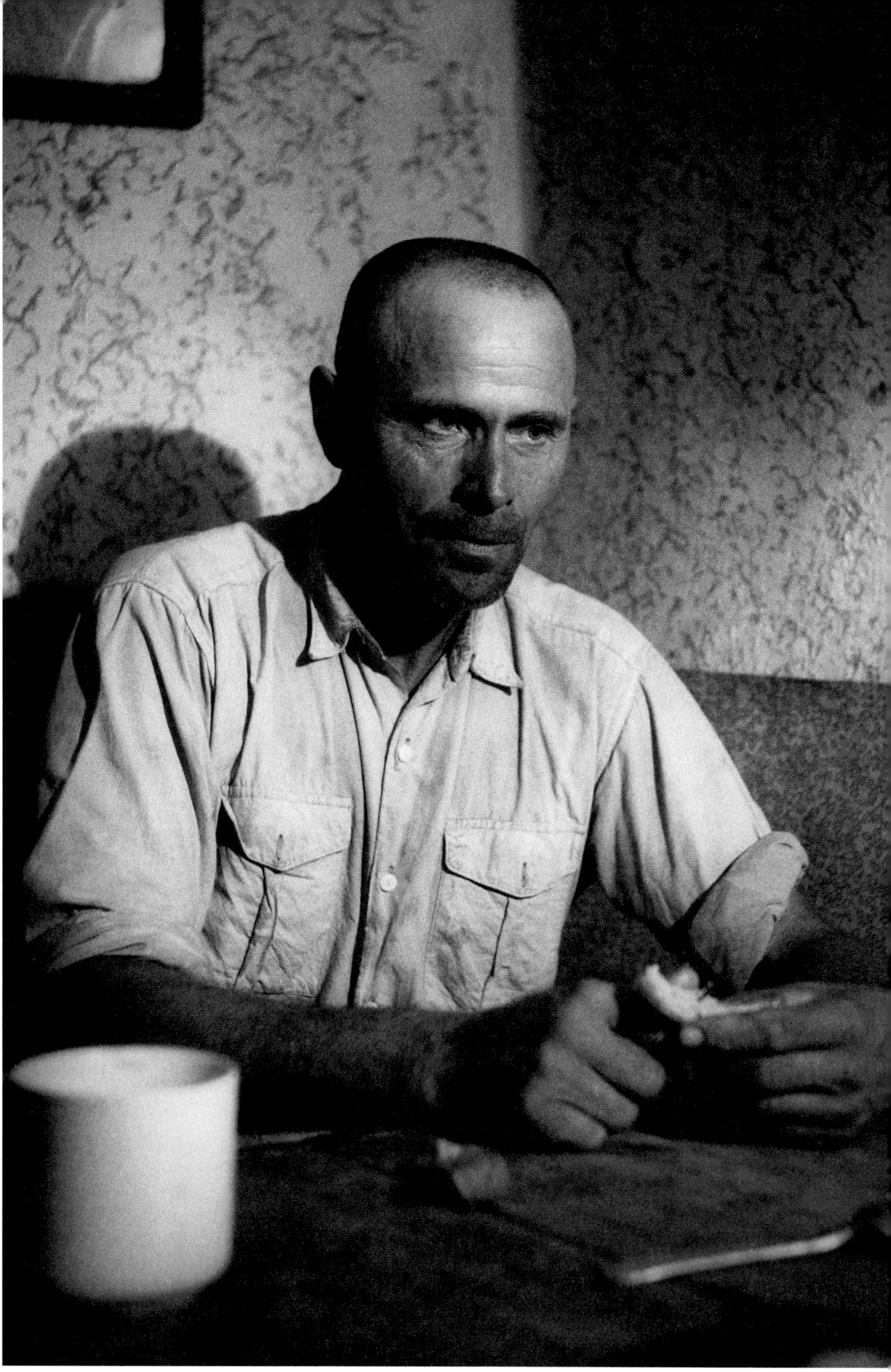

Brankovice, 1956

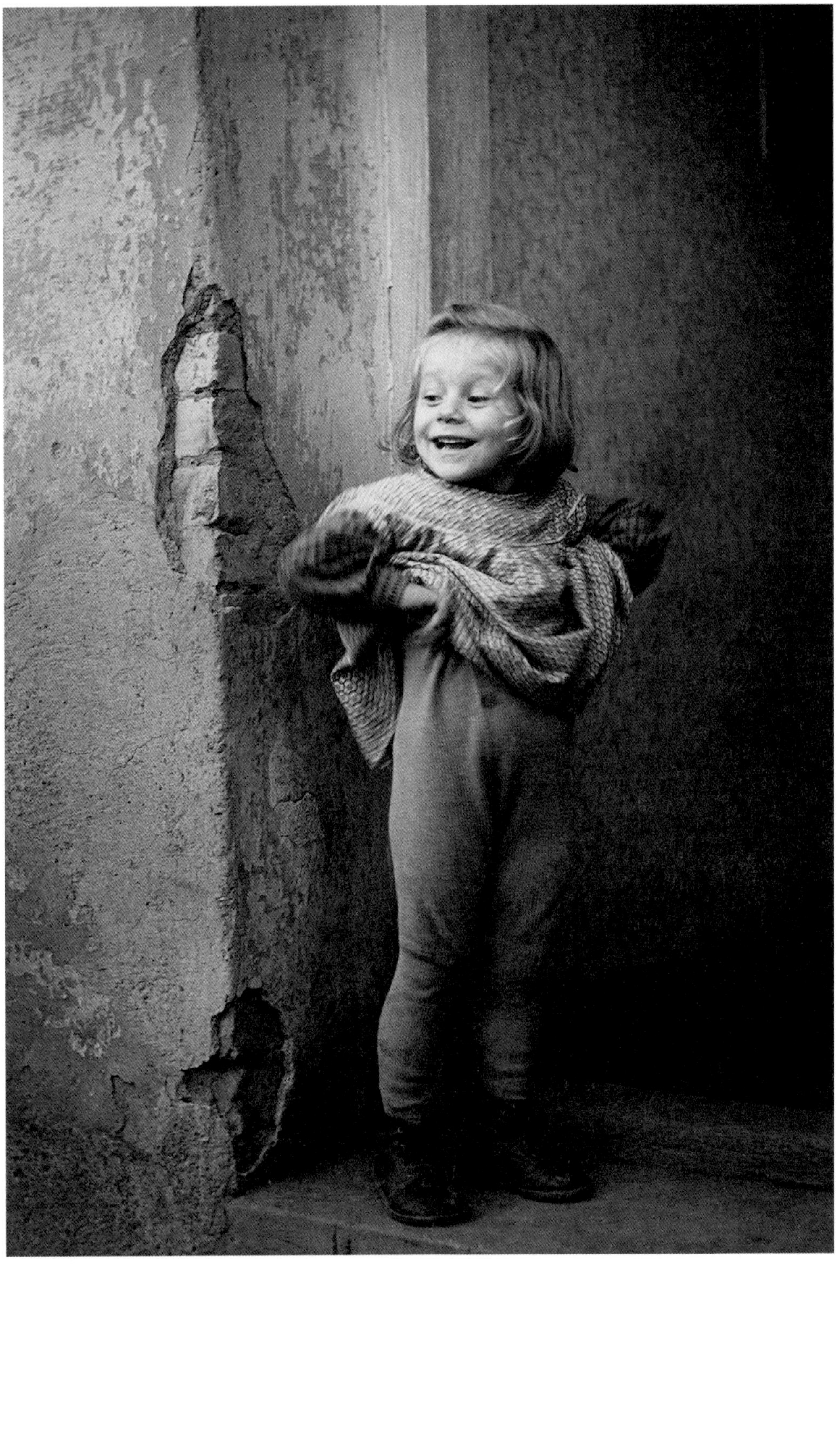

Brankovice, 1957

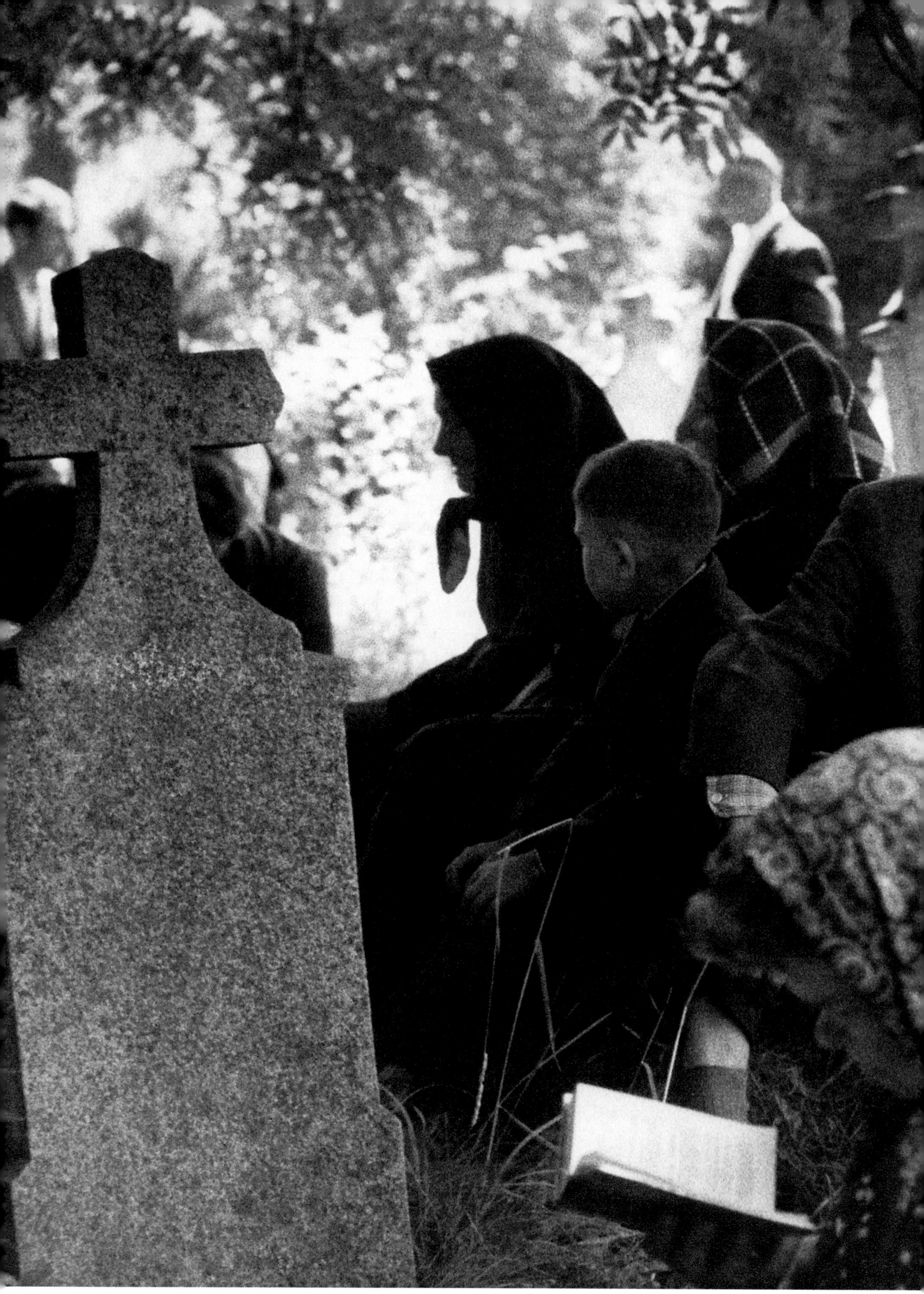

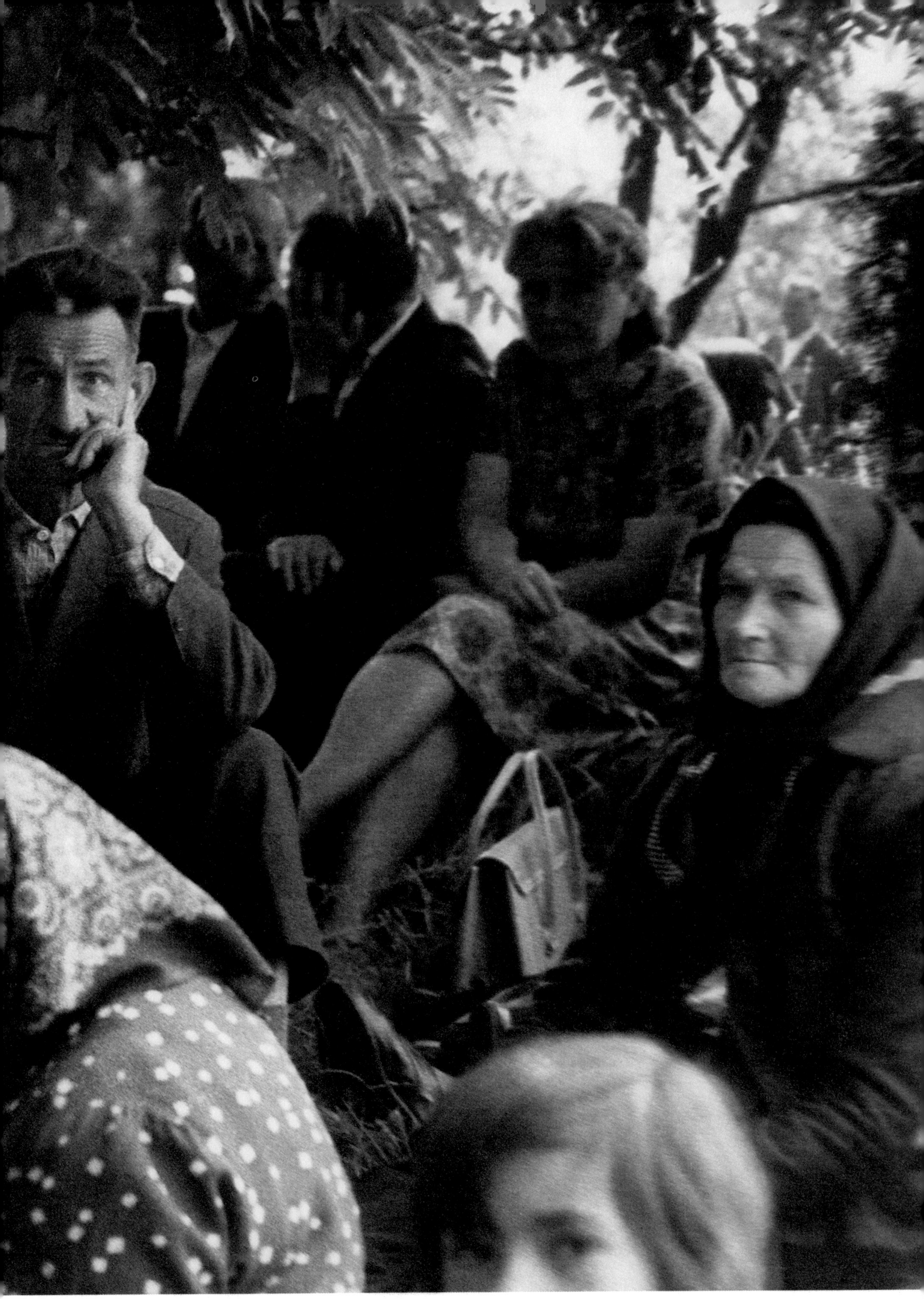

Topolčianky, 1966

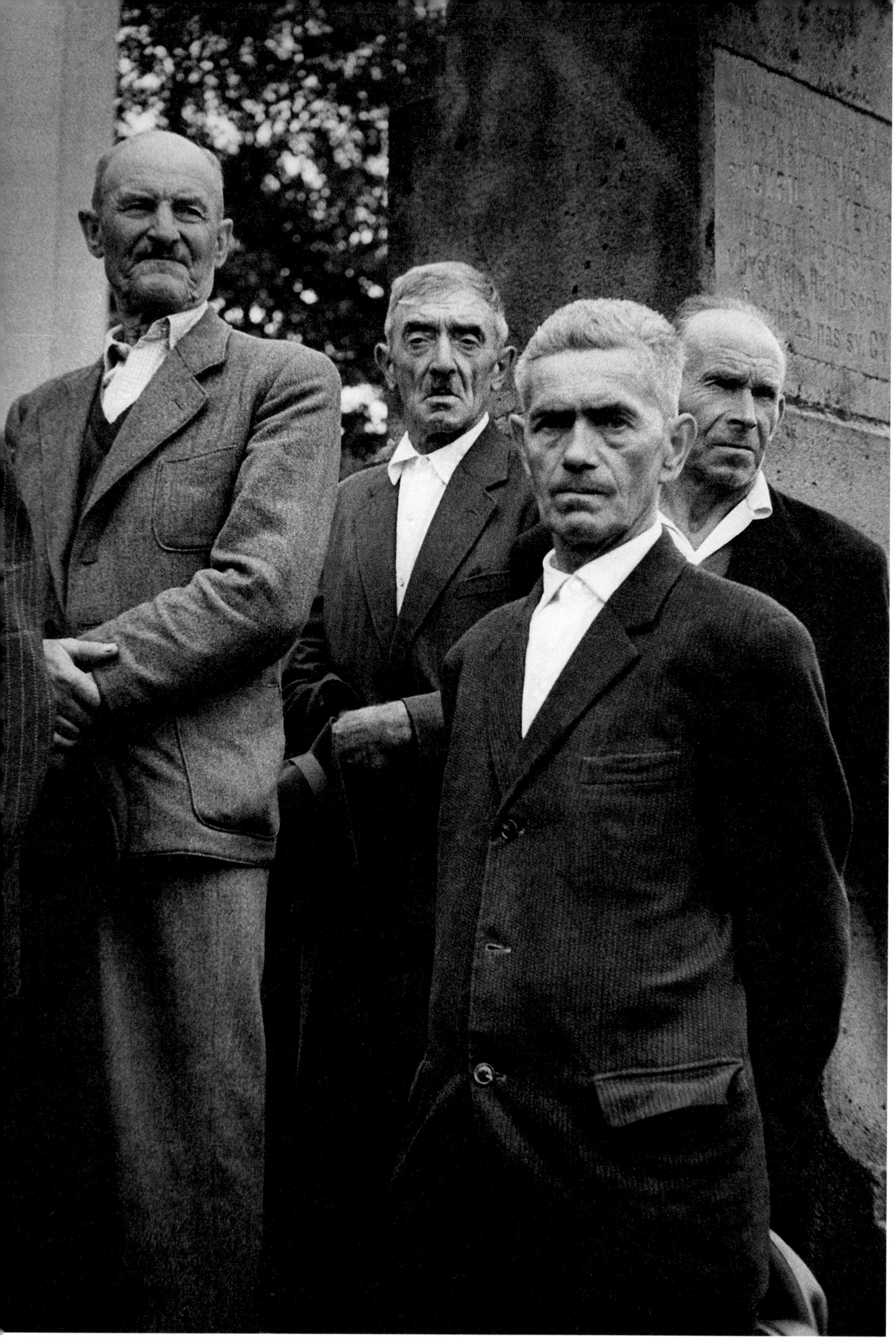

Svatý Hostýn, 1967

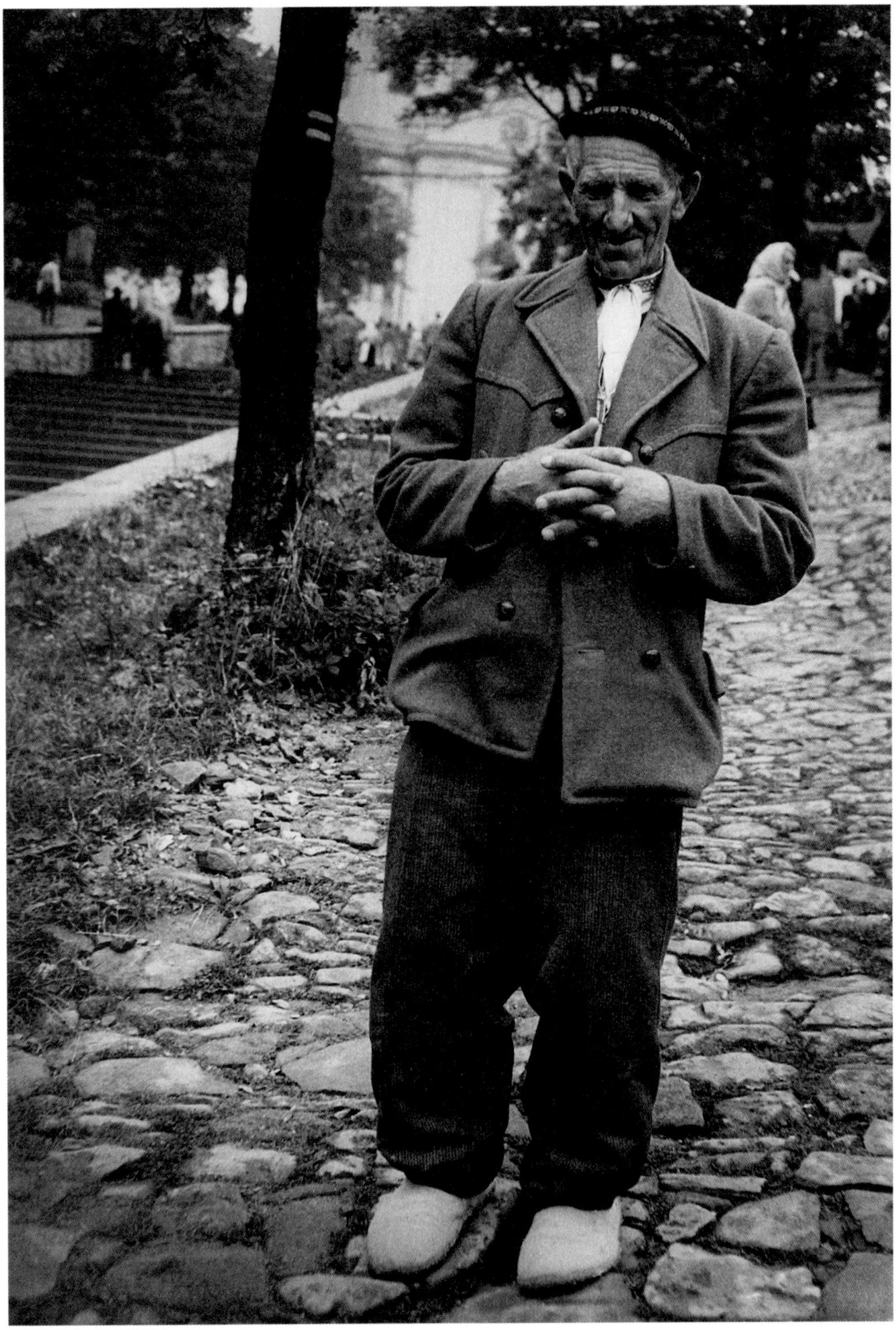

Svatý Hostýn, 1967

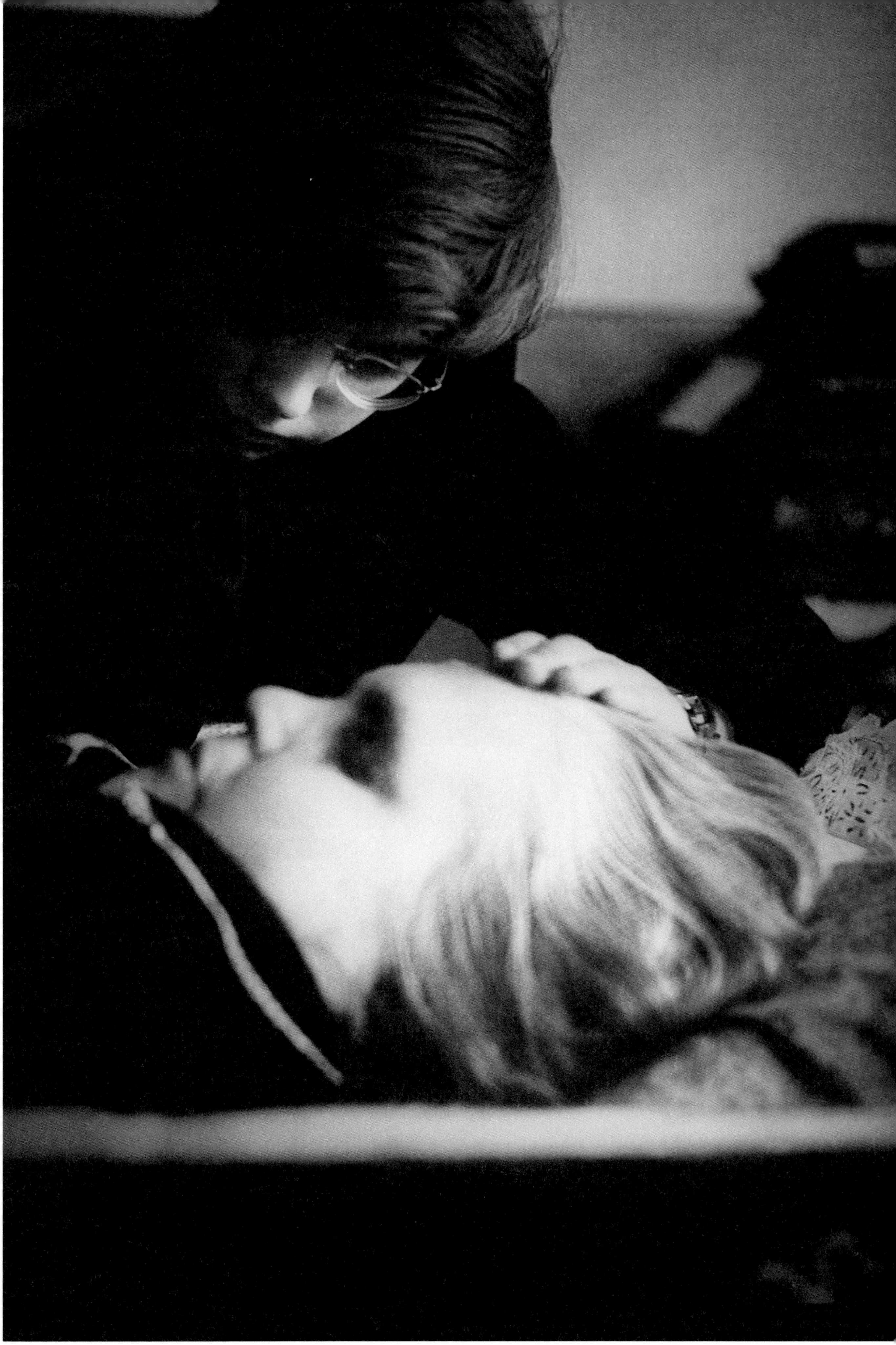

Brno, 1957

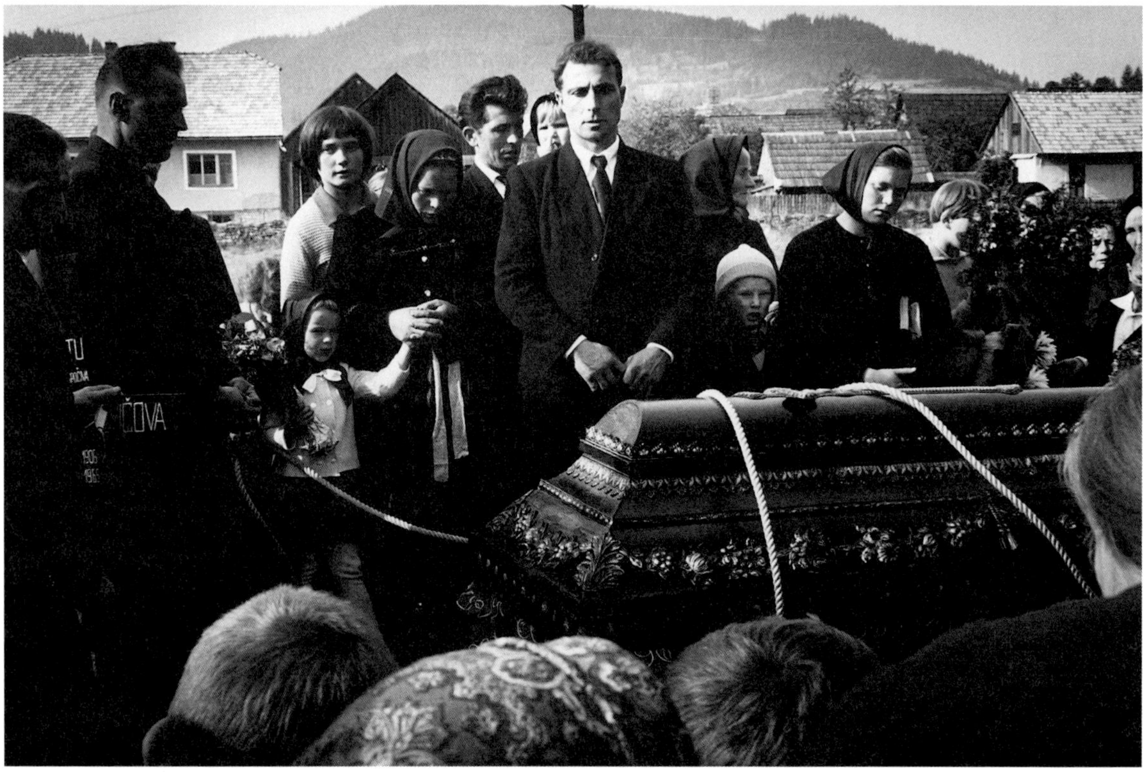

Lomnica, 1967

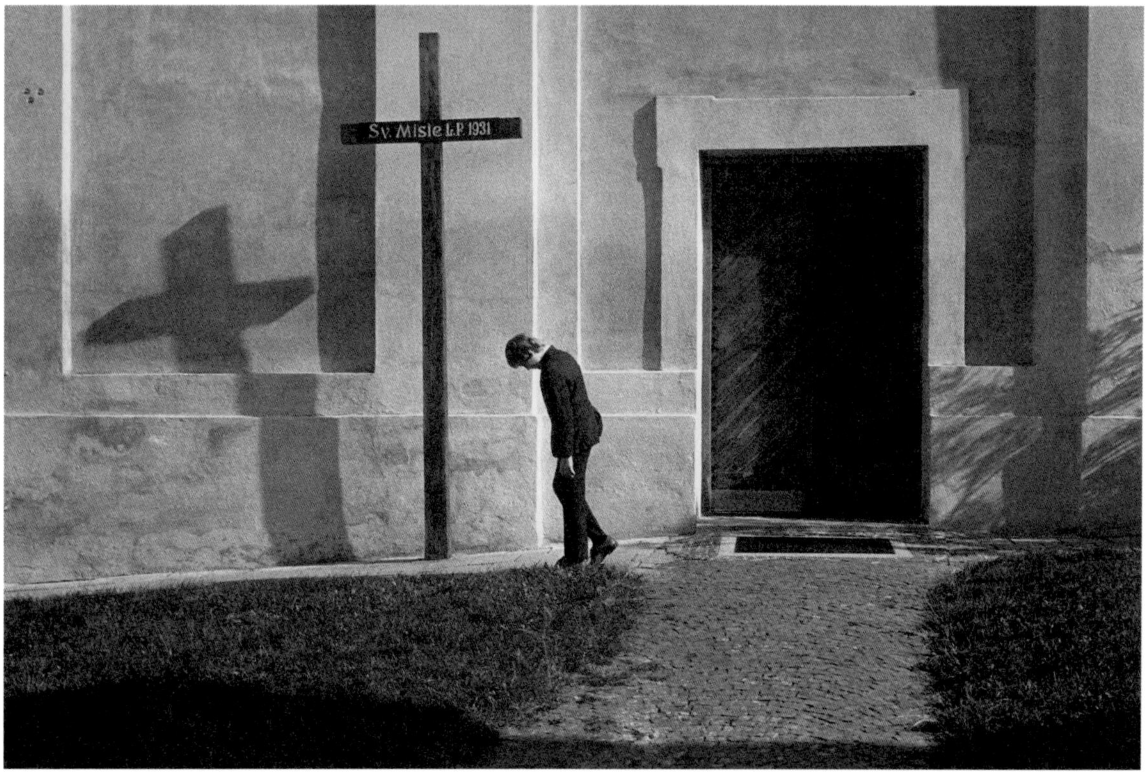

Moravské Prusy, 1984

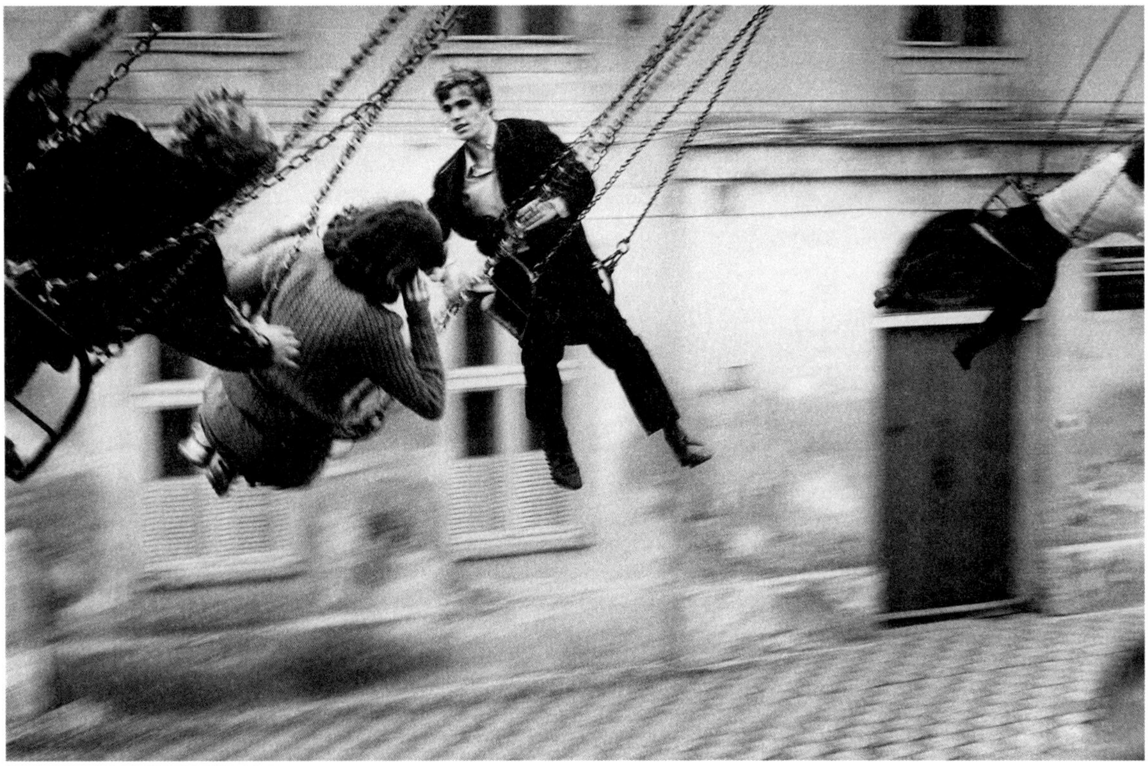

 Koryčany, 1965

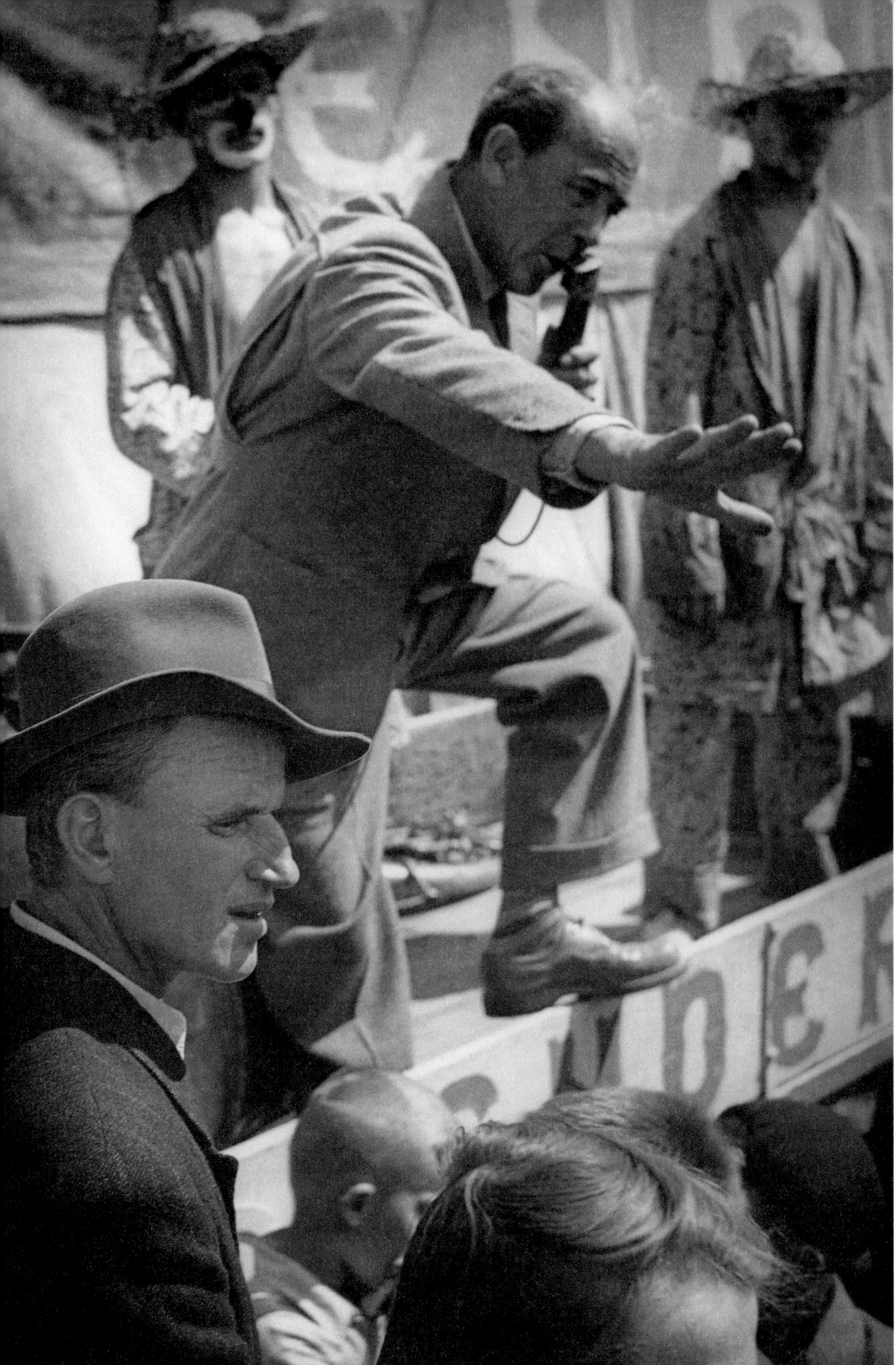

Velké Karlovice, 1957

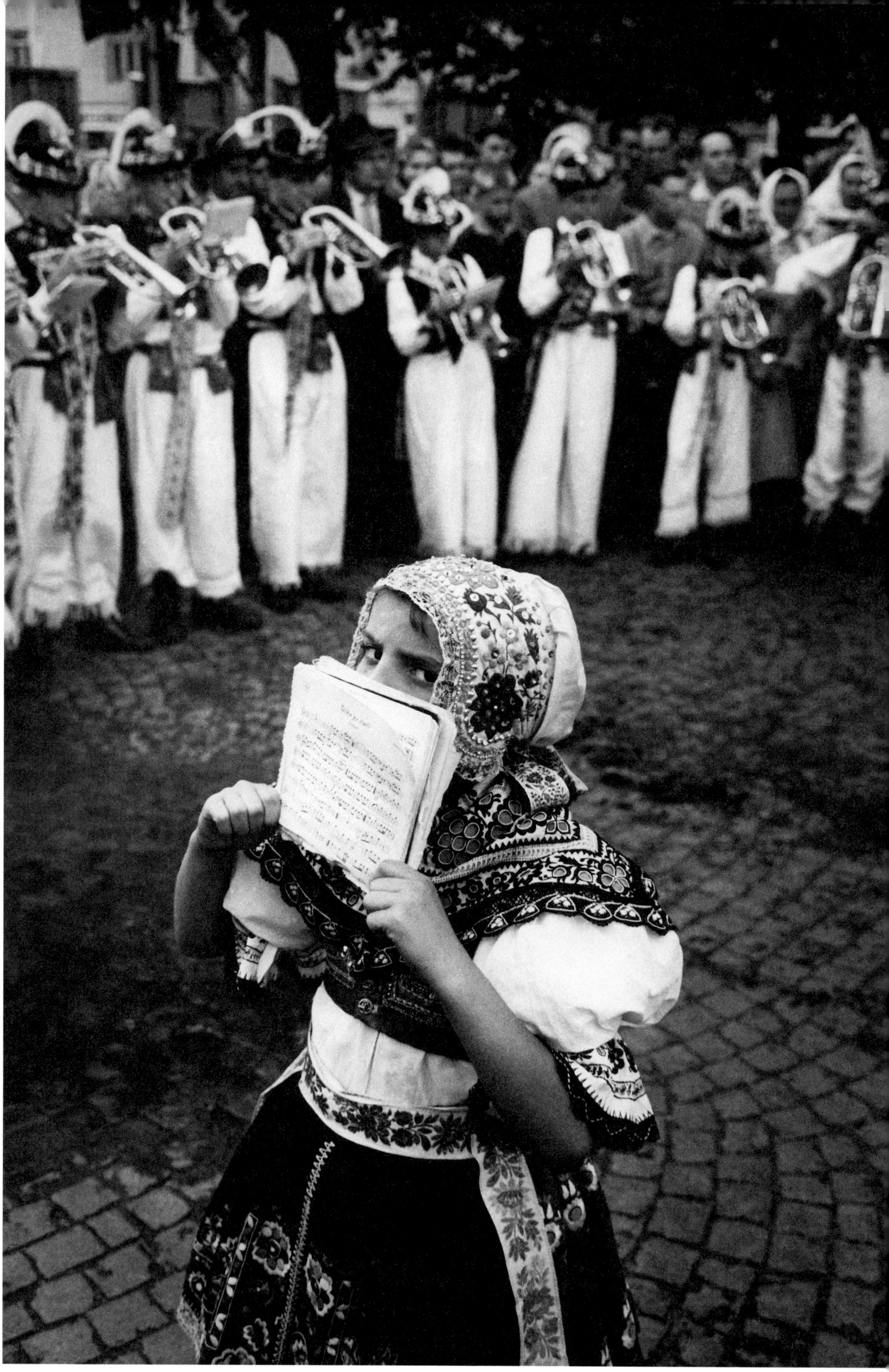

Kyjov, 1961

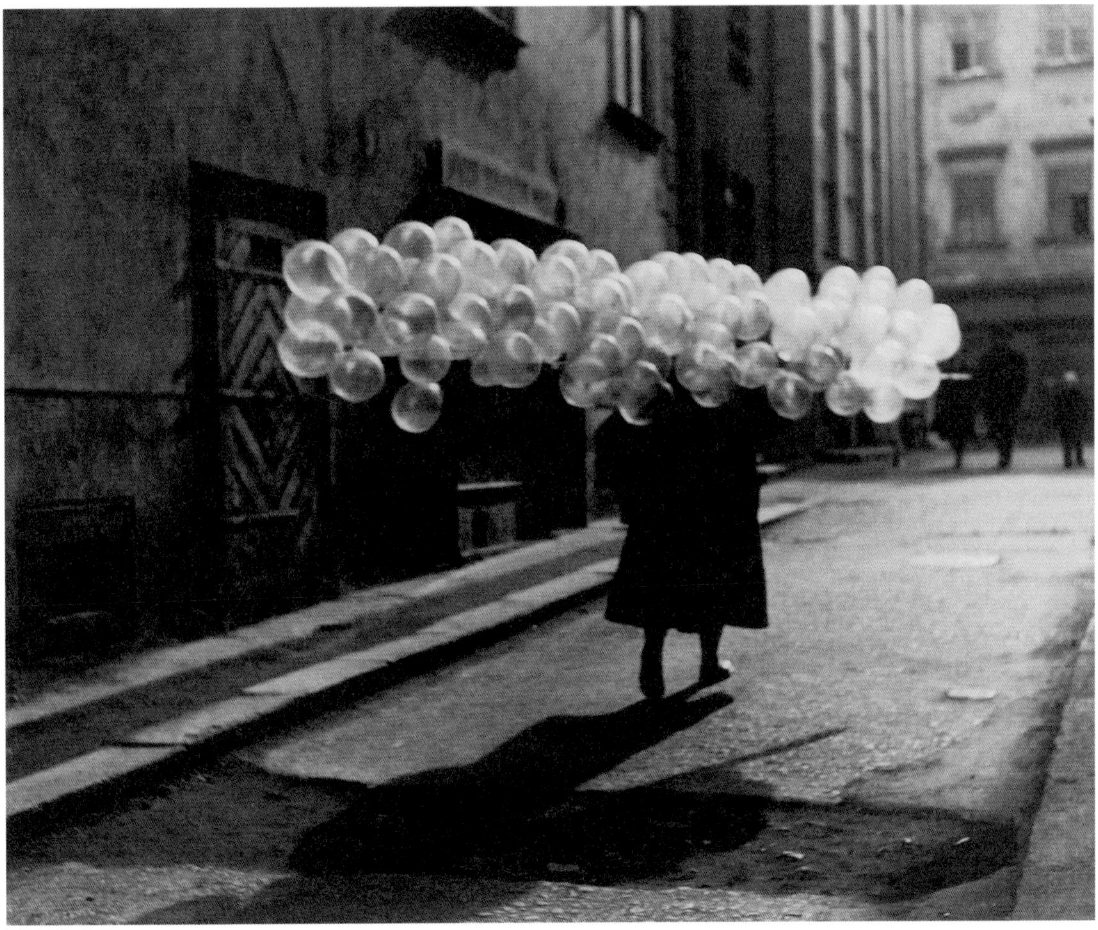

Brno, 1956

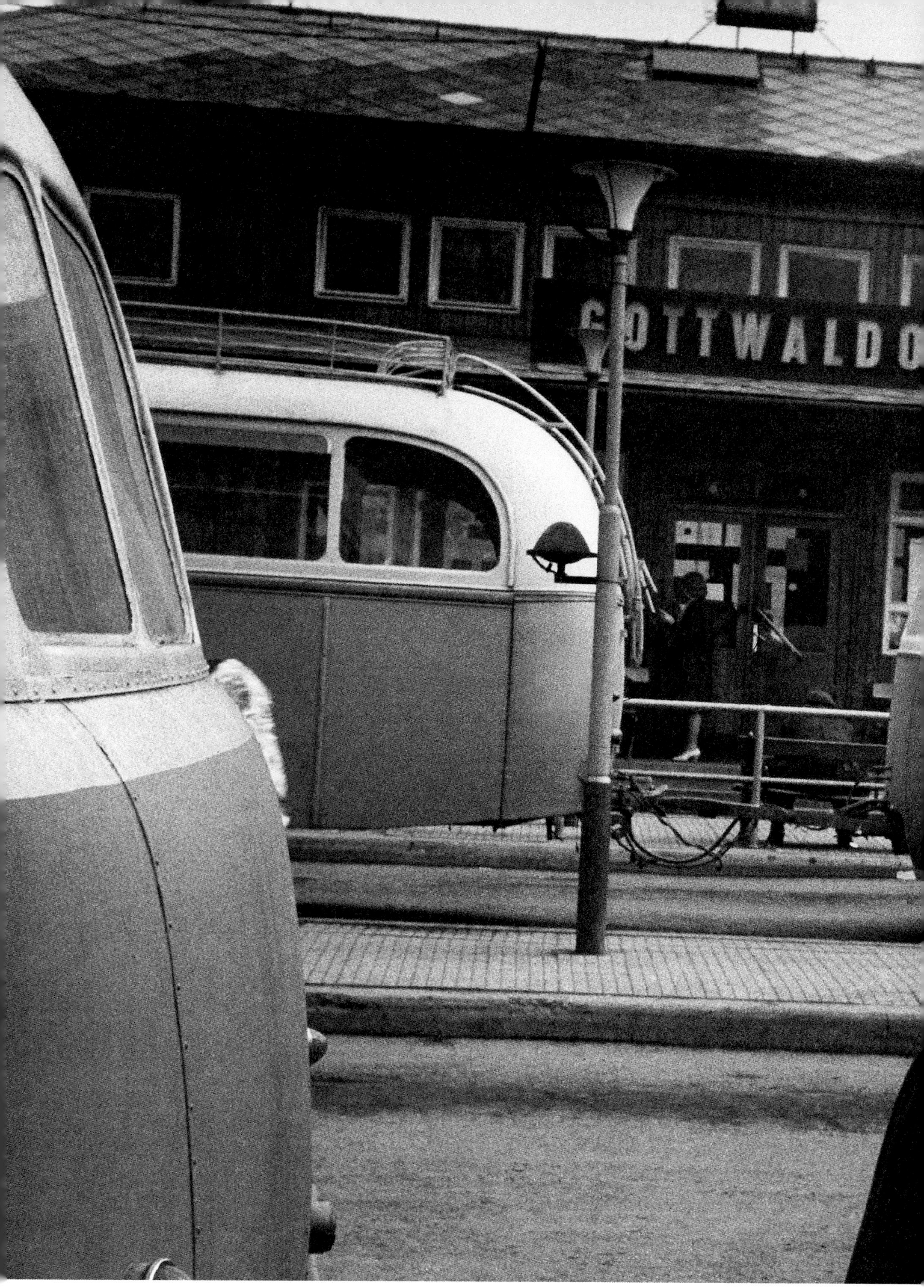
OTTWALDO

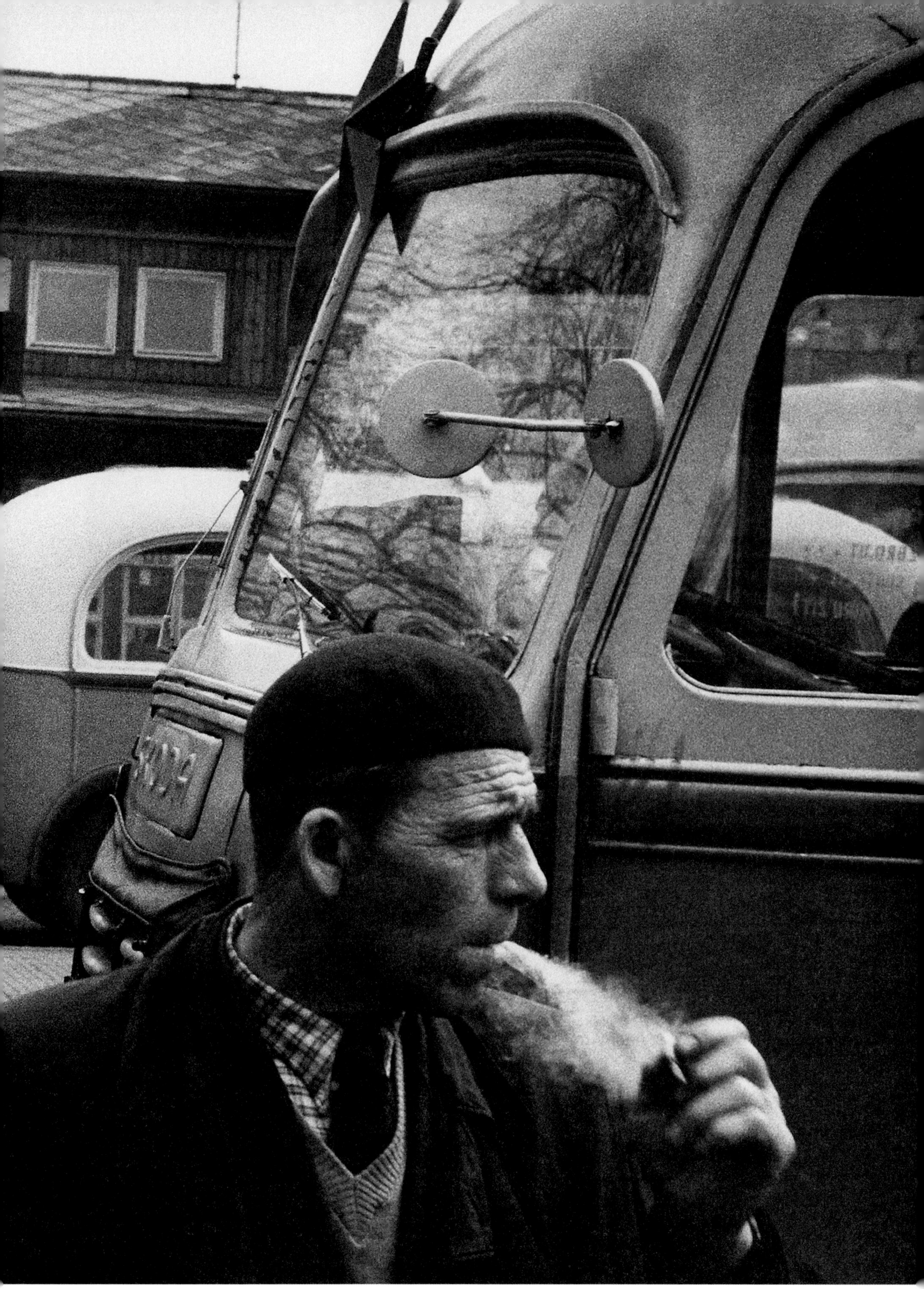

Gottwaldov, 1963

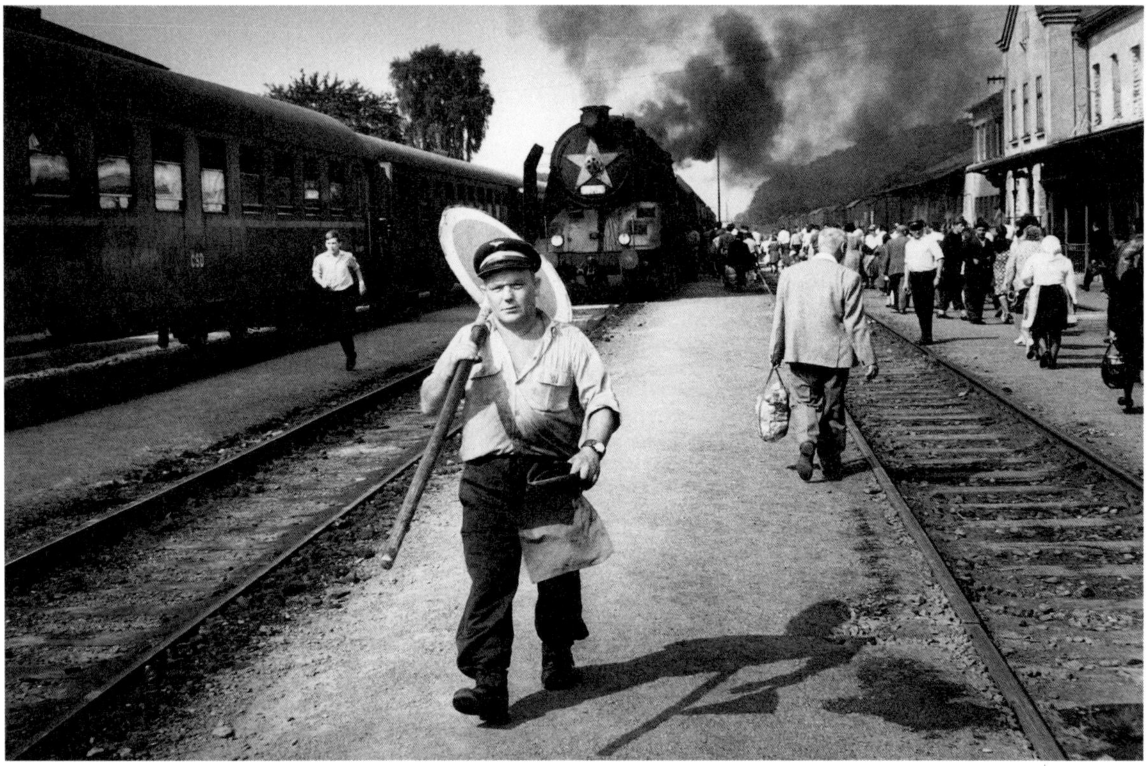

 Hodonín, 1967

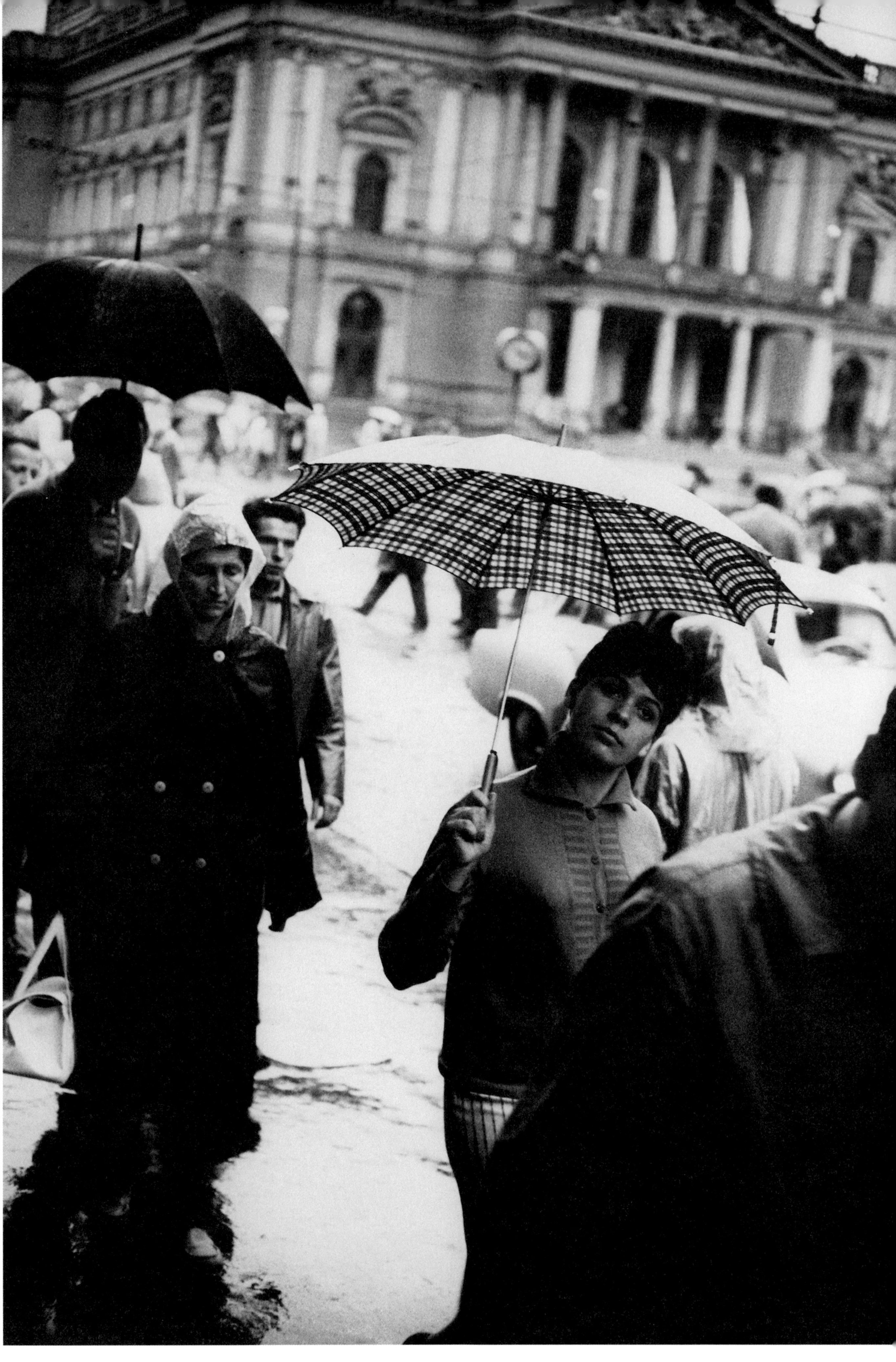

Brno, 1966

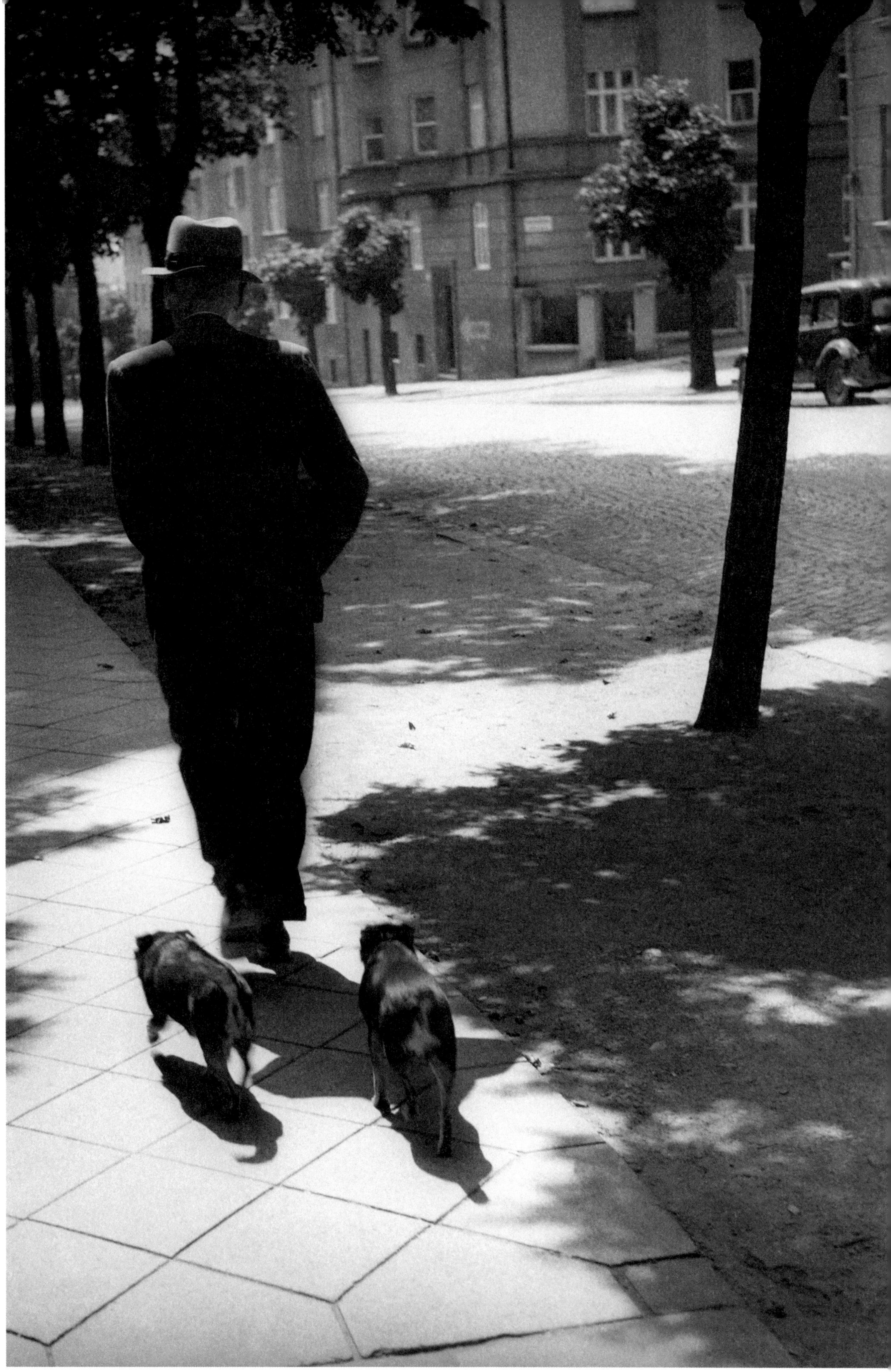

Brno, 1957

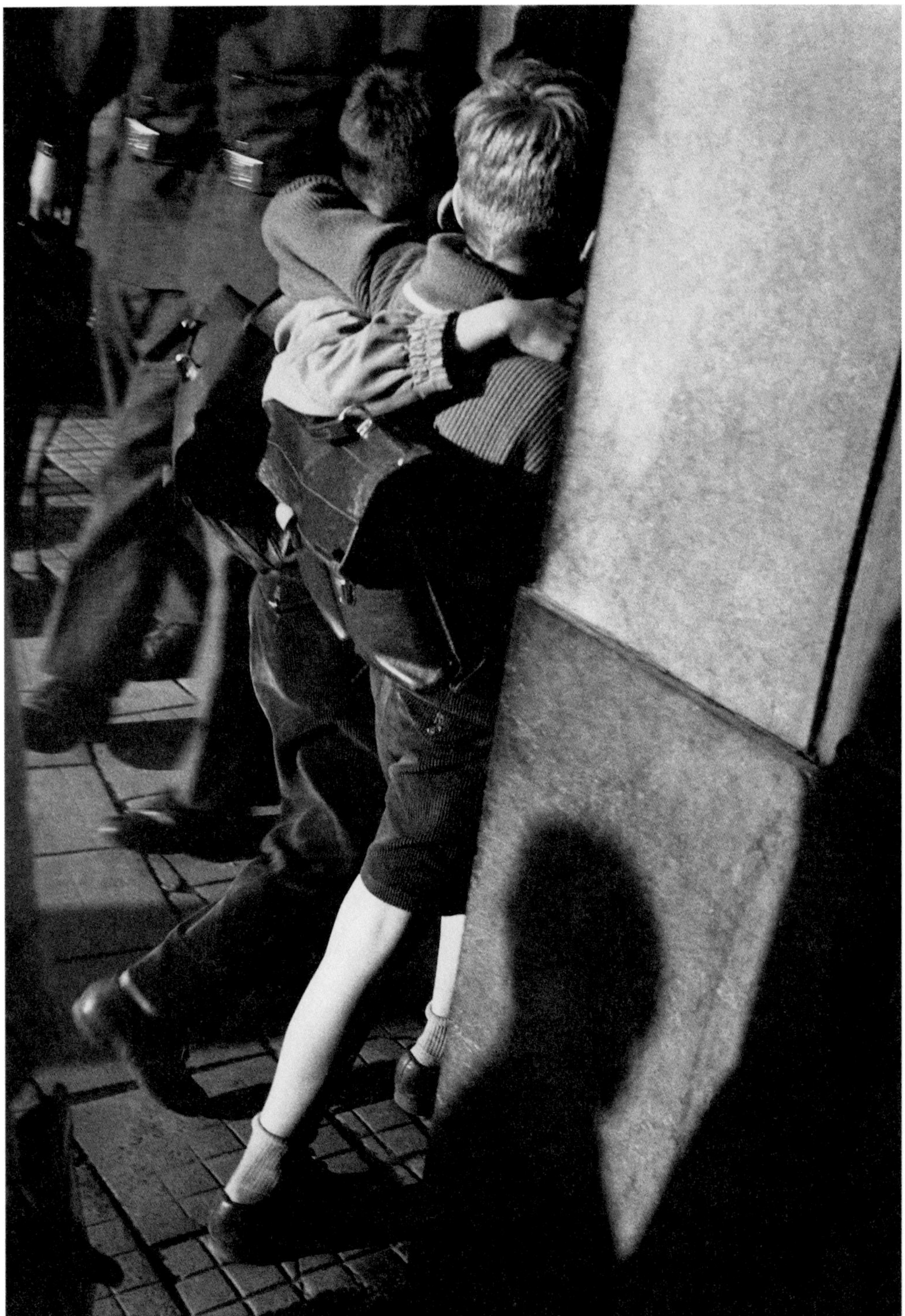

Gottwaldov, 1964

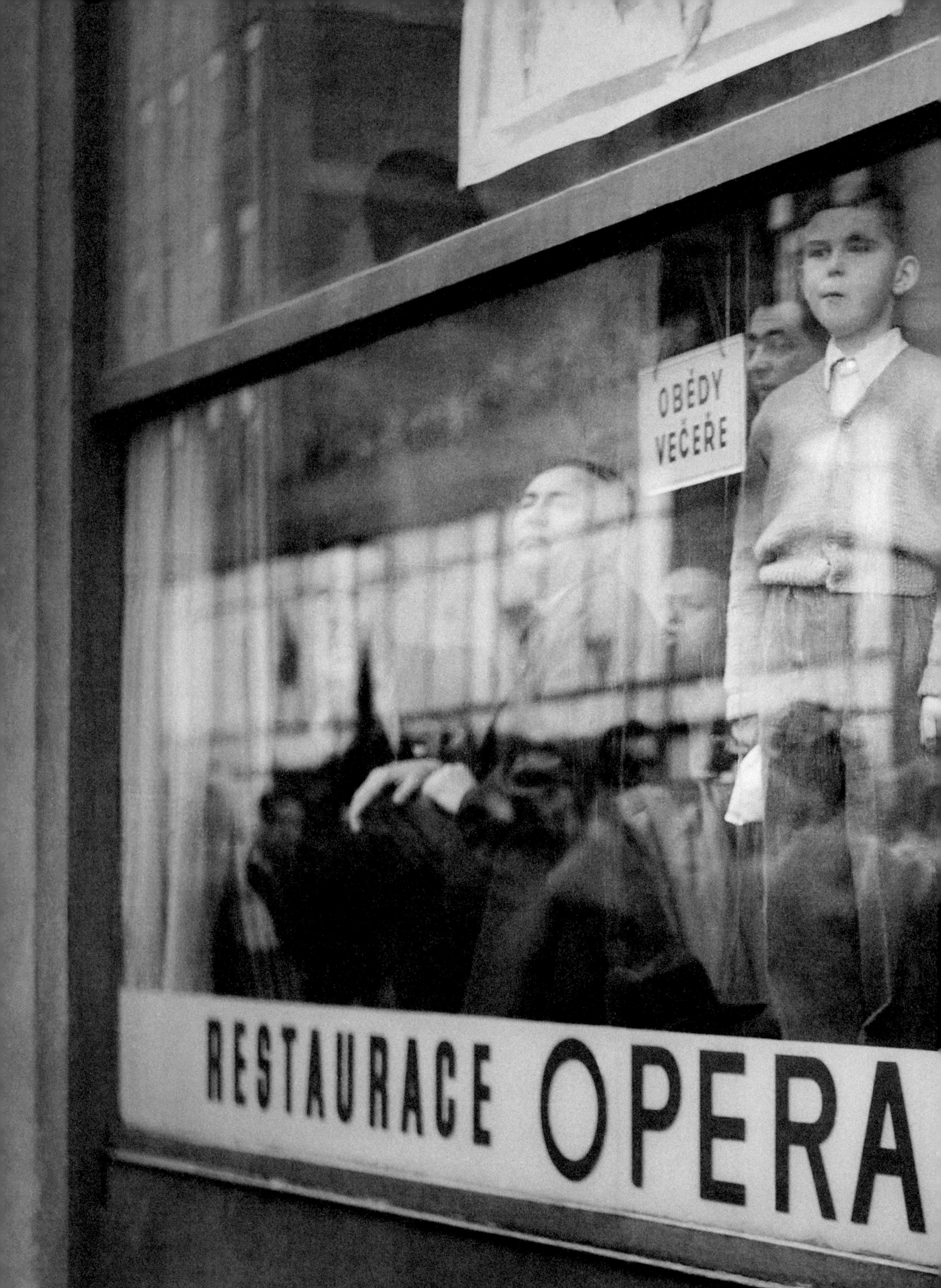
OBĚDY
VEČEŘE
RESTAURACE OPERA

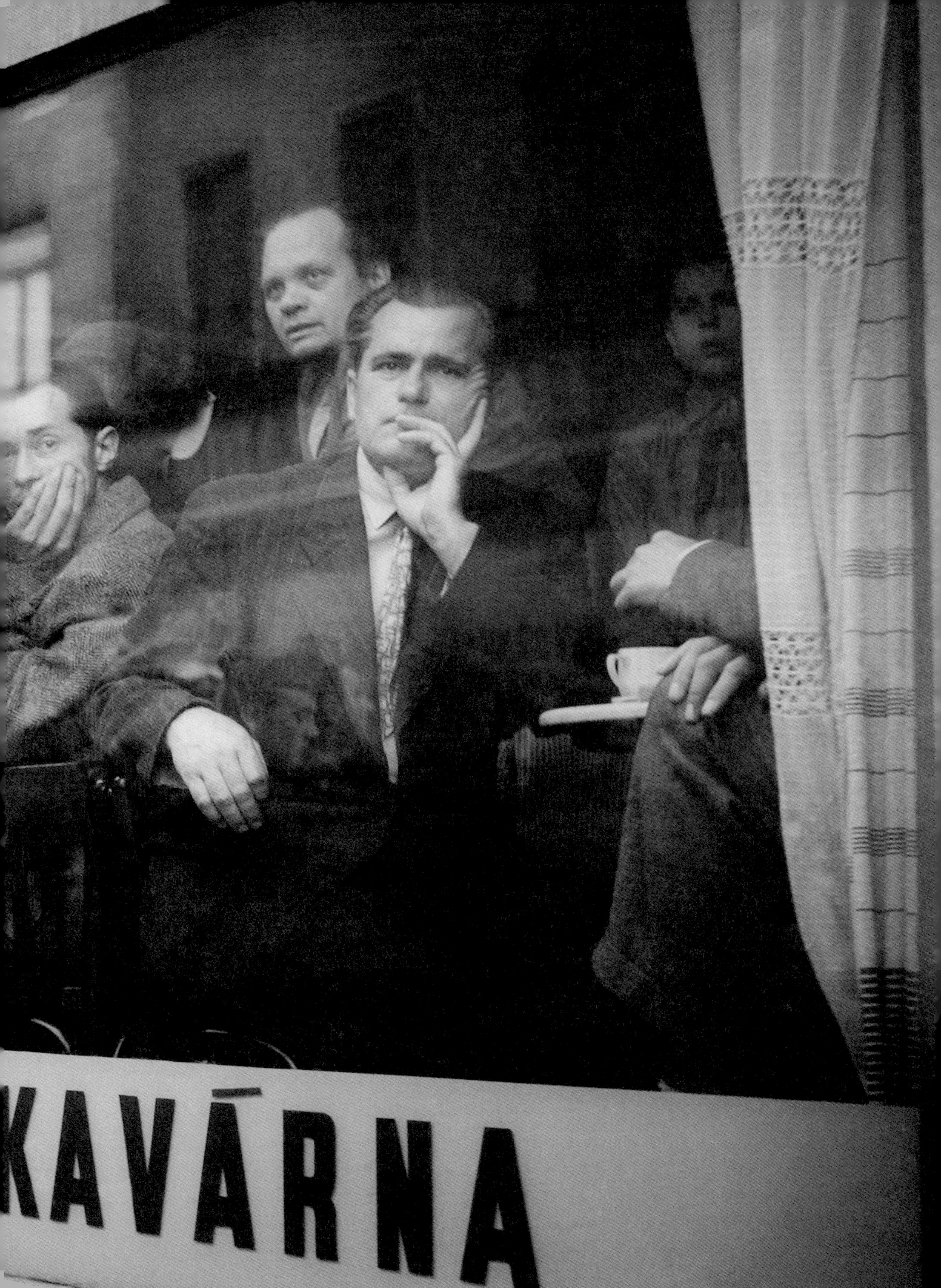

Brno, 1958

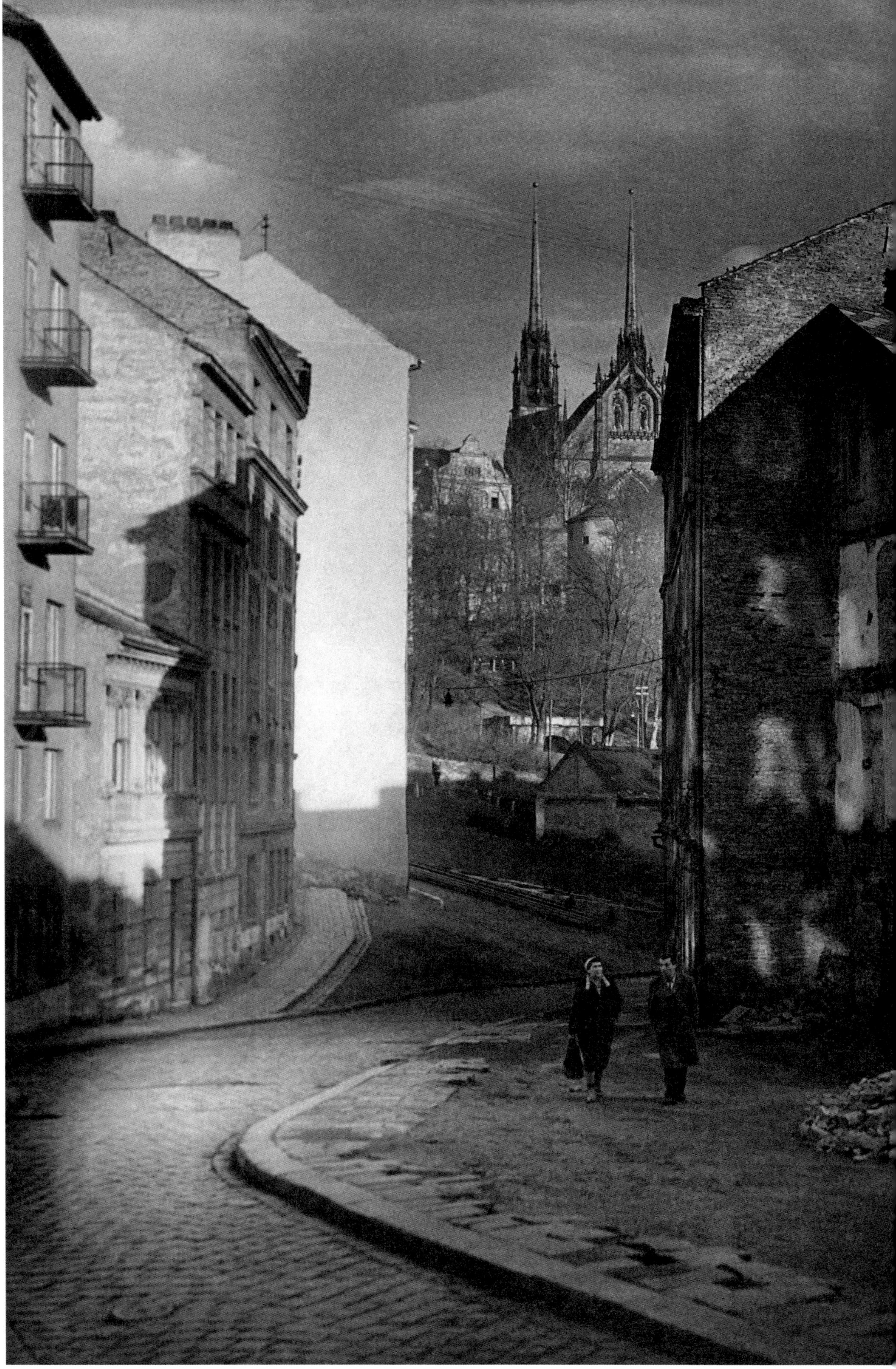

Brno, 1958

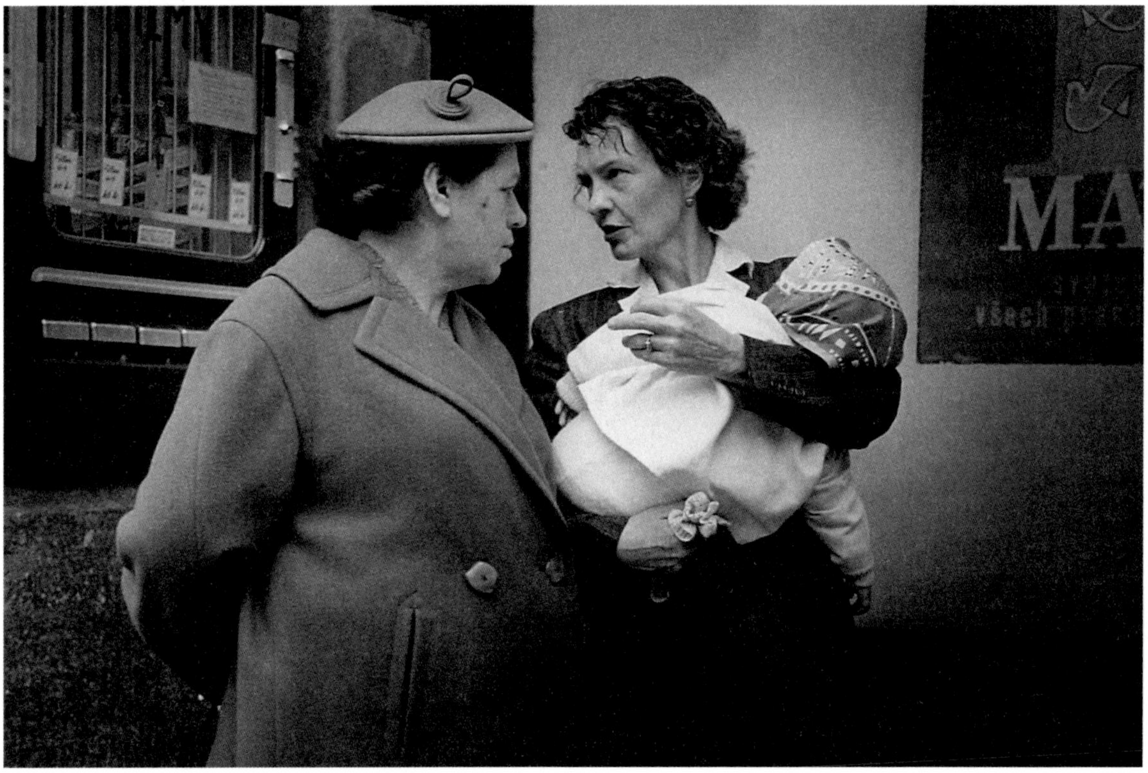

Brno, 1958

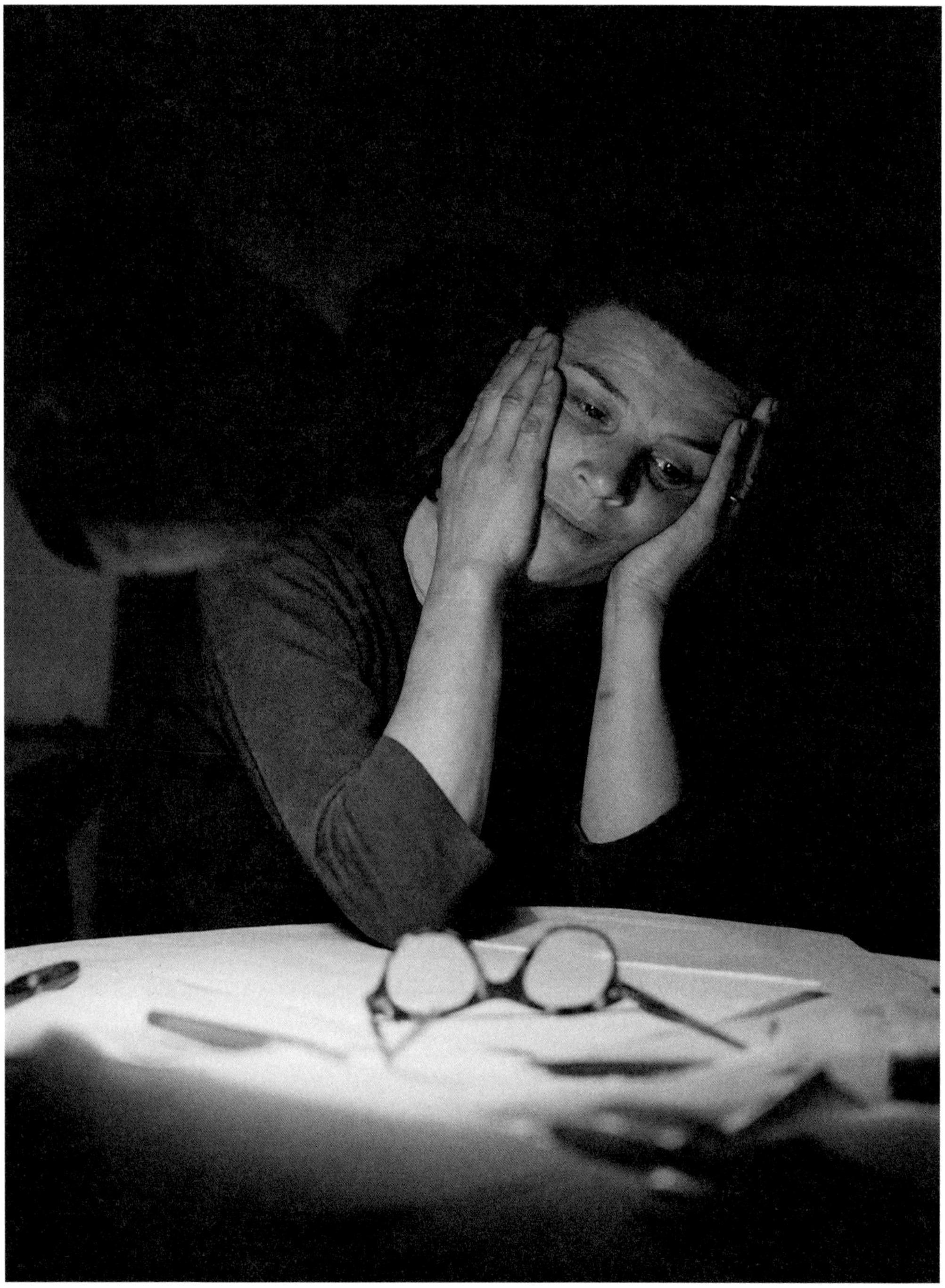

 Gottwaldov, 1957

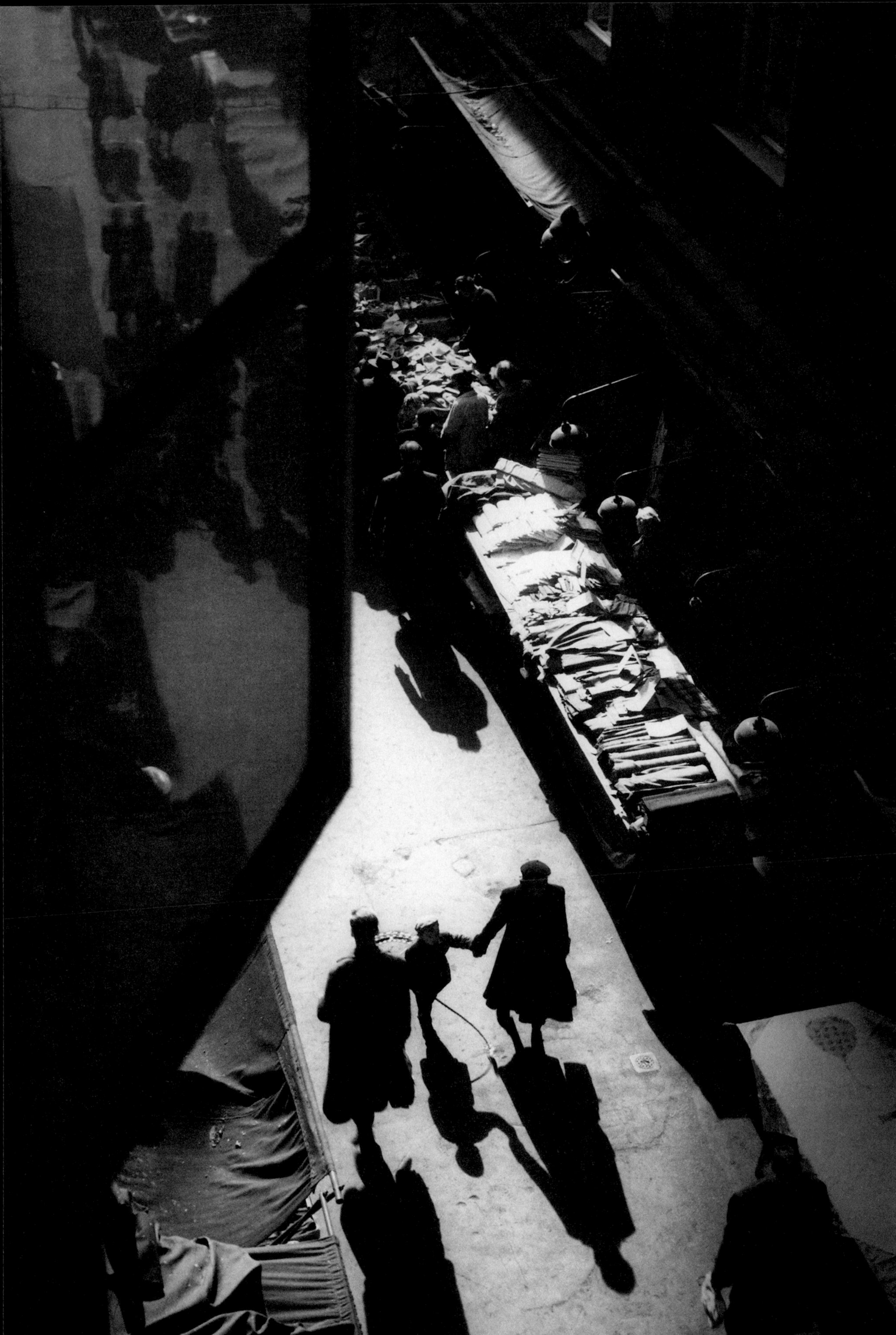

Praha
Prague, 1958

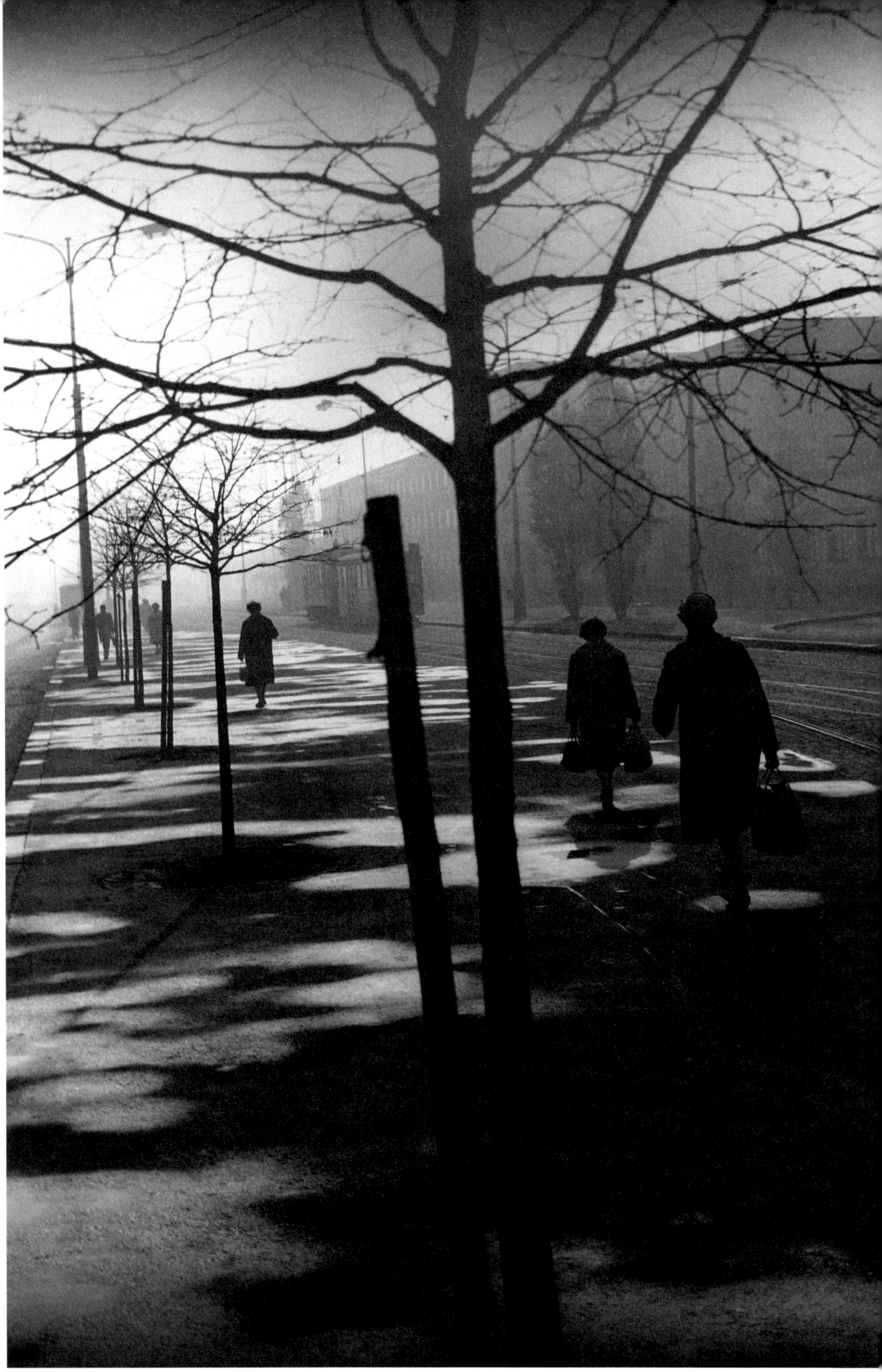

Praha
Prague, 1955

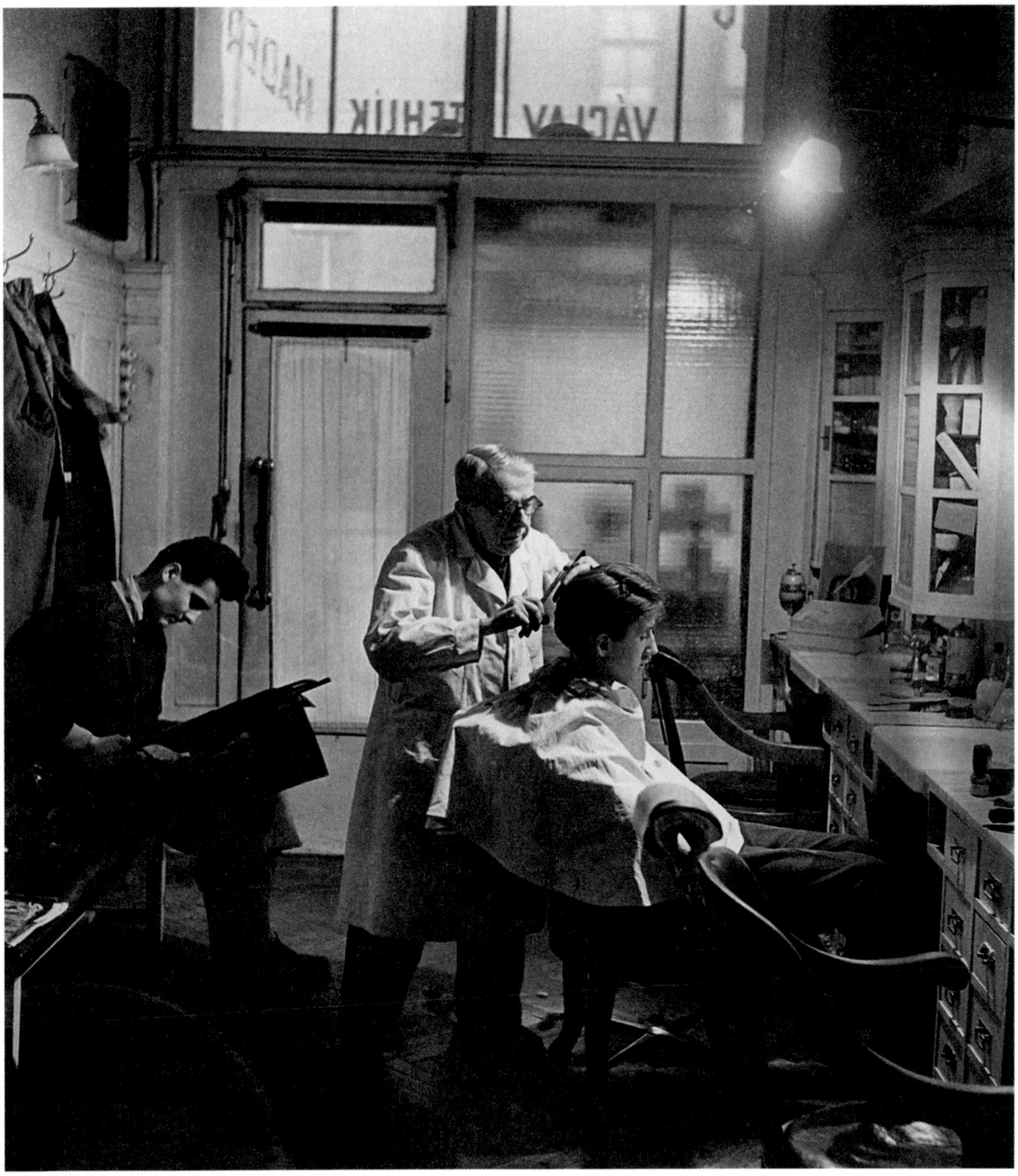

Brno, 1958

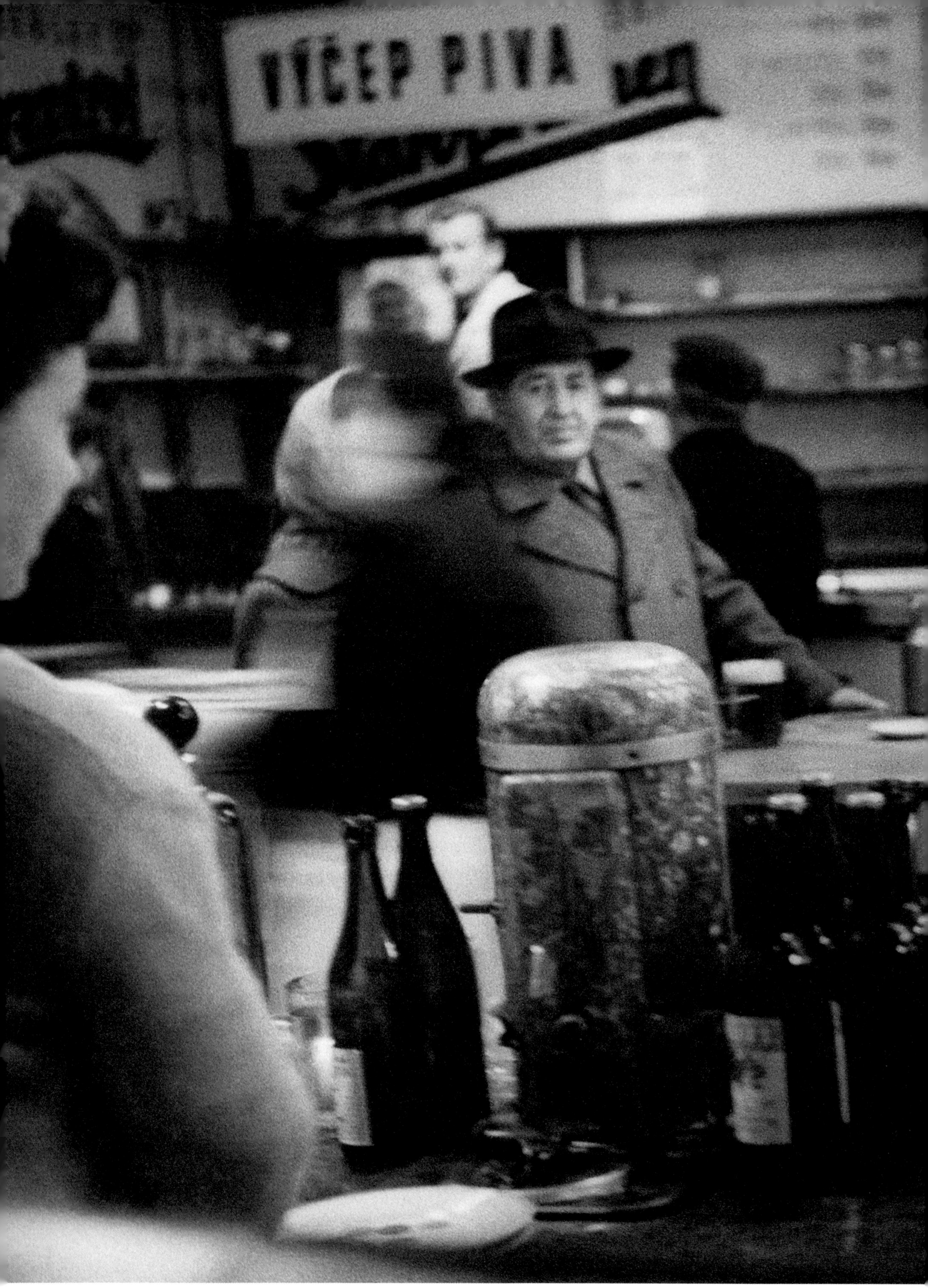
VÝČEP PIVA

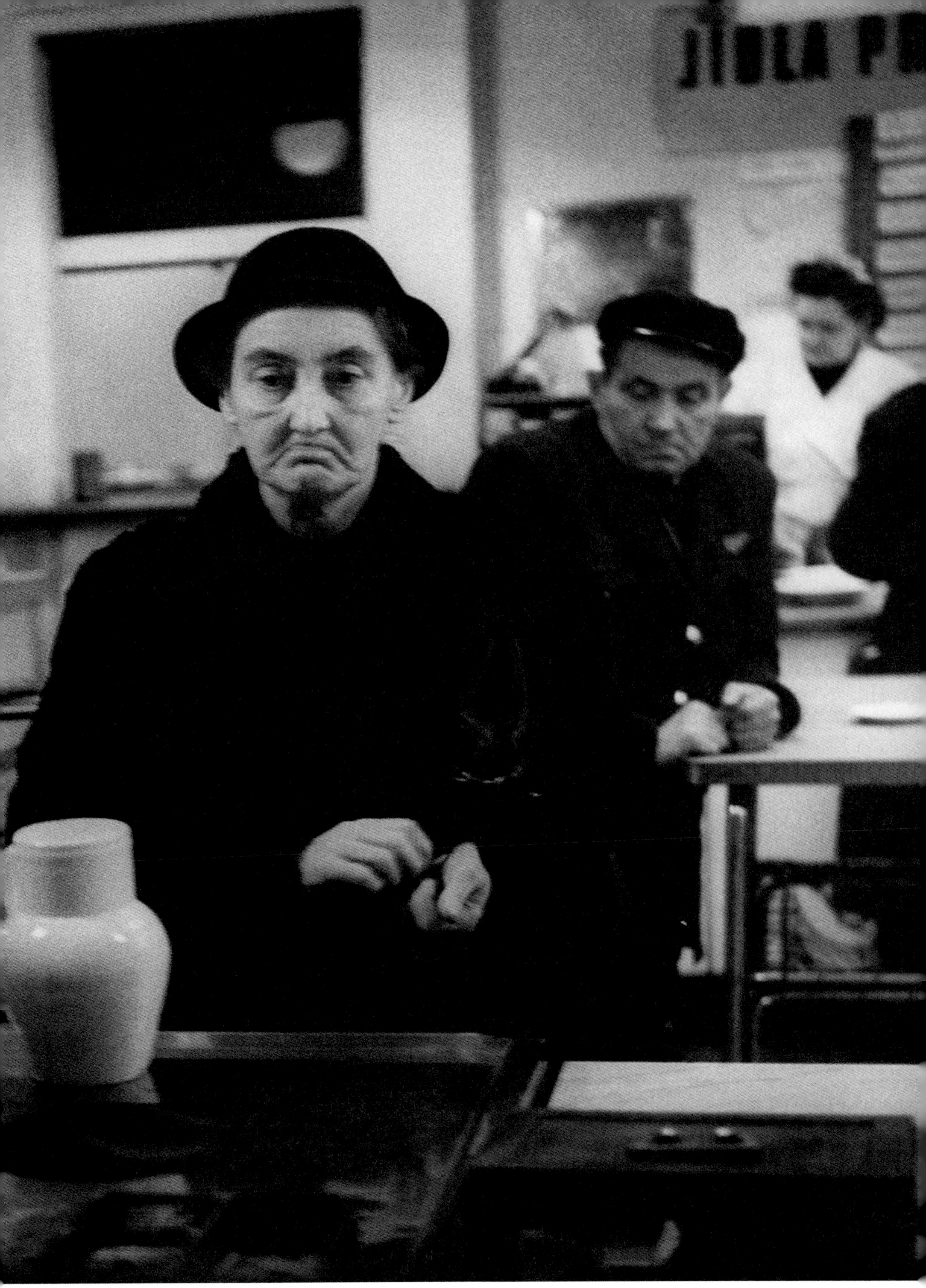

Brno, 1957

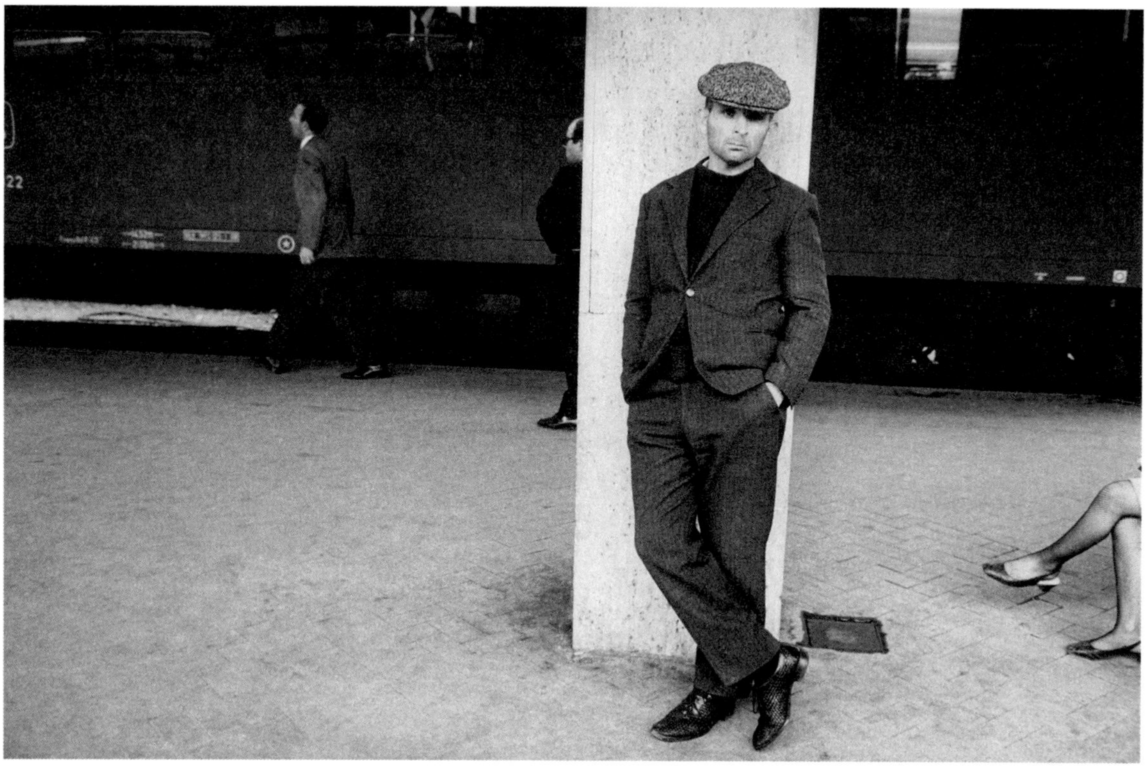

Brno, 1984

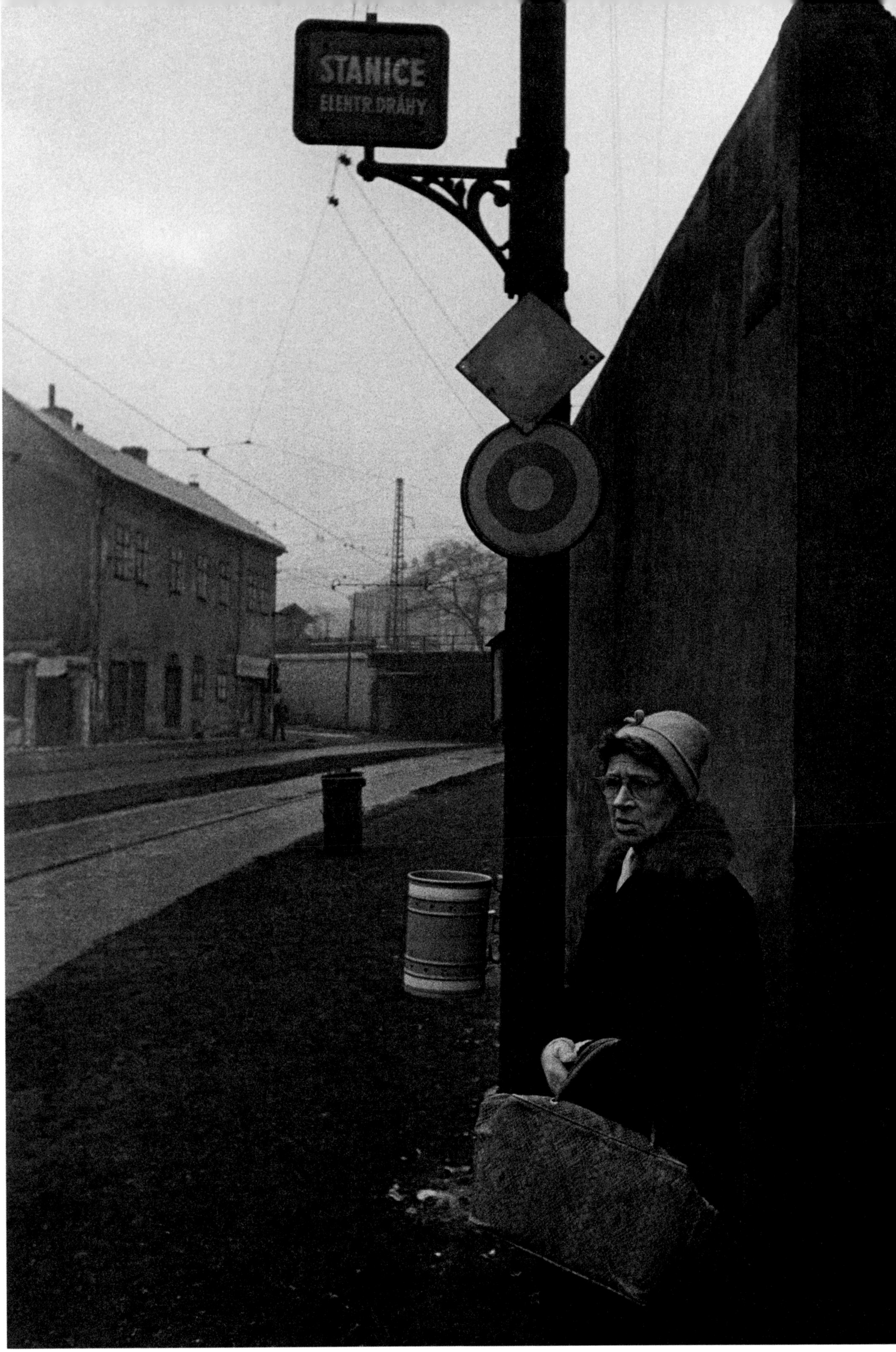

Praha
Prague, 1964

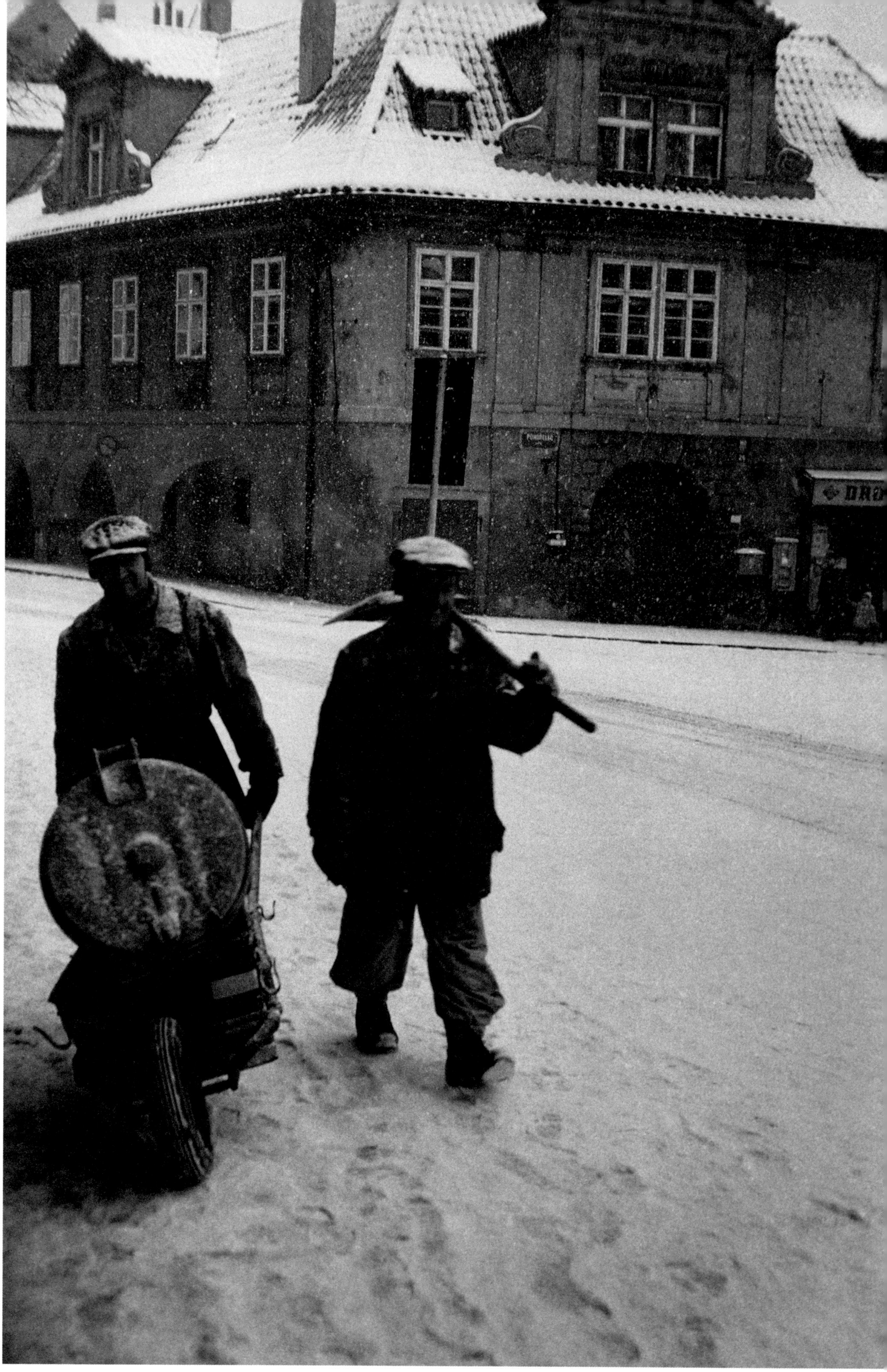

Praha
Prague, 1966

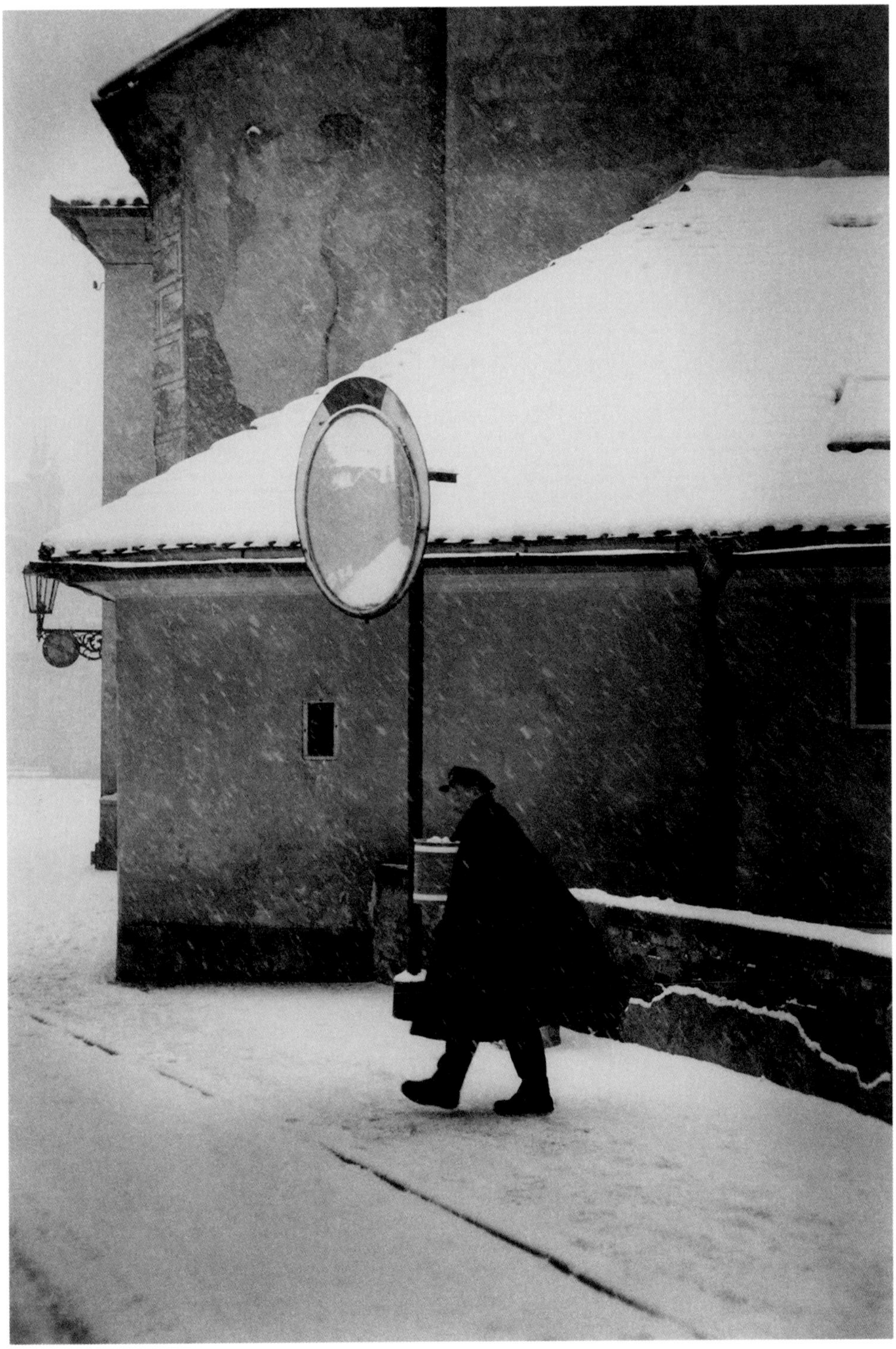

Praha
Prague, 1965

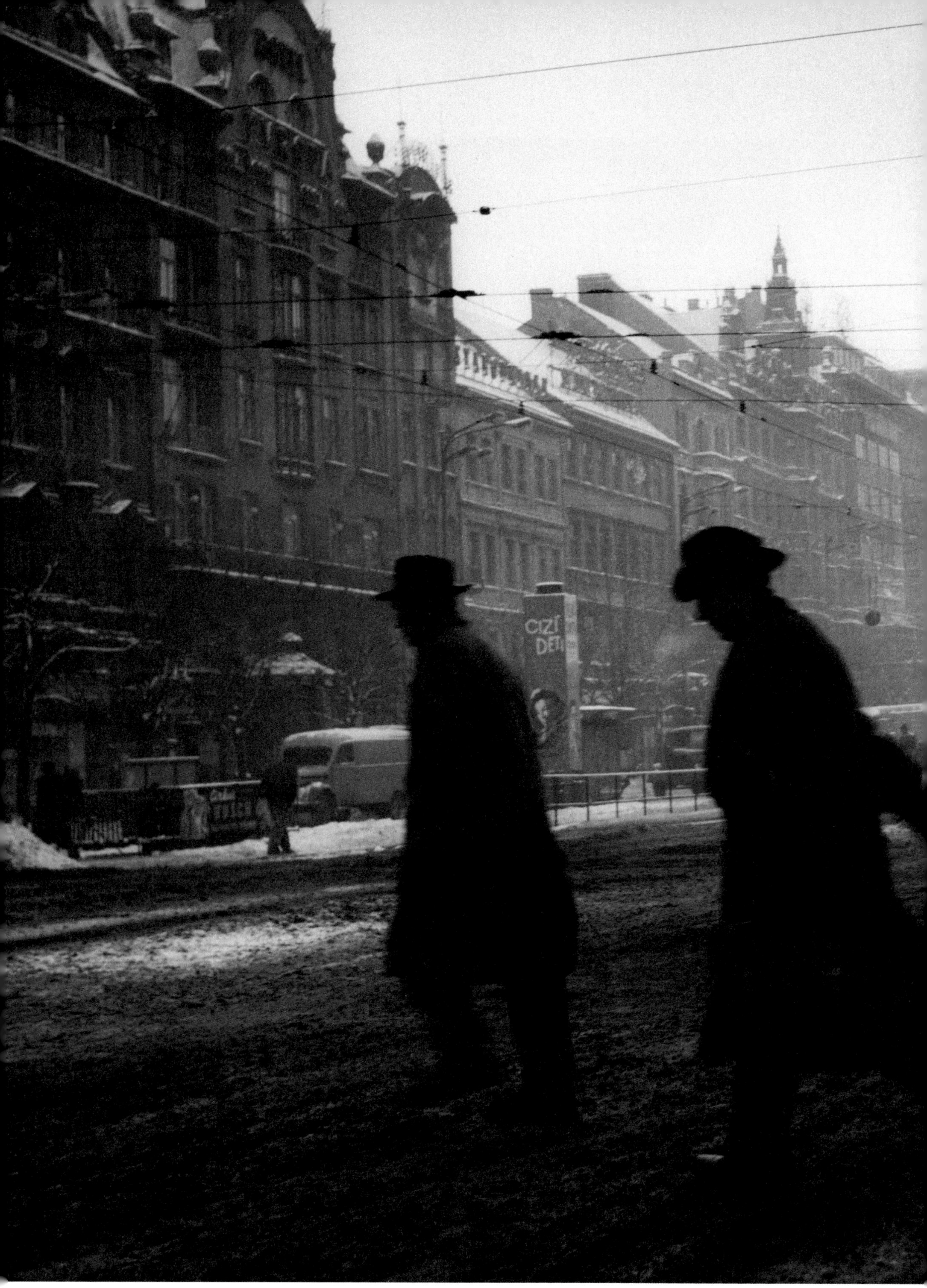
CIZÍ
DETI

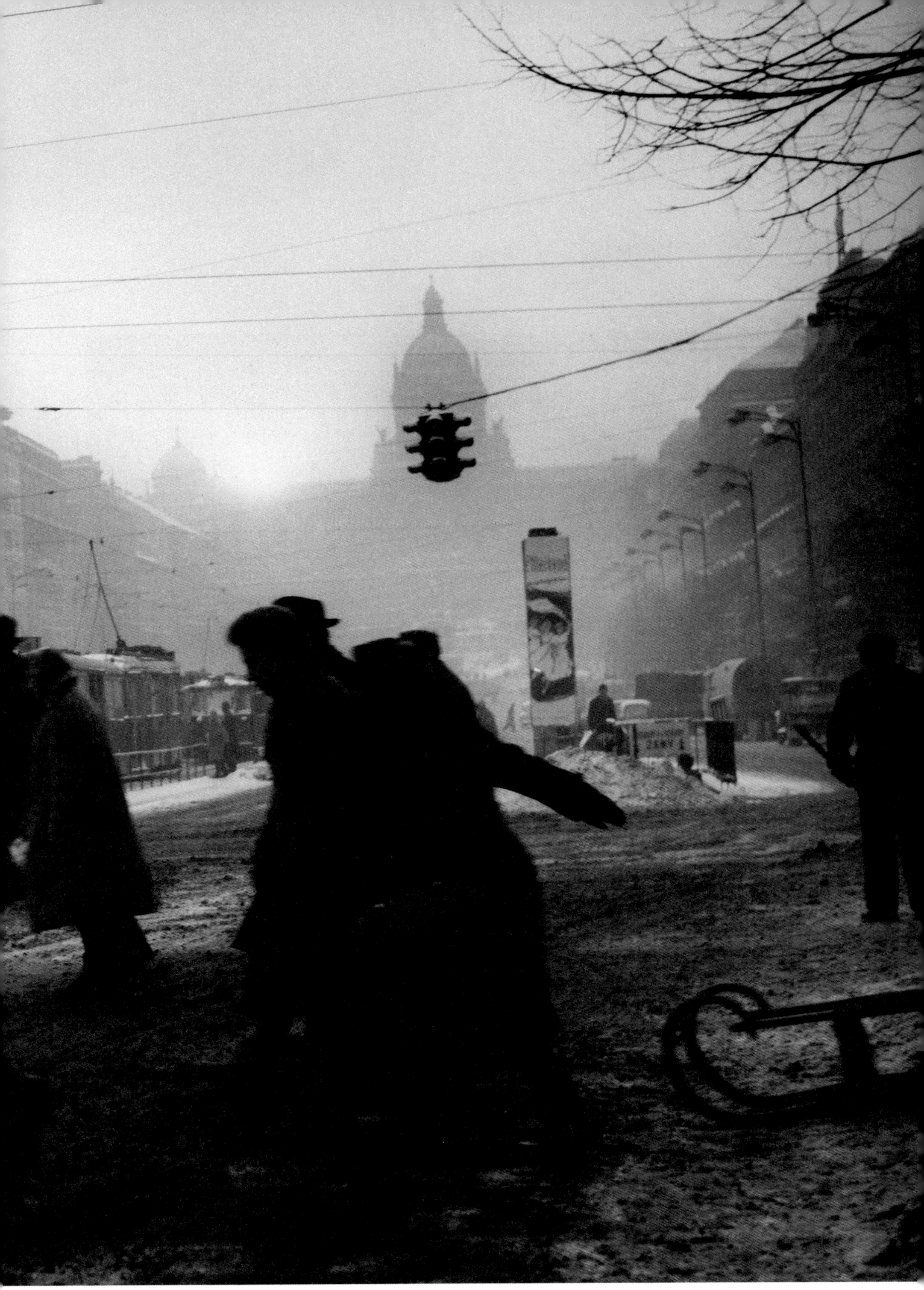

Praha
Prague, 1960

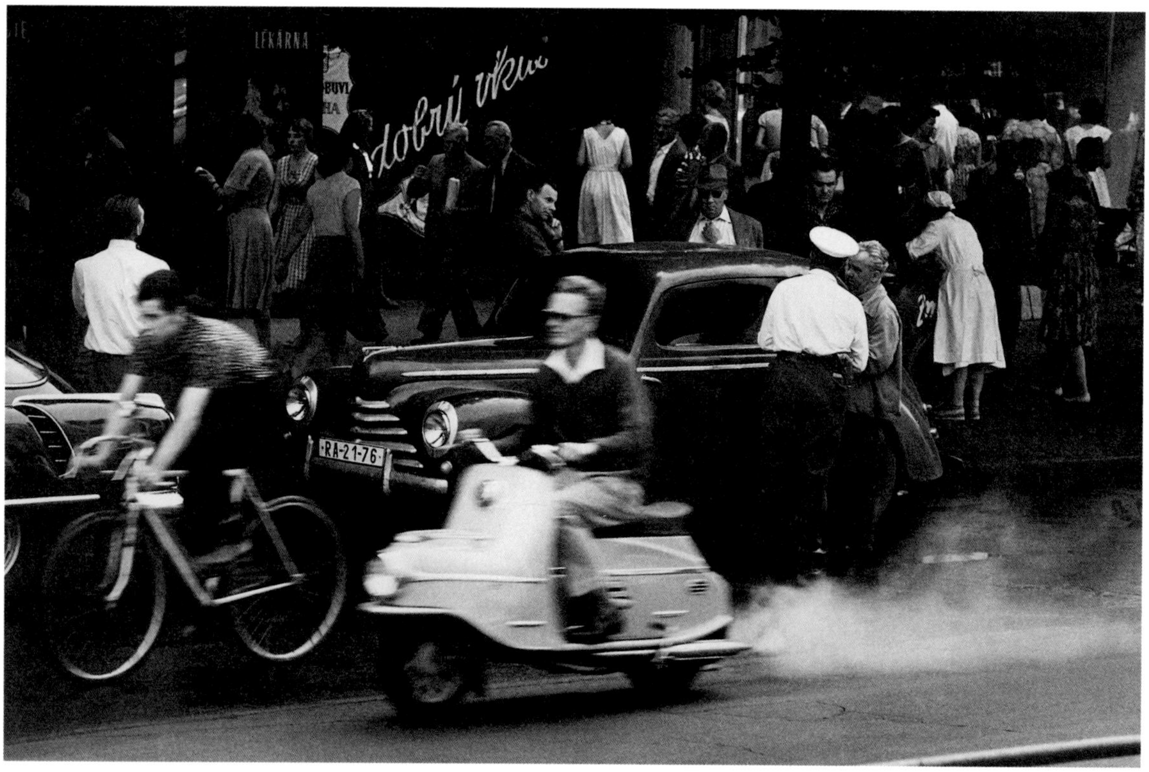

Praha
Prague, 1965

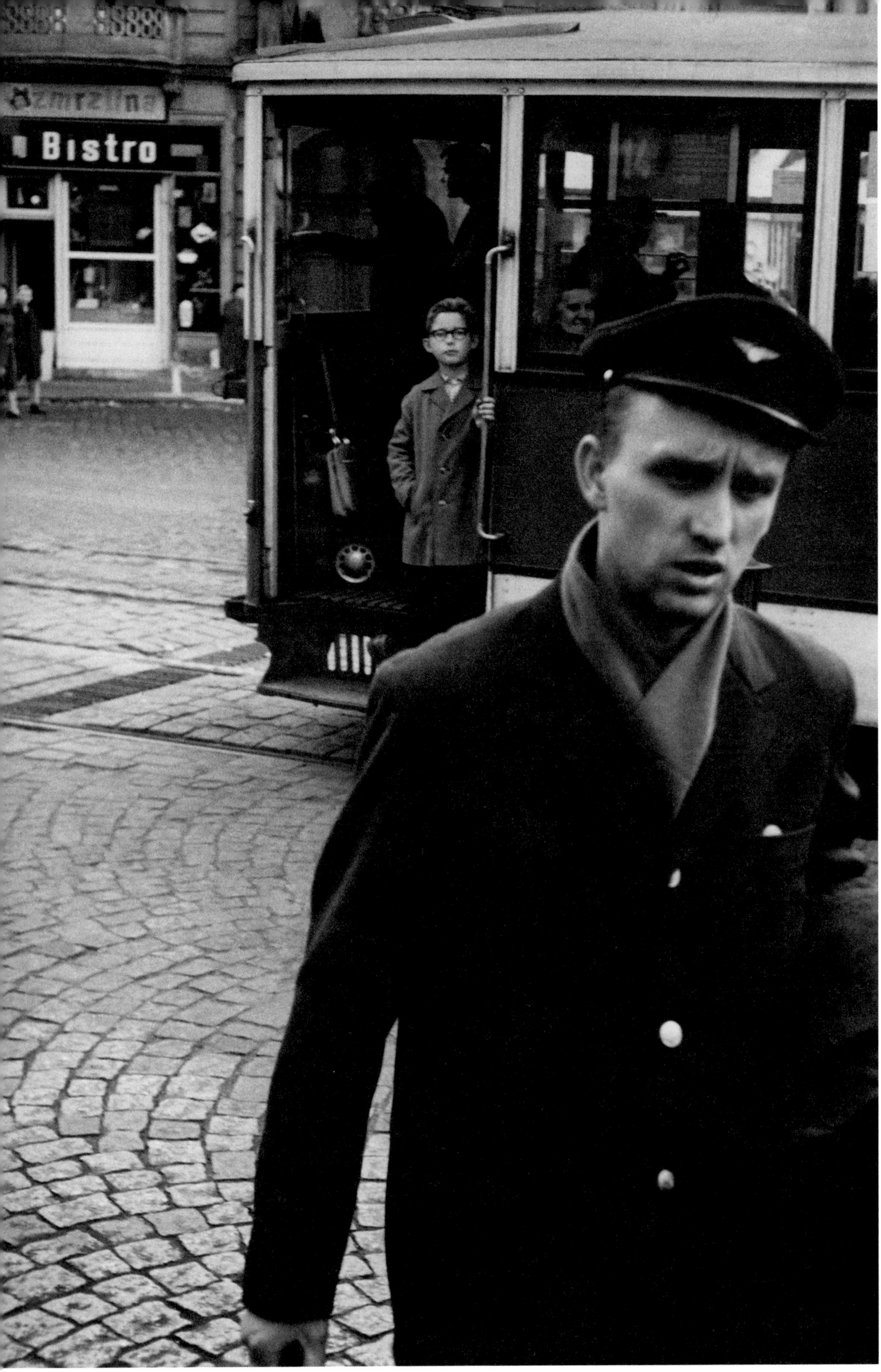

Praha
Prague, 1964

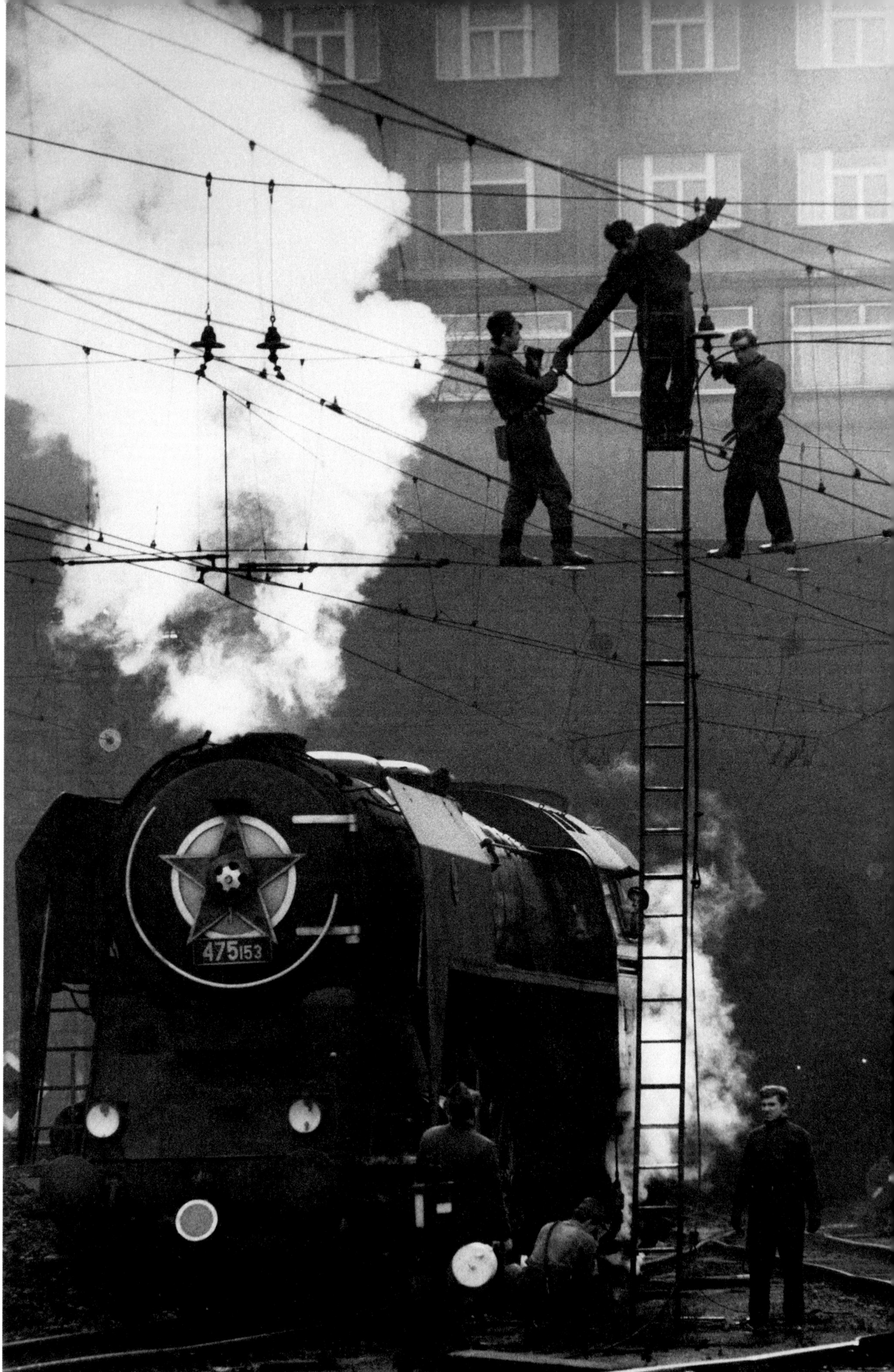

Praha
Prague, 1964

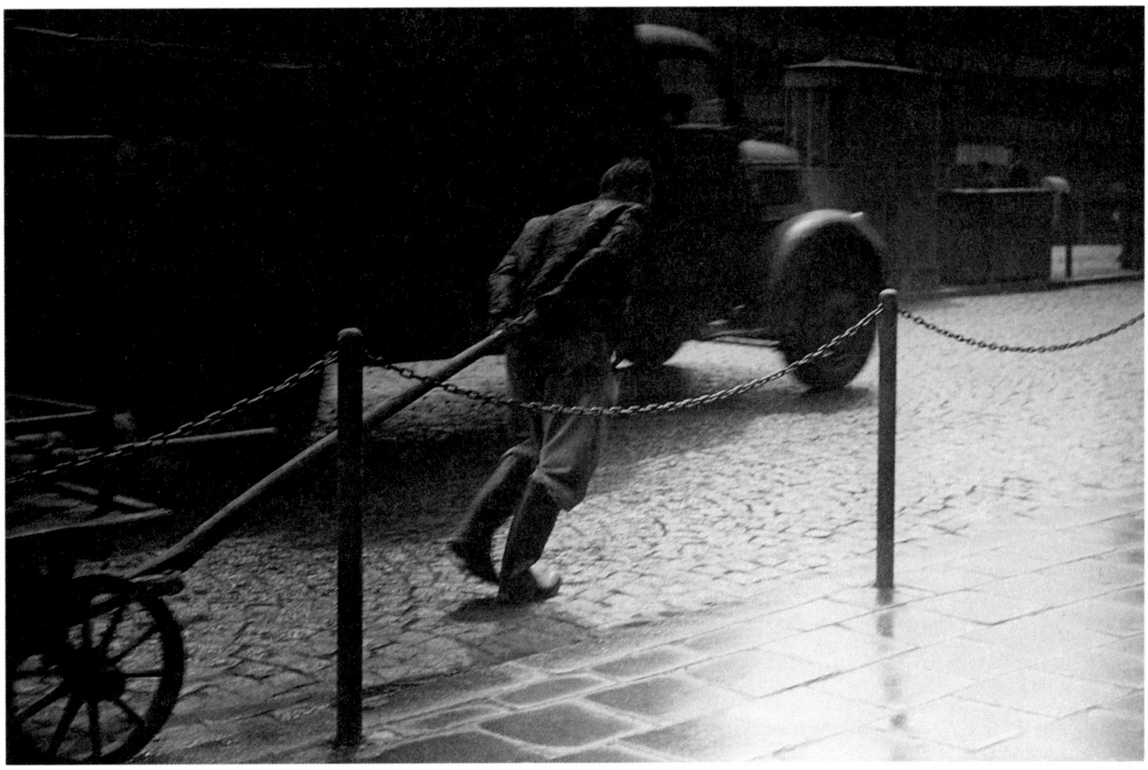

Brno, 1956

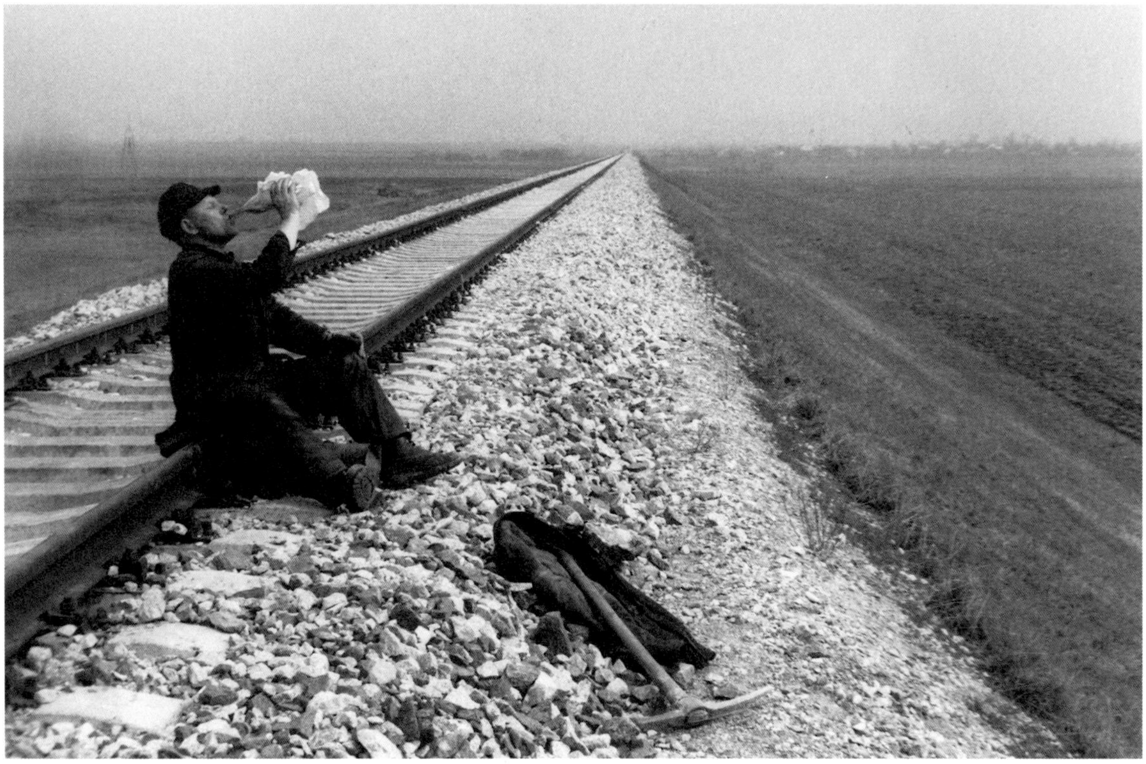

Východní Slovensko
East Slovakia, 1967

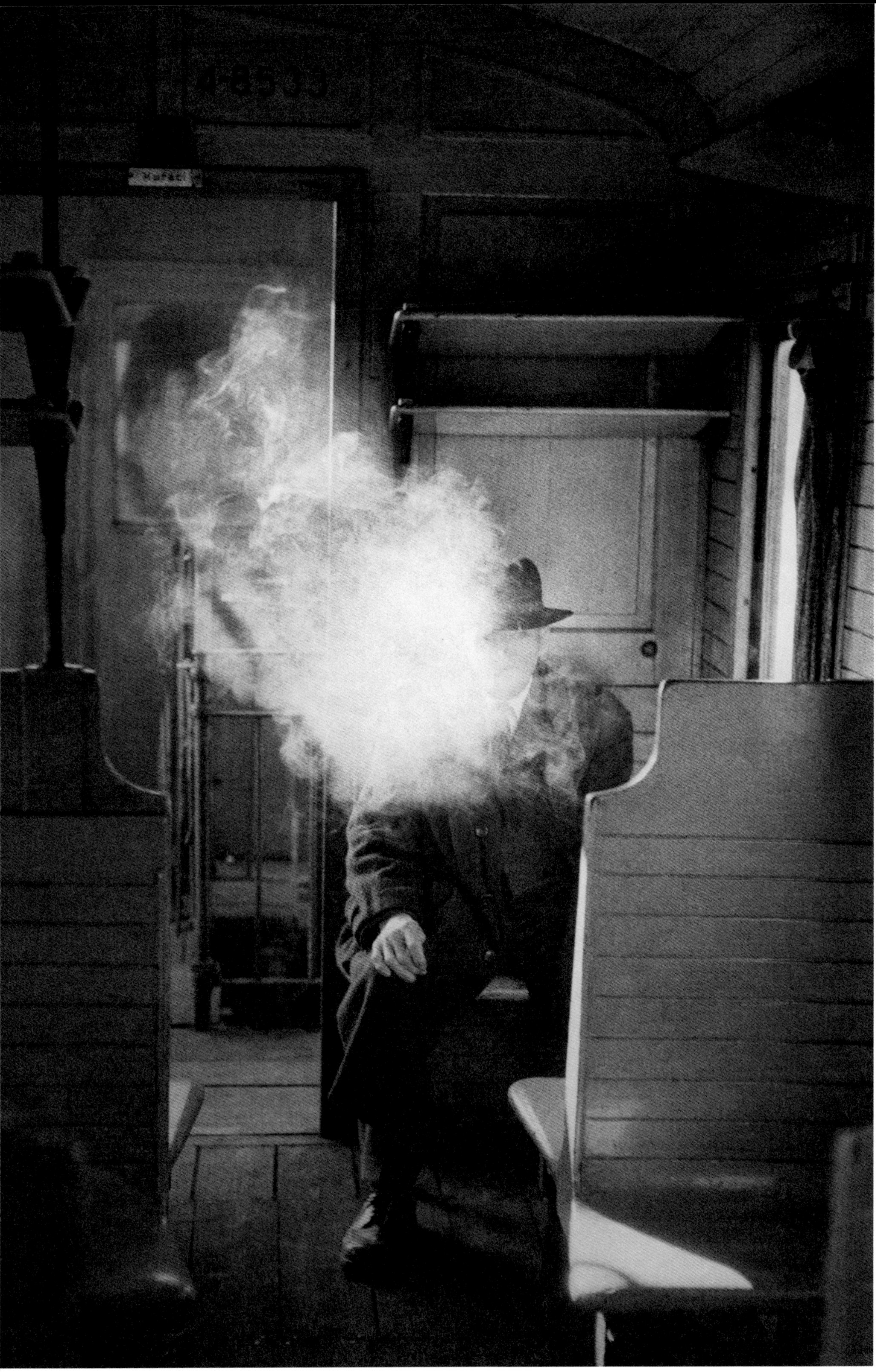

Koryčany, 1964

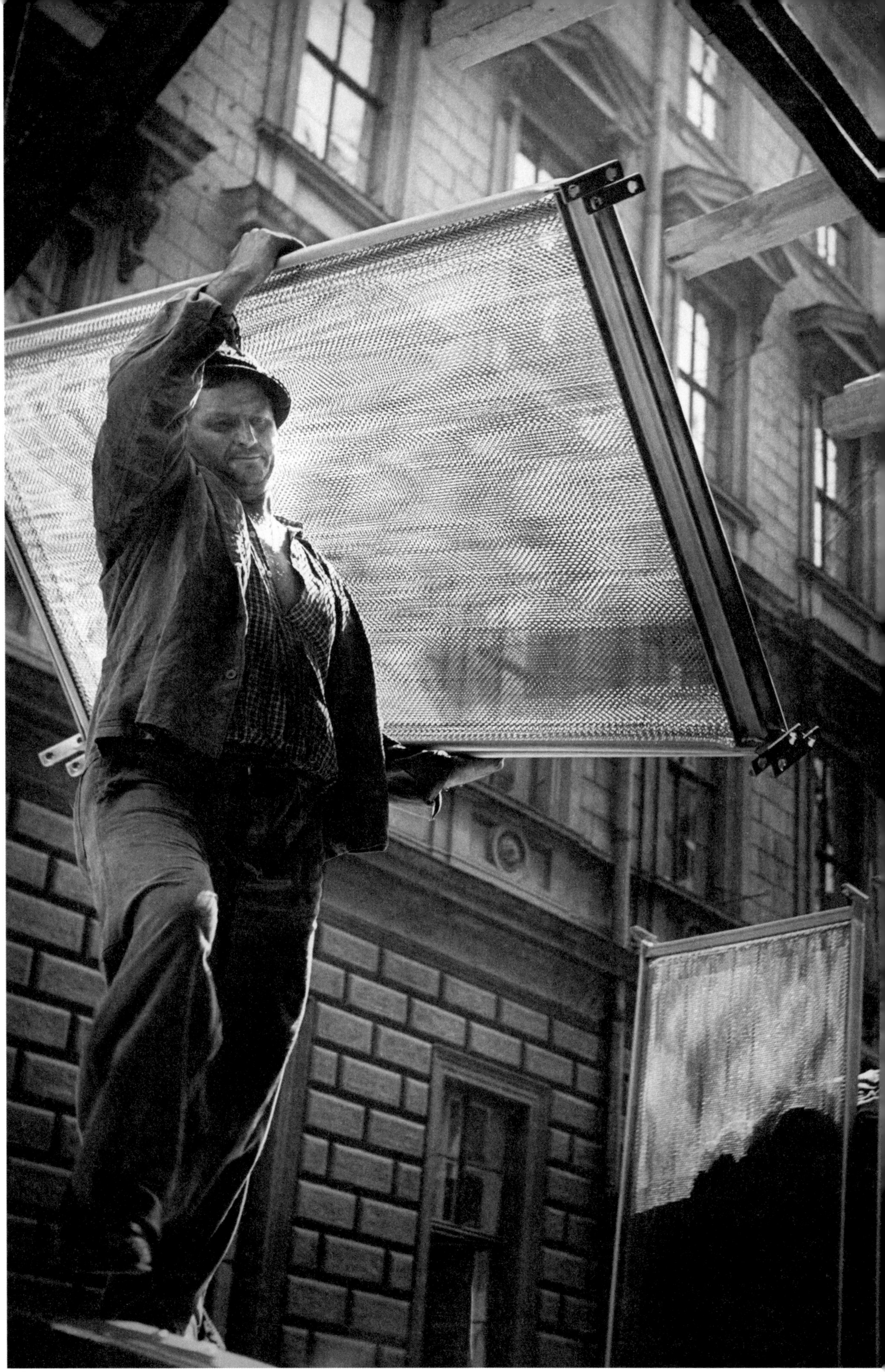

Brno, 1958

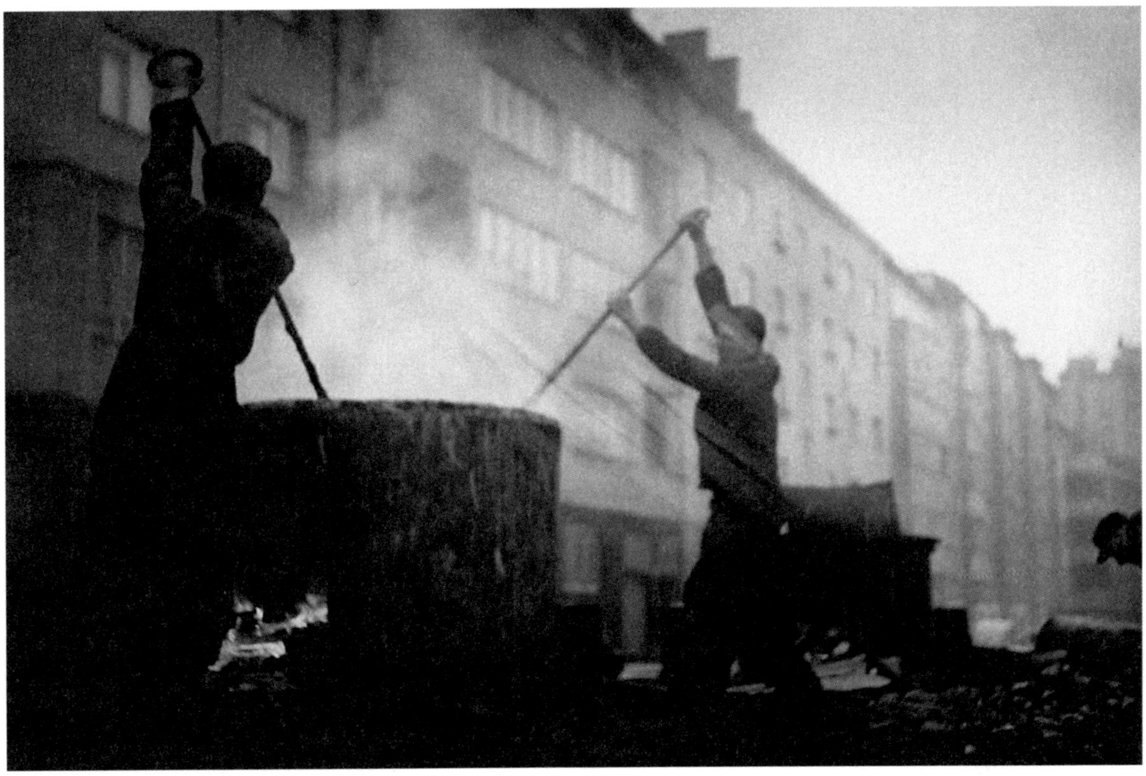

Brno, 1957

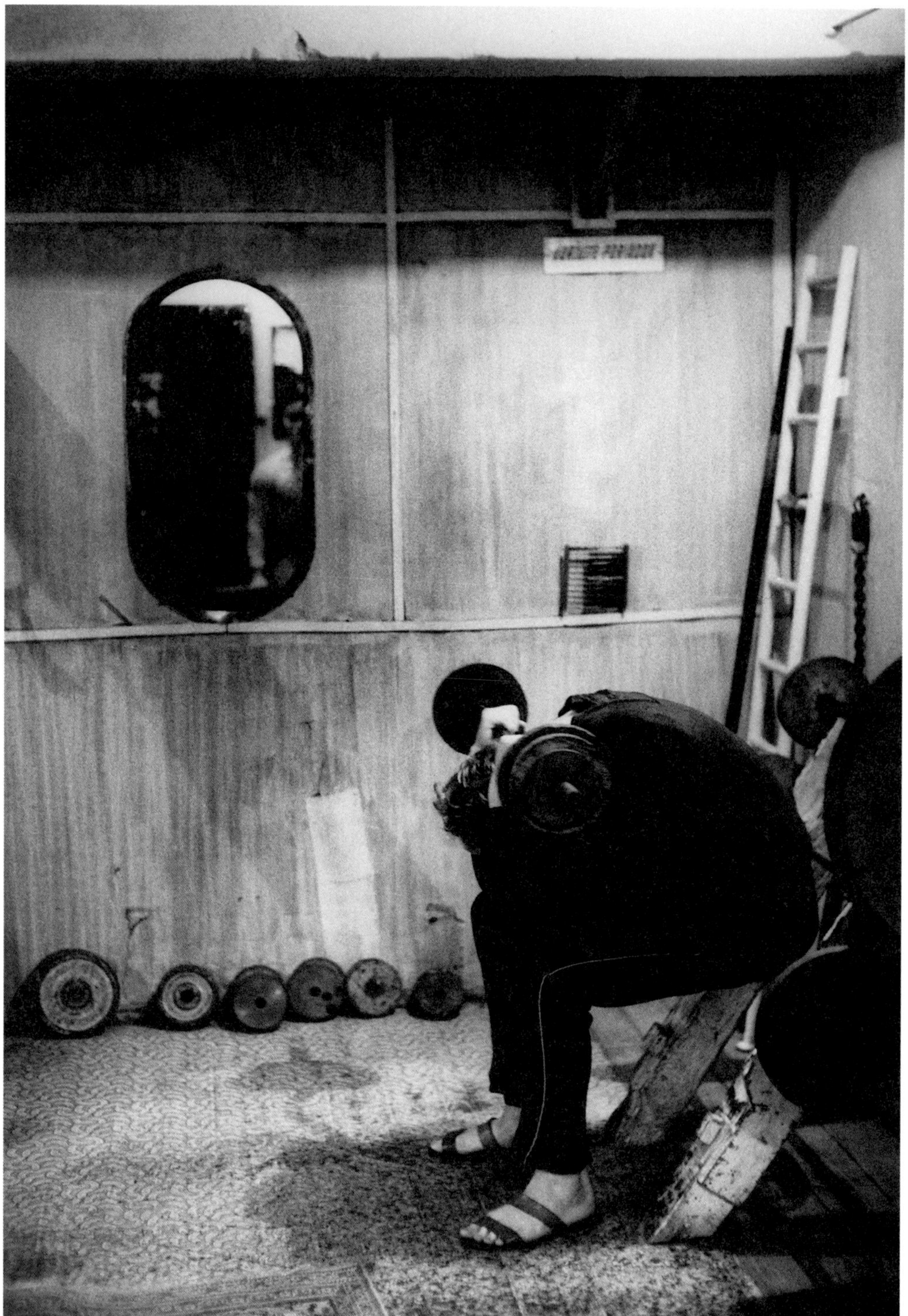

Bratislava, 1967

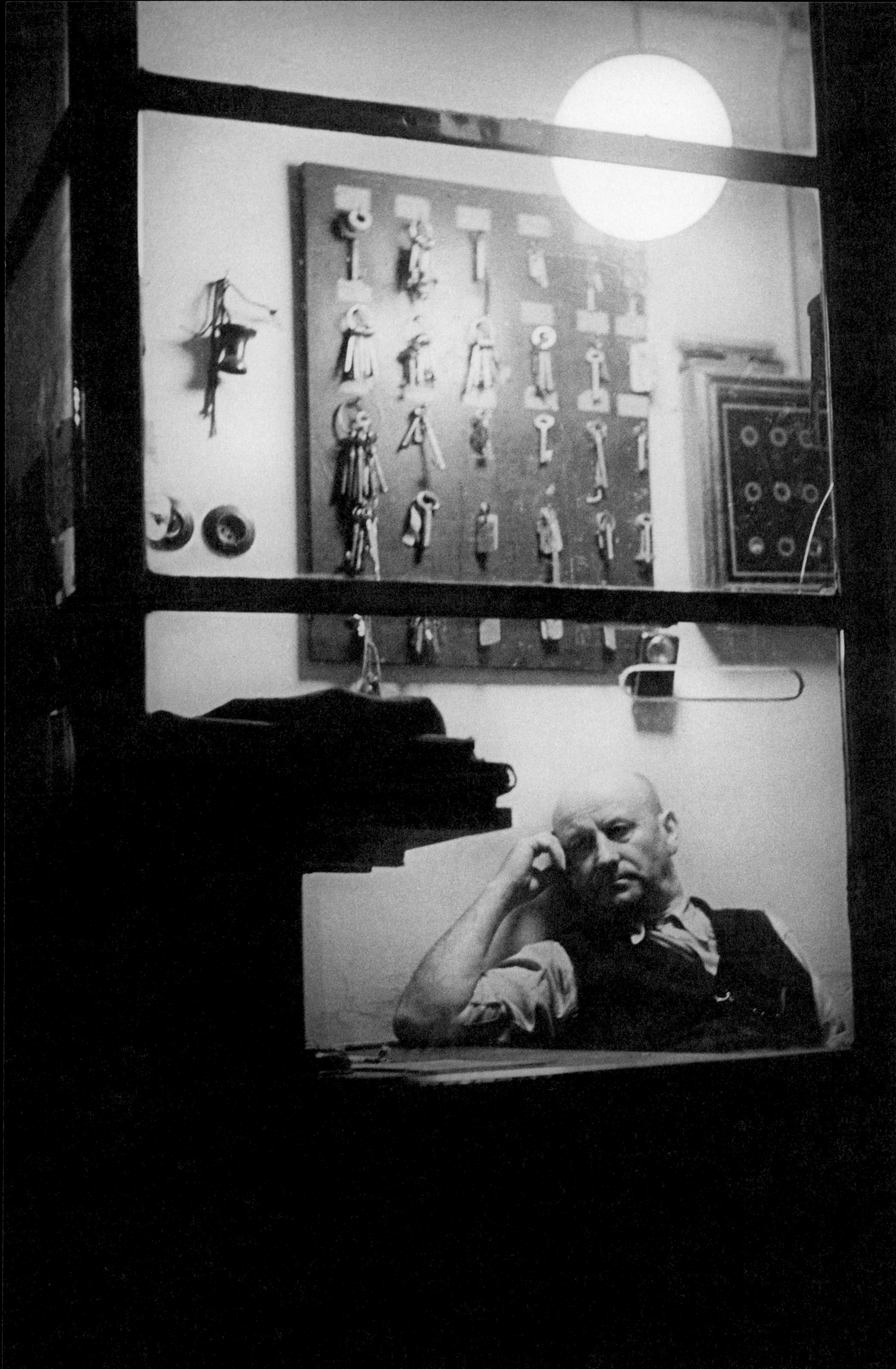

Brno, 1956

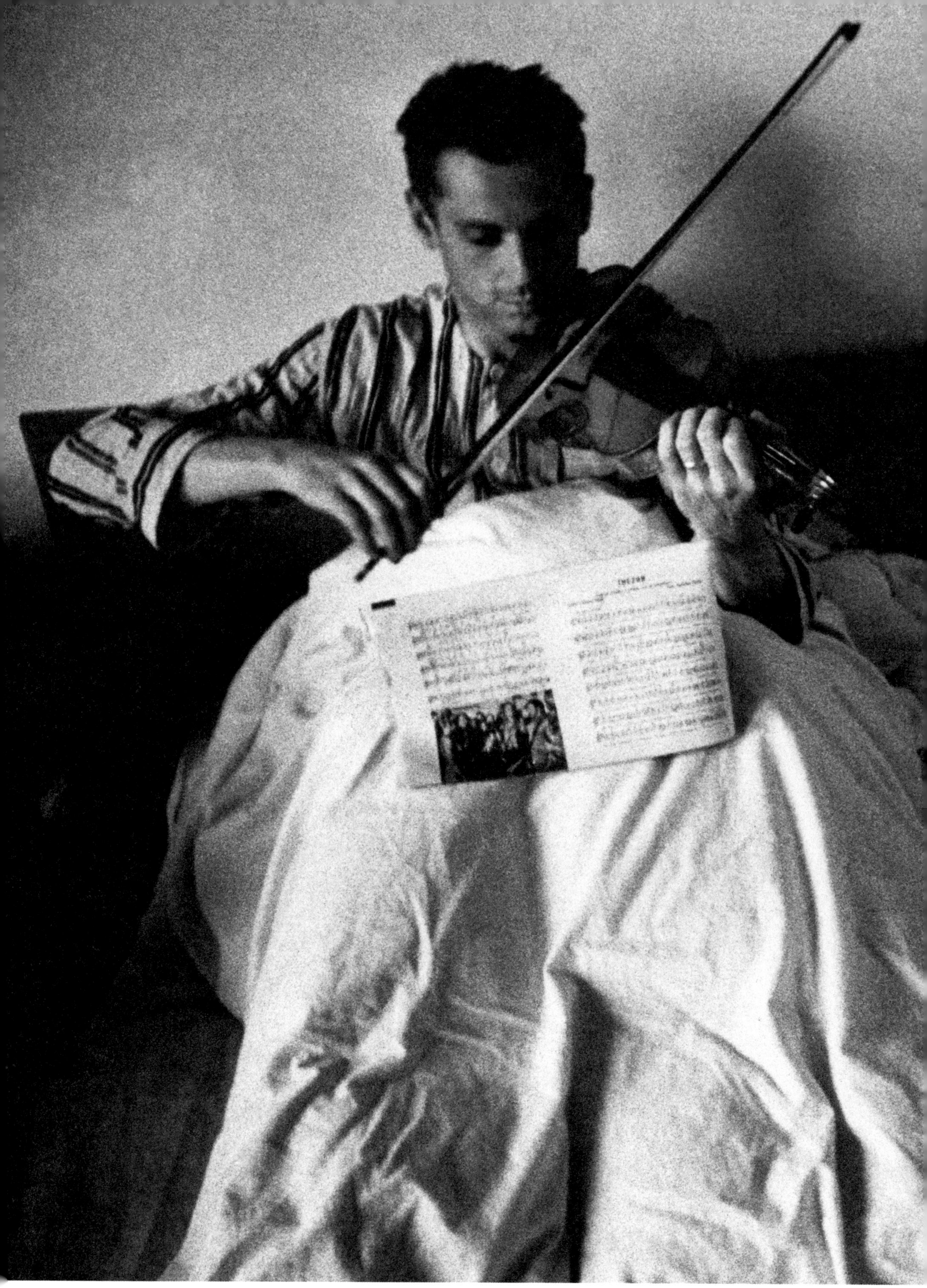

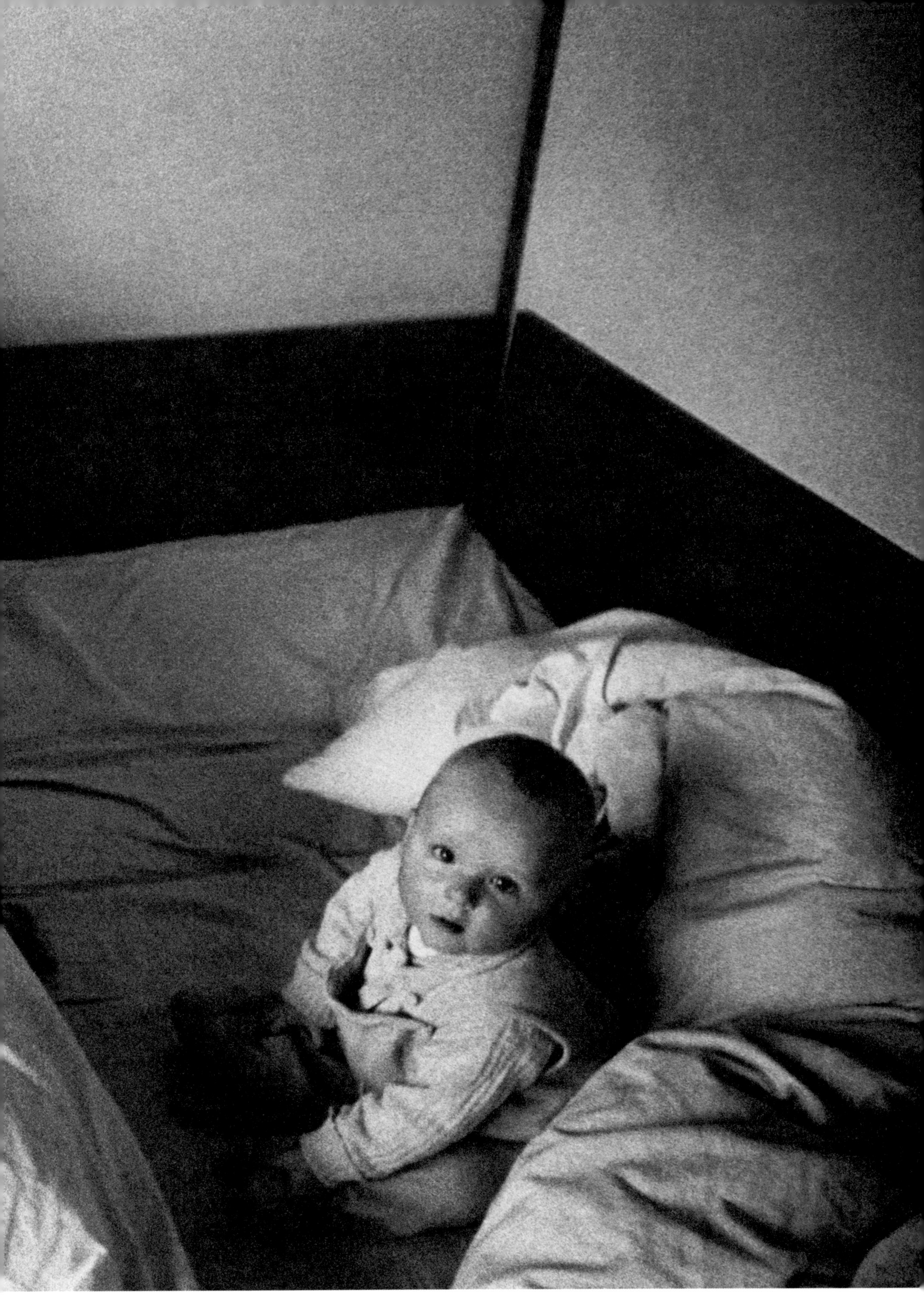

Praha
Prague, 1965

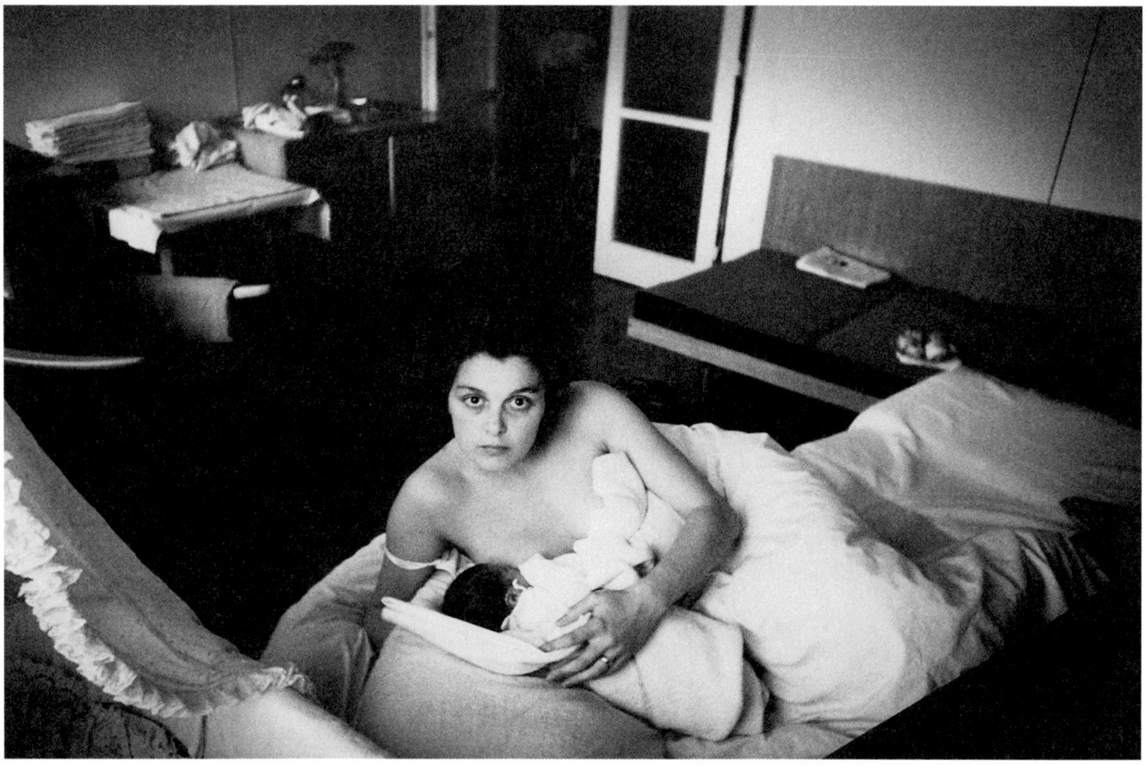

Praha
Prague, 1964

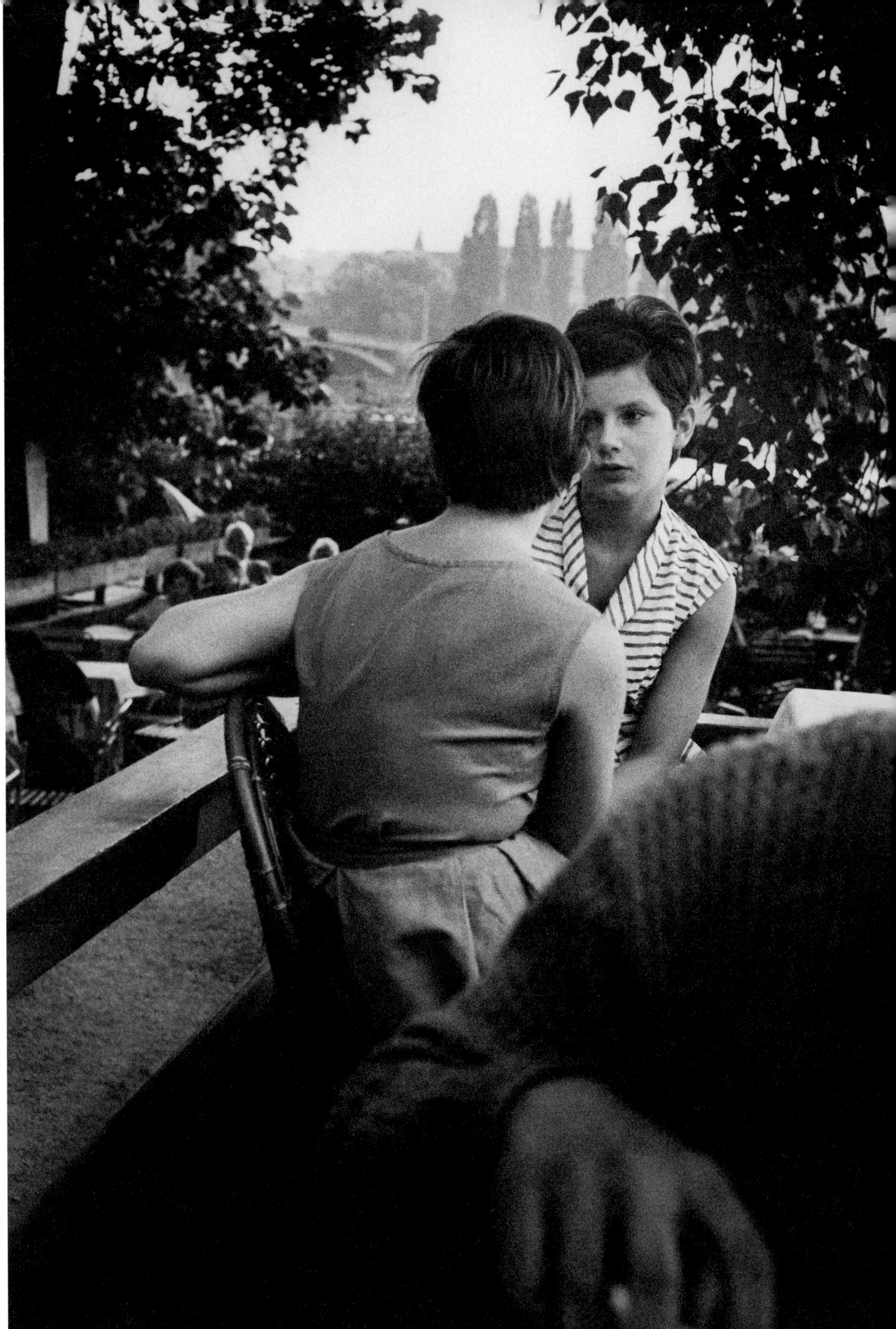

Praha
Prague, 1960

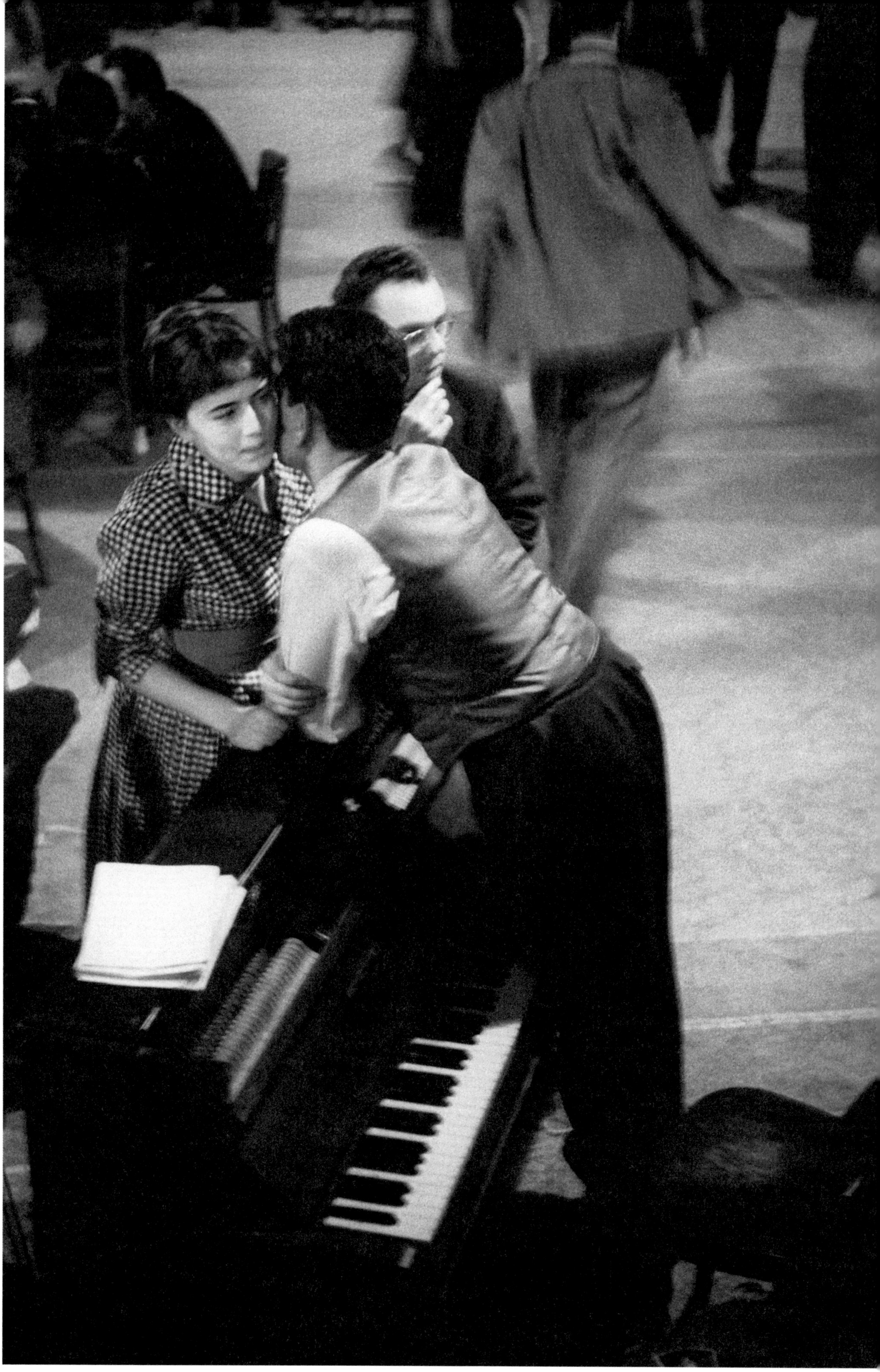

Praha
Prague, 1958

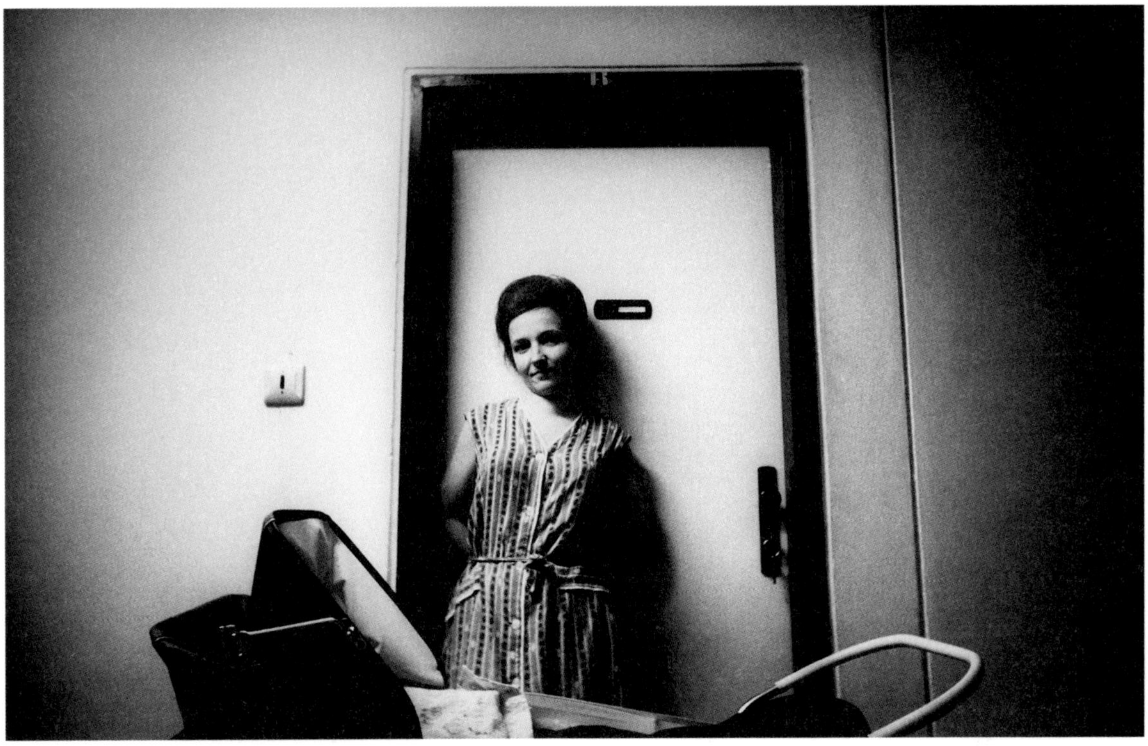

Praha
Prague, 1967

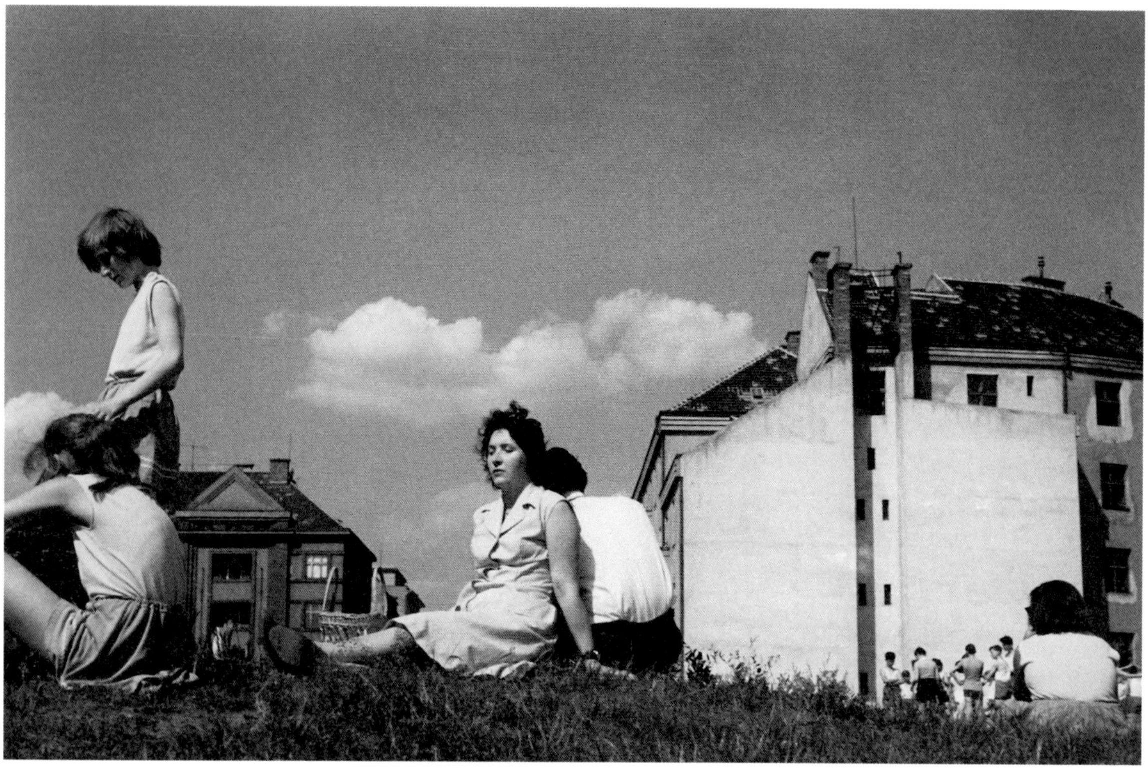

Praha
Prague, 1959

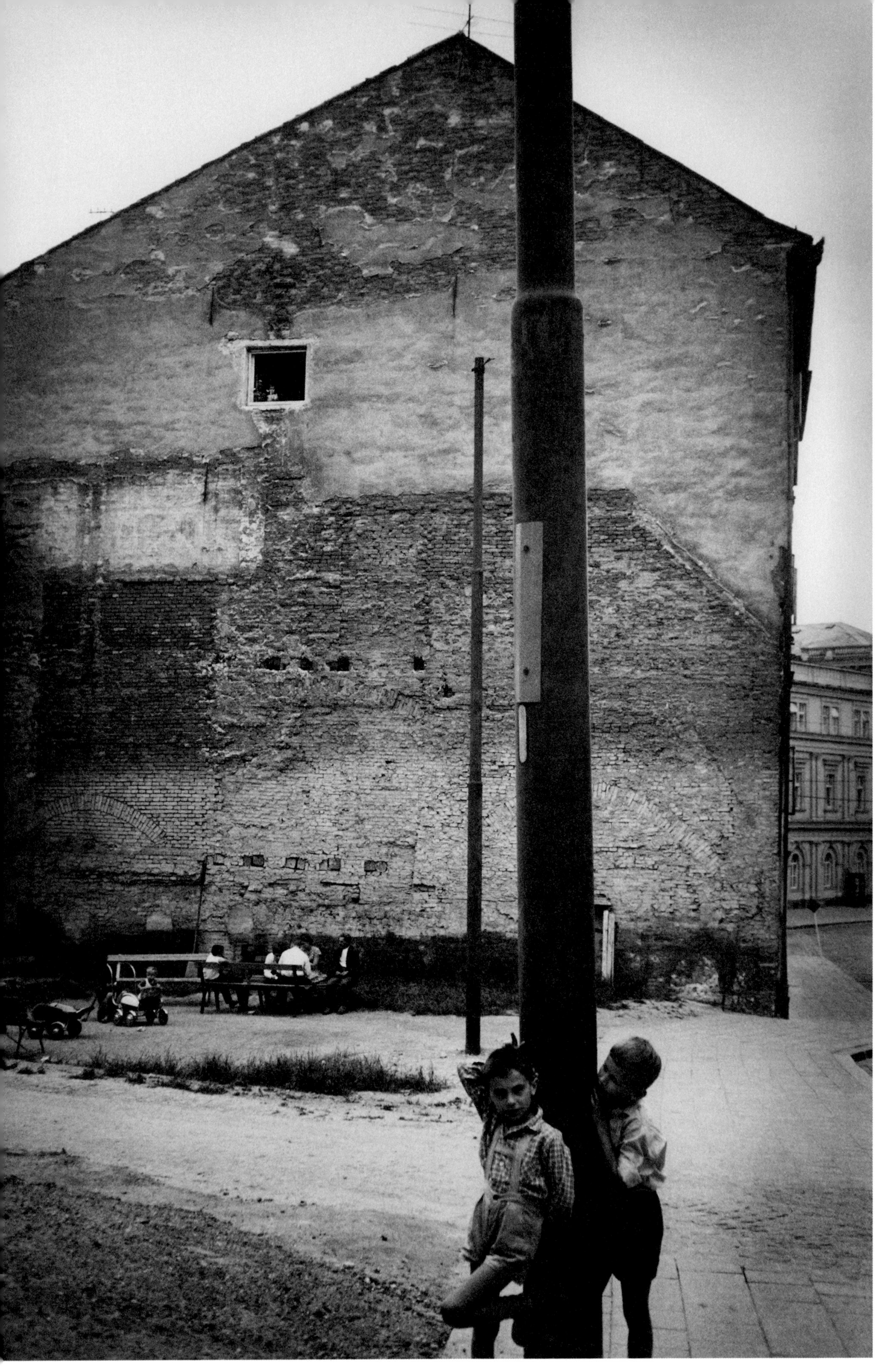

Brno, 1965

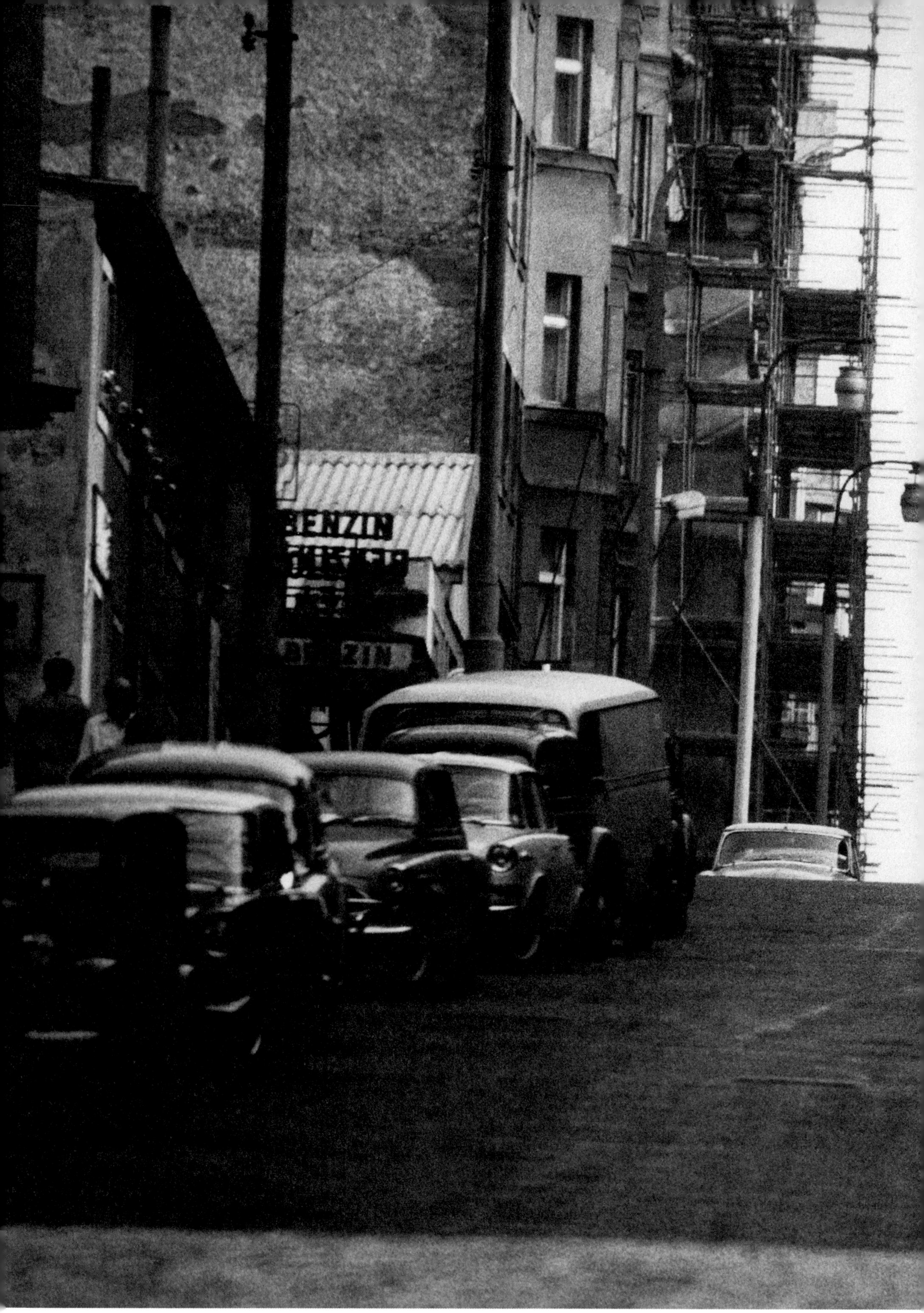
BENZIN

Praha
Prague, 1966

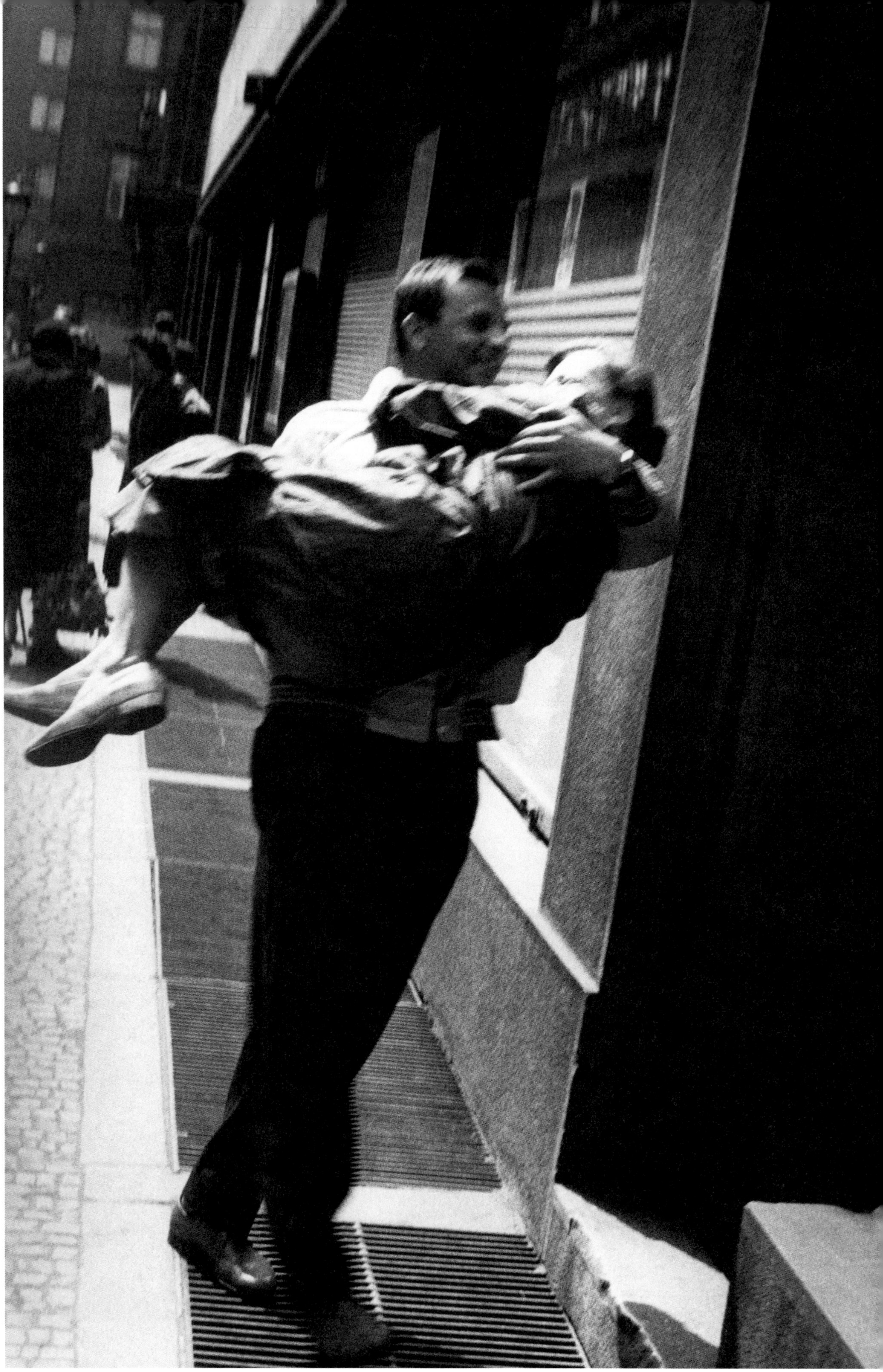

Praha
Prague, 1958

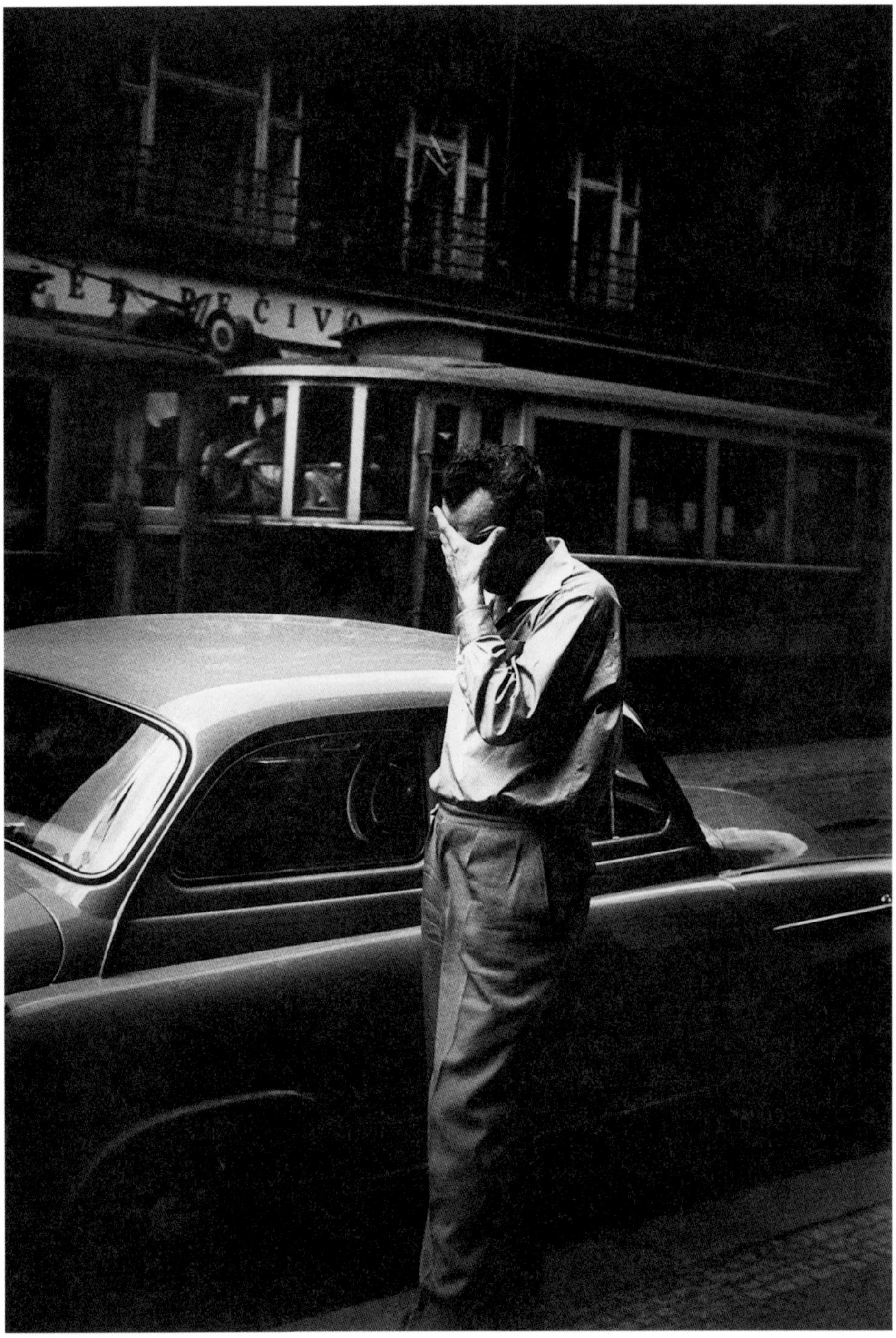

Praha
Prague, 1963

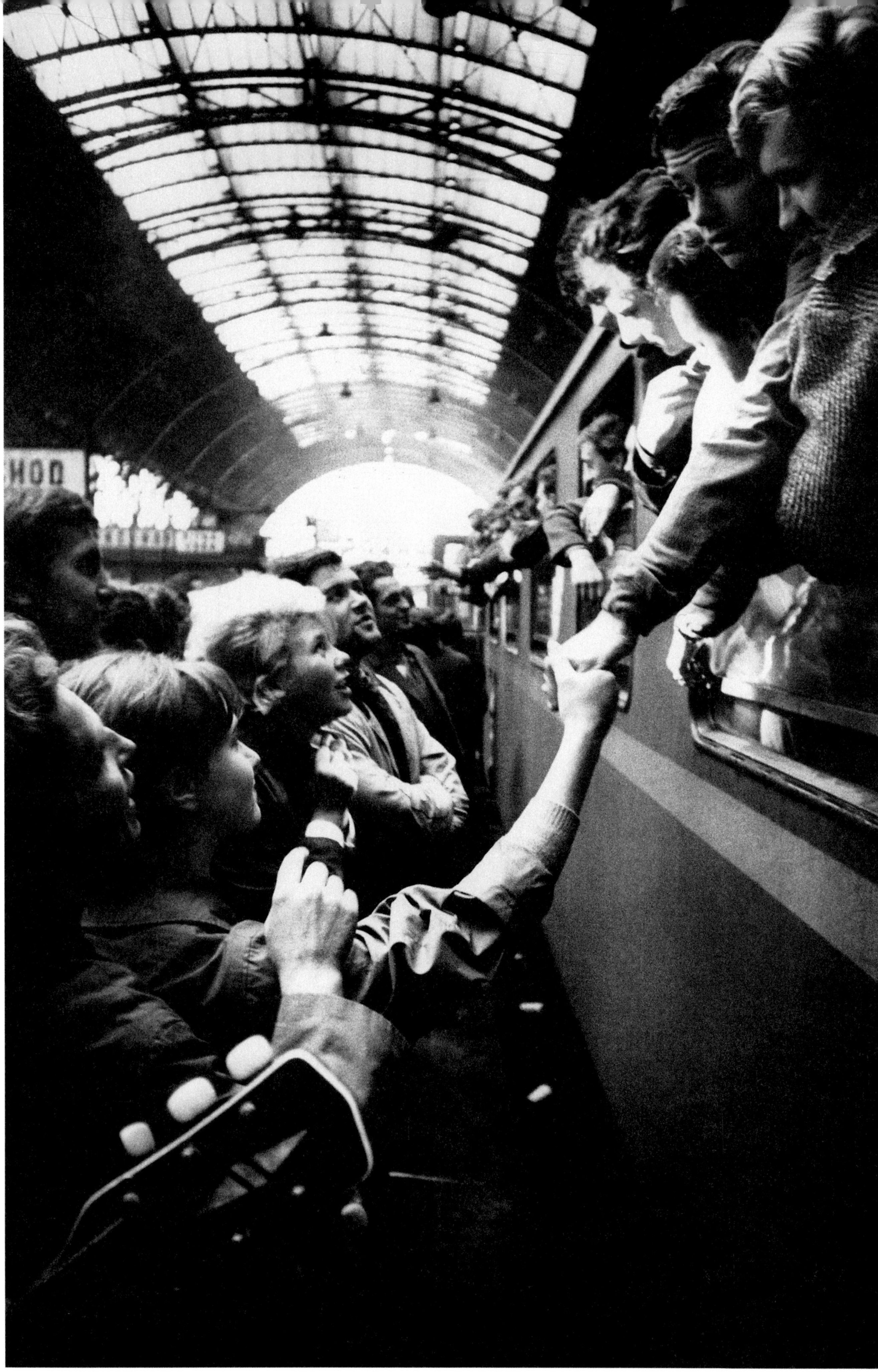

Praha
Prague, 1965

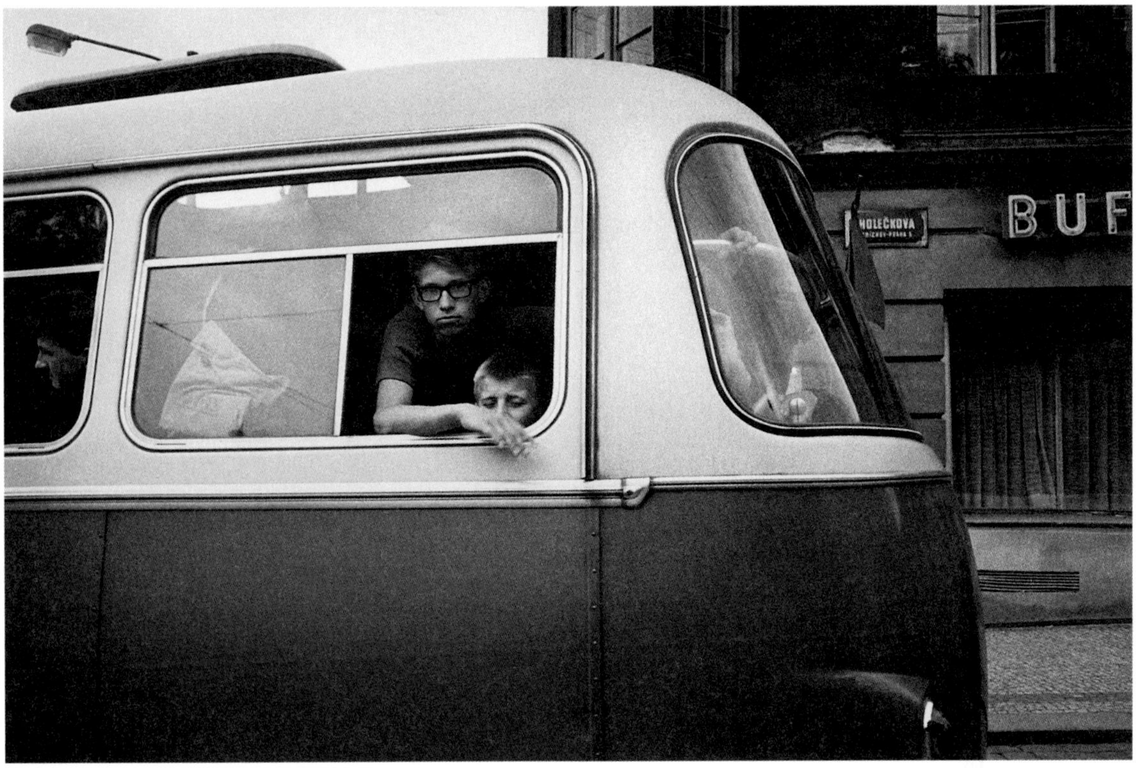

Praha, 80. léta
Prague, 1980s

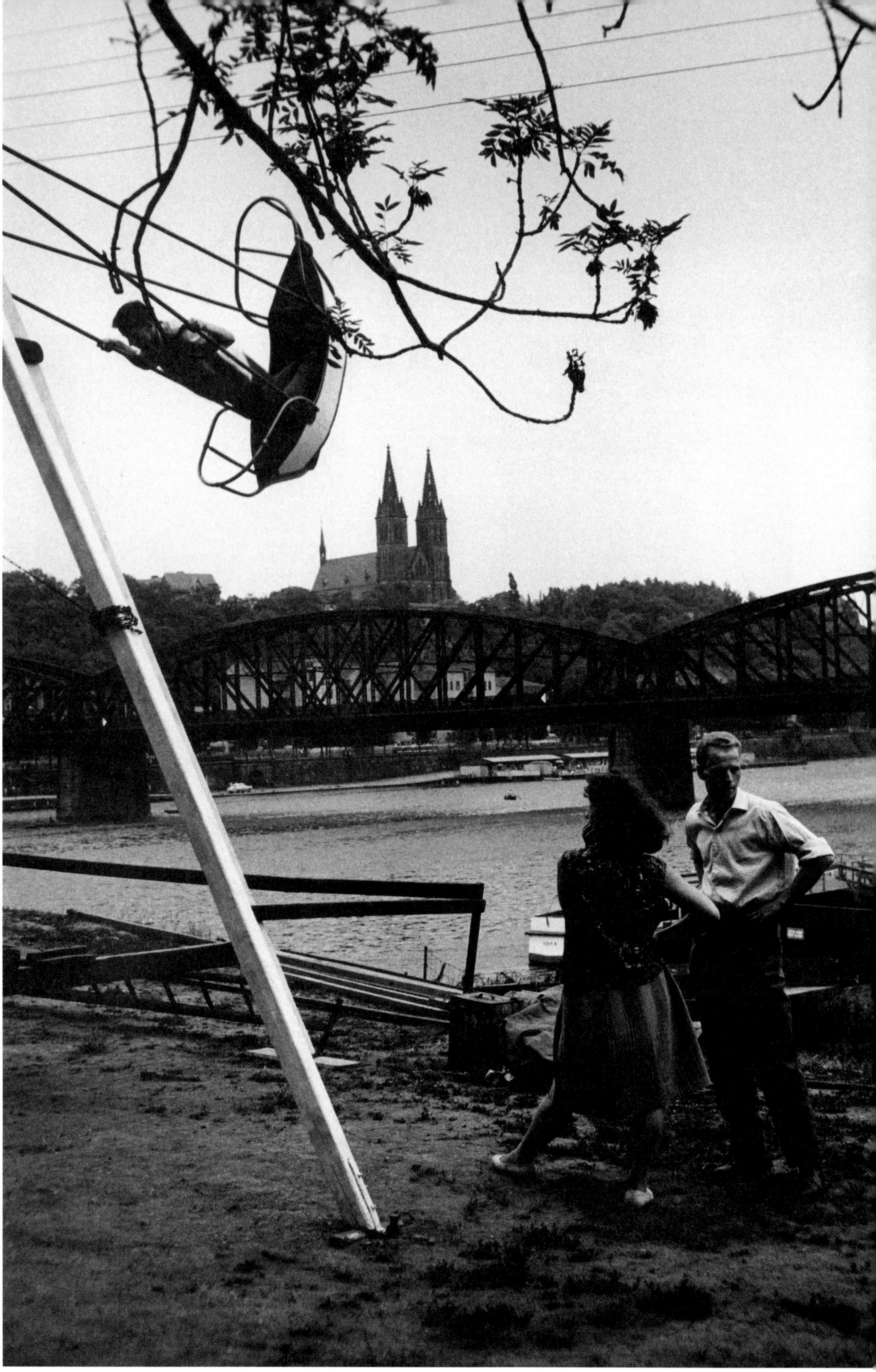

Praha
Prague, 1962

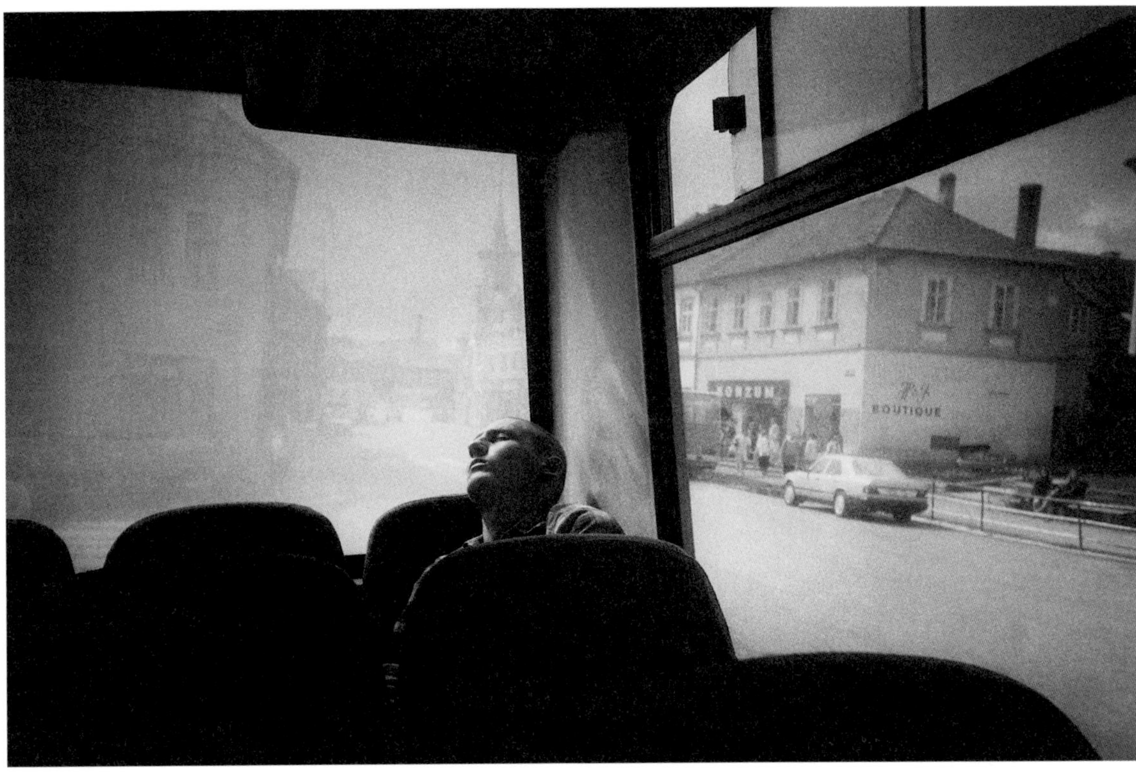

Praha
Prague, 1992

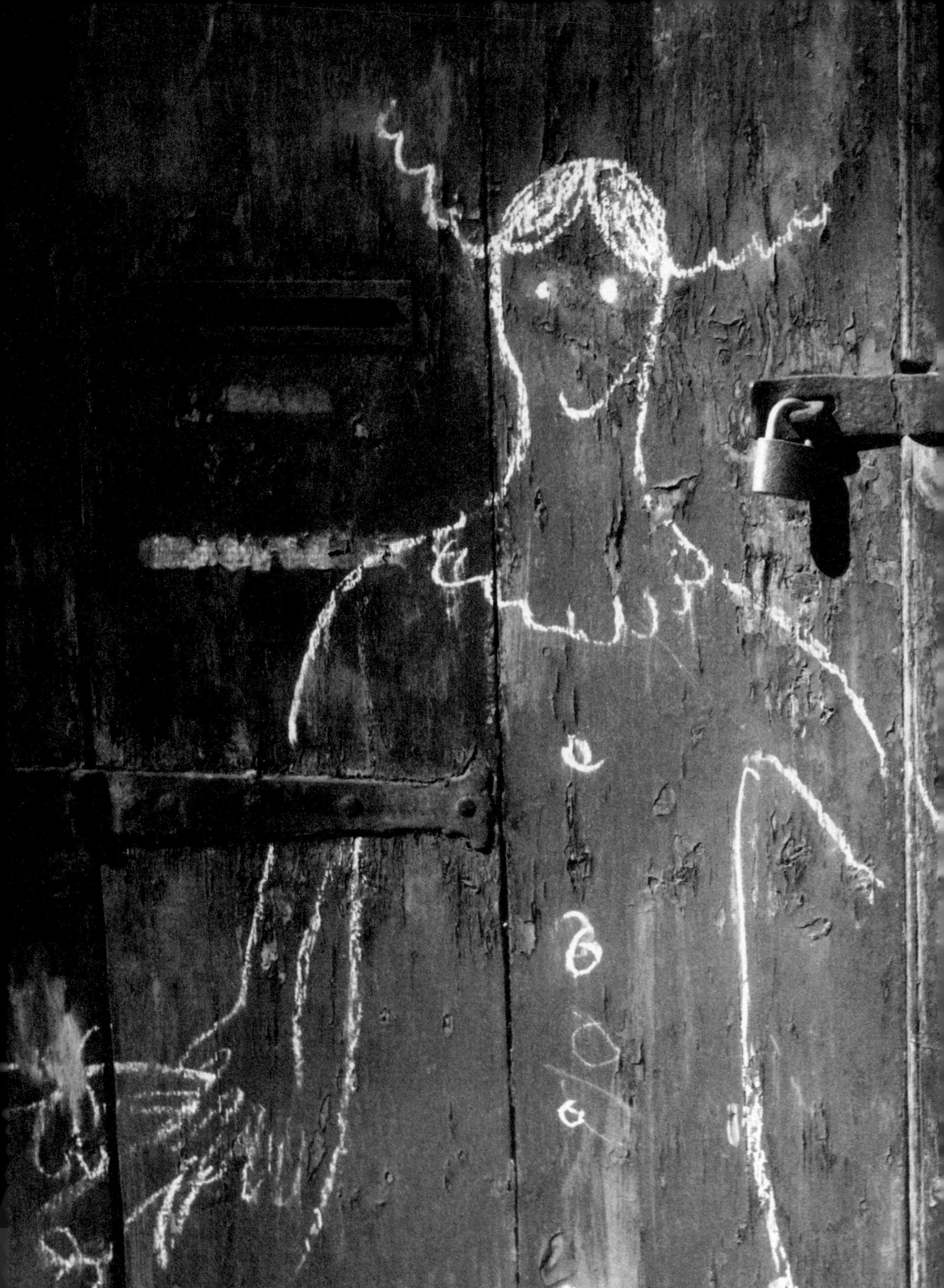

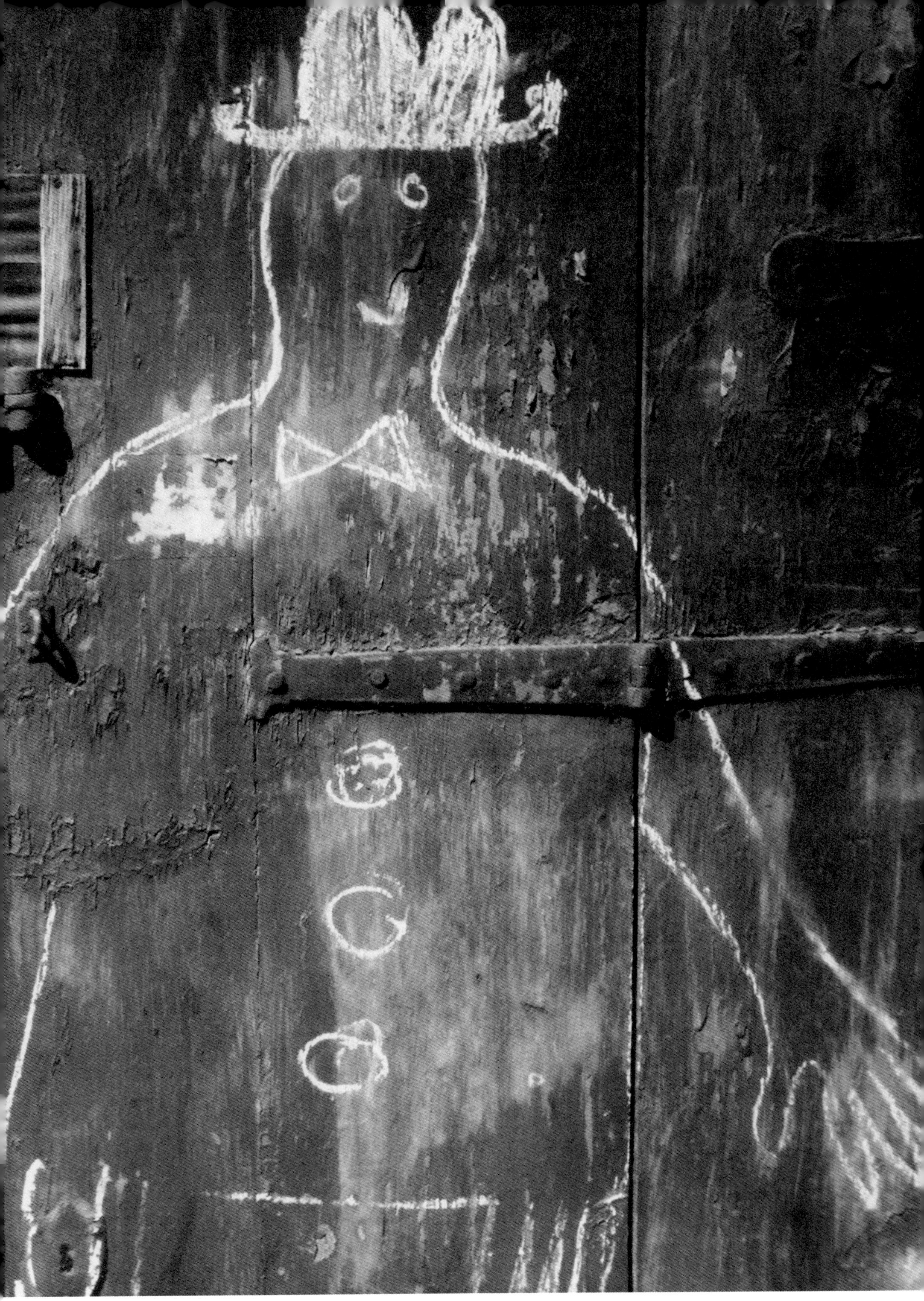

Praha
Prague, 1989

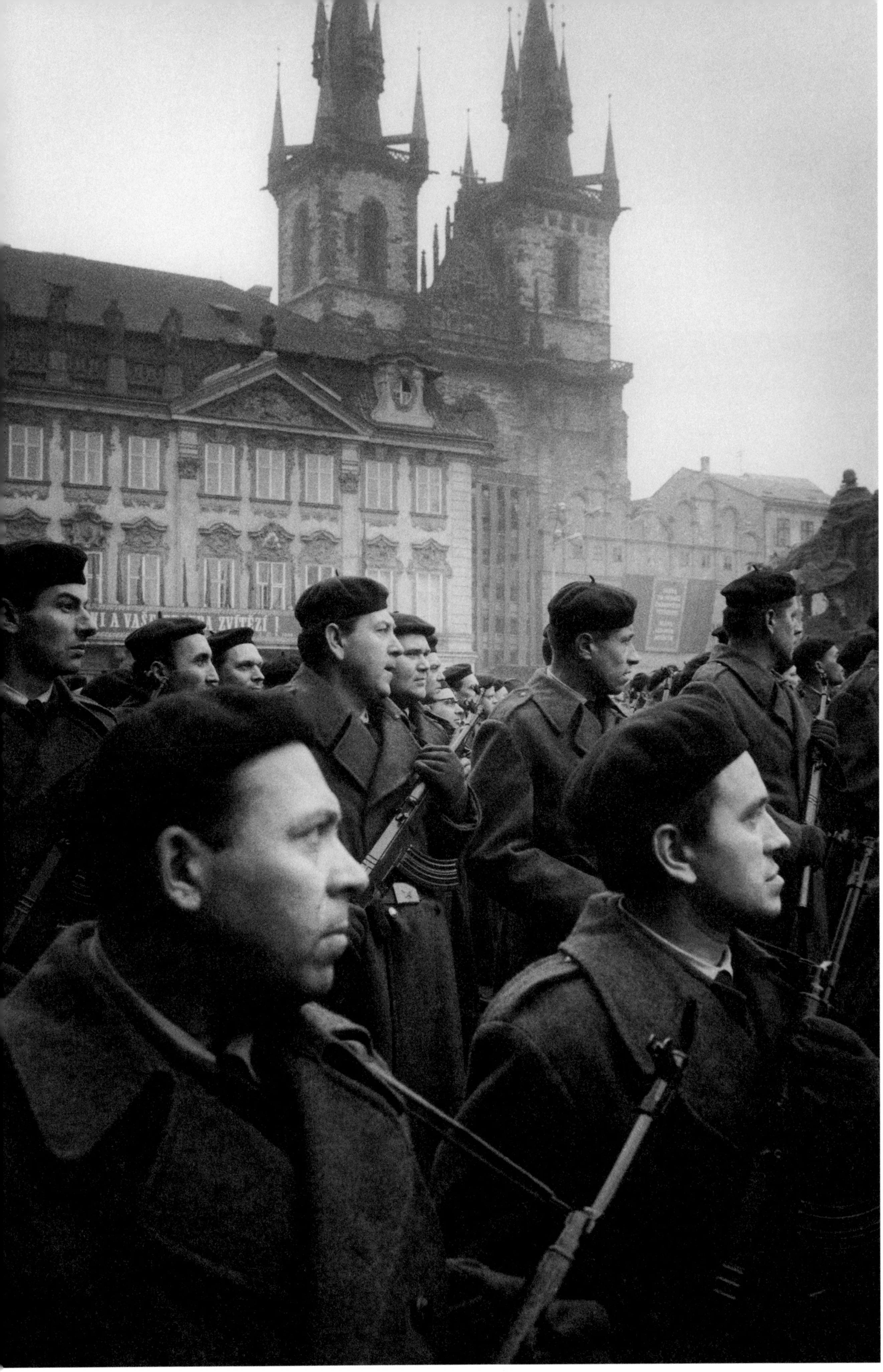

Praha
Prague, 1962

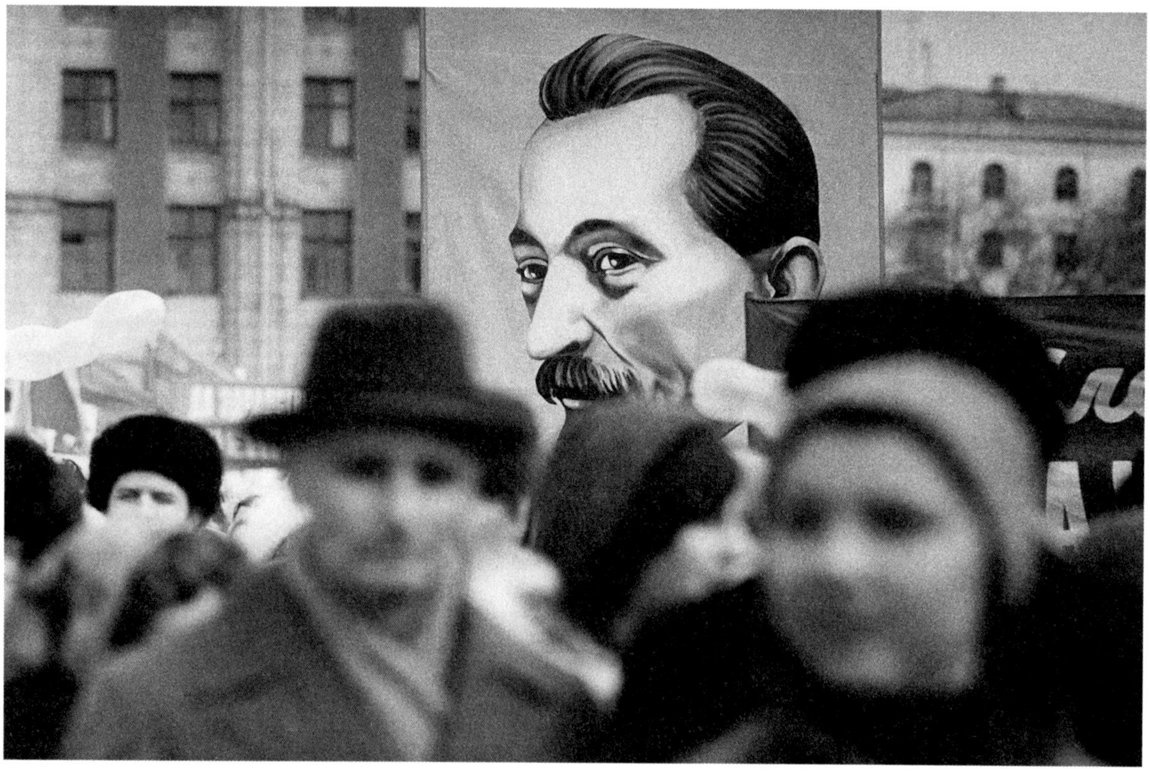

Volgograd, 1977

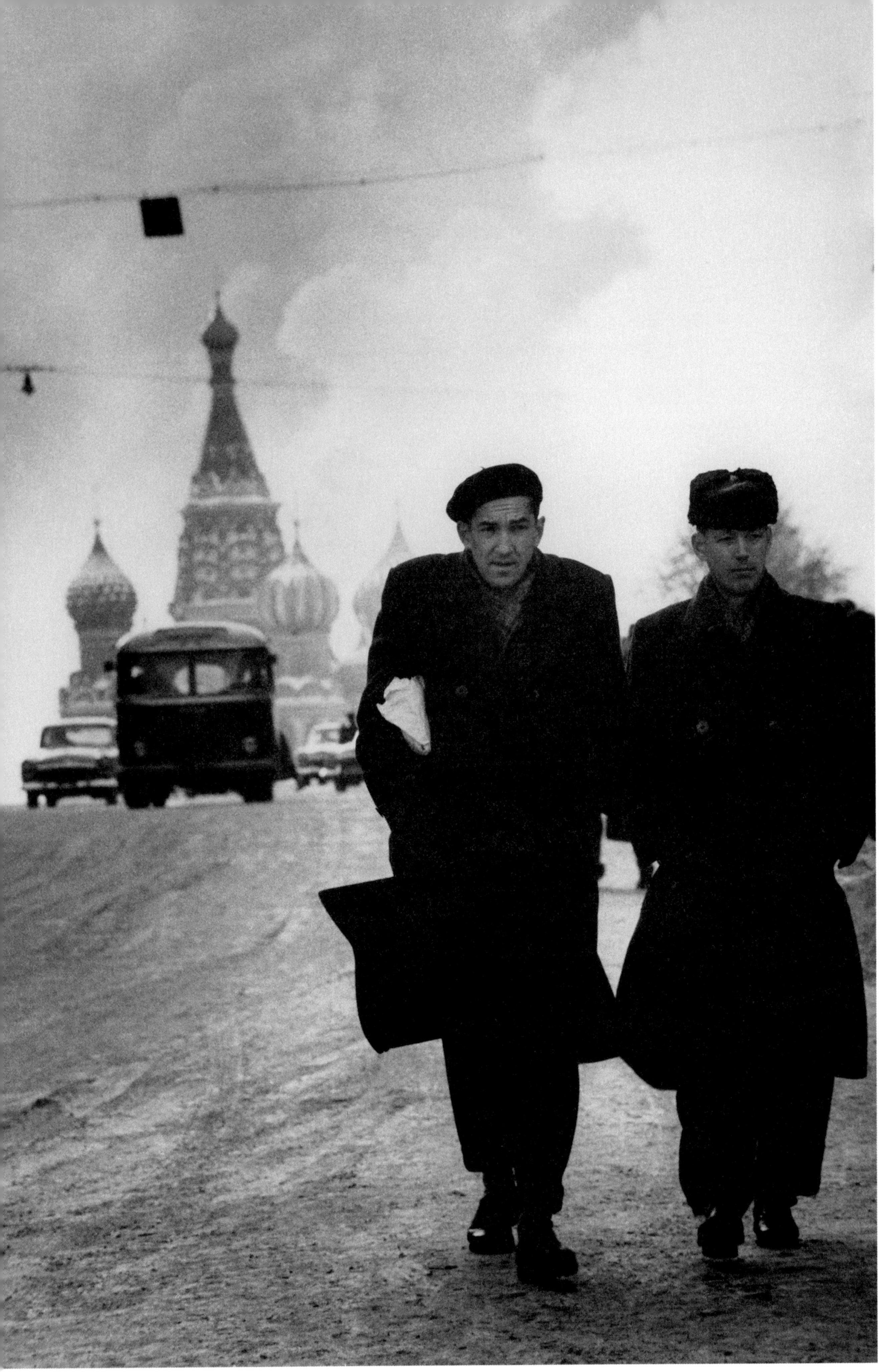

Moskva
Moscow, 1961

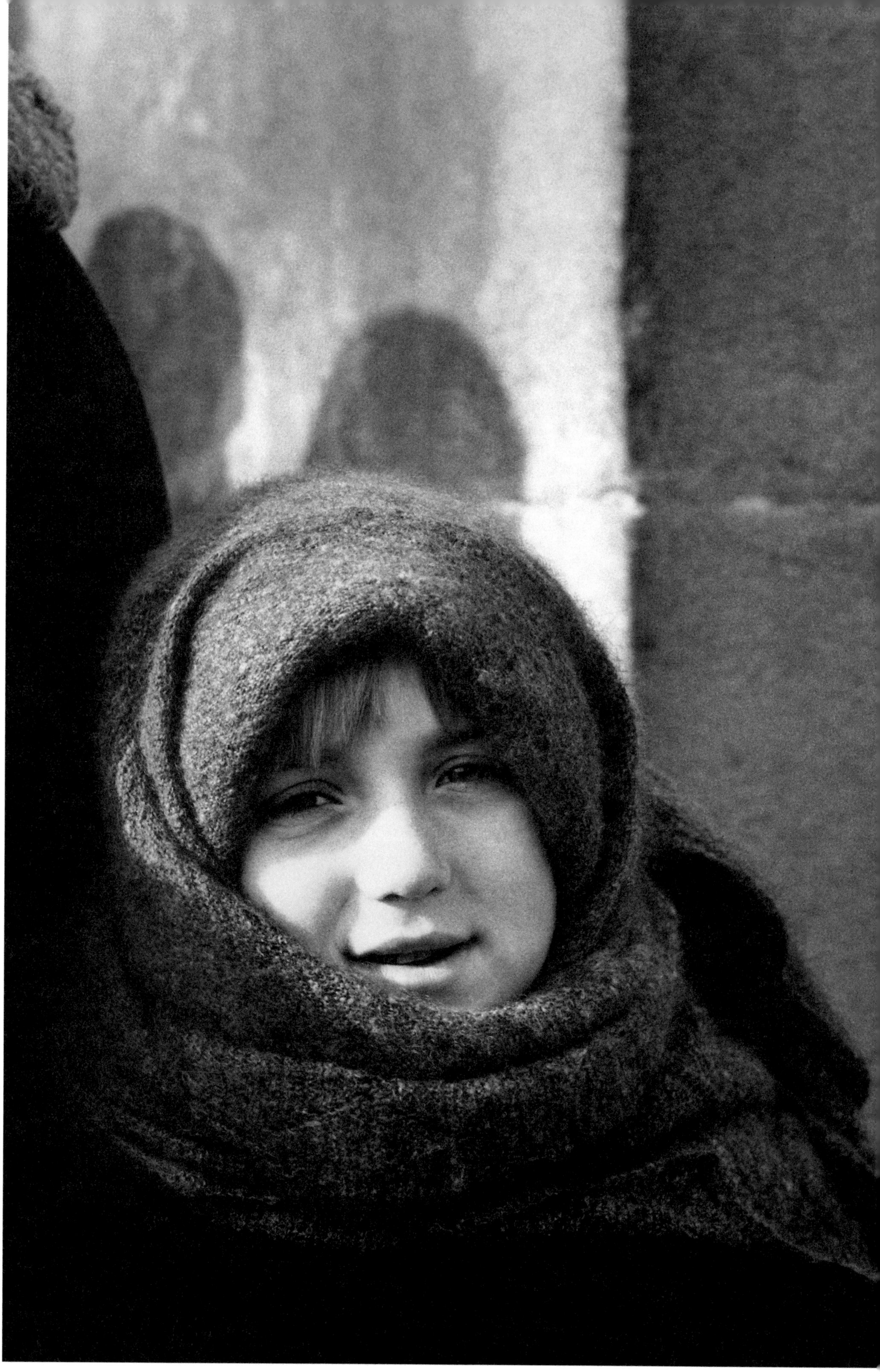

Moskva
Moscow, 1961

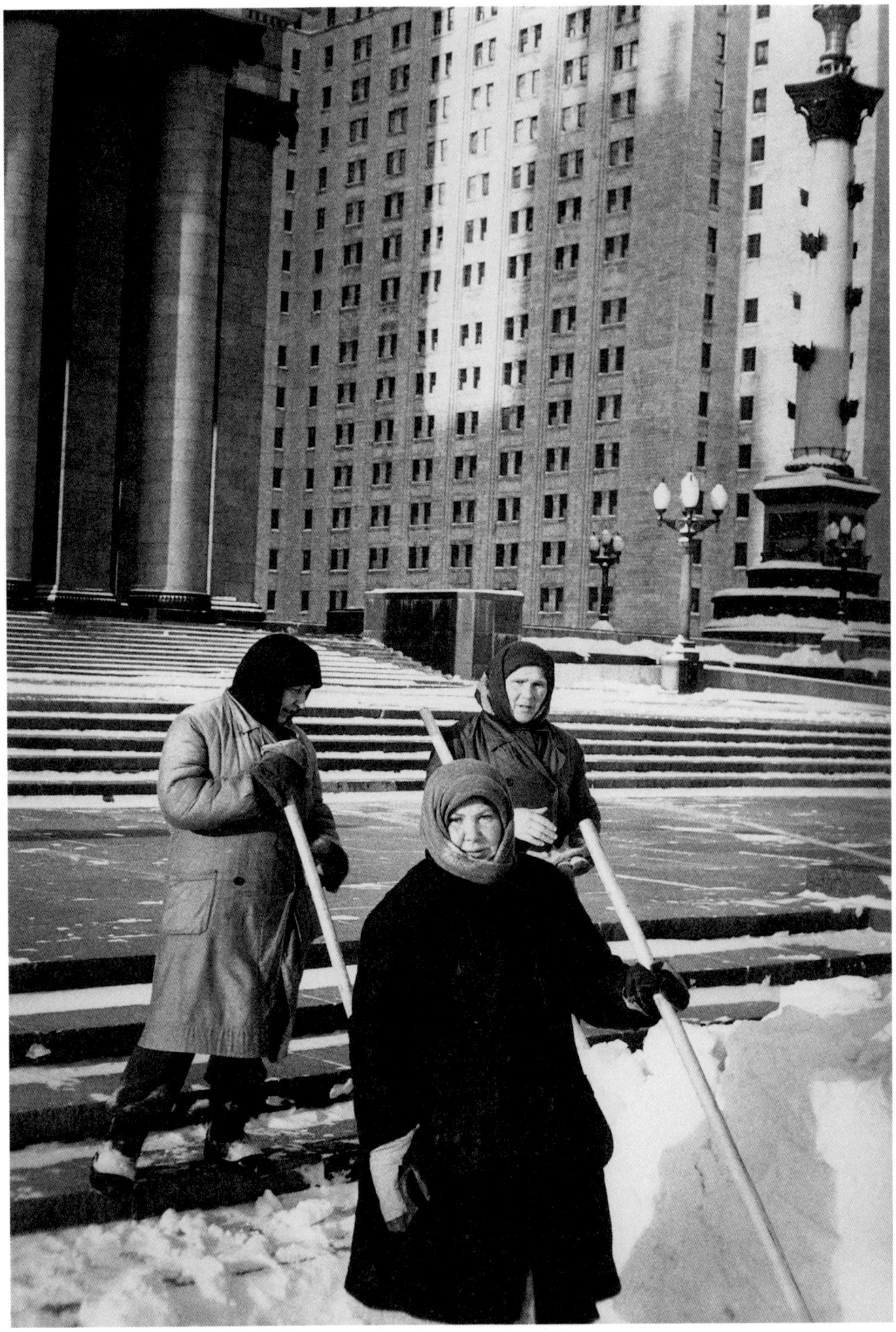

Moskva
Moscow, 1961

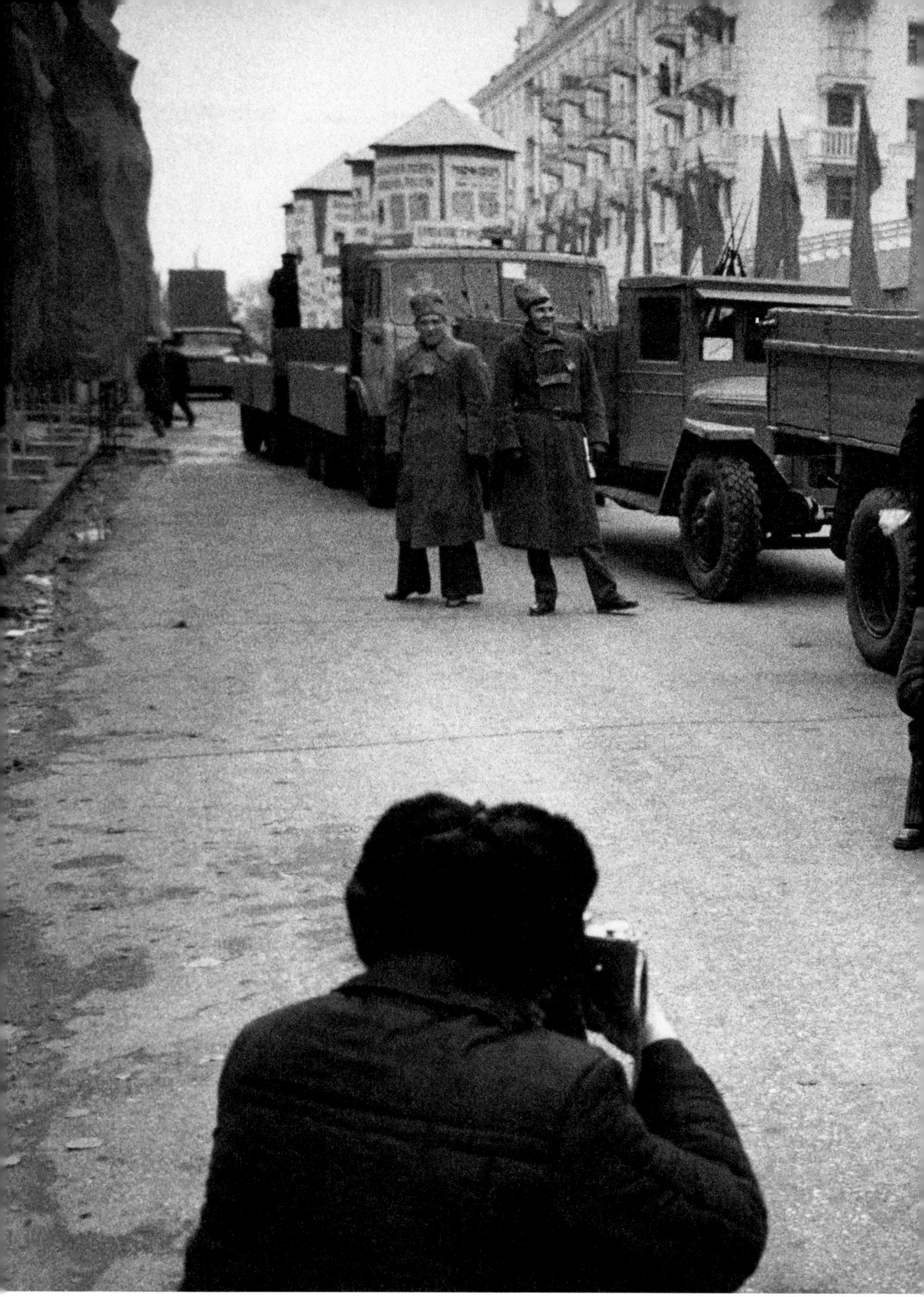

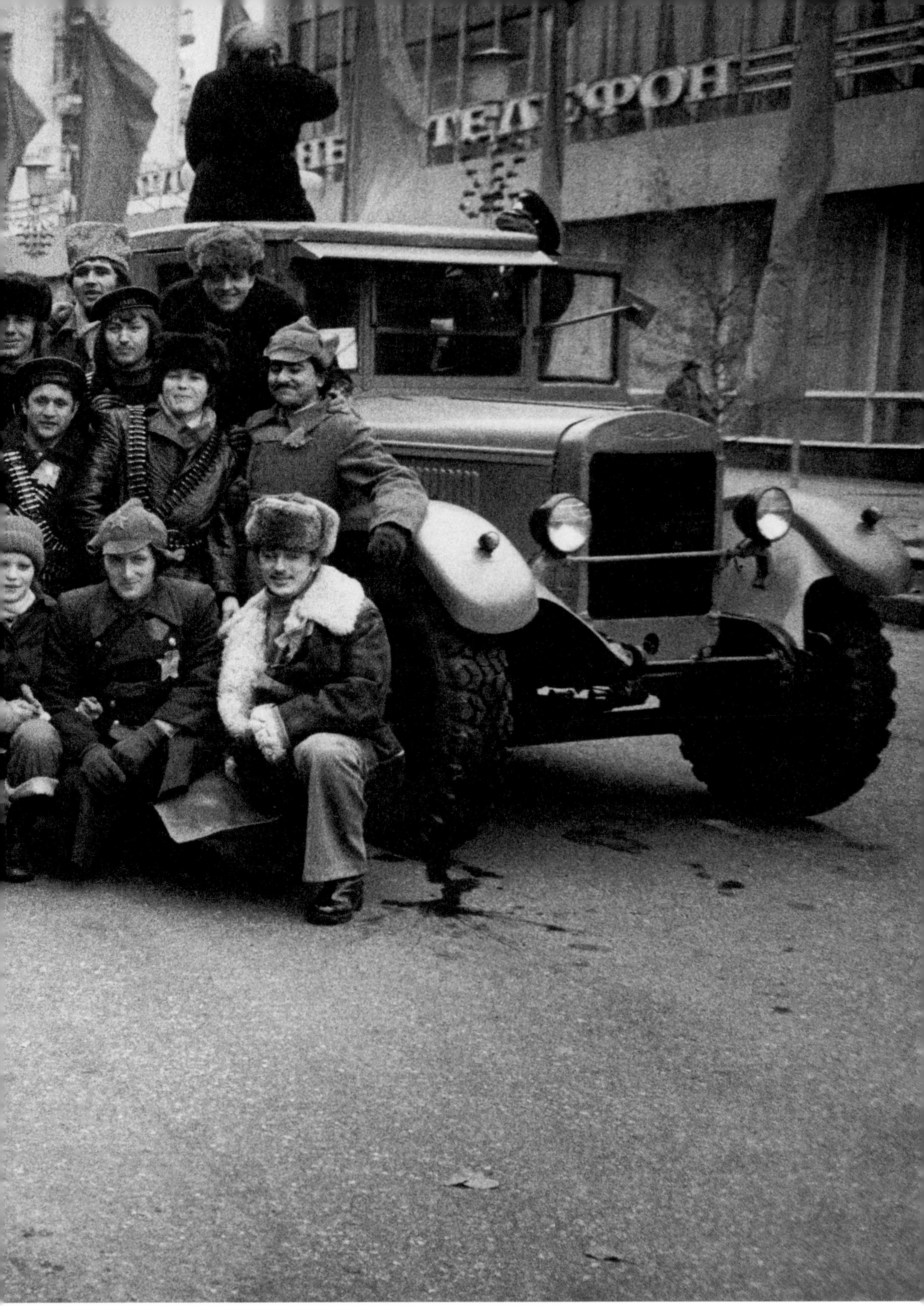

Volgograd, 1977

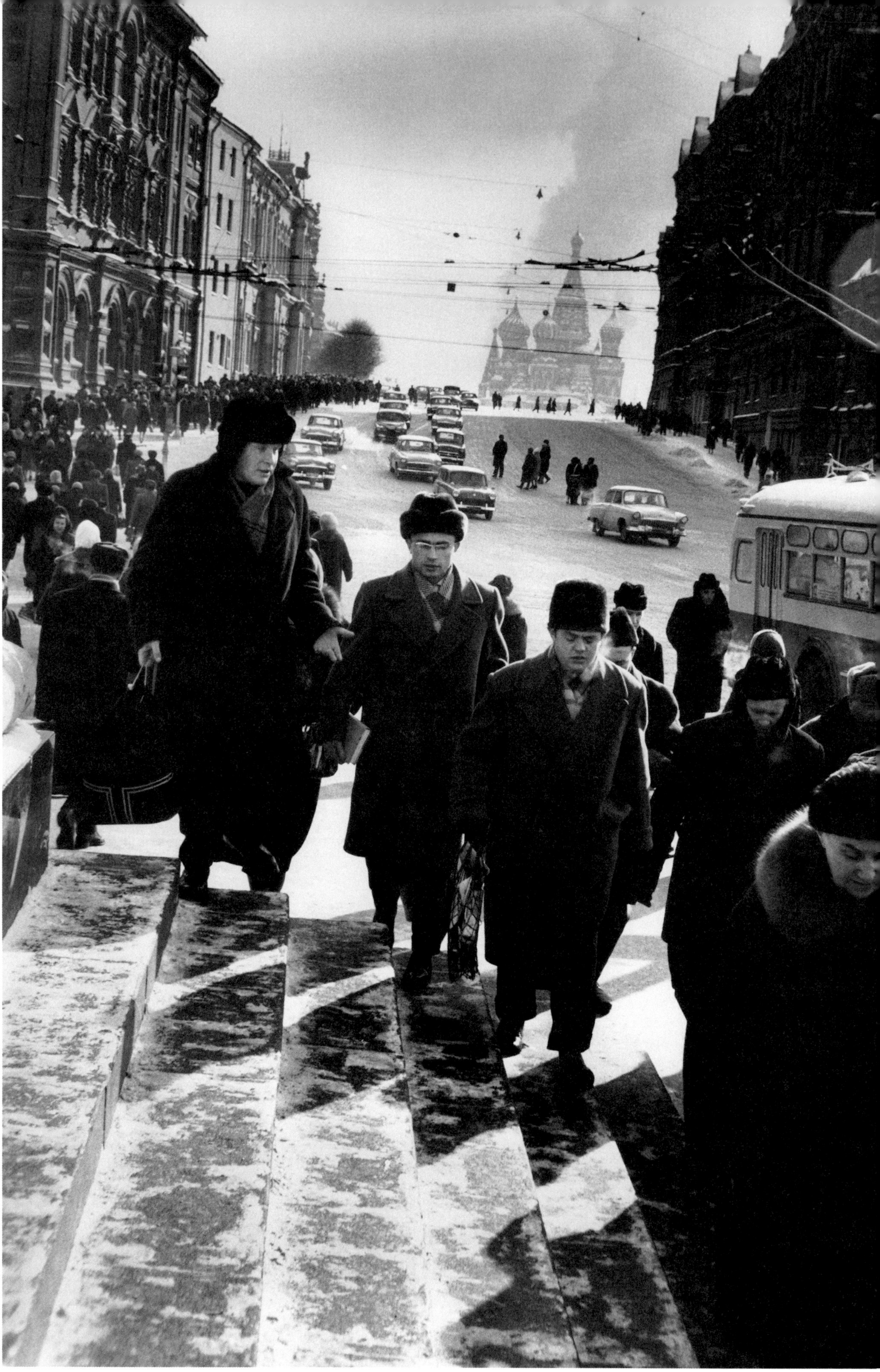

Moskva
Moscow, 1961

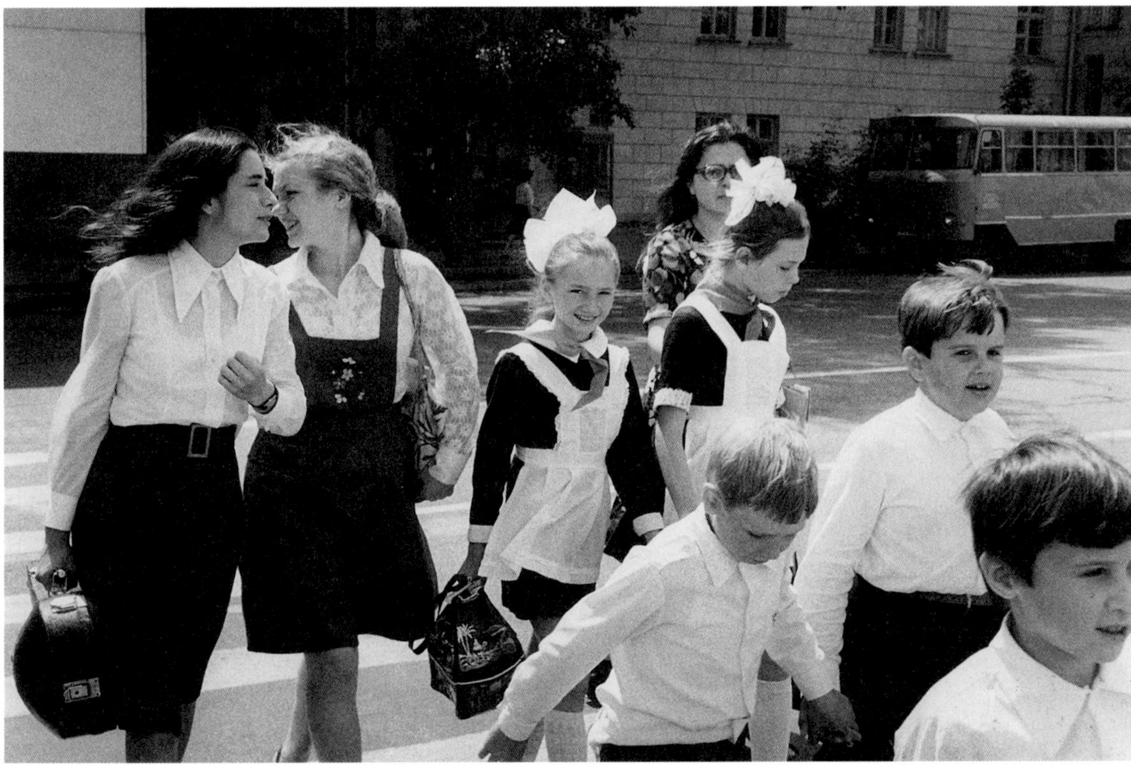

Volgograd, 1977

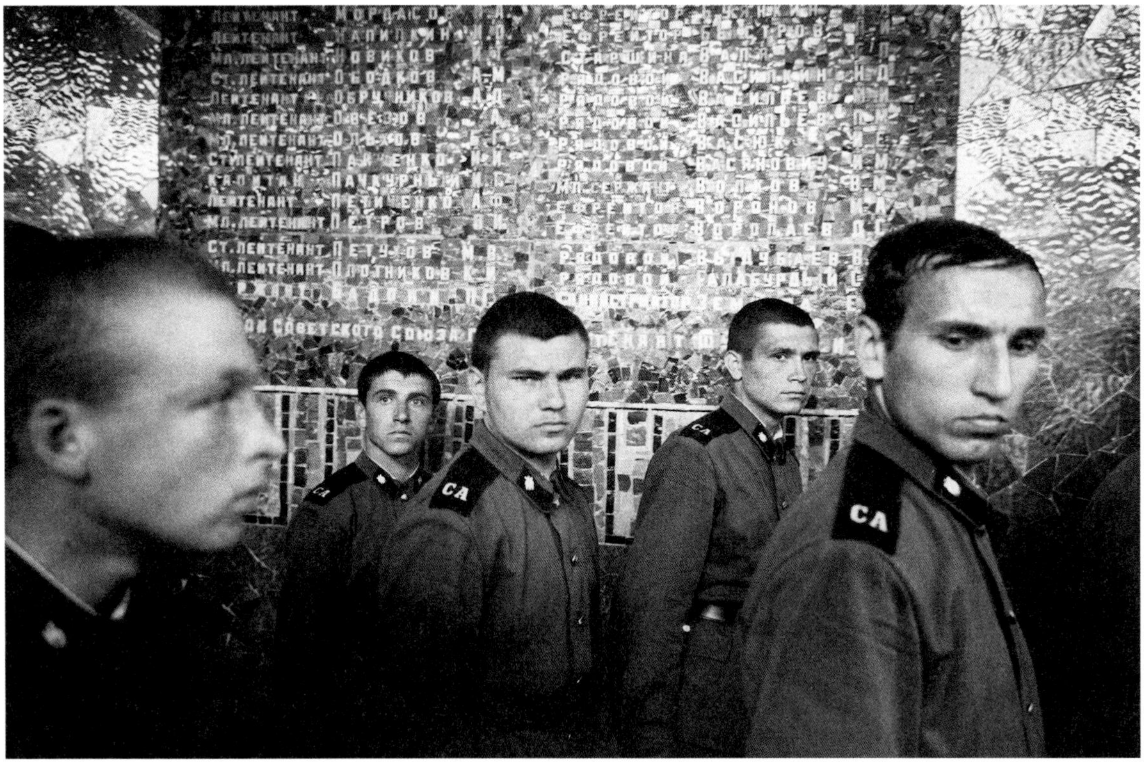

Volgograd, 1977

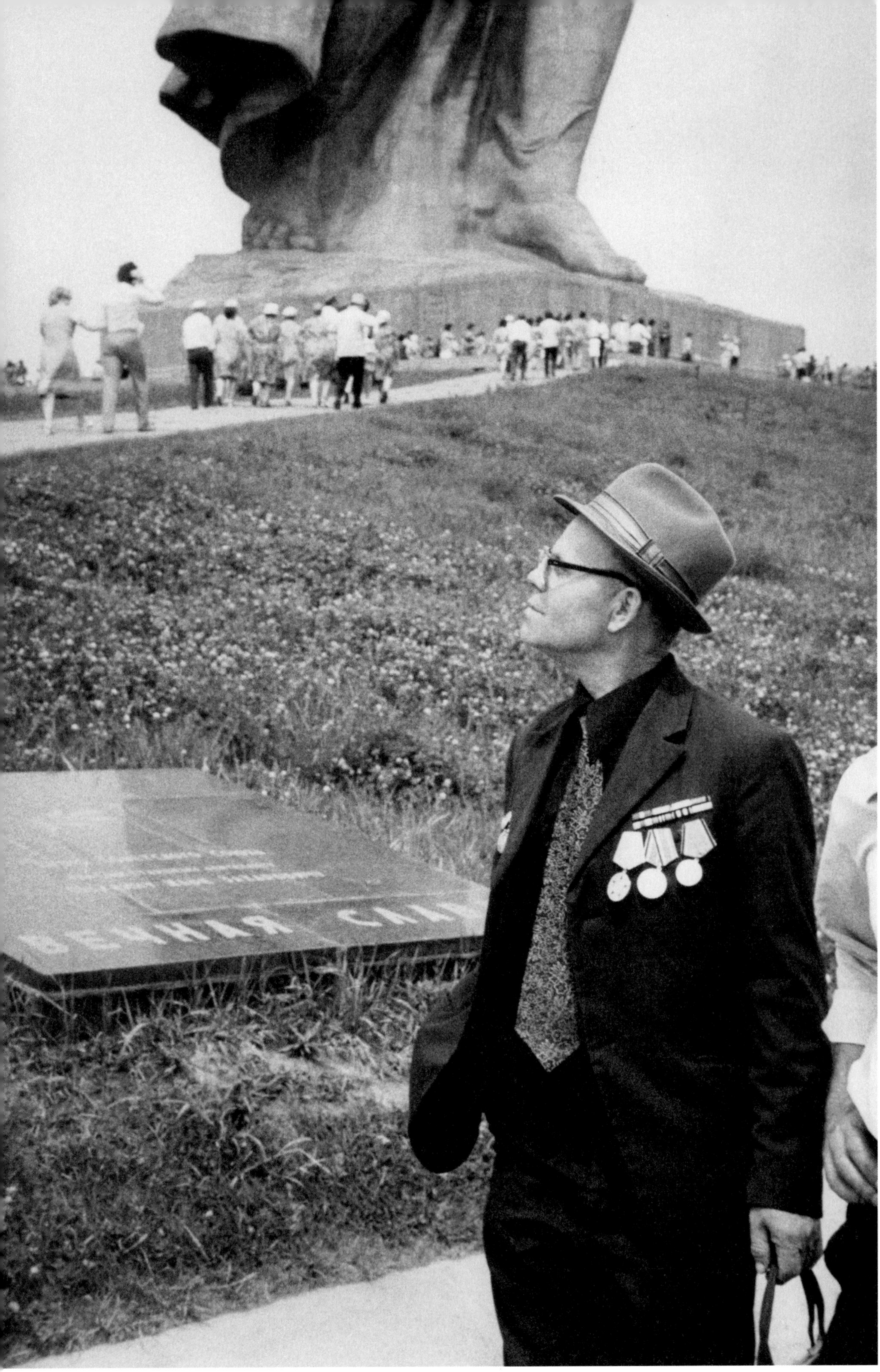

Volgograd, 1977

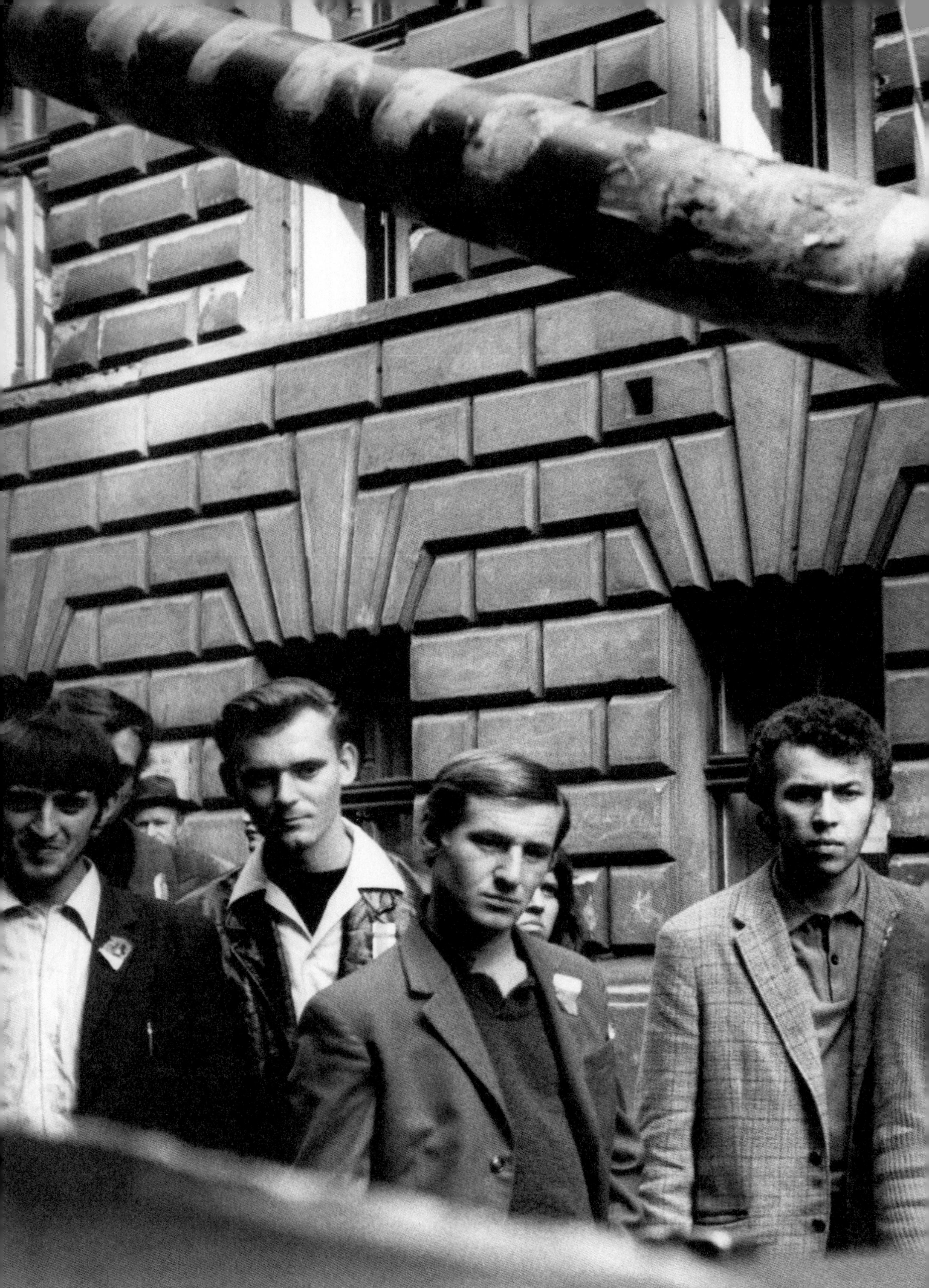

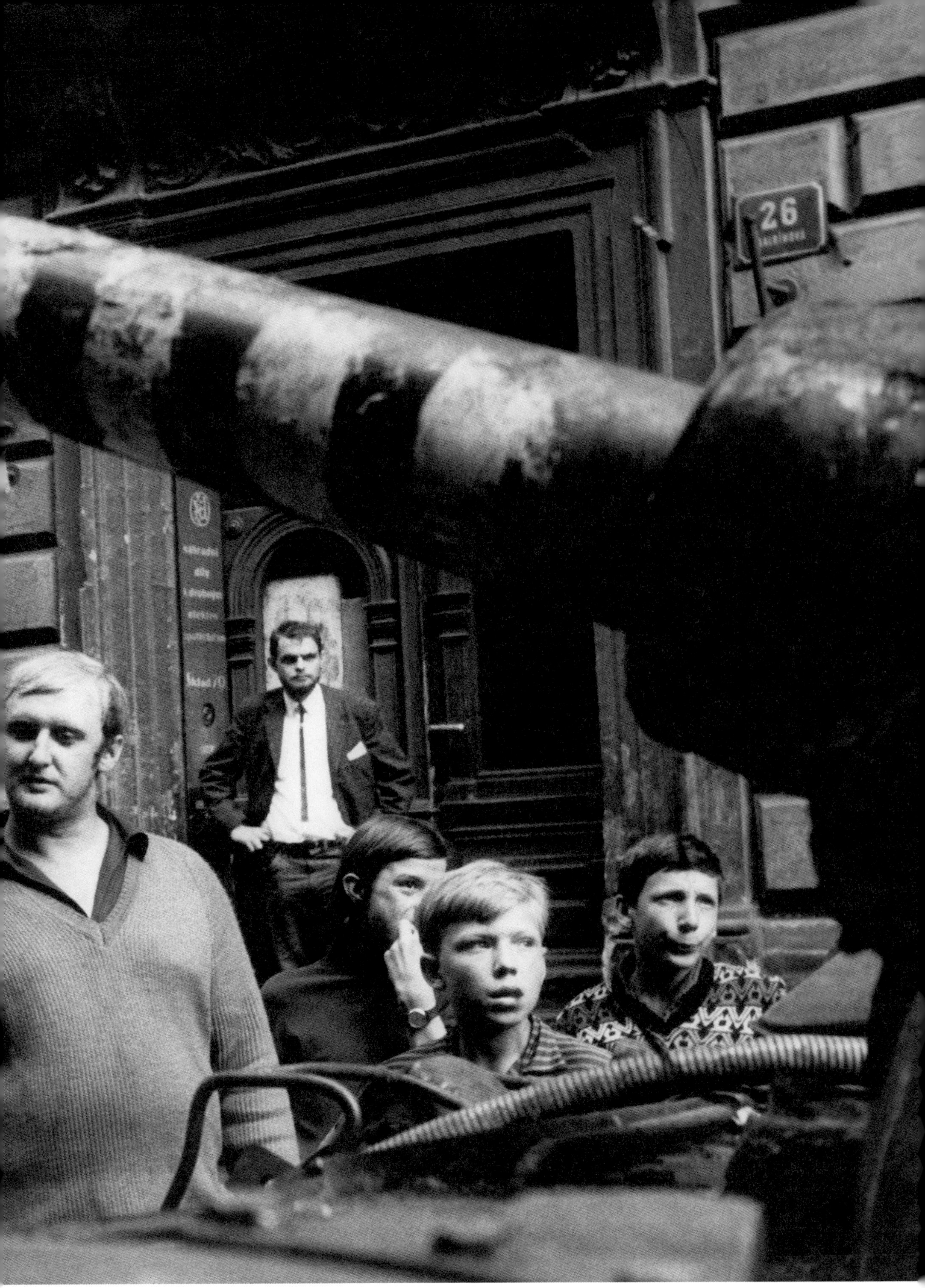

Invaze vojsk Varšavské smlouvy, Praha, srpen 1968
Invasion of the Warsaw Pact forces, Prague, August 1968

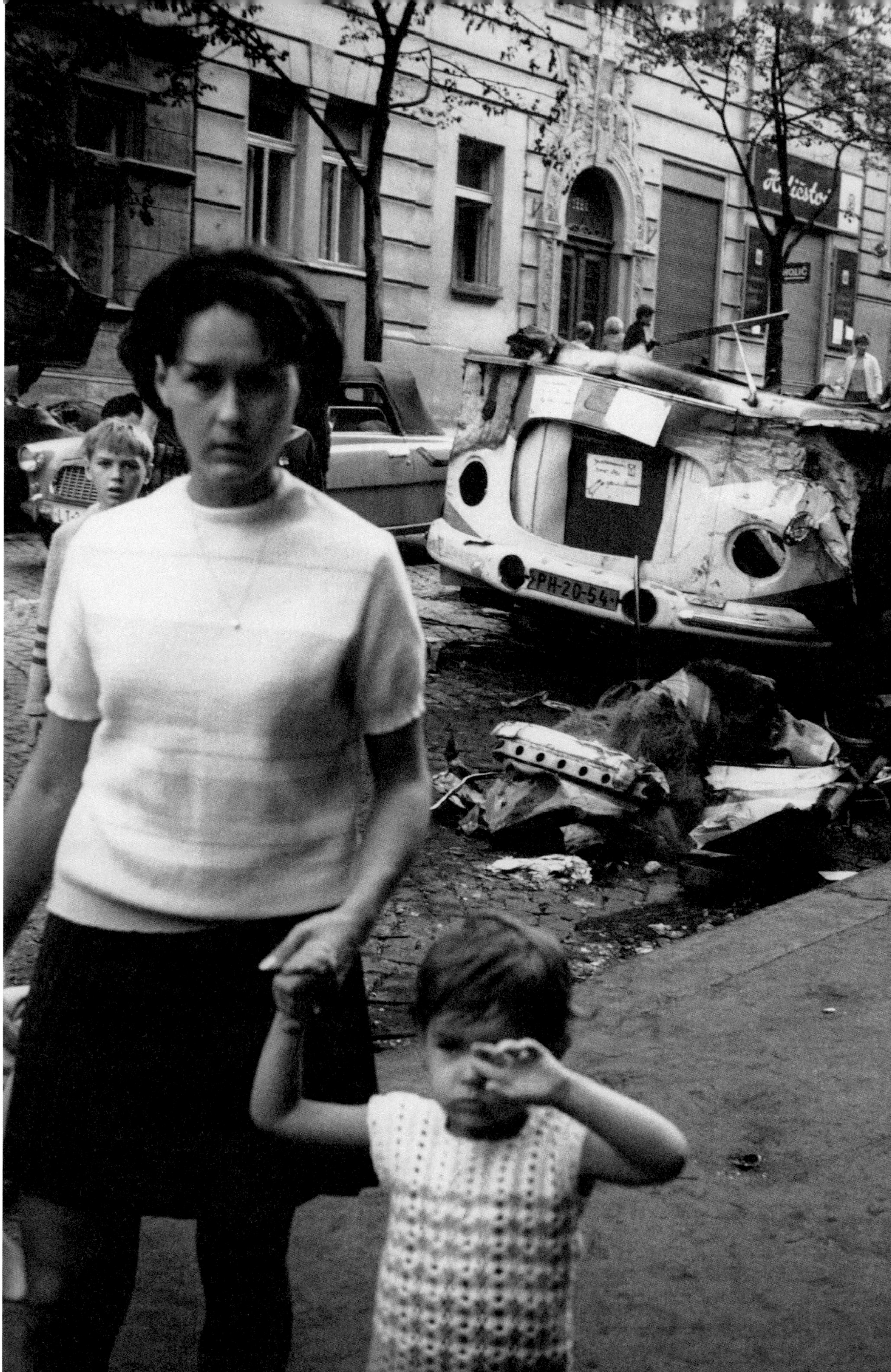

Invaze vojsk Varšavské smlouvy, Praha, srpen 1968
Invasion of the Warsaw Pact forces, Prague, August 1968

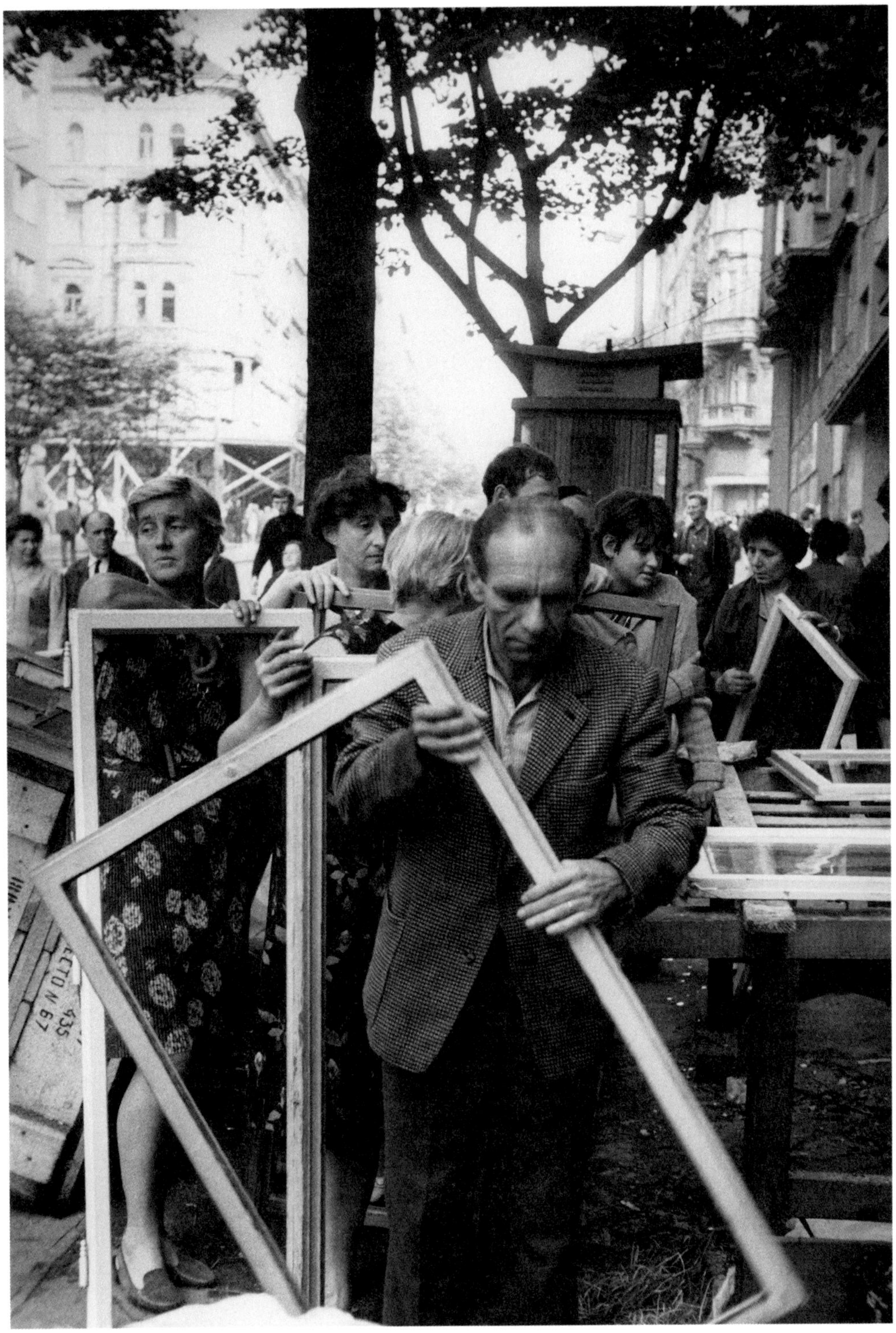

Invaze vojsk Varšavské smlouvy, Praha, srpen 1968
Invasion of the Warsaw Pact forces, Prague, August 1968

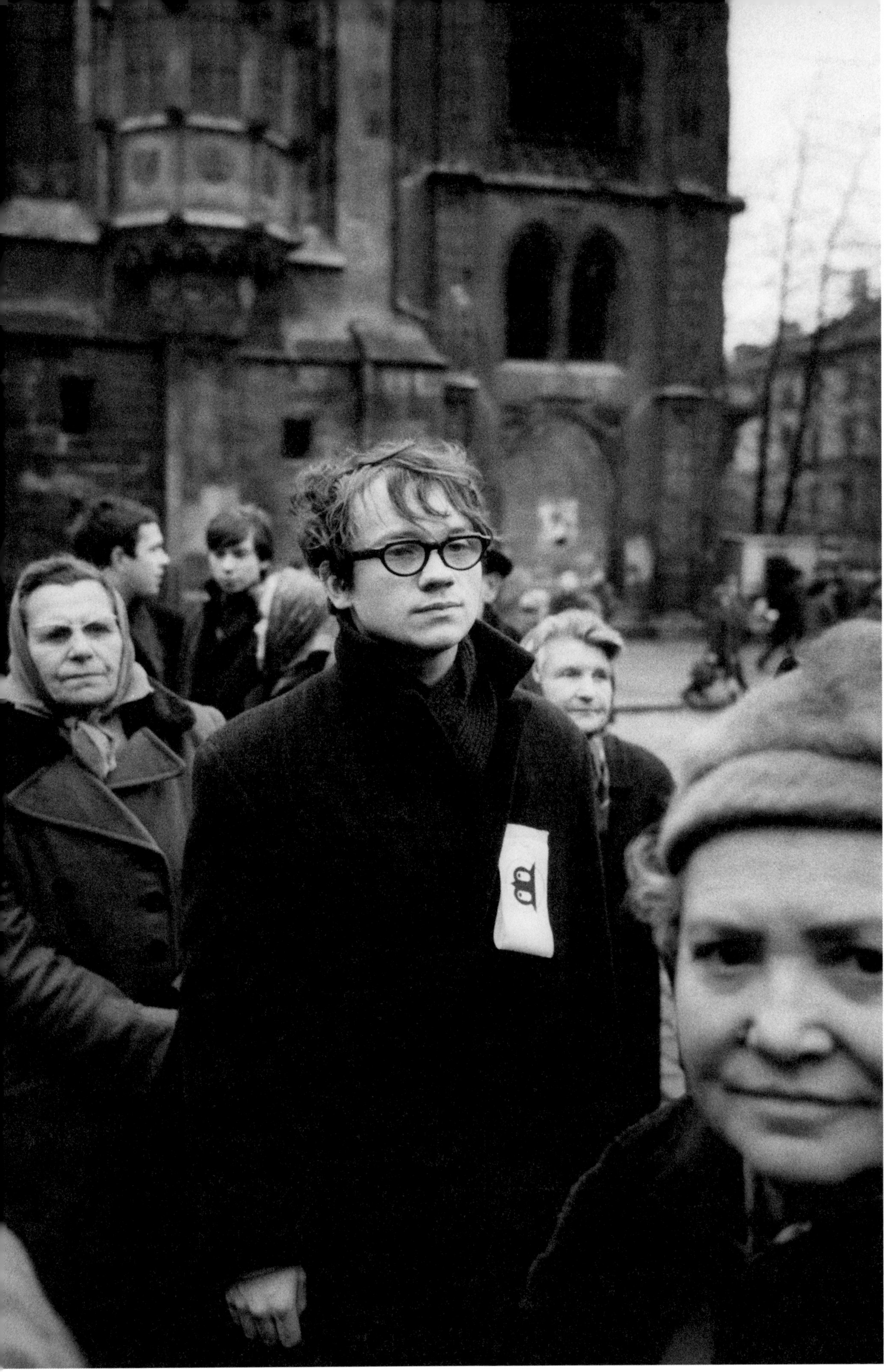

Pohřeb Jana Palacha, Praha, 1969
The funeral of Jan Palach, Prague, 1969

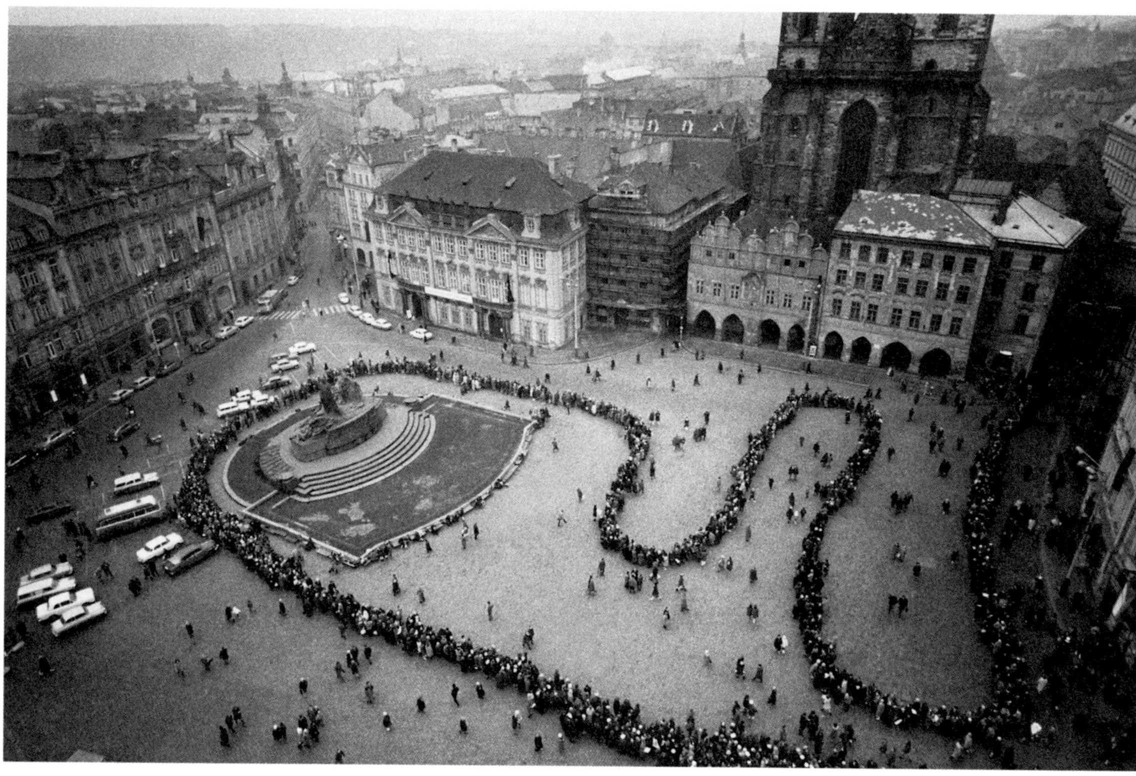

Pohřeb Jana Palacha, Praha, 1969
The funeral of Jan Palach, Prague, 1969

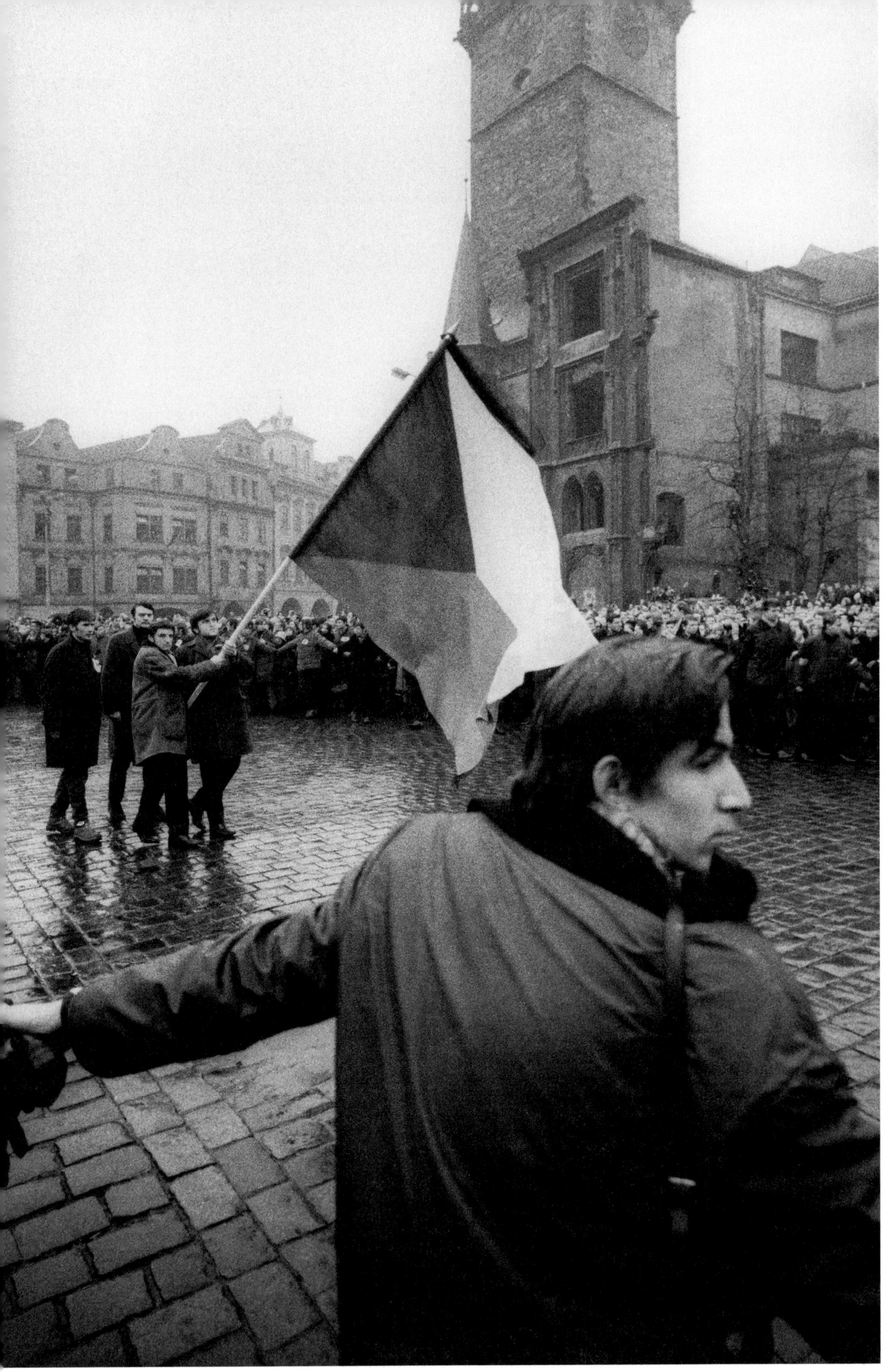

Pohřeb Jana Palacha, Praha, 1969
The funeral of Jan Palach, Prague, 1969

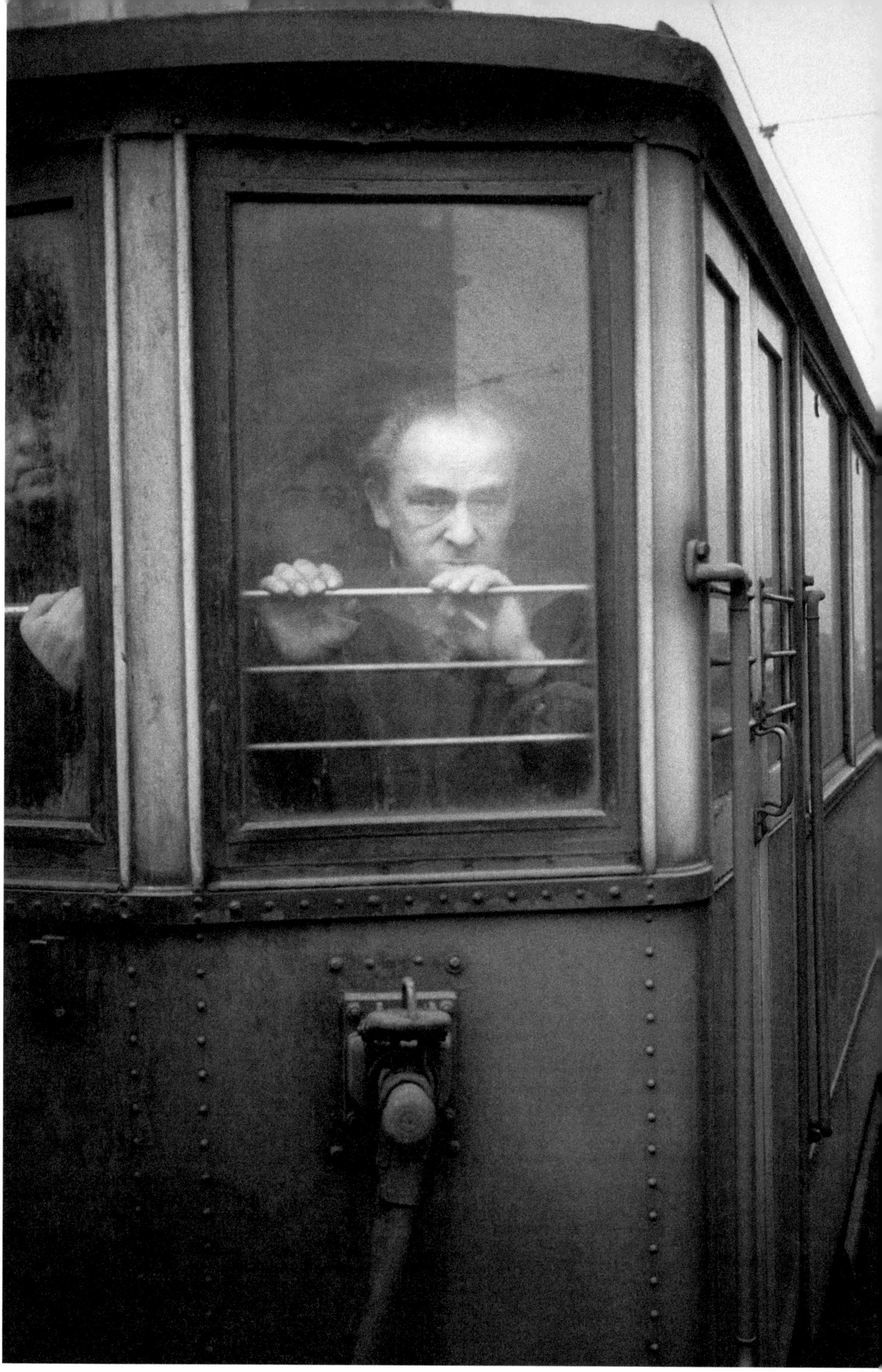

Pohřeb Jana Palacha, Praha, 1969
The funeral of Jan Palach, Prague, 1969

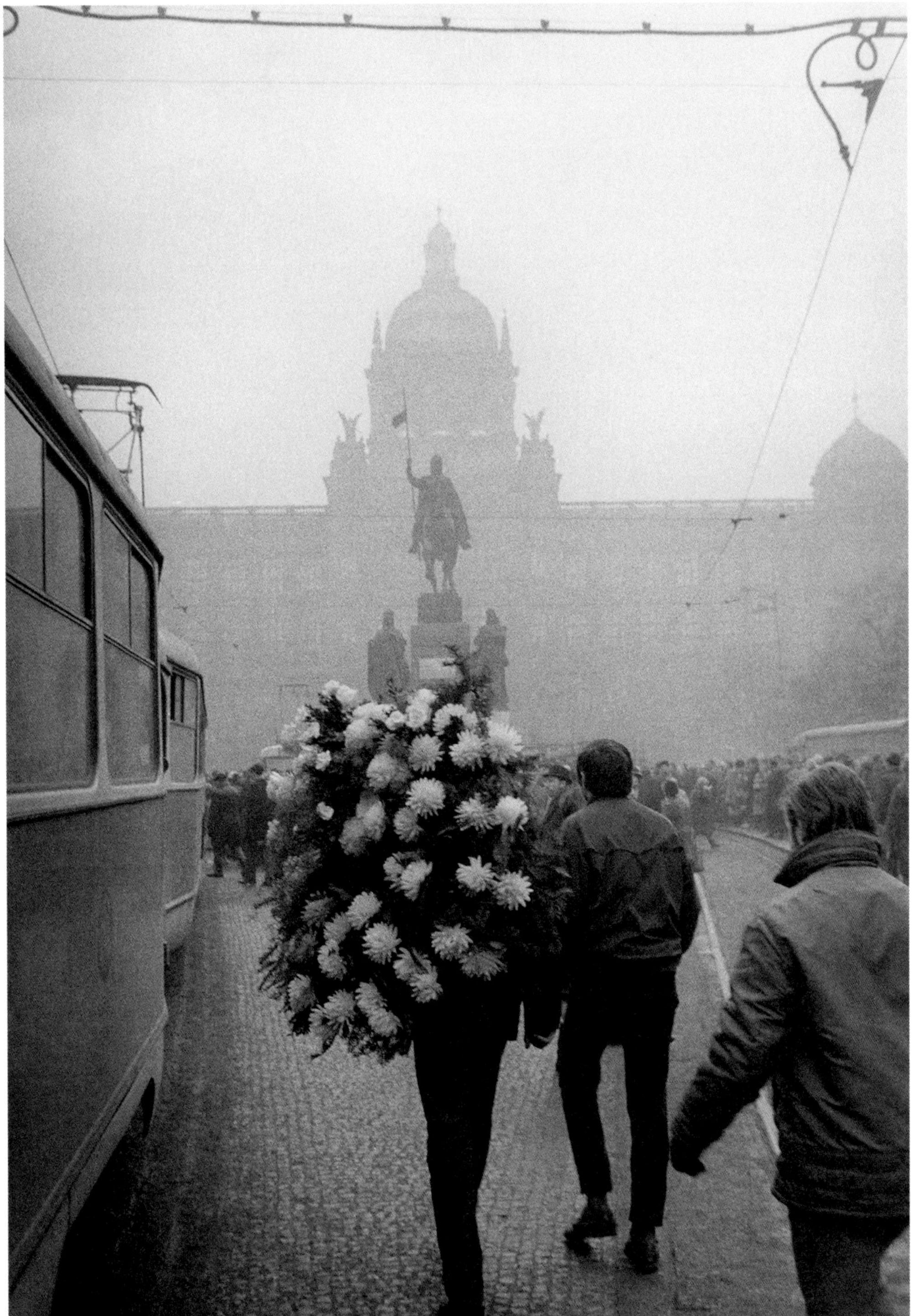

Pohřeb Jana Palacha, Praha, 1969
The funeral of Jan Palach, Prague, 1969

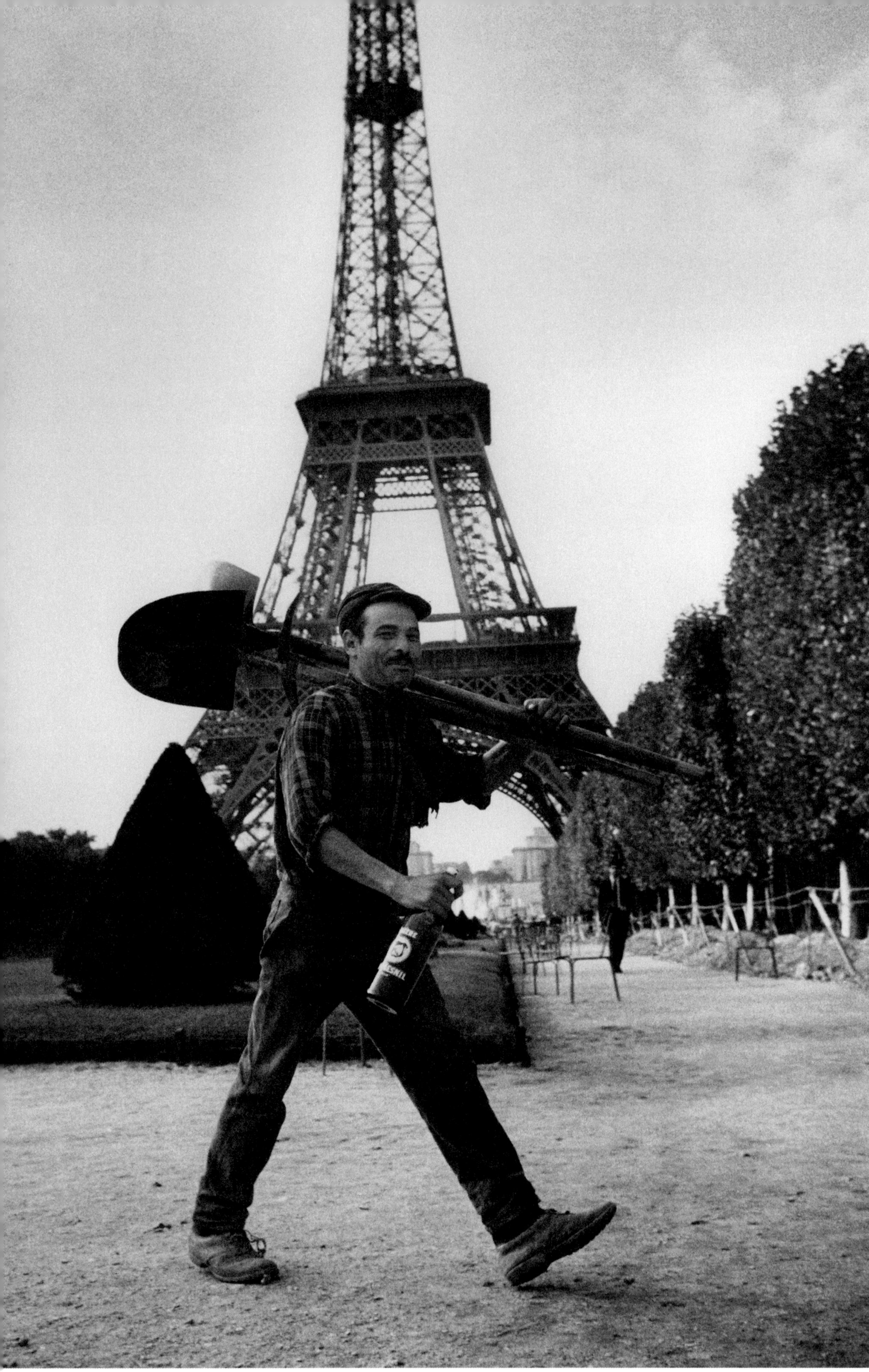

Paříž
Paris, 1968

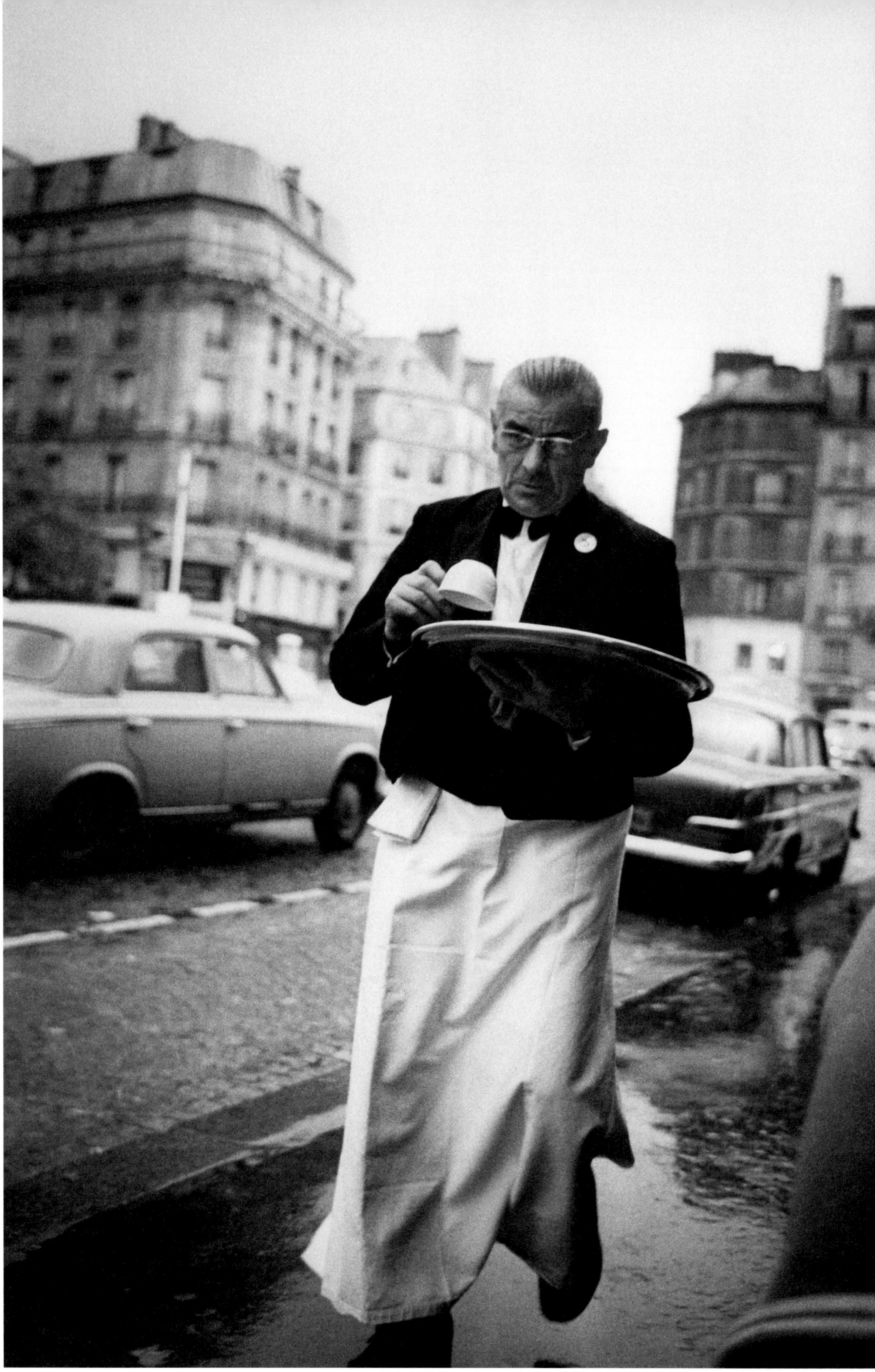

Paříž
Paris, 1968

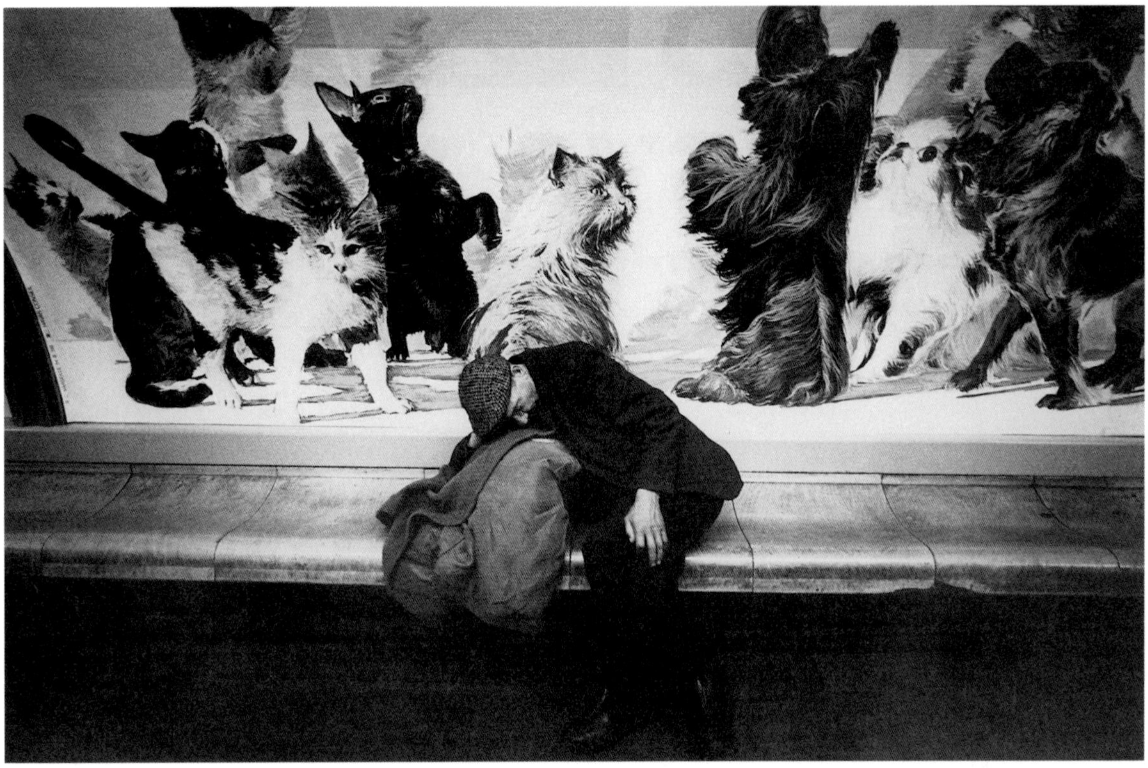

Paříž
Paris, 1968

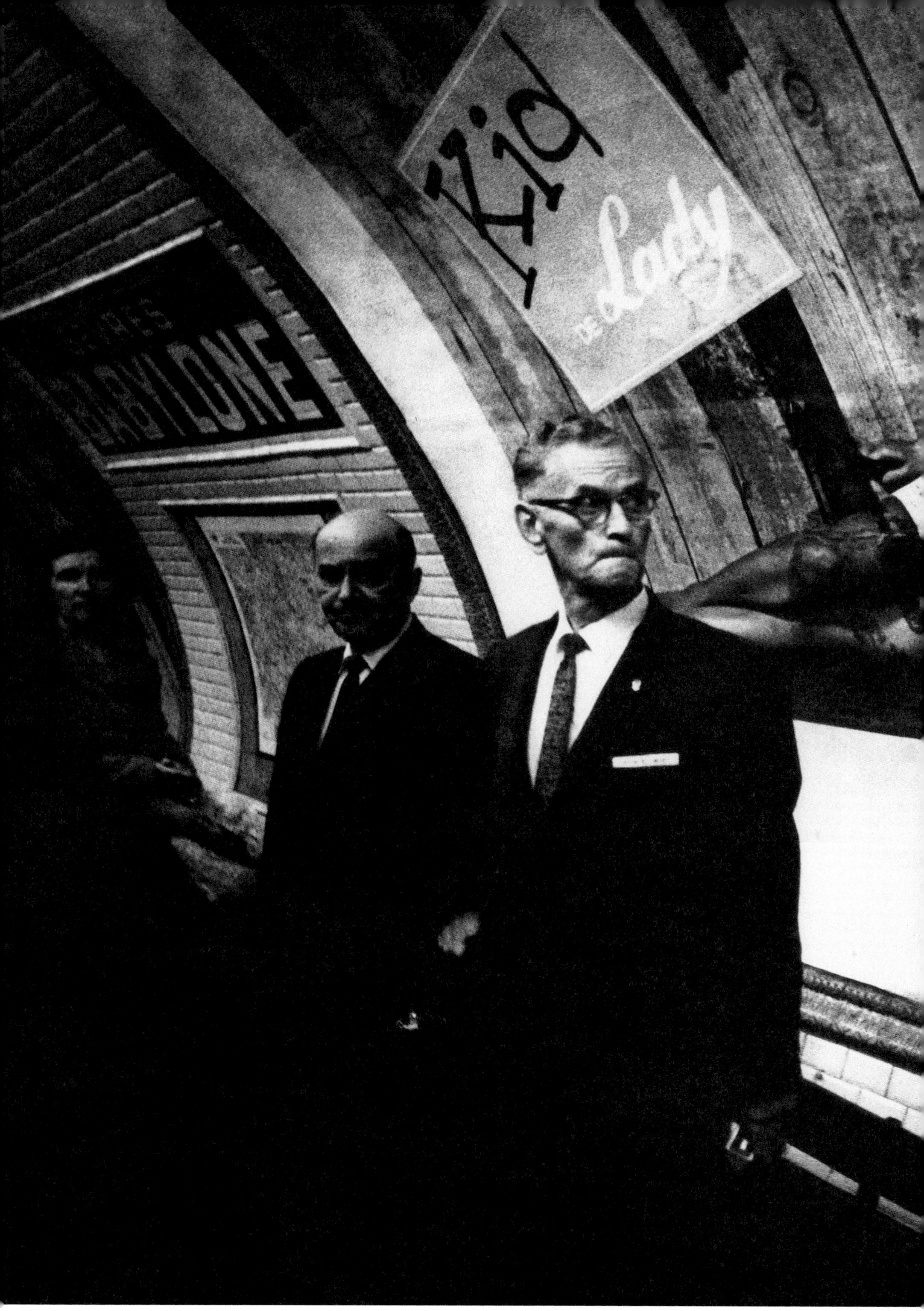
Lady

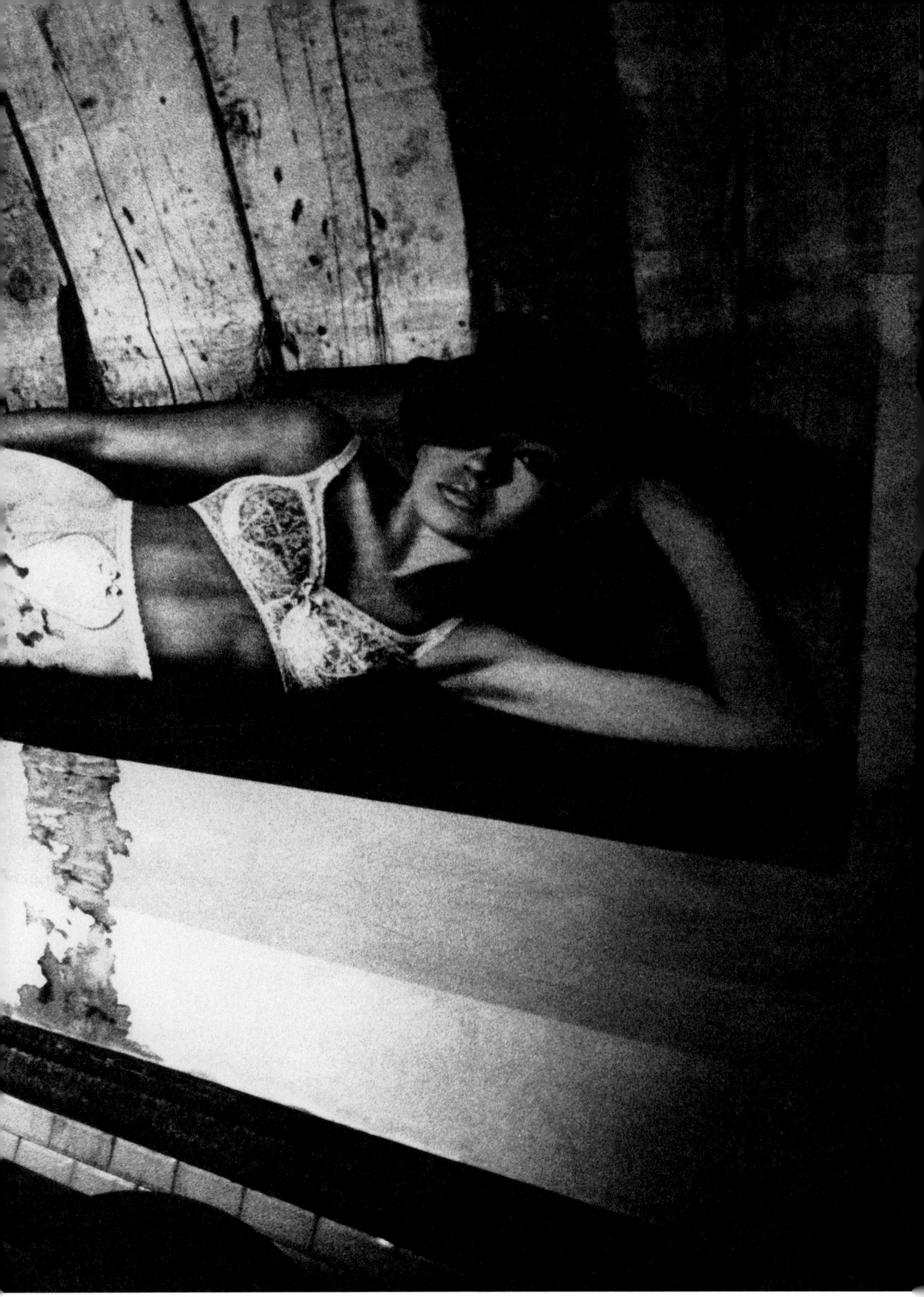

Paříž
Paris, 1968

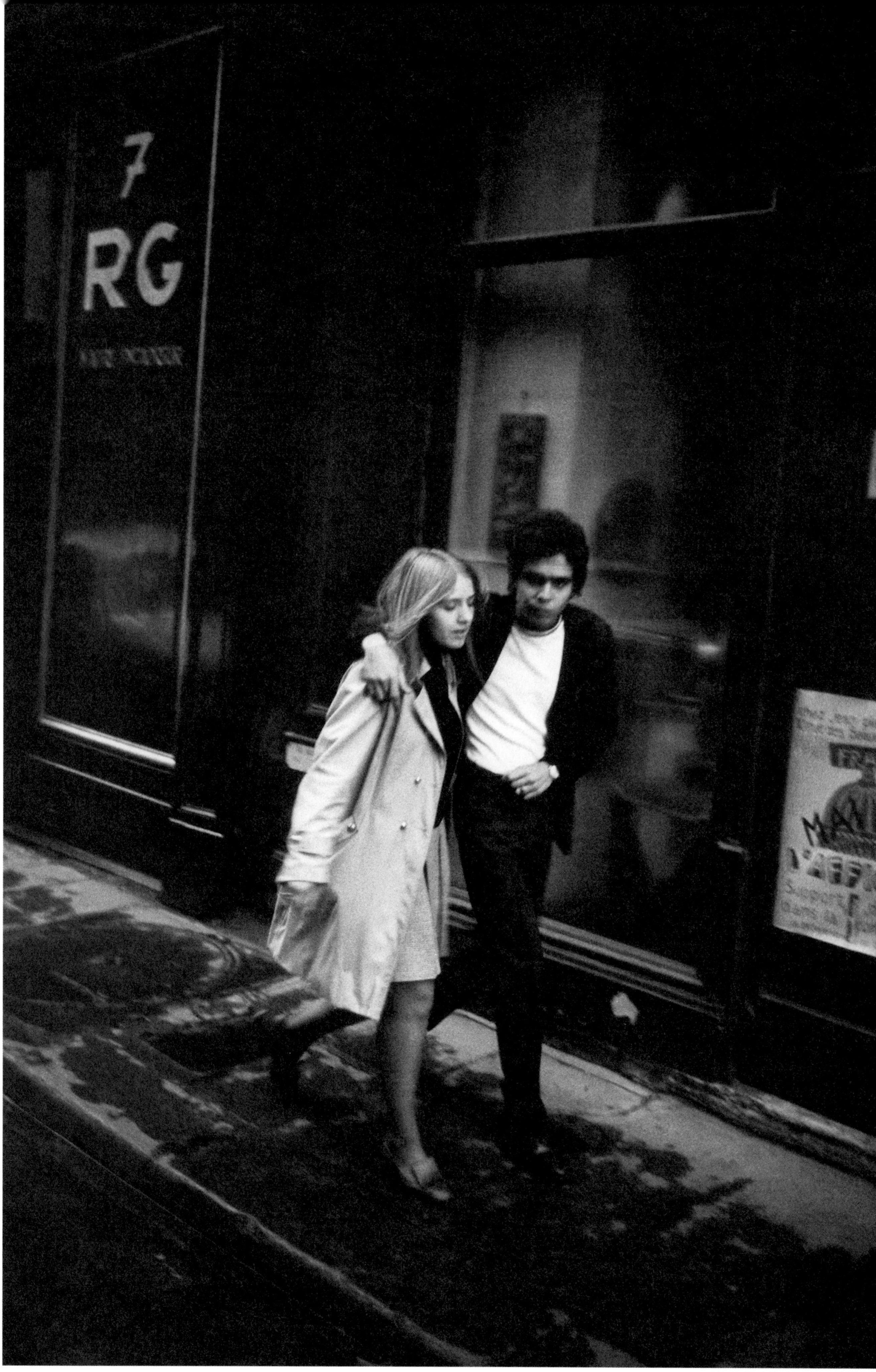

Paříž
Paris, 1968

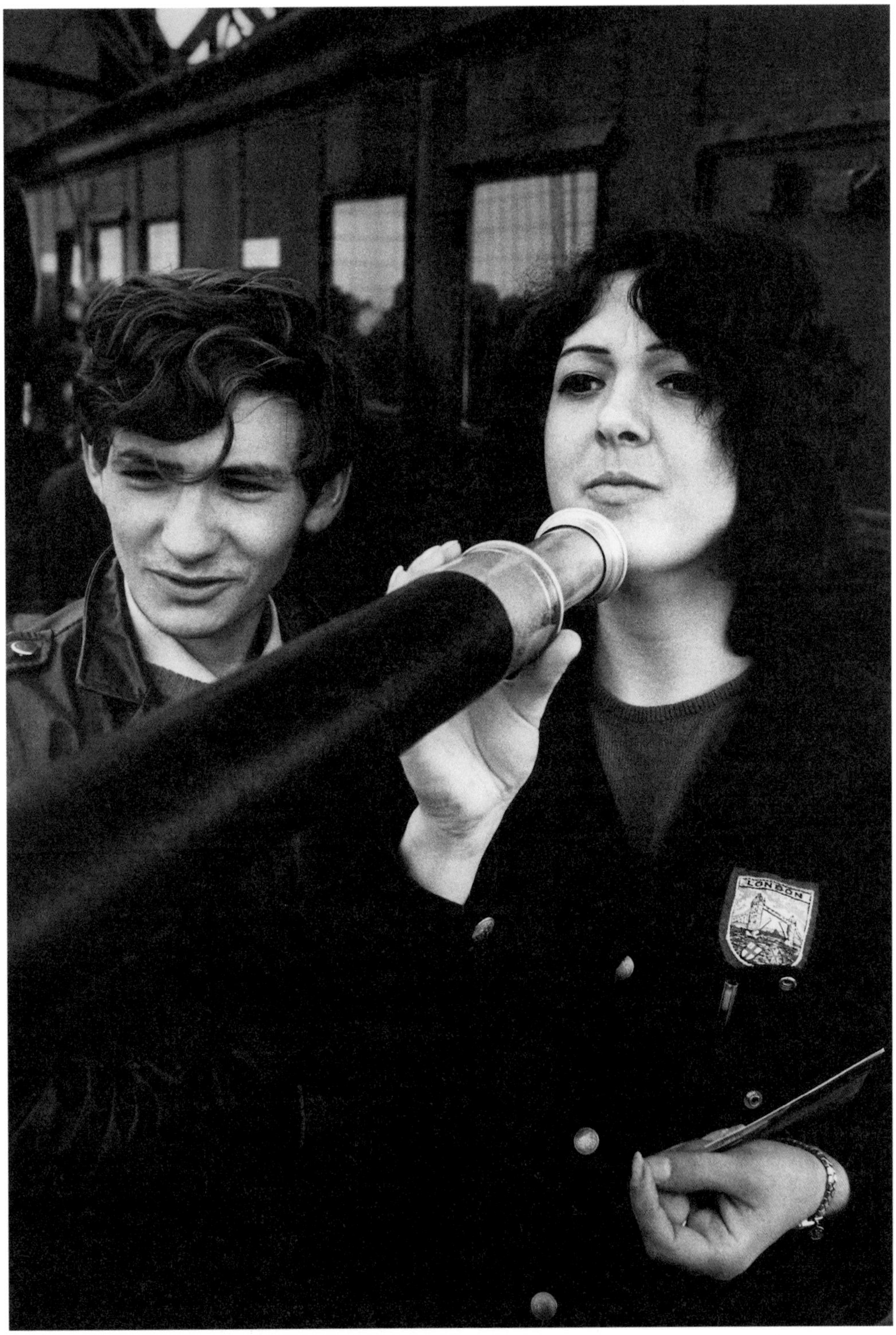

Paříž
Paris, 1968

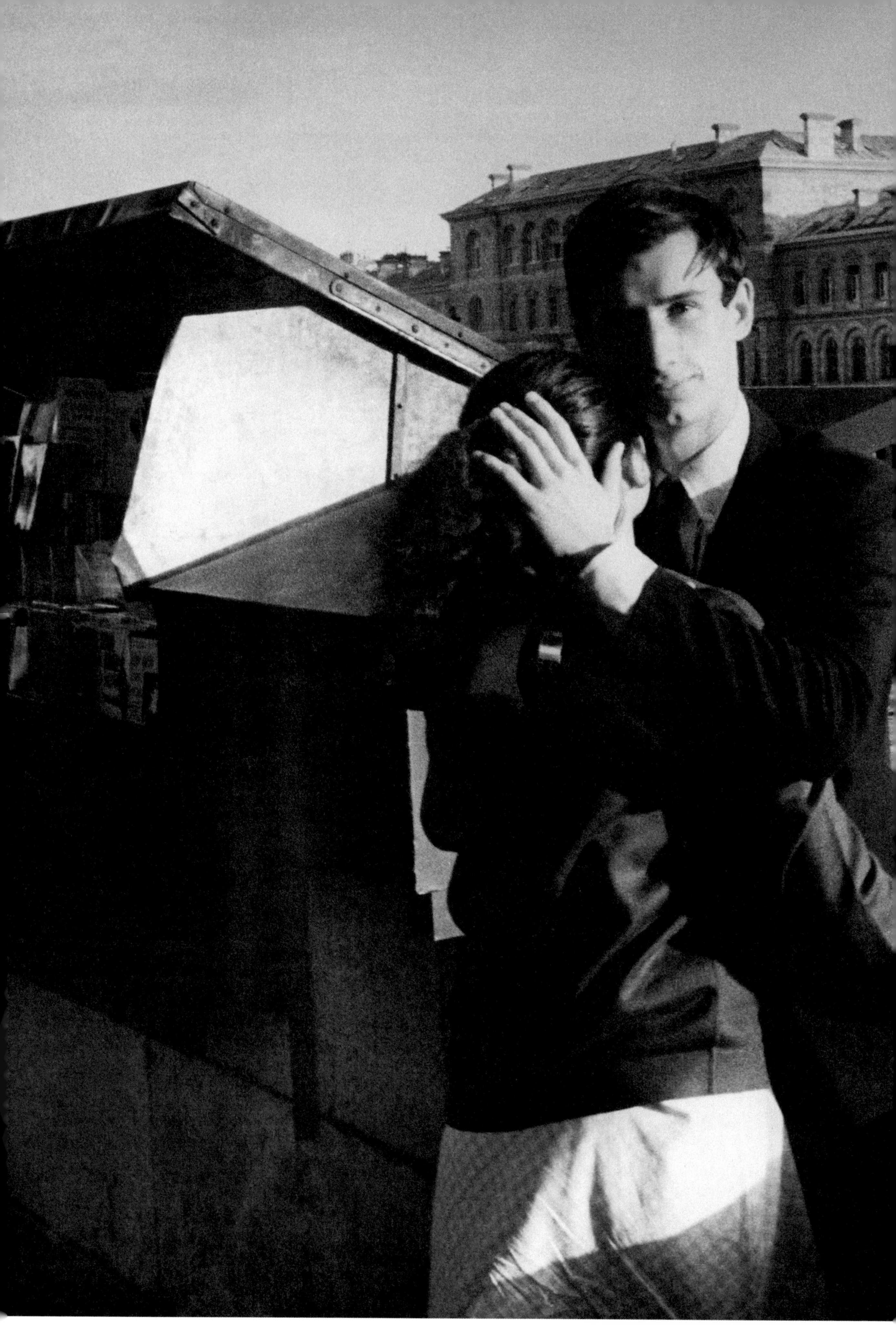

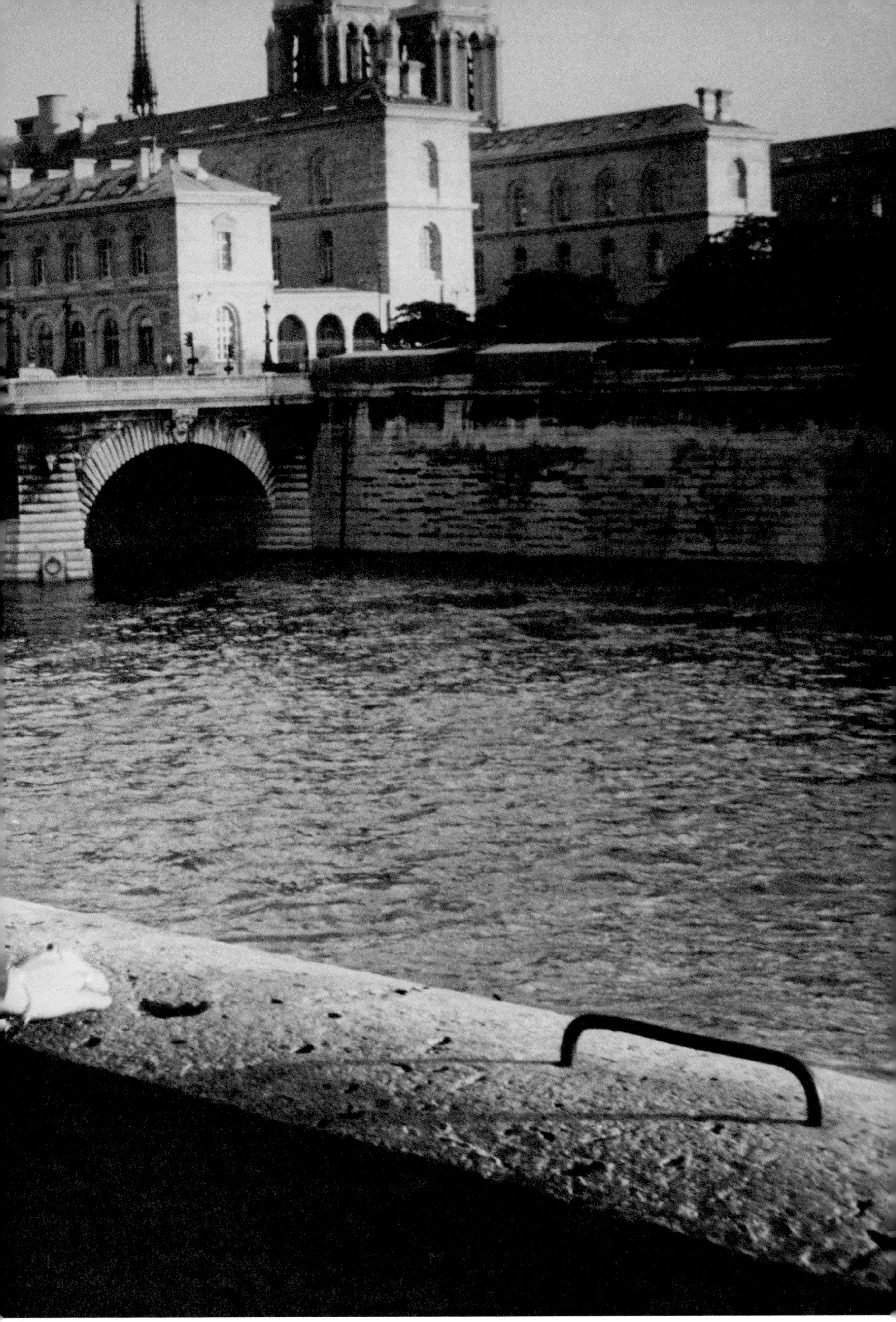

Paříž
Paris, 1968

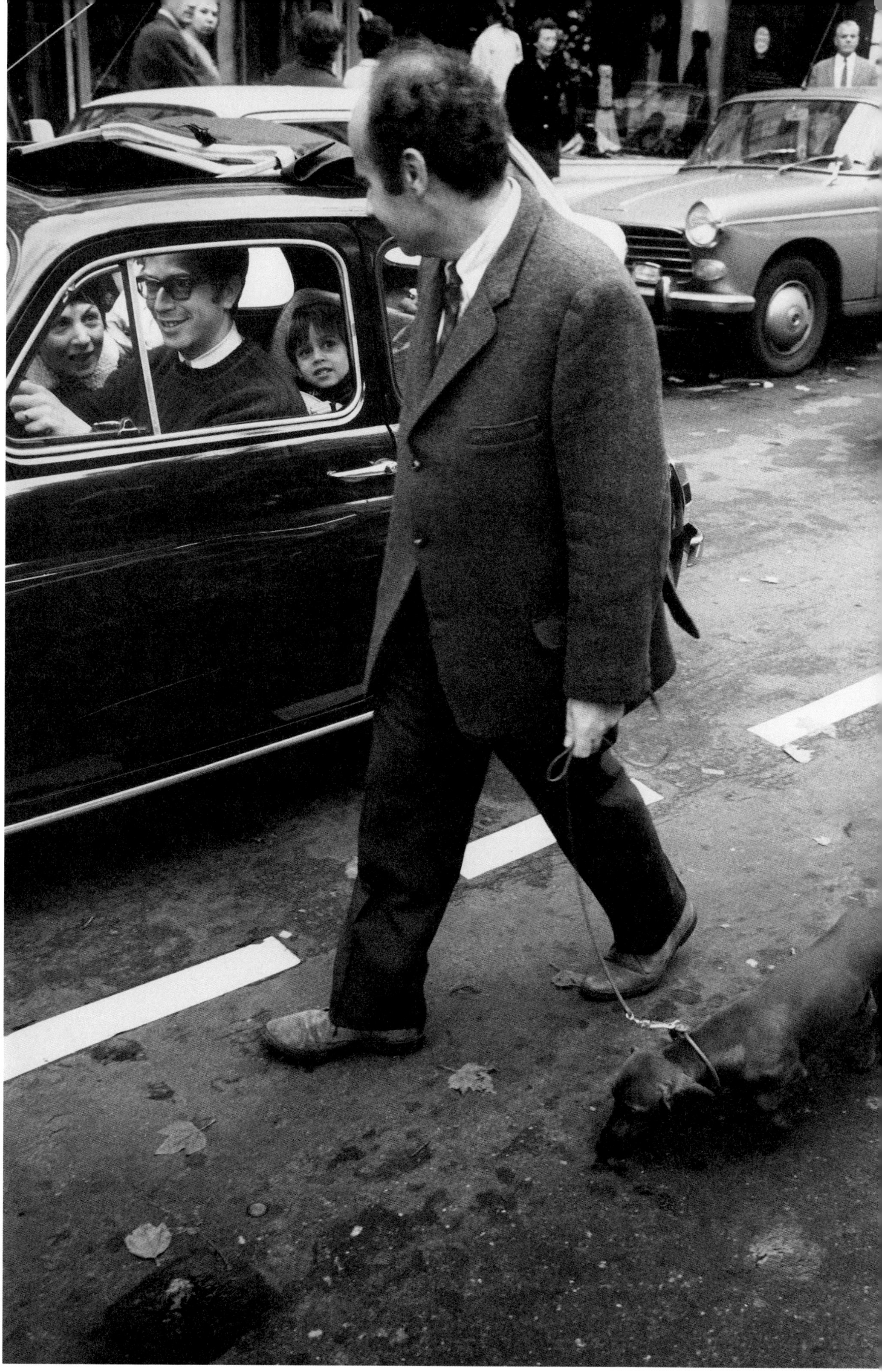

Paříž
Paris, 1968

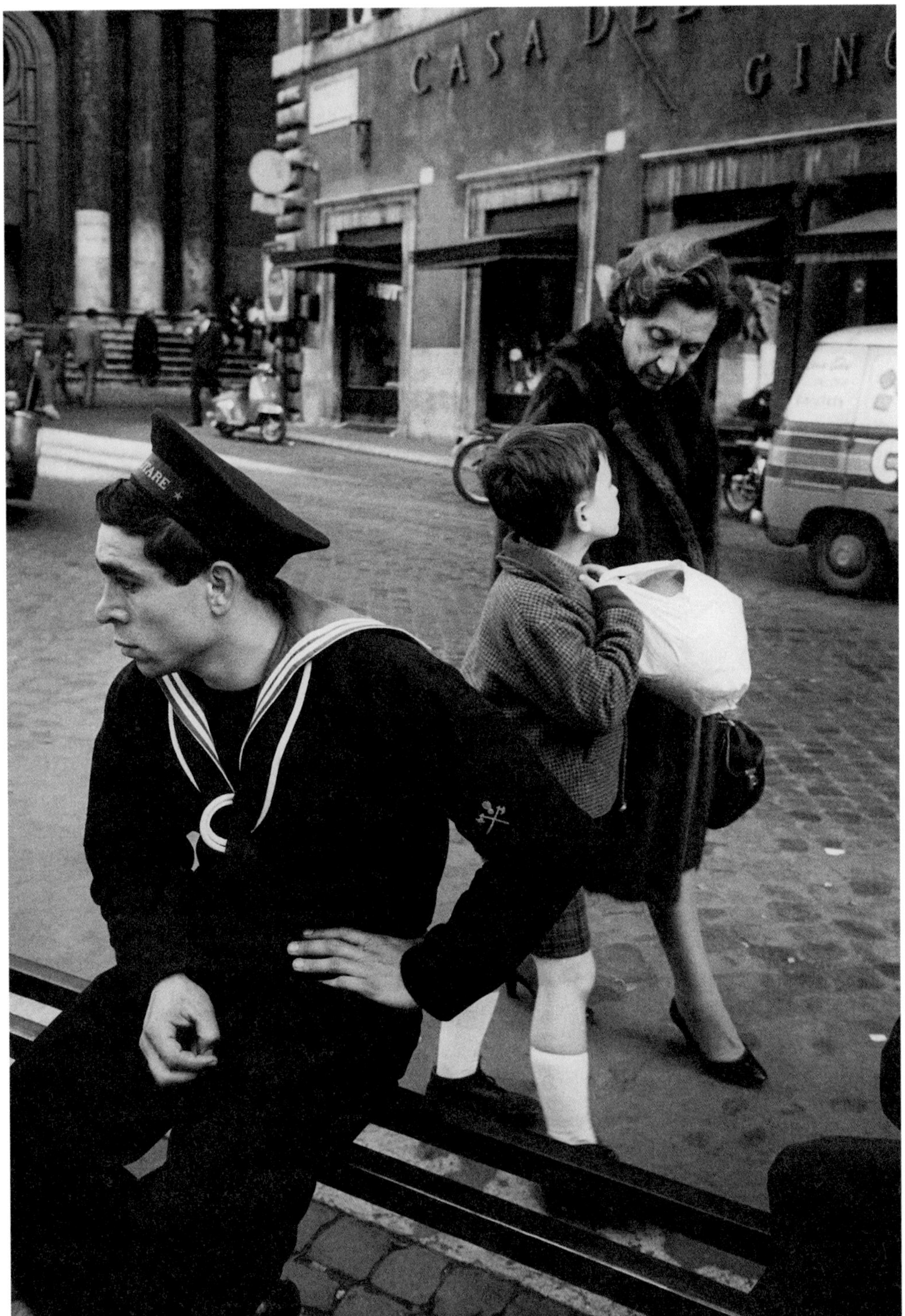

Marseille, 70. léta / *70s*

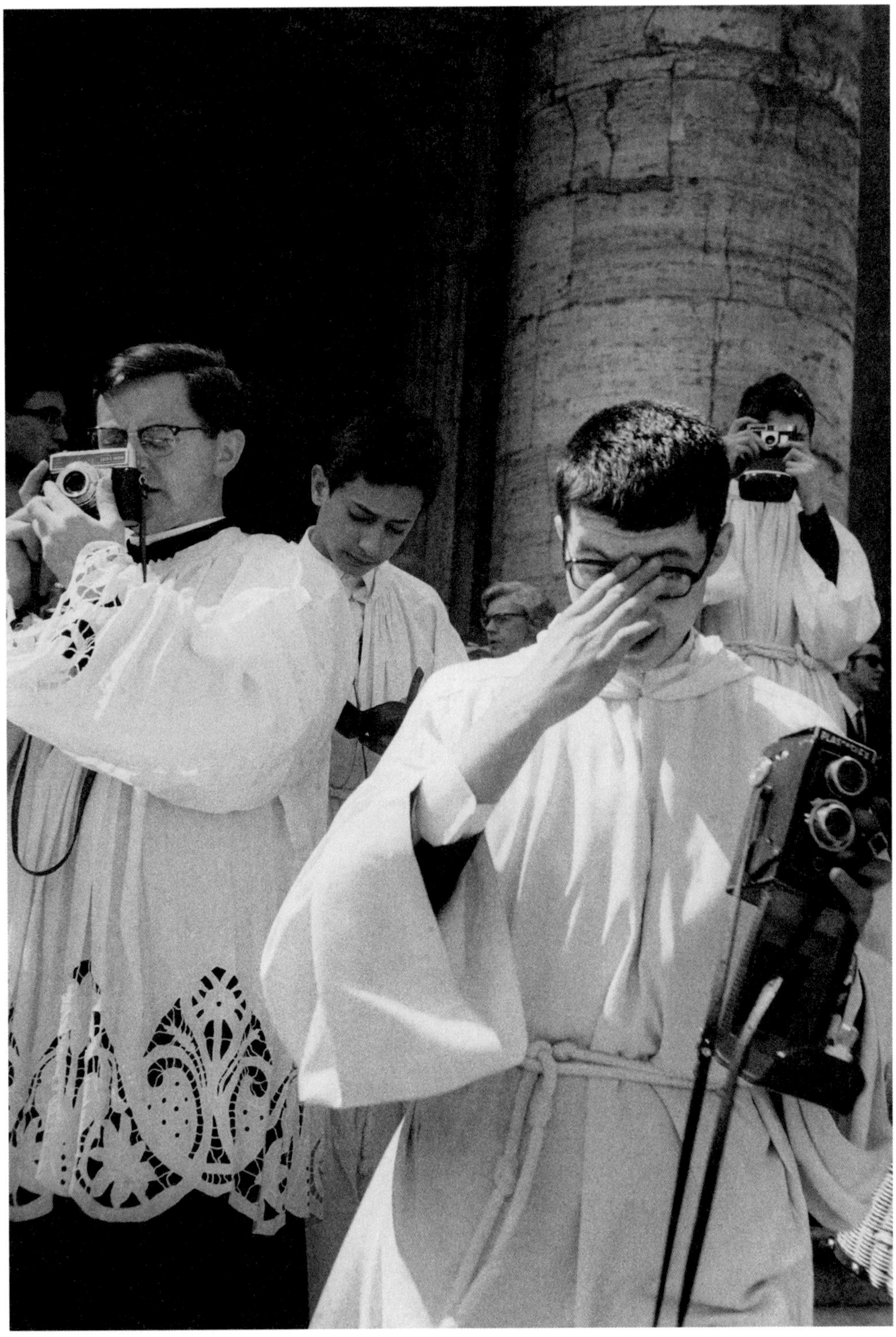

Florencie
Florence, 1968

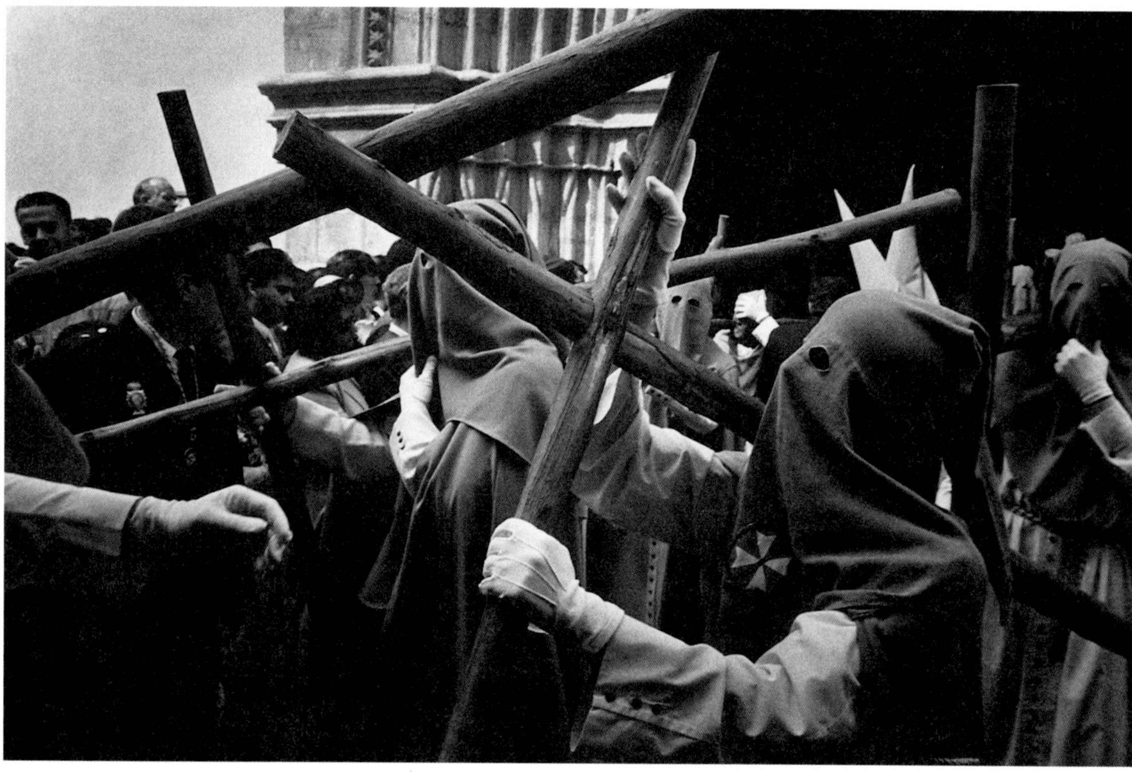

Sevilla, 1990

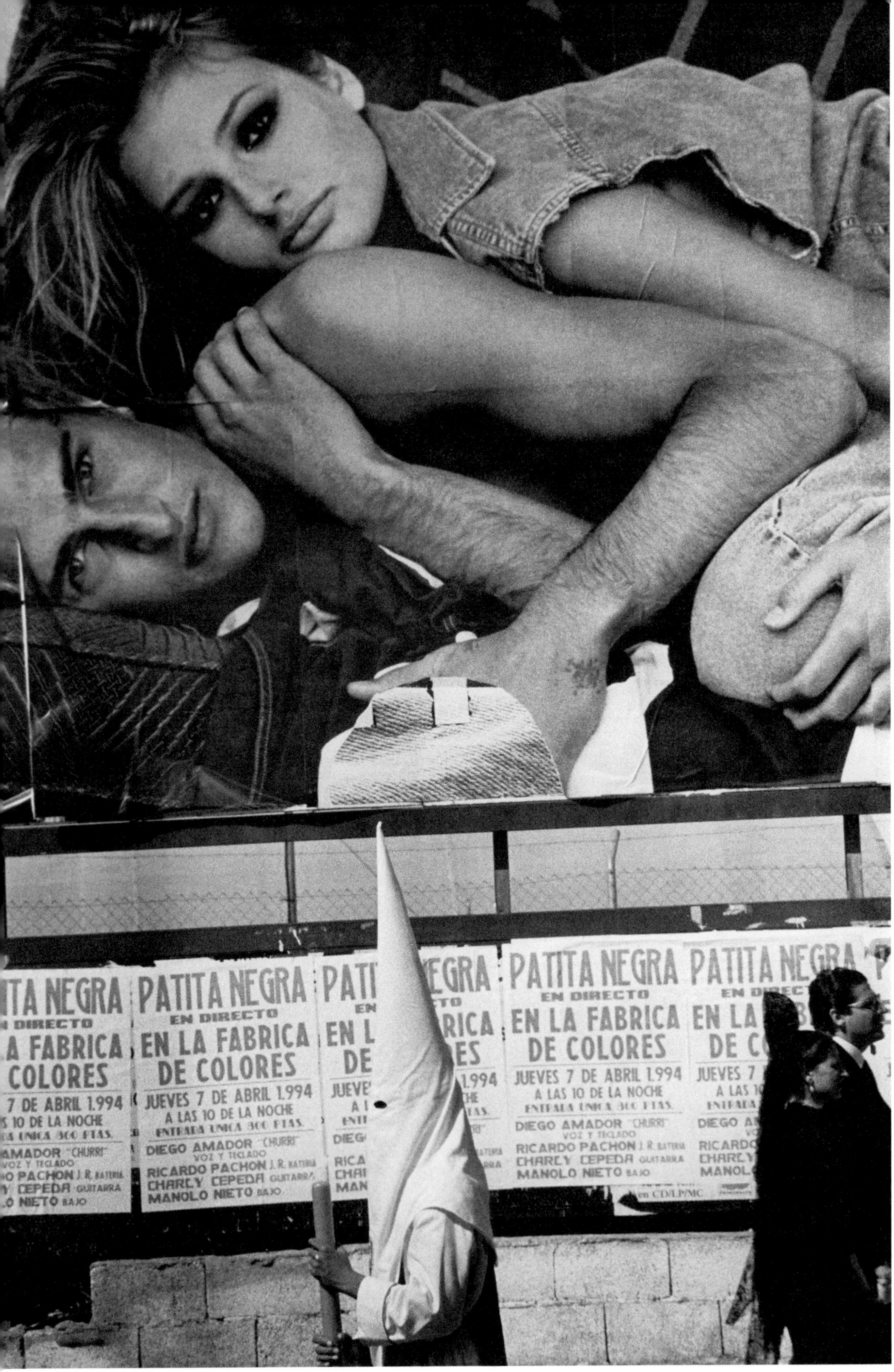

Sevilla, 1990

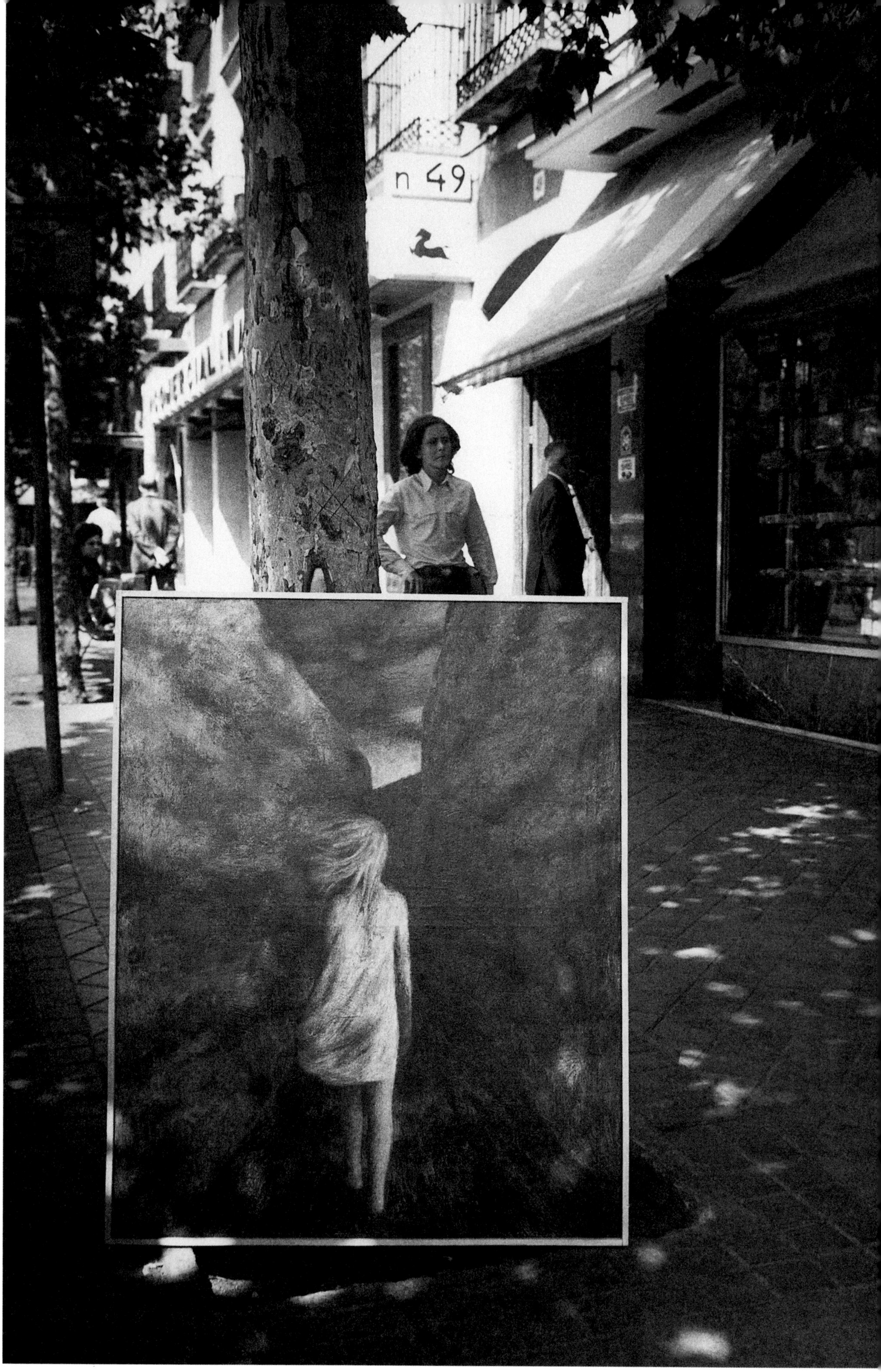

Madrid, 1968

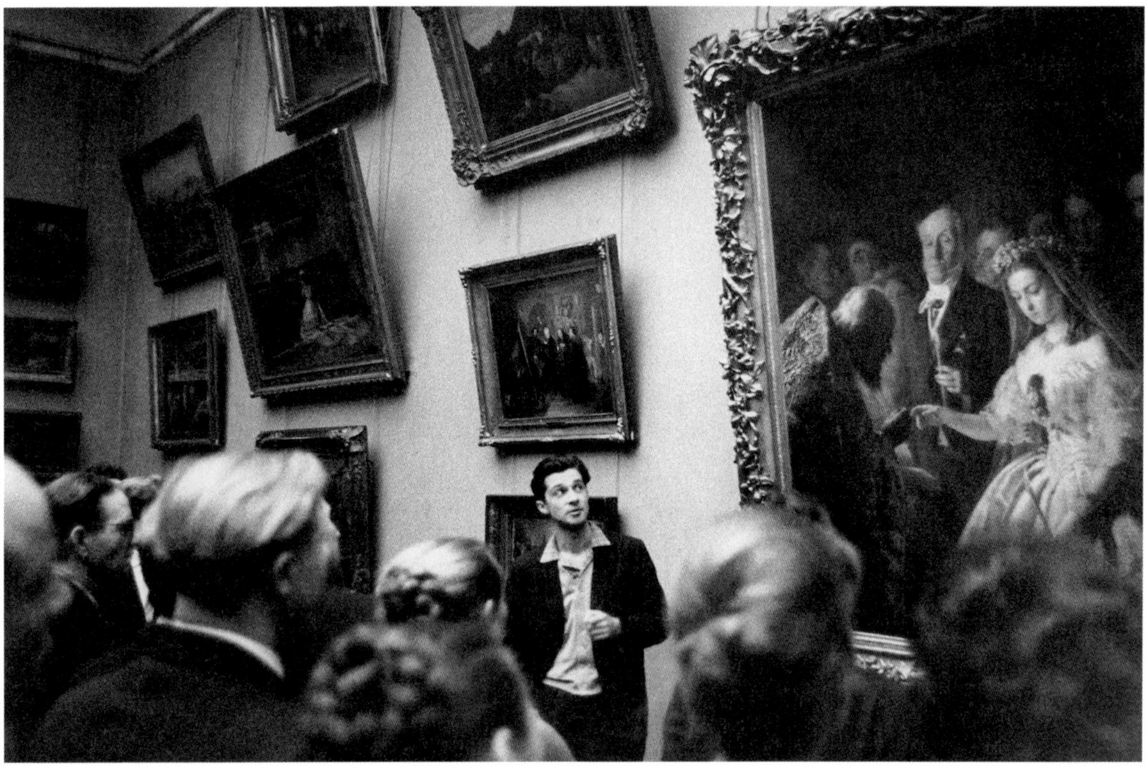

Moskva
Moscow, 1961

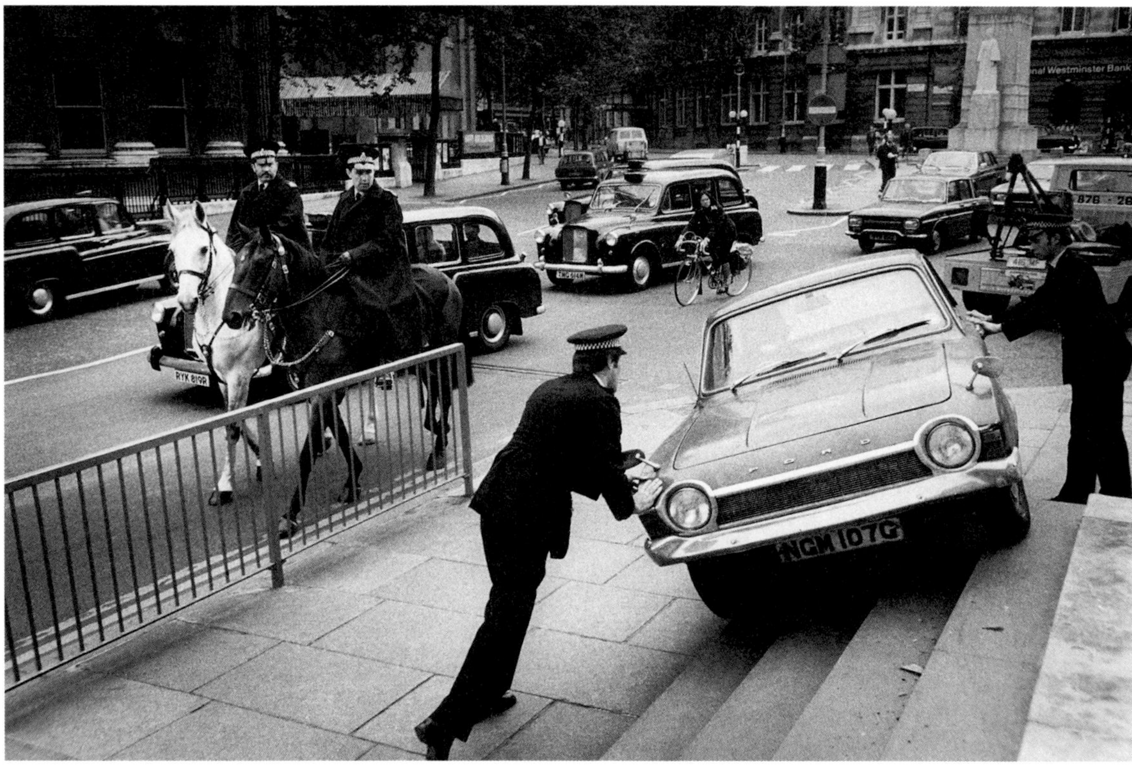

Londýn
London, 1968

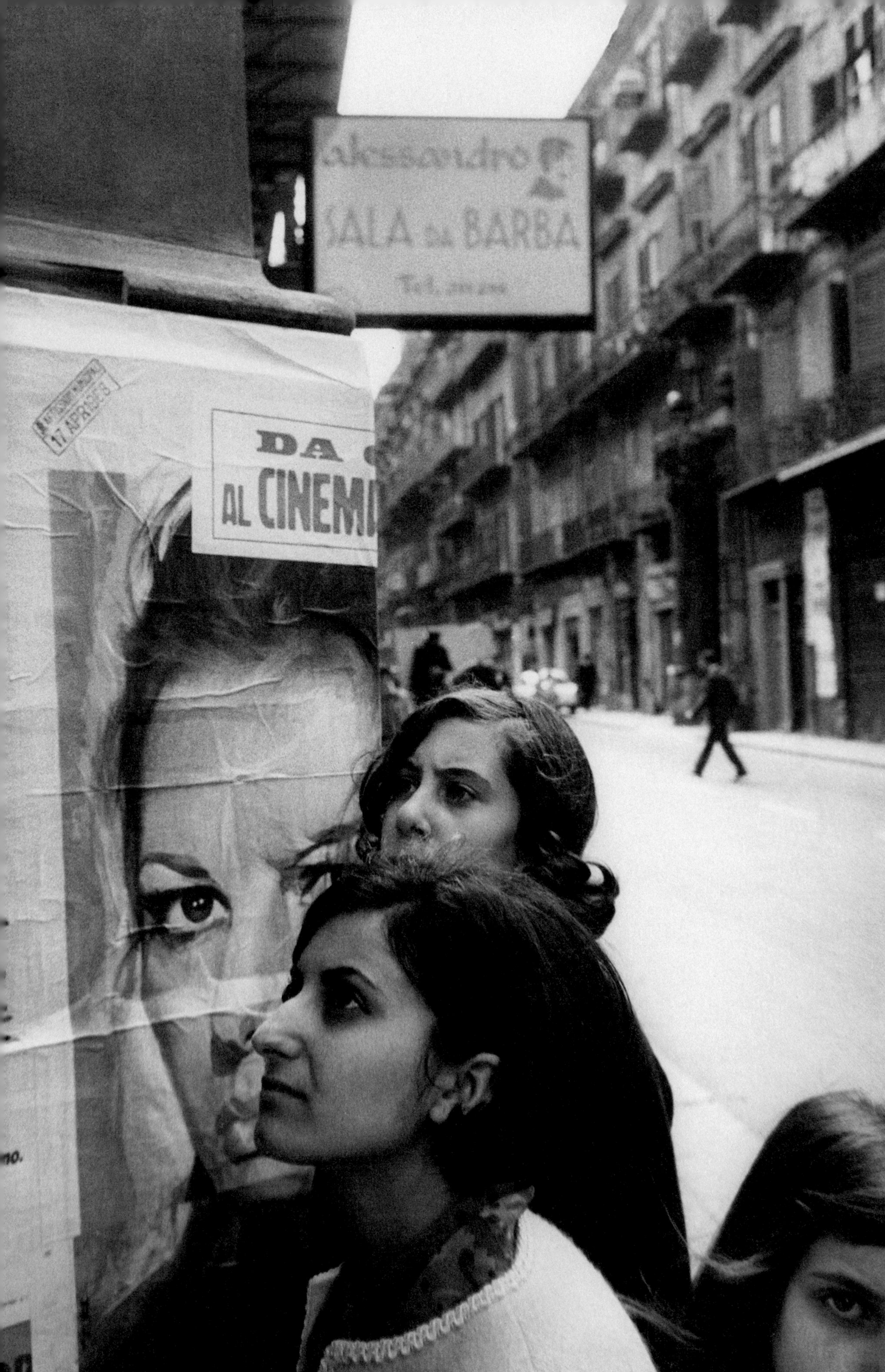

Palermo, 1968

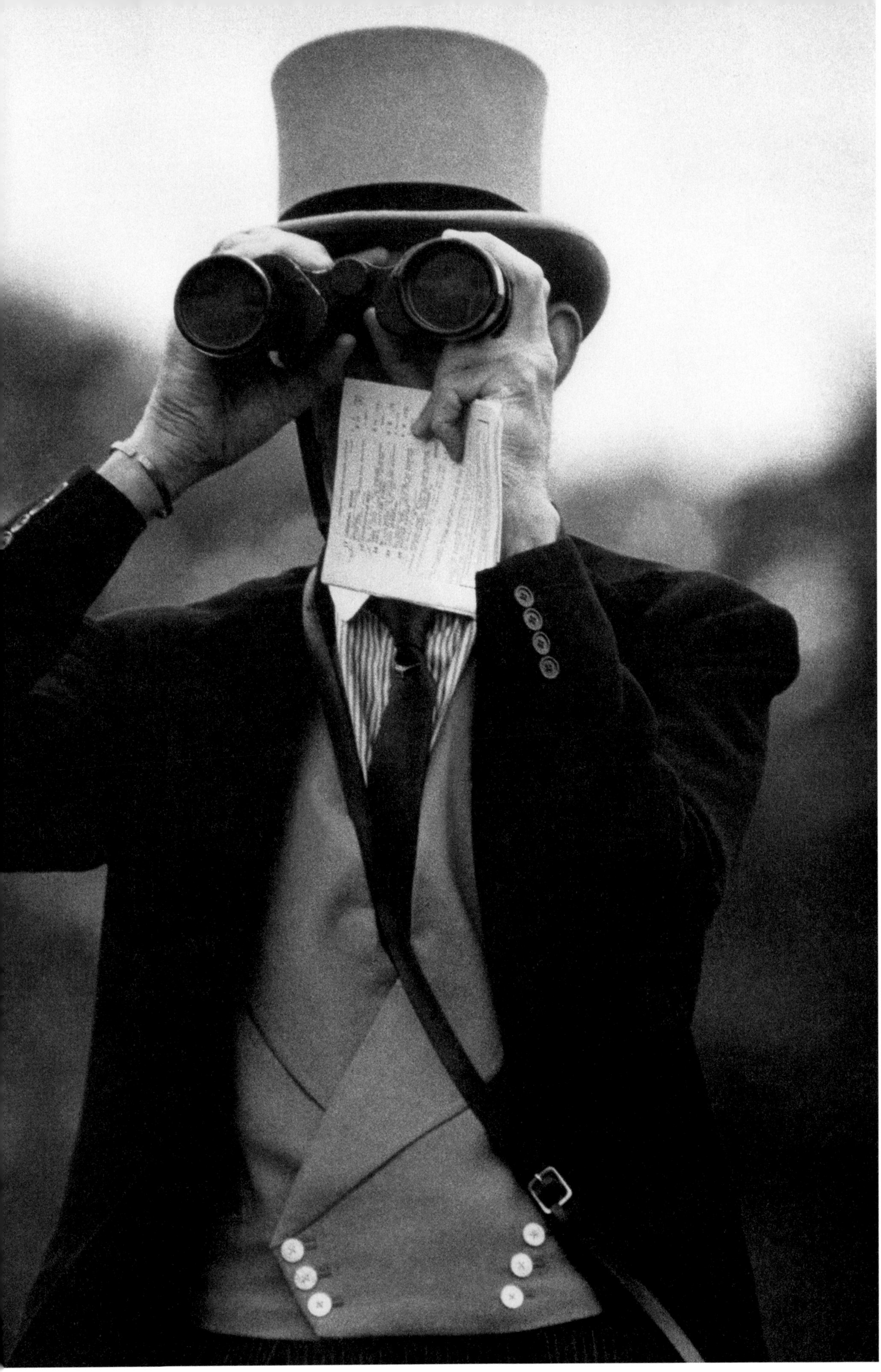

Ascot, 1977

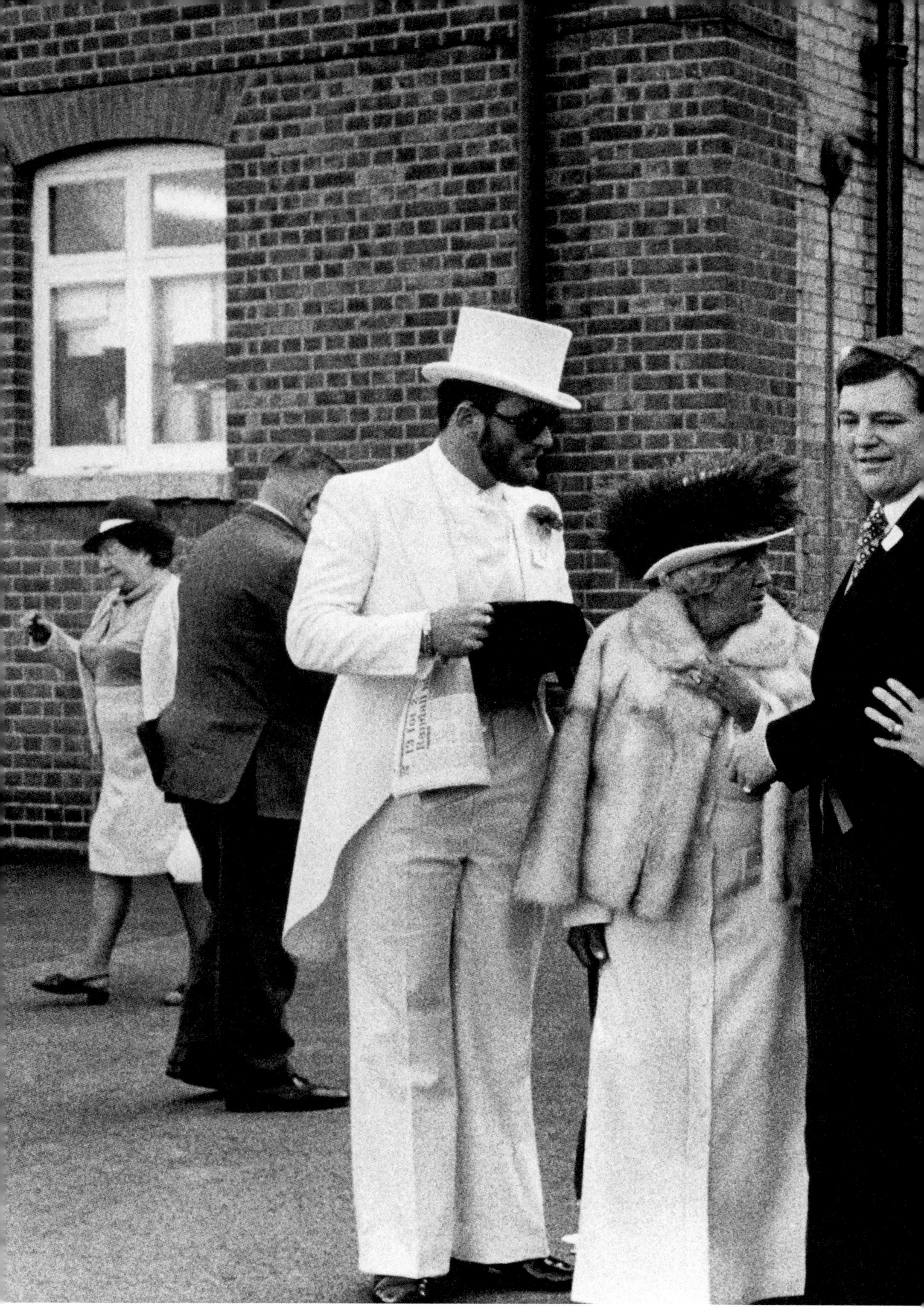

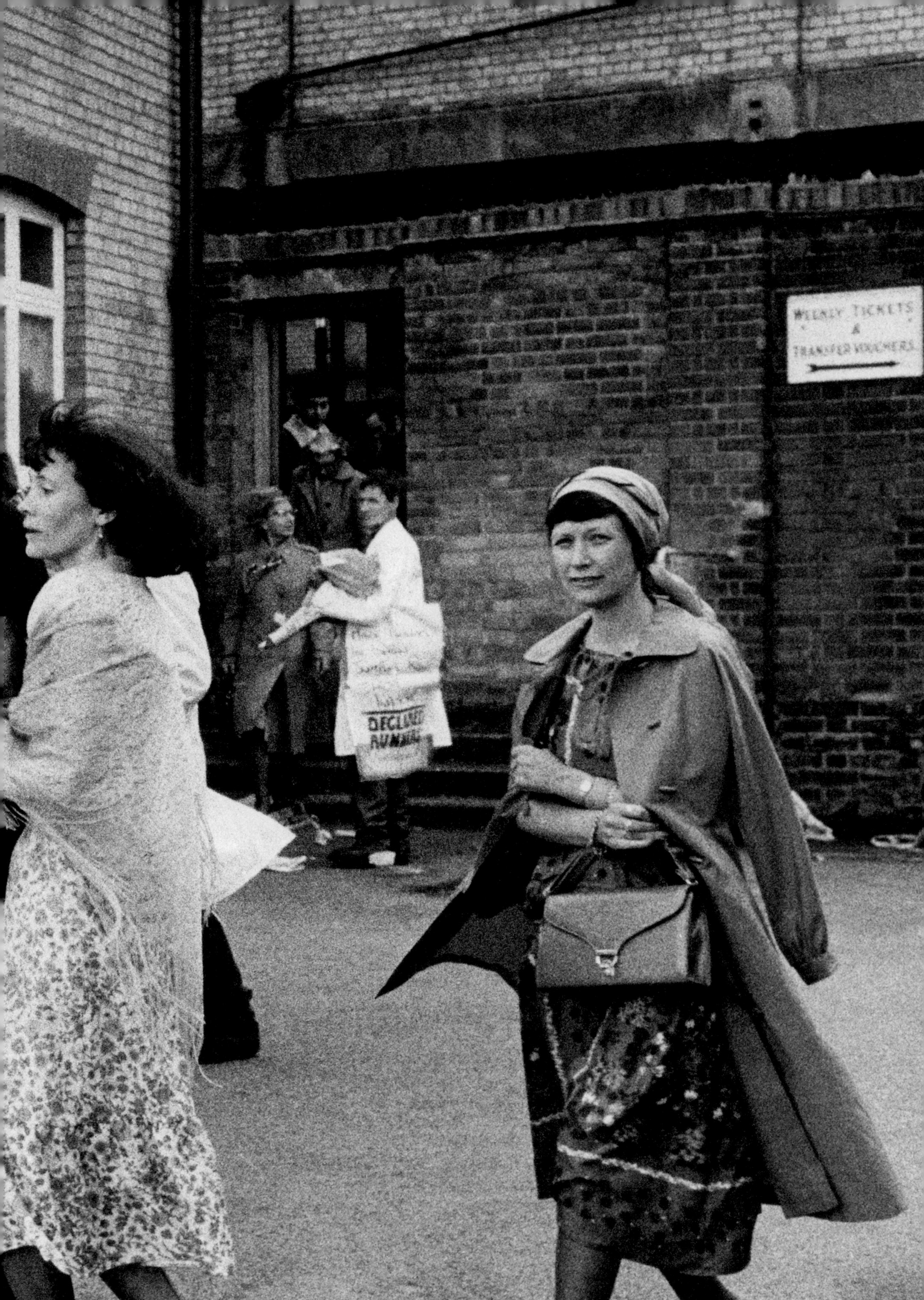

Ascot, 1977

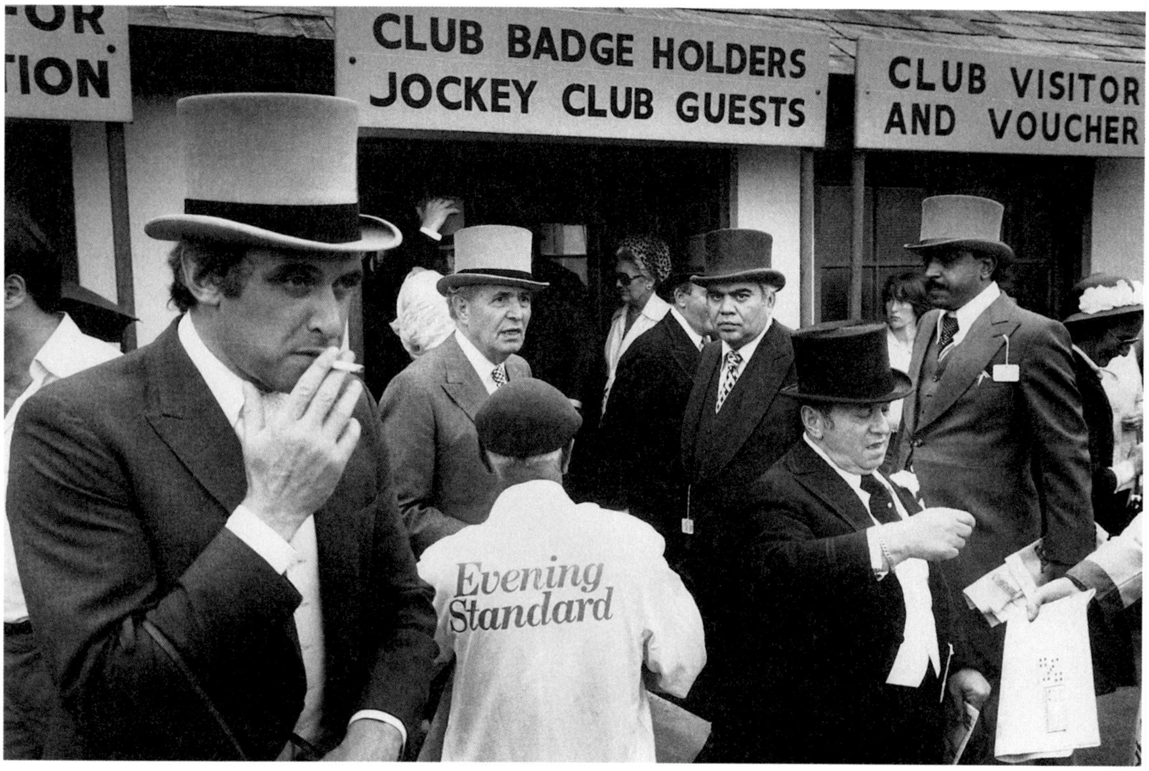
OR
TION
CLUB BADGE HOLDERS
JOCKEY CLUB GUESTS
CLUB VISITOR
AND VOUCHER
Evening
Standard

Ascot, 1977

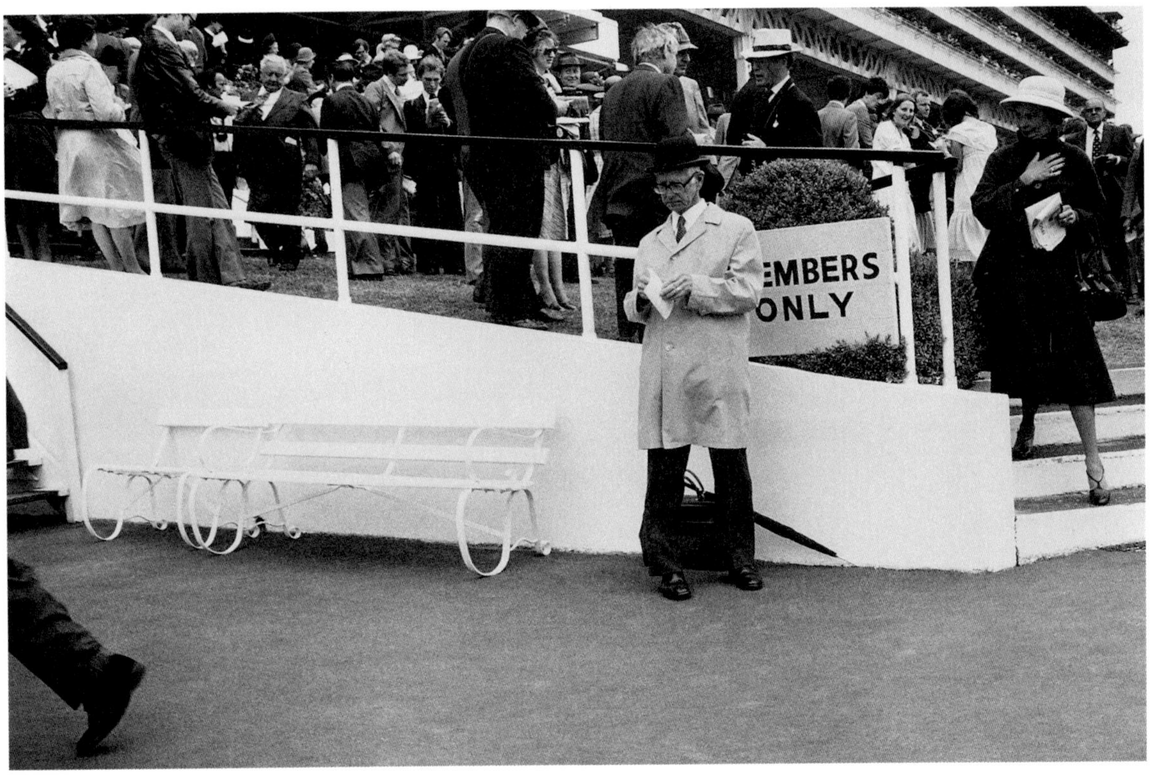

Ascot, 1977

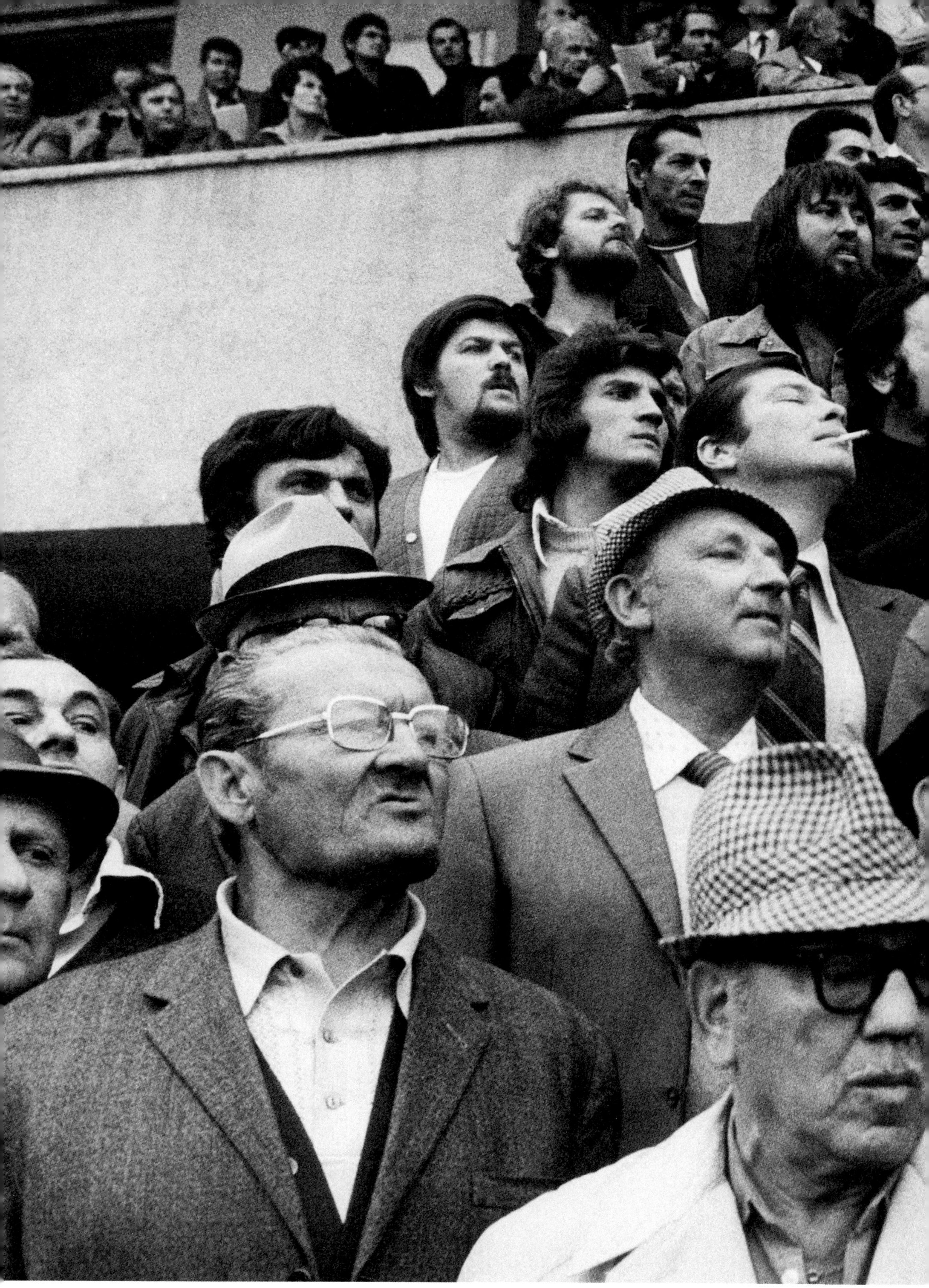

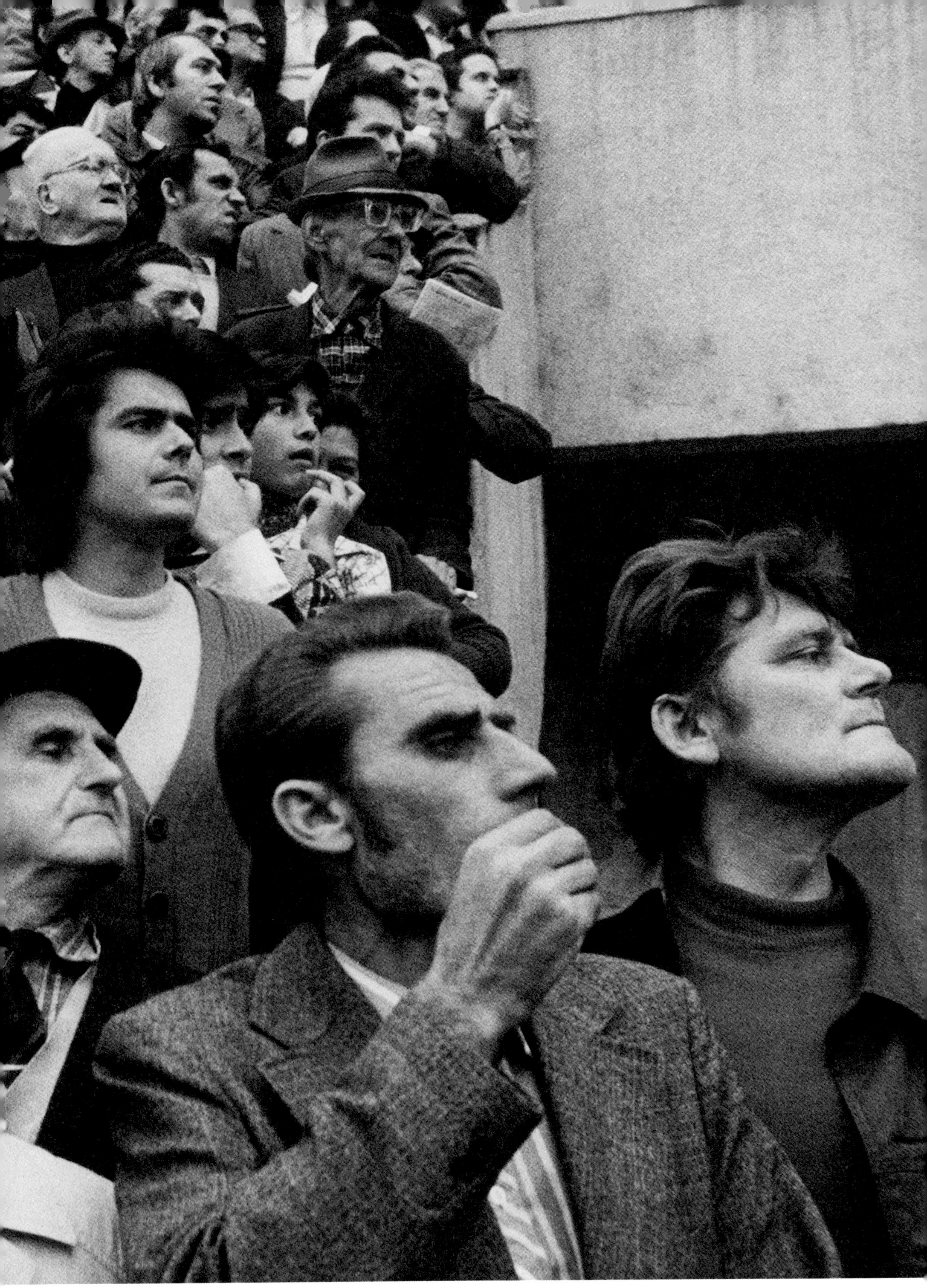

Budapešť
Budapest, 1975

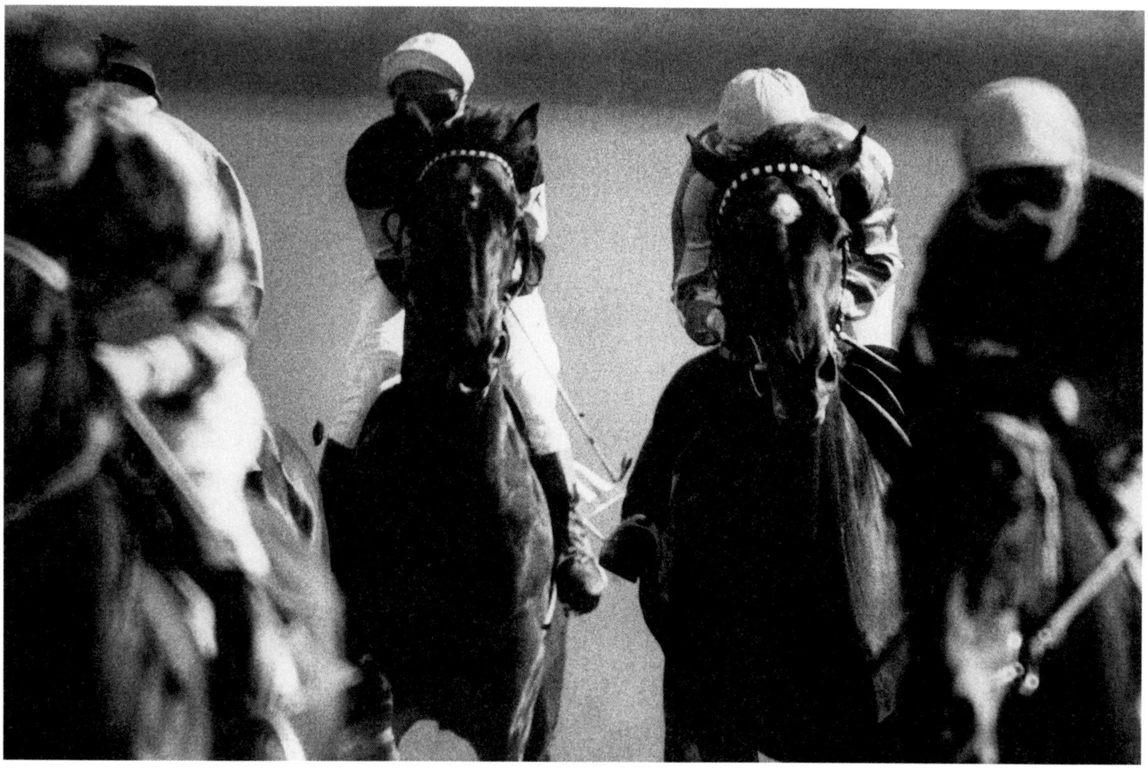

Velká Chuchle, 1975

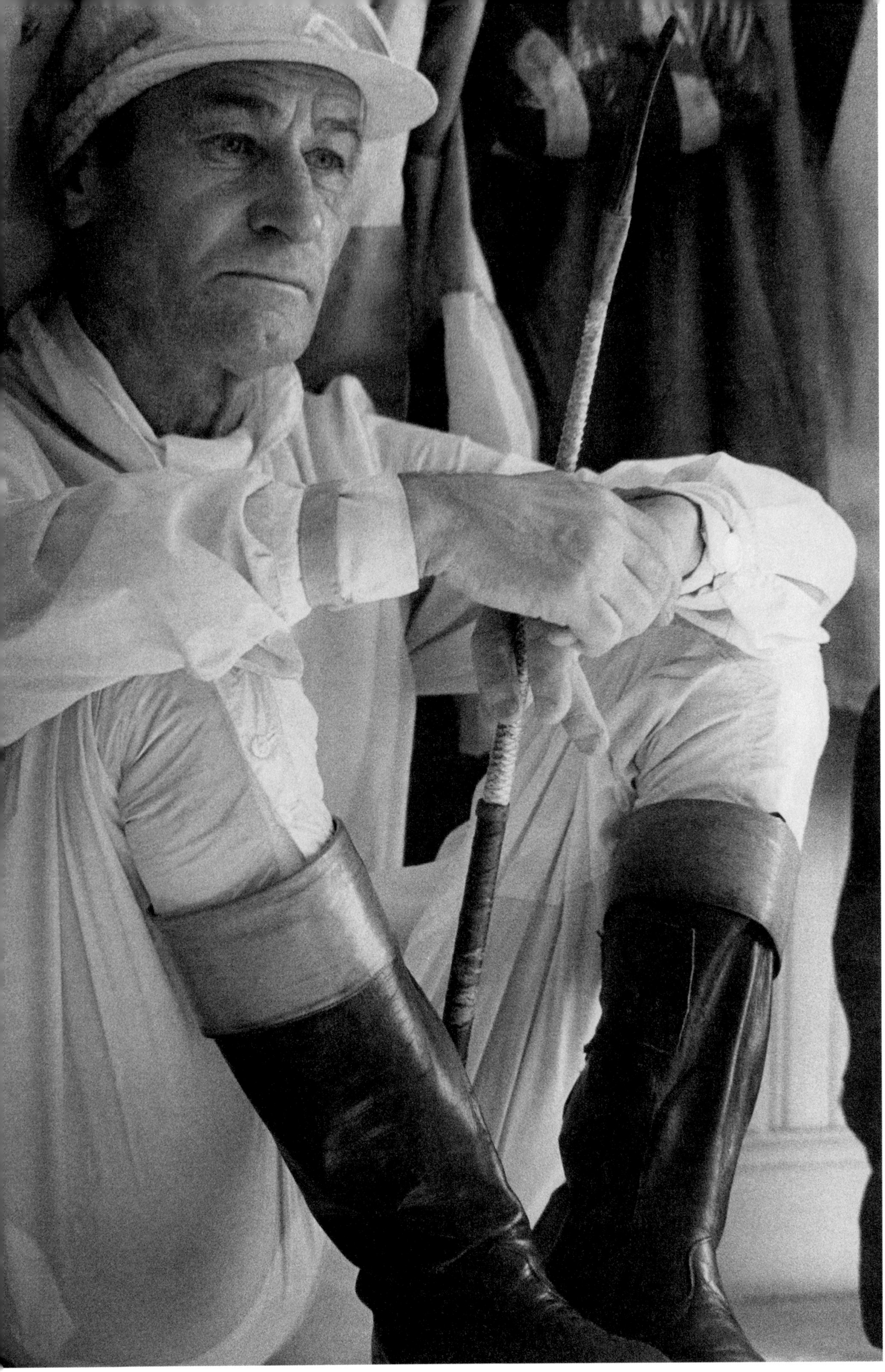

Karlovy Vary, 1975

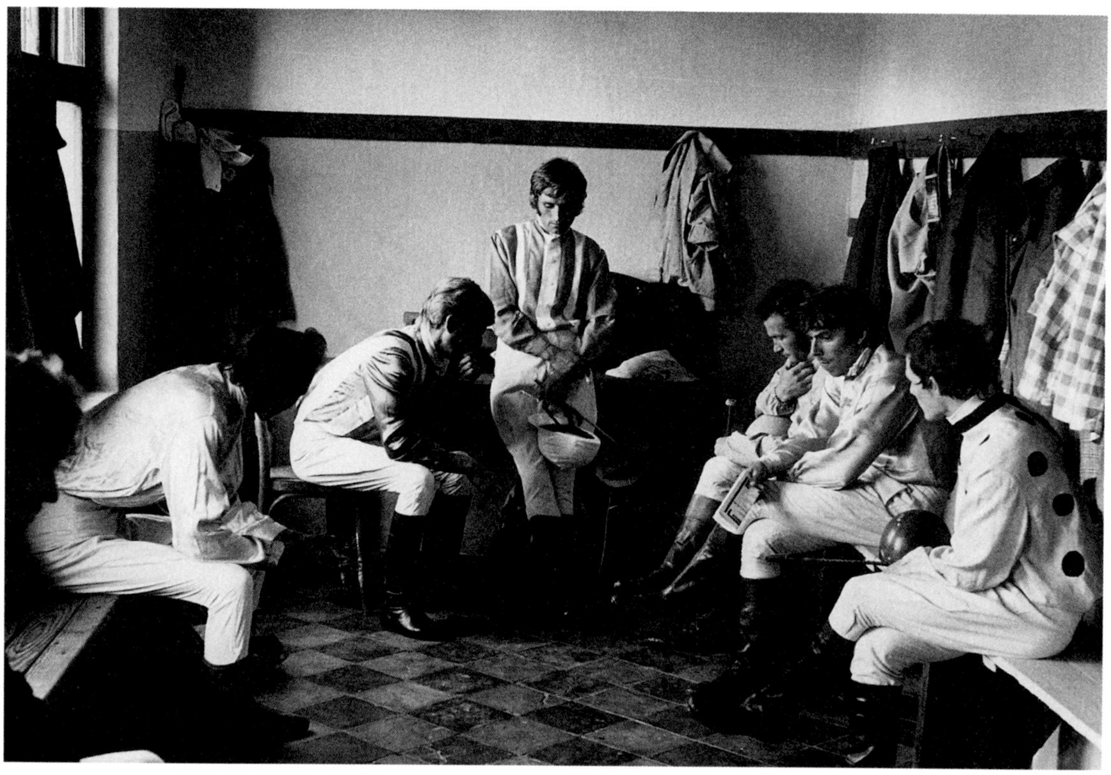

Pardubice, 1975

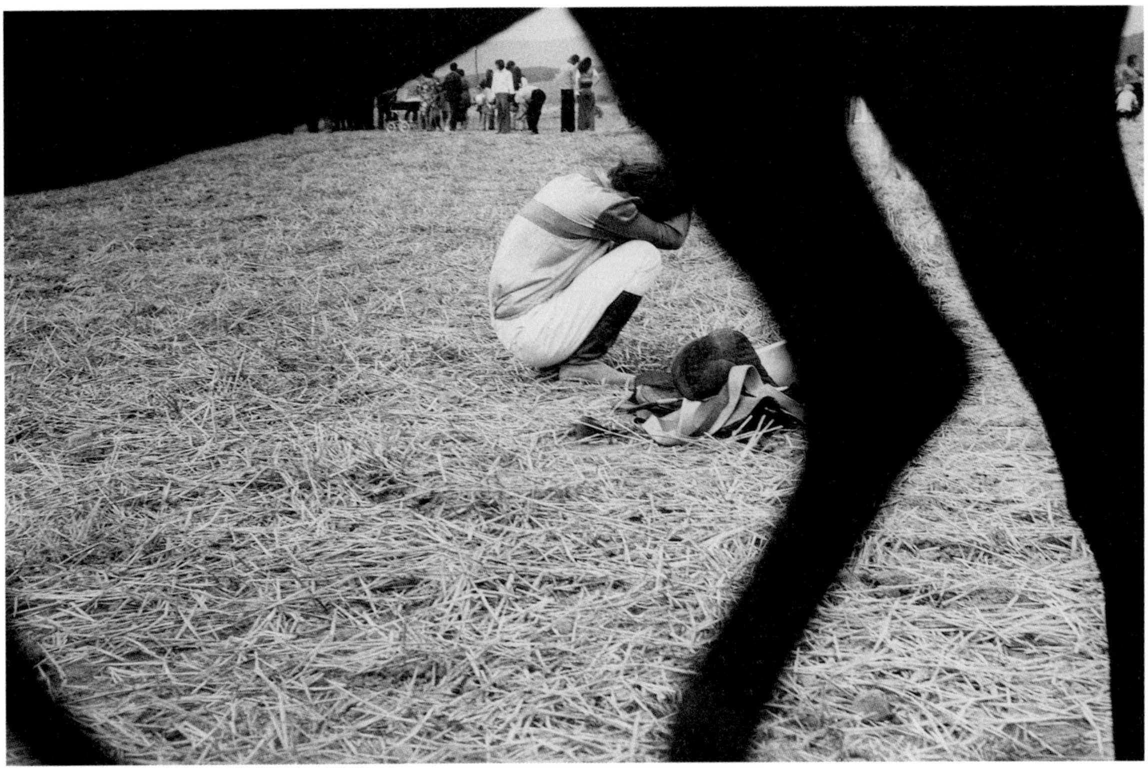

Topolčianky, 1975

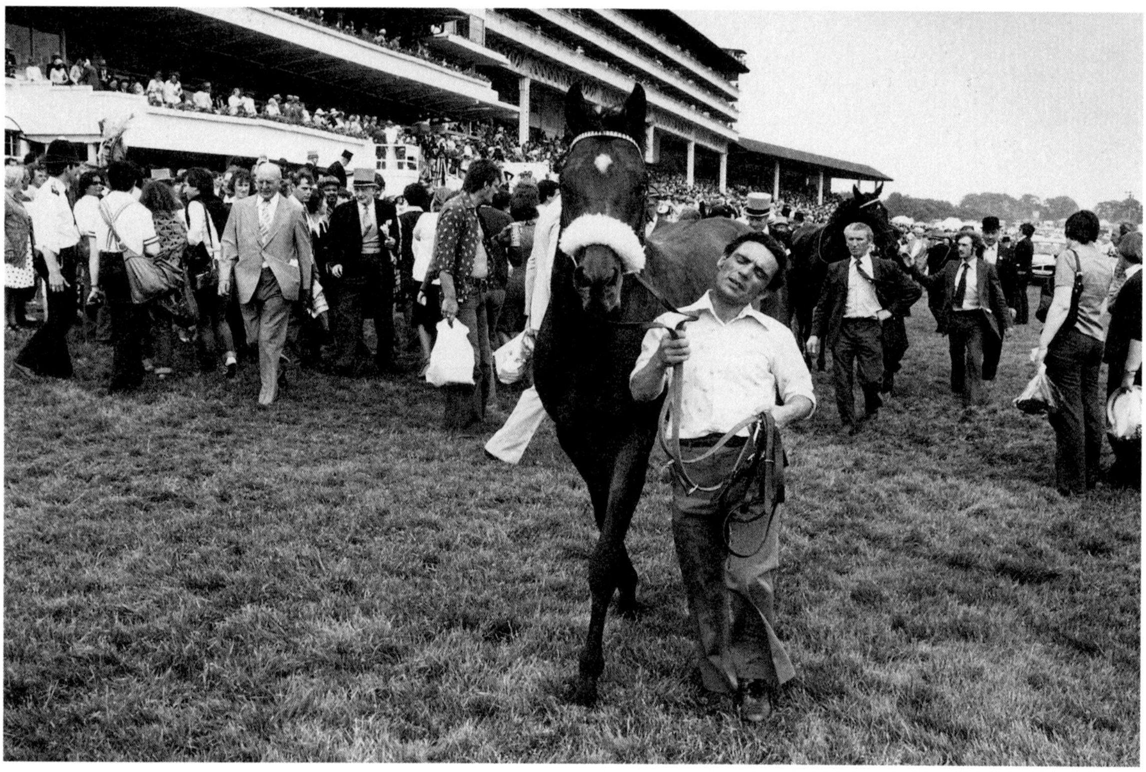

Epsom, 1977

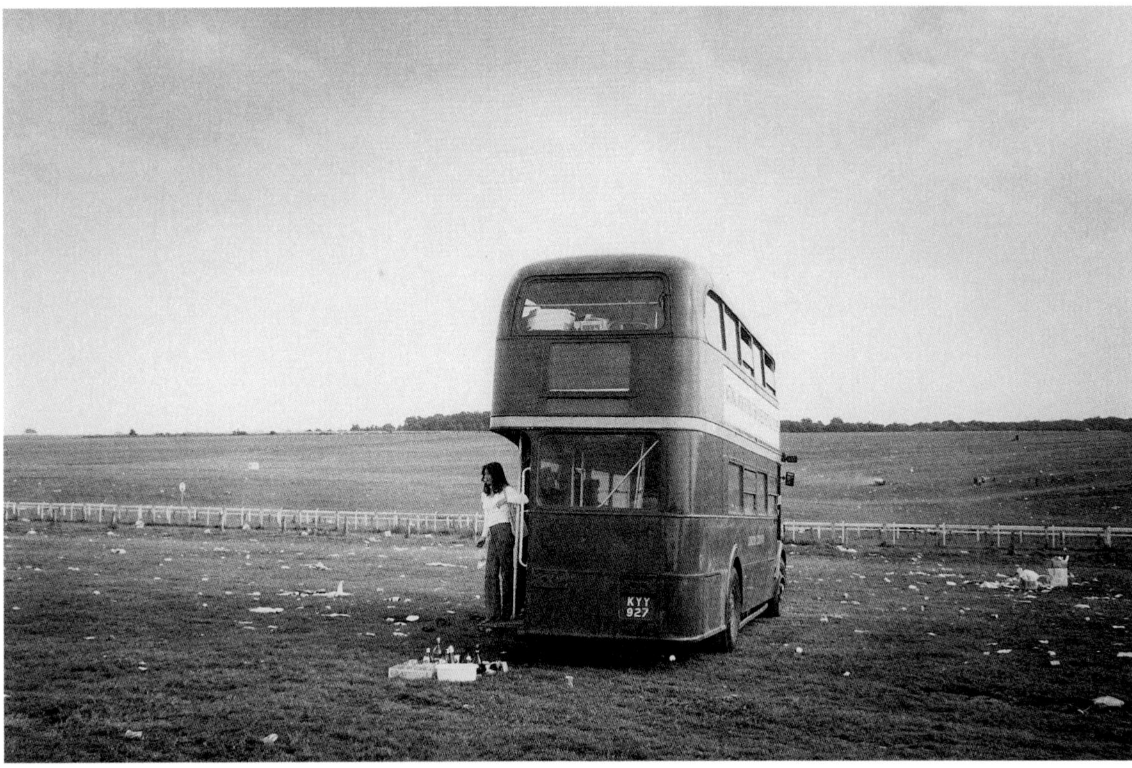

Epsom, 1977

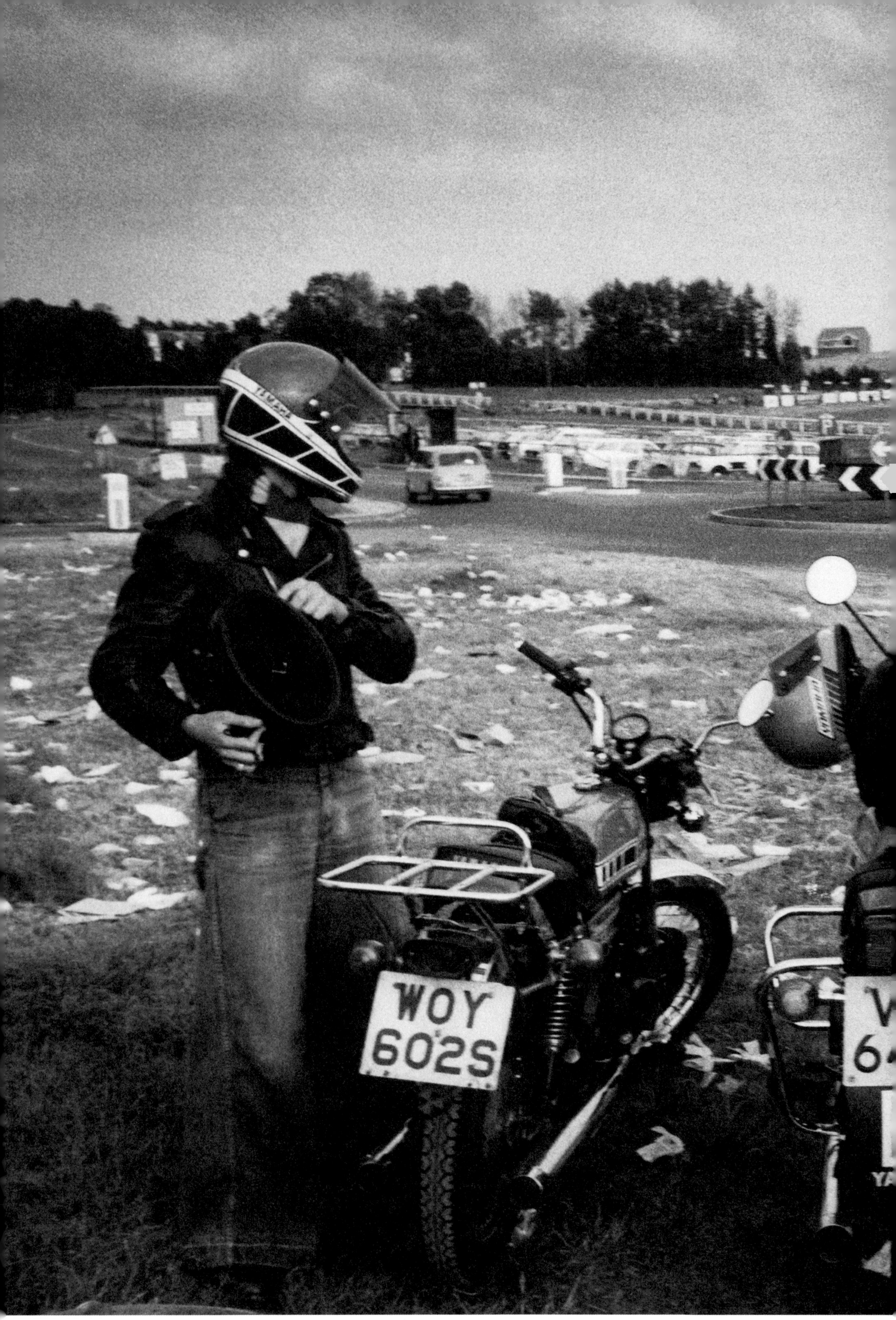
WOY
602S

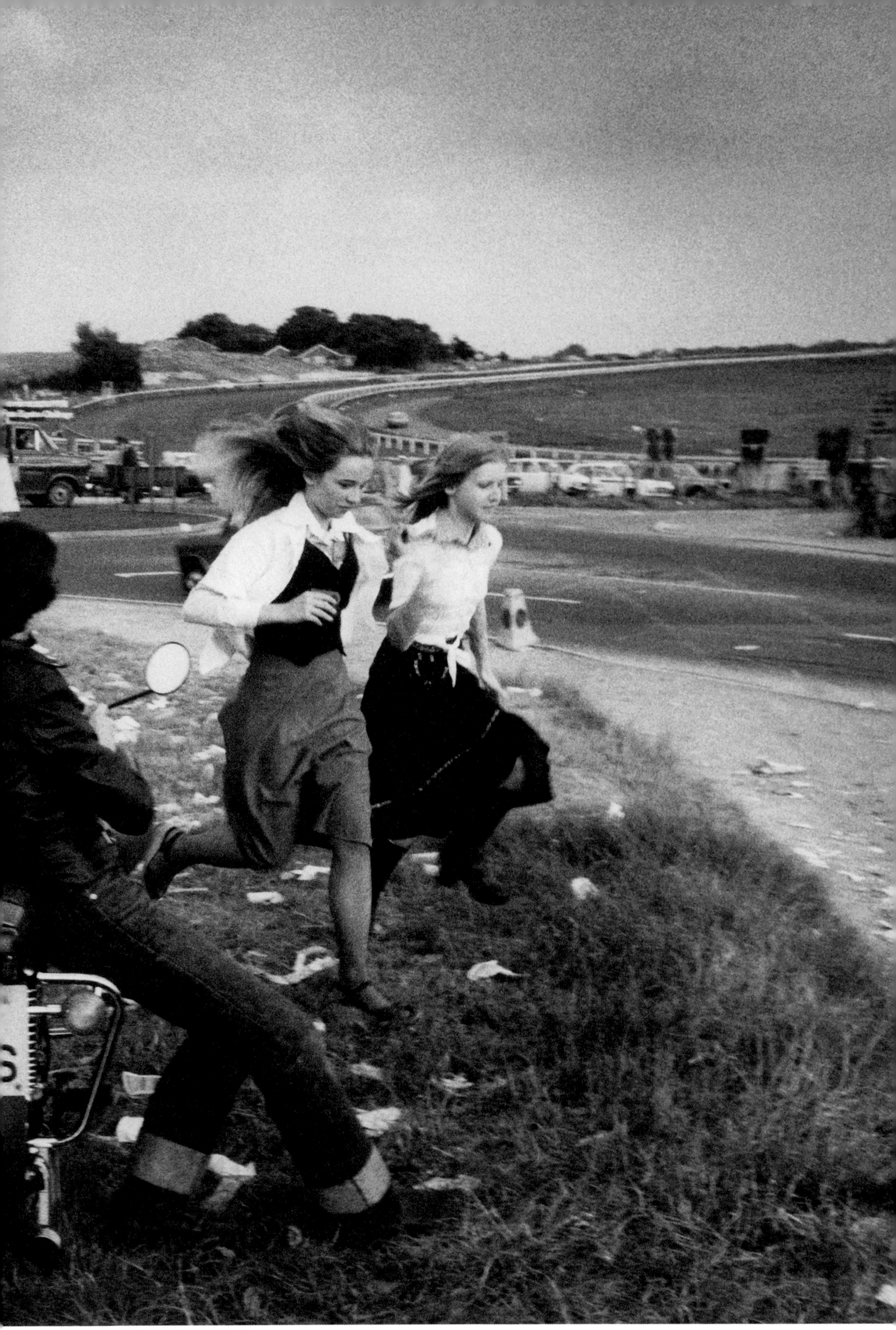

Epsom, 1977

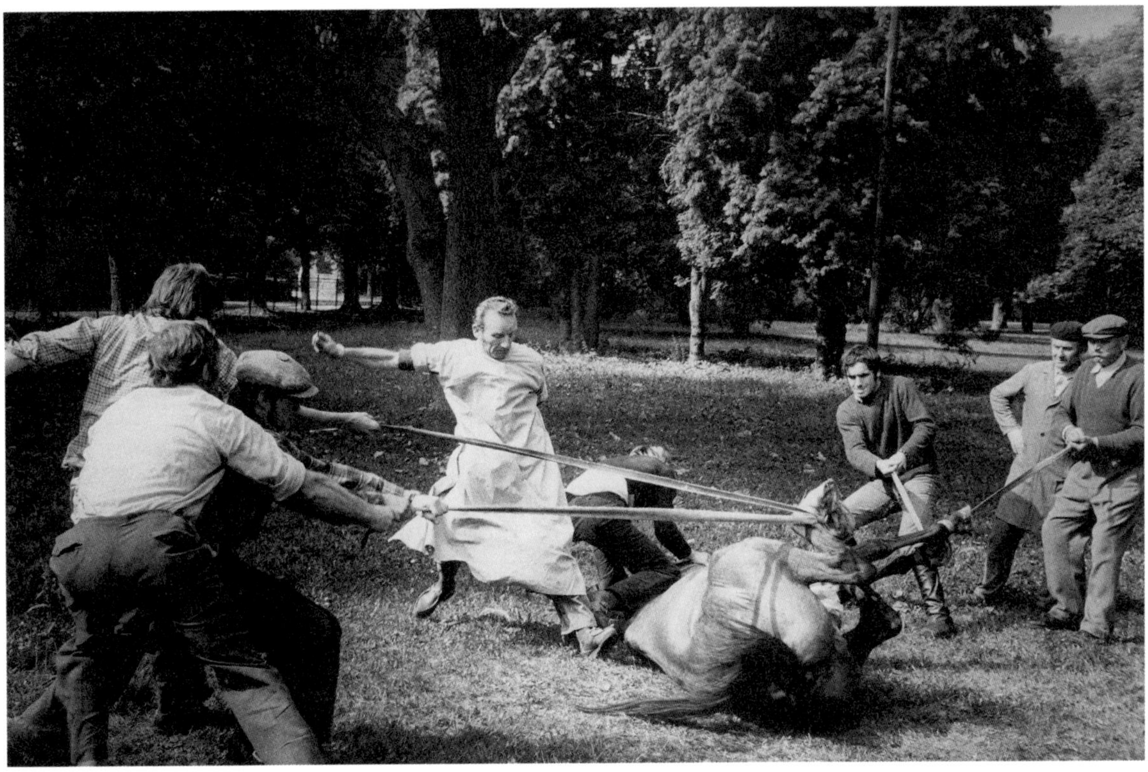

Nový Tekov, 1973

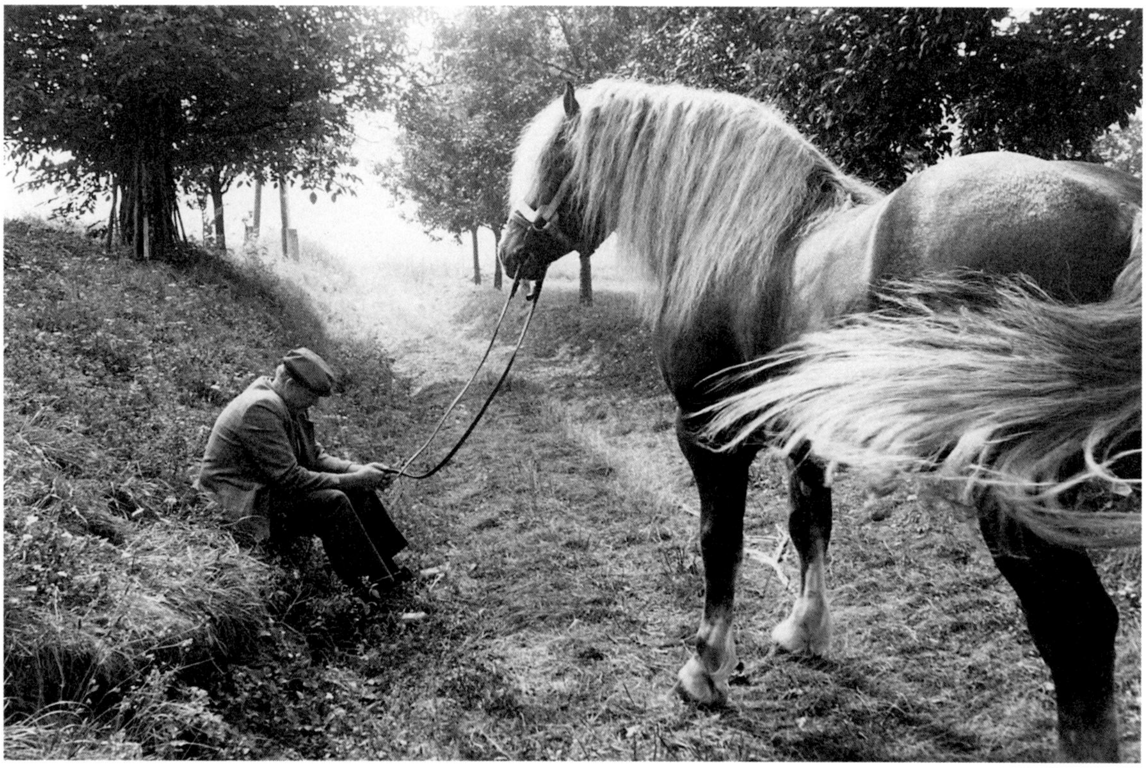

Dražůvky, 1973

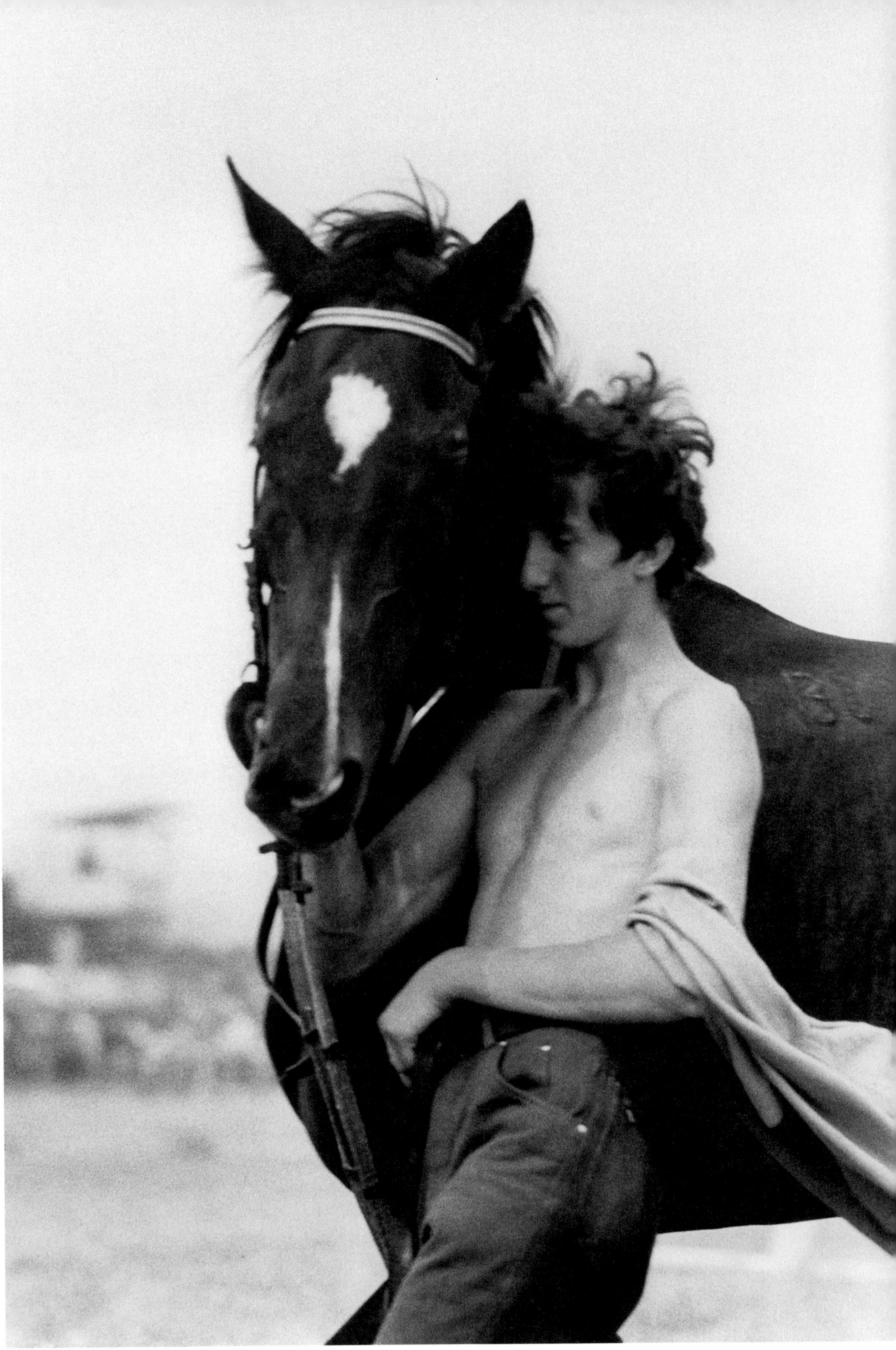

Topolčianky, 1973

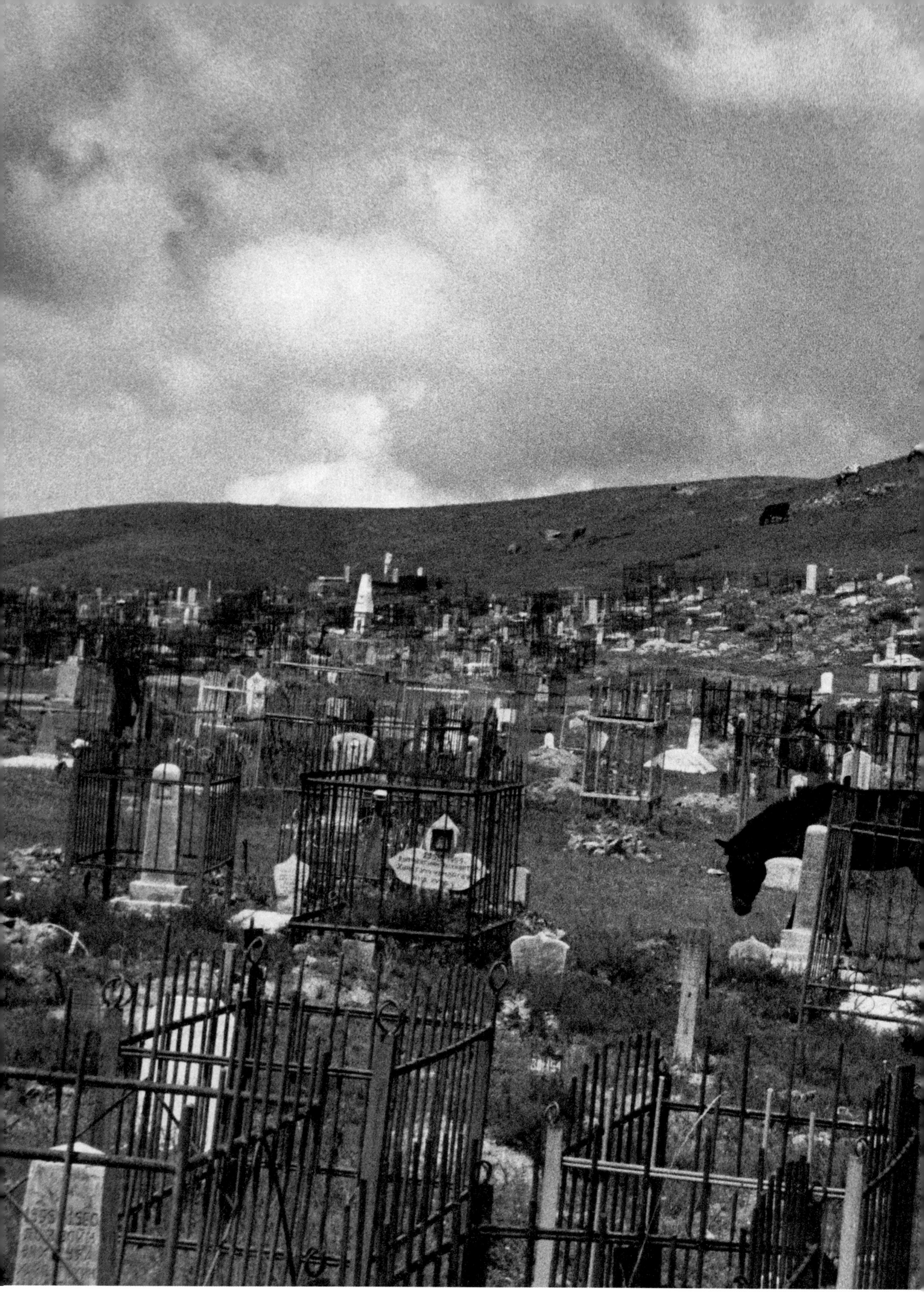

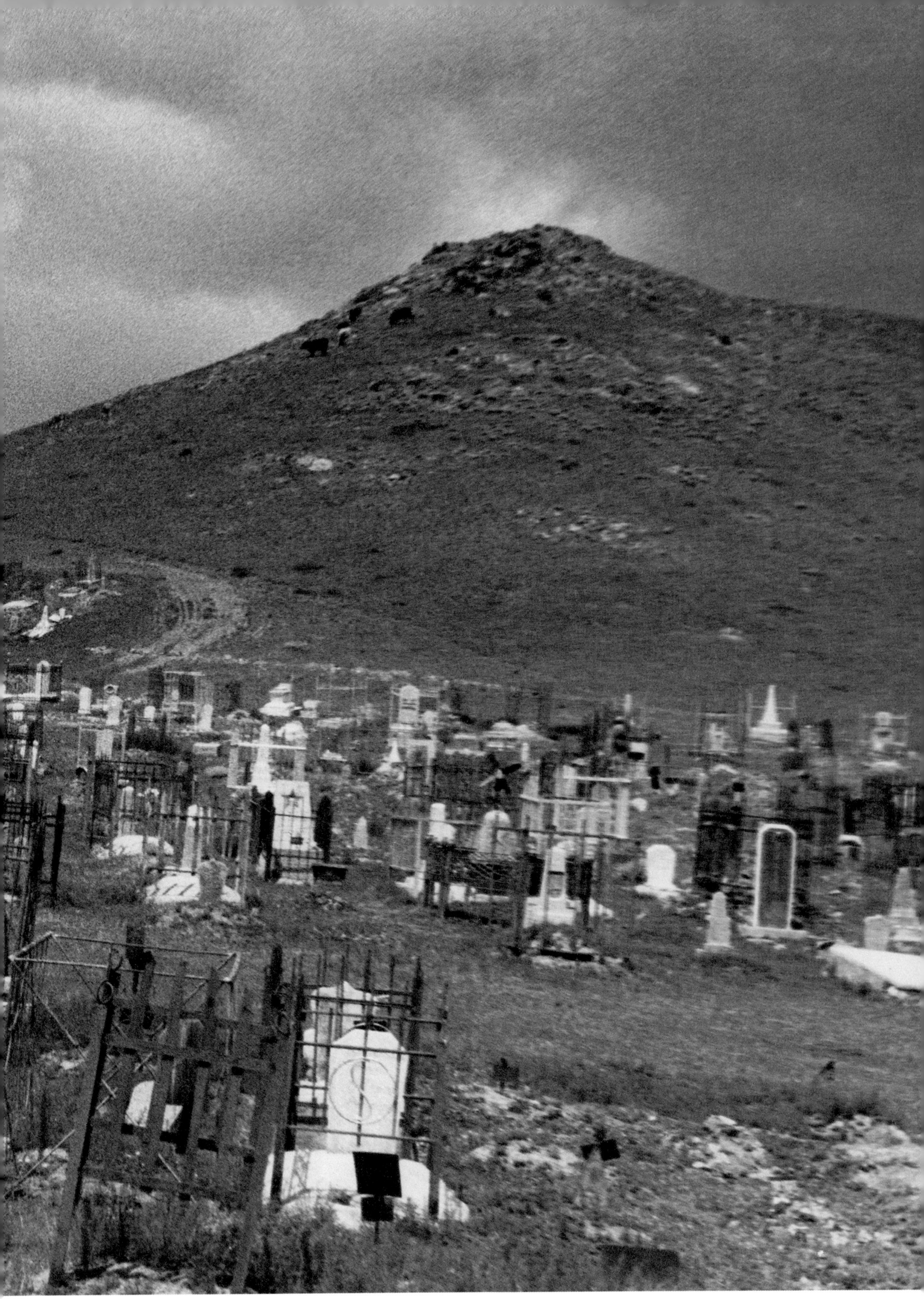

Mongolsko
Mongolia, 1968

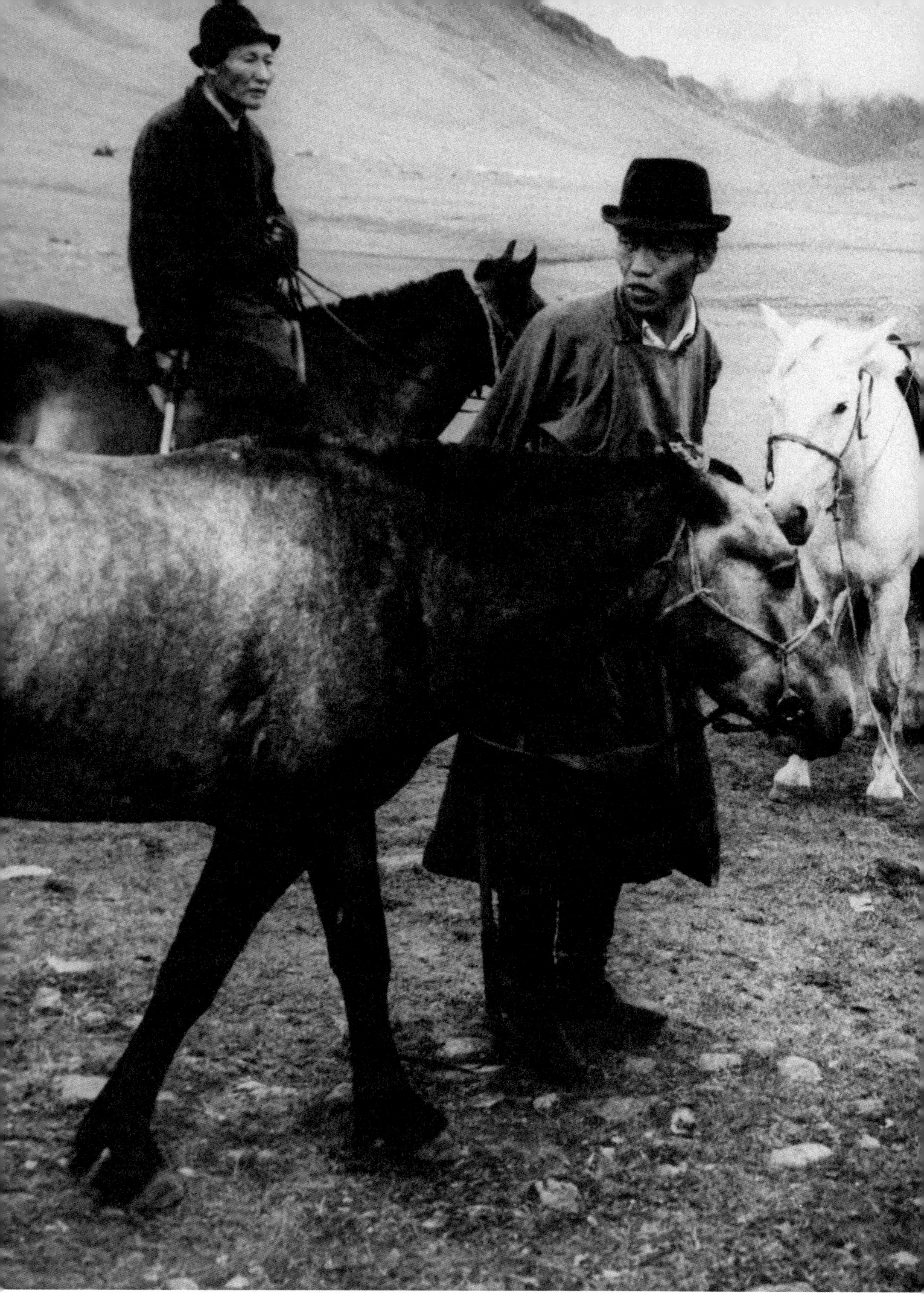

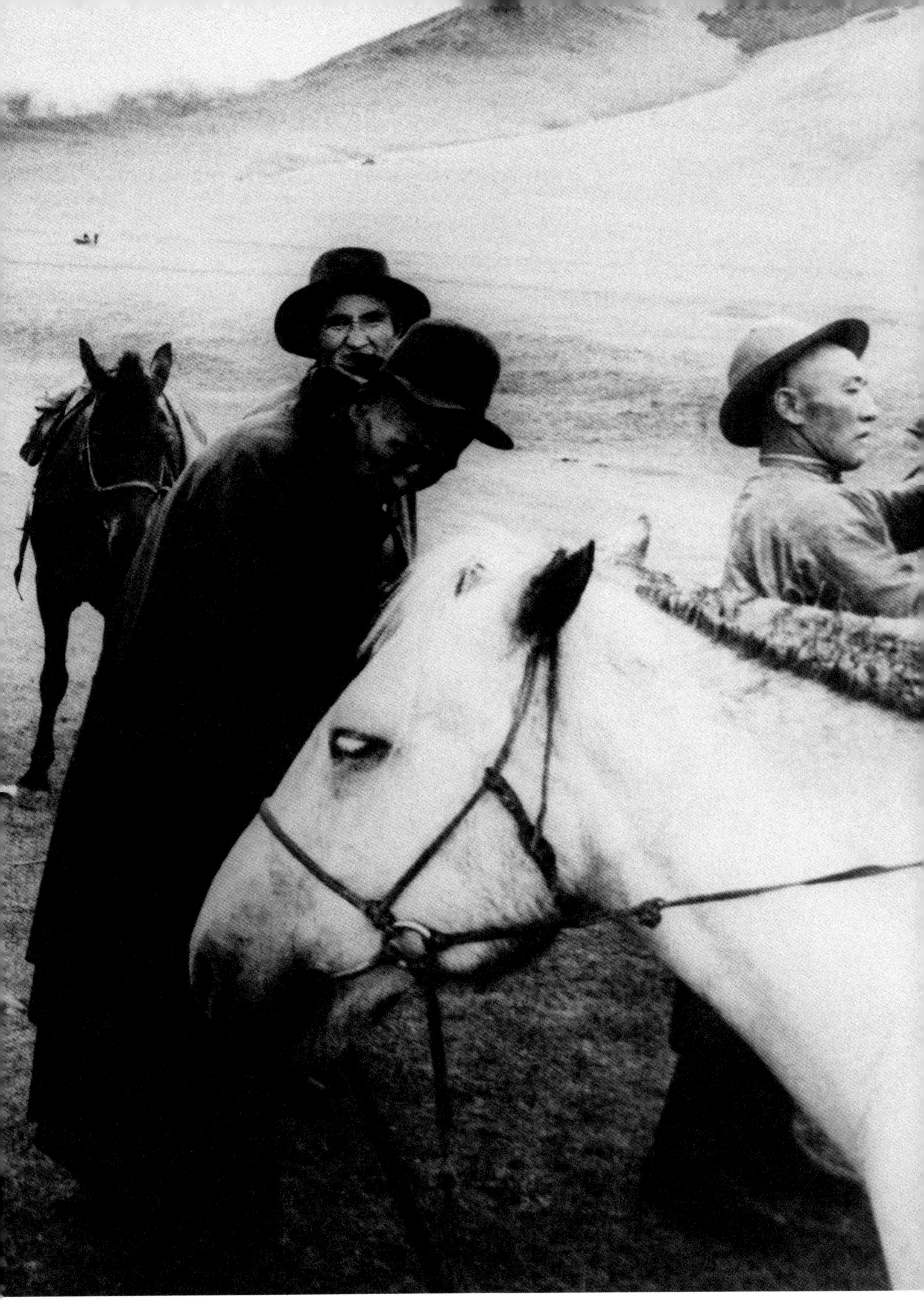

Mongolsko
Mongolia, 1968

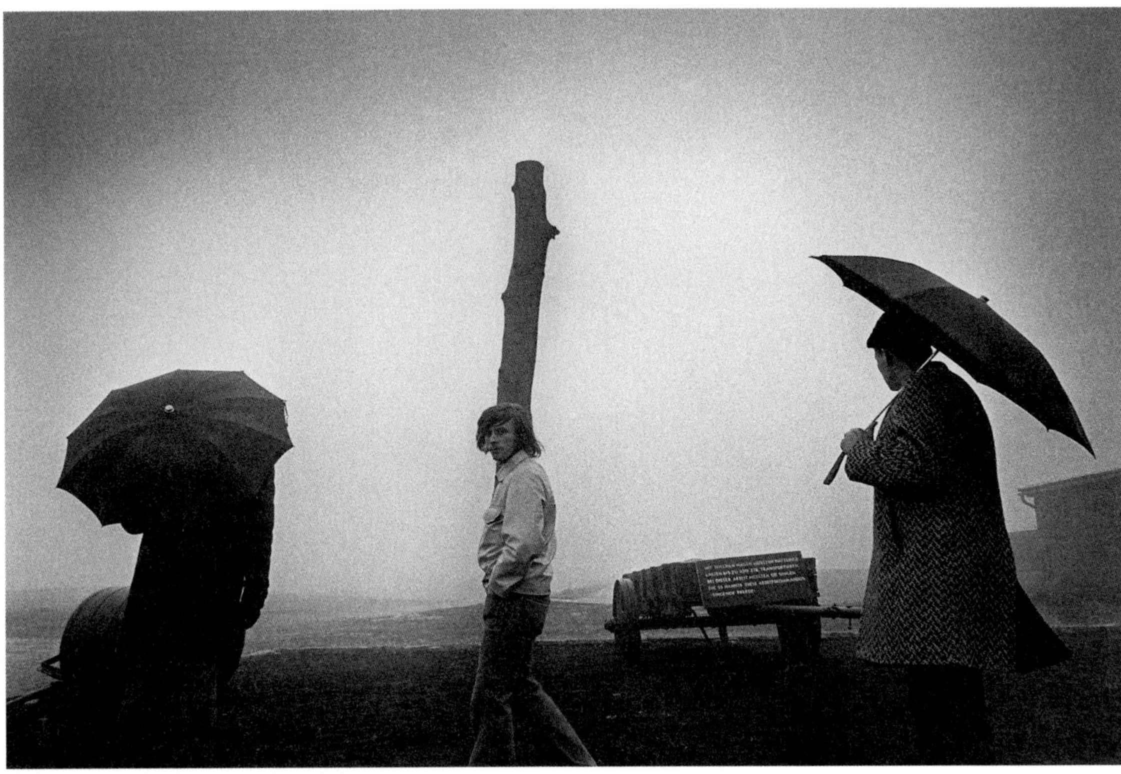

Buchenwald, 1965

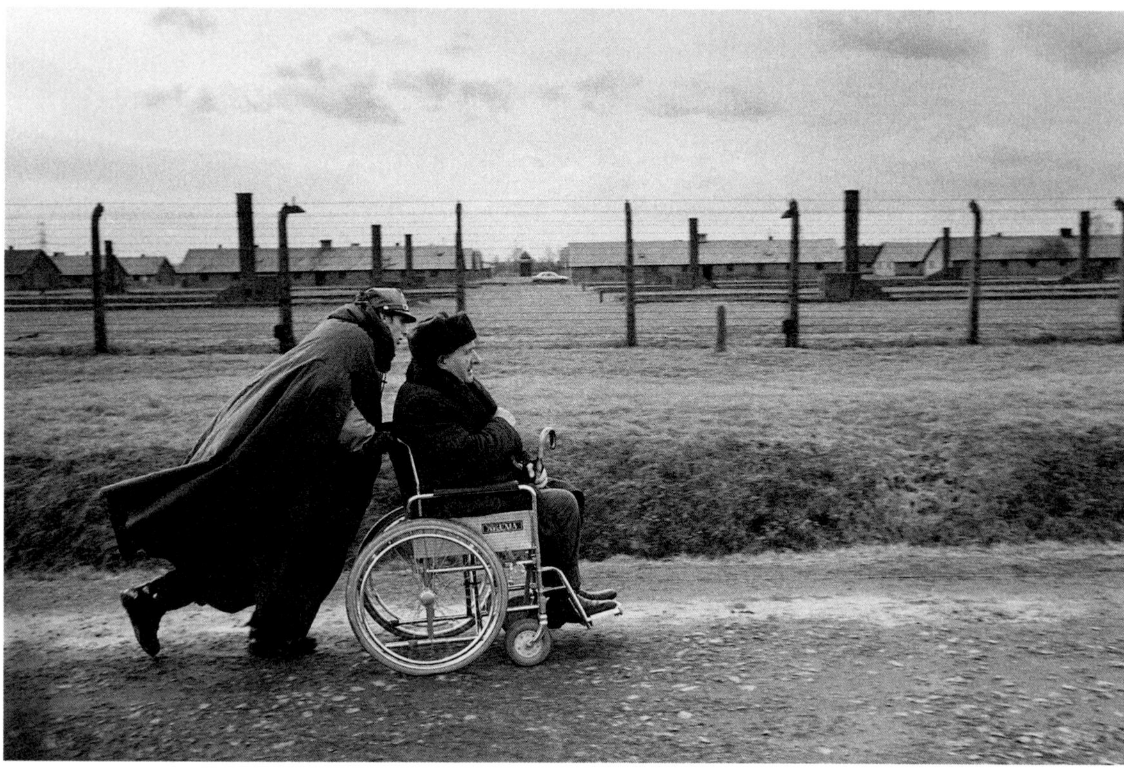

Osvětim Březinka
Auschwitz Birkenau, 1995

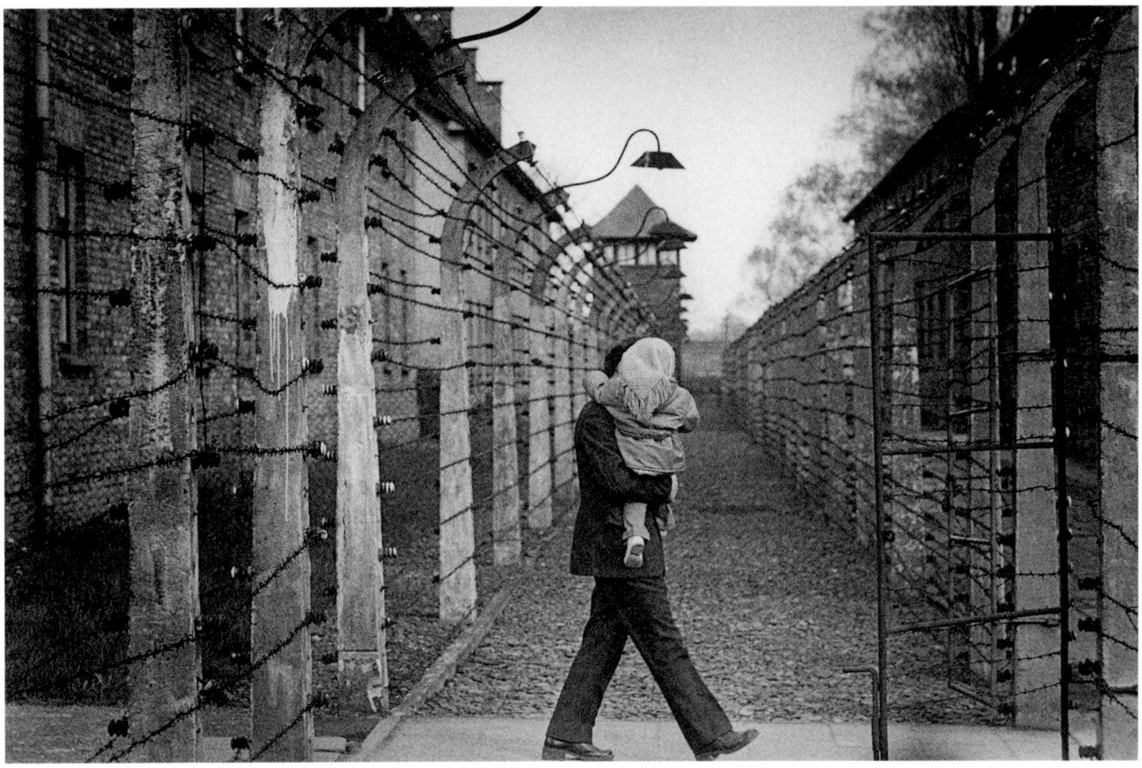

Osvětim
Auschwitz, 1975

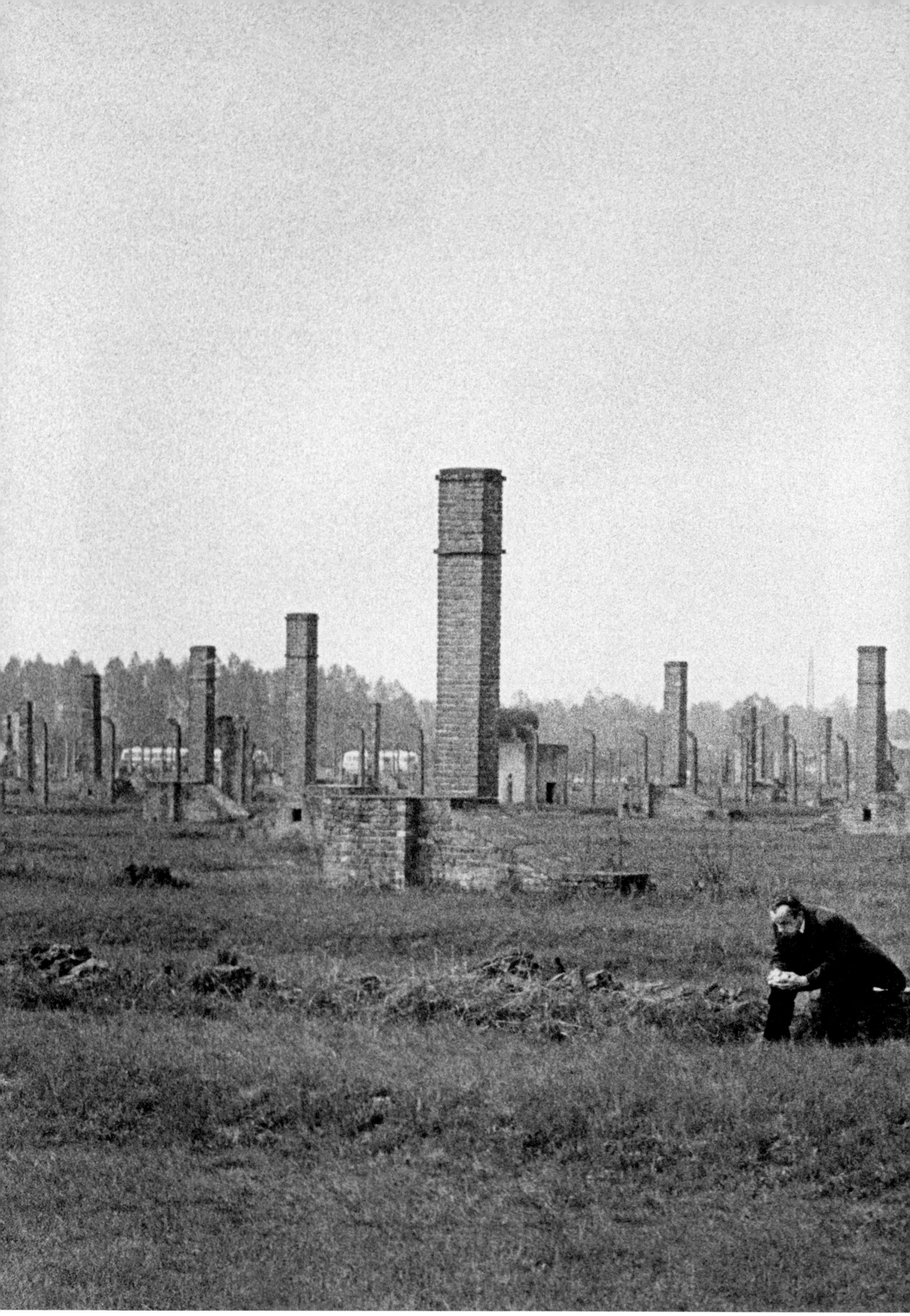

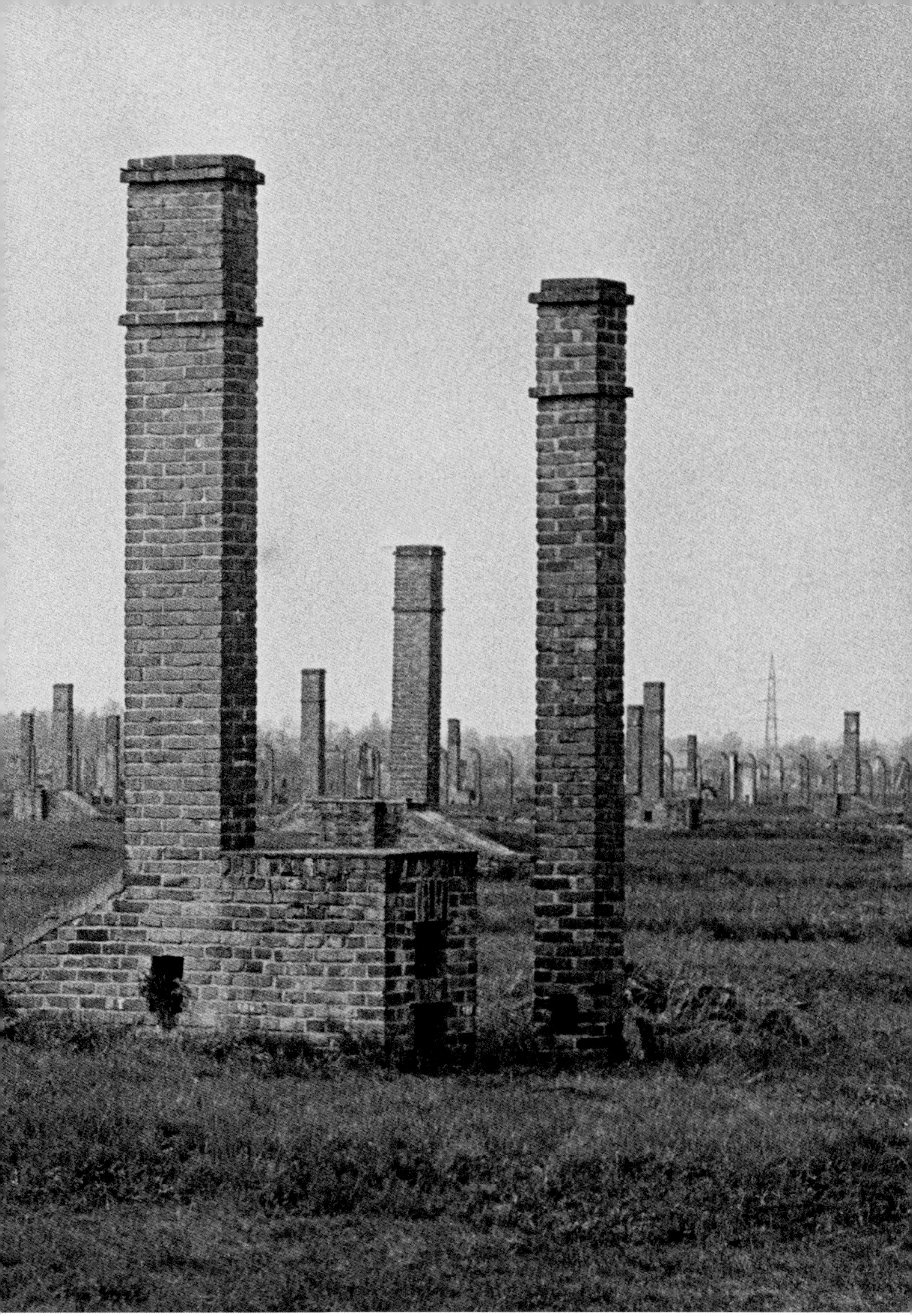

Osvětim Březinka
Auschwitz Birkenau, 1975

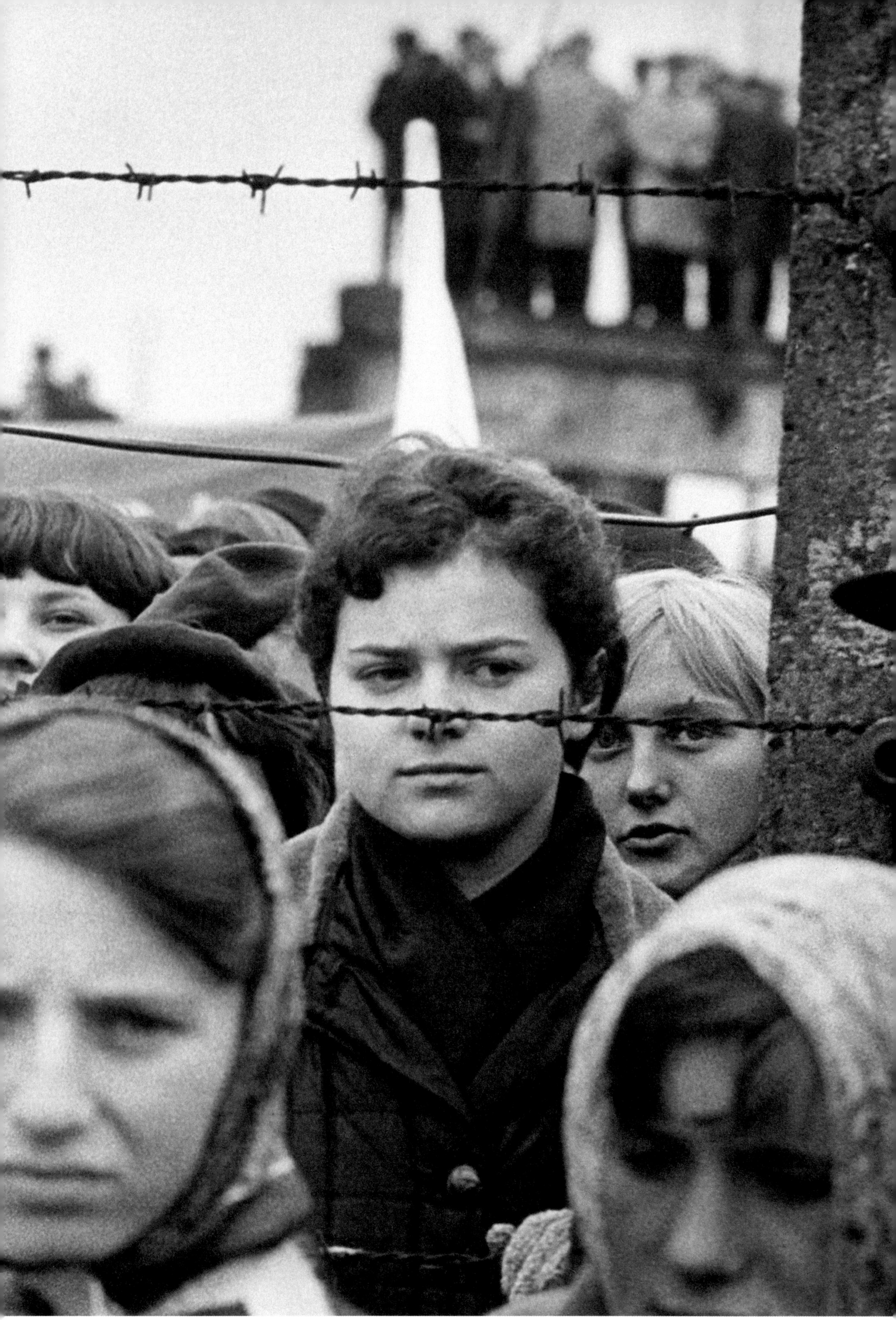

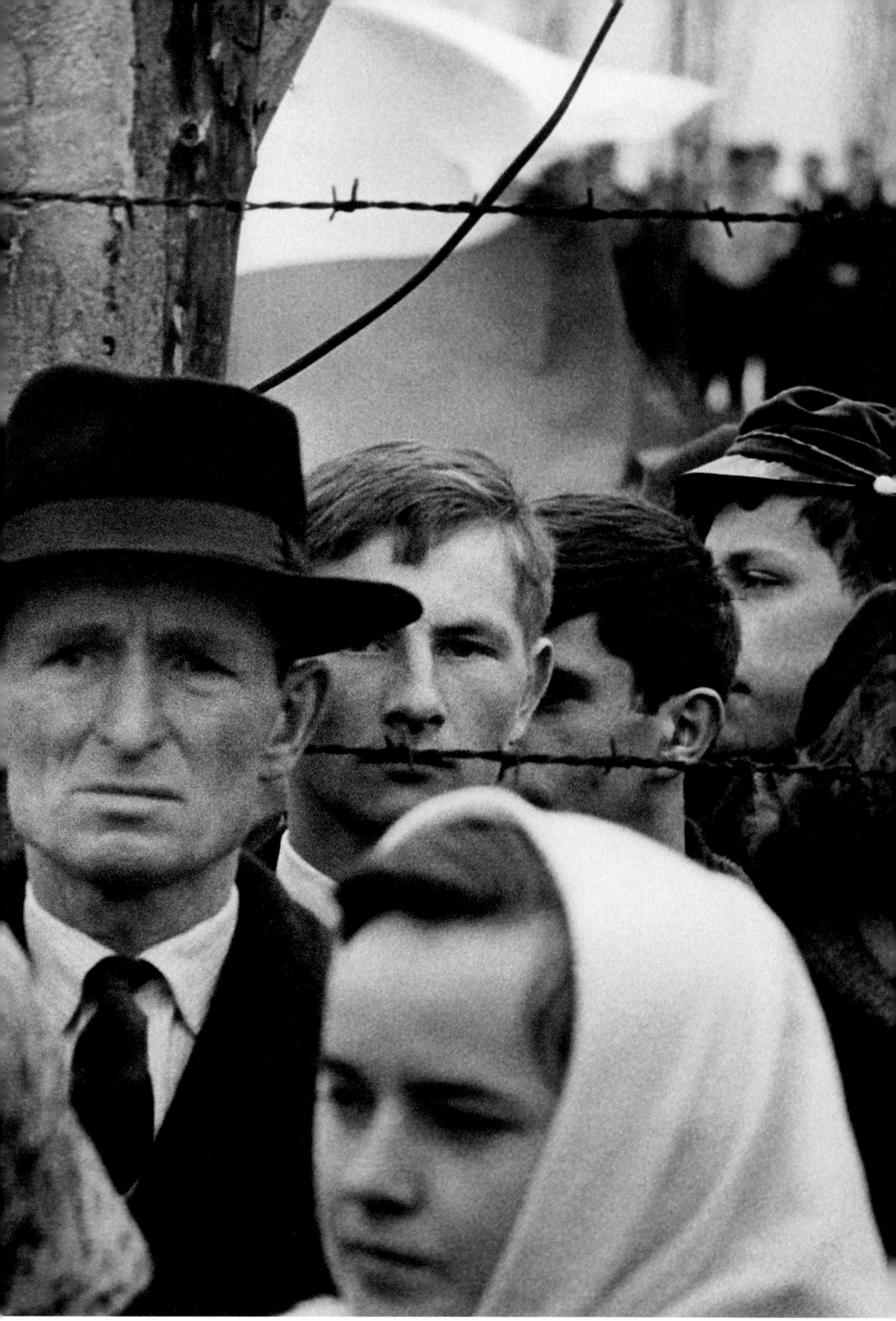

Osvětim Březinka
Auschwitz Birkenau, 1965

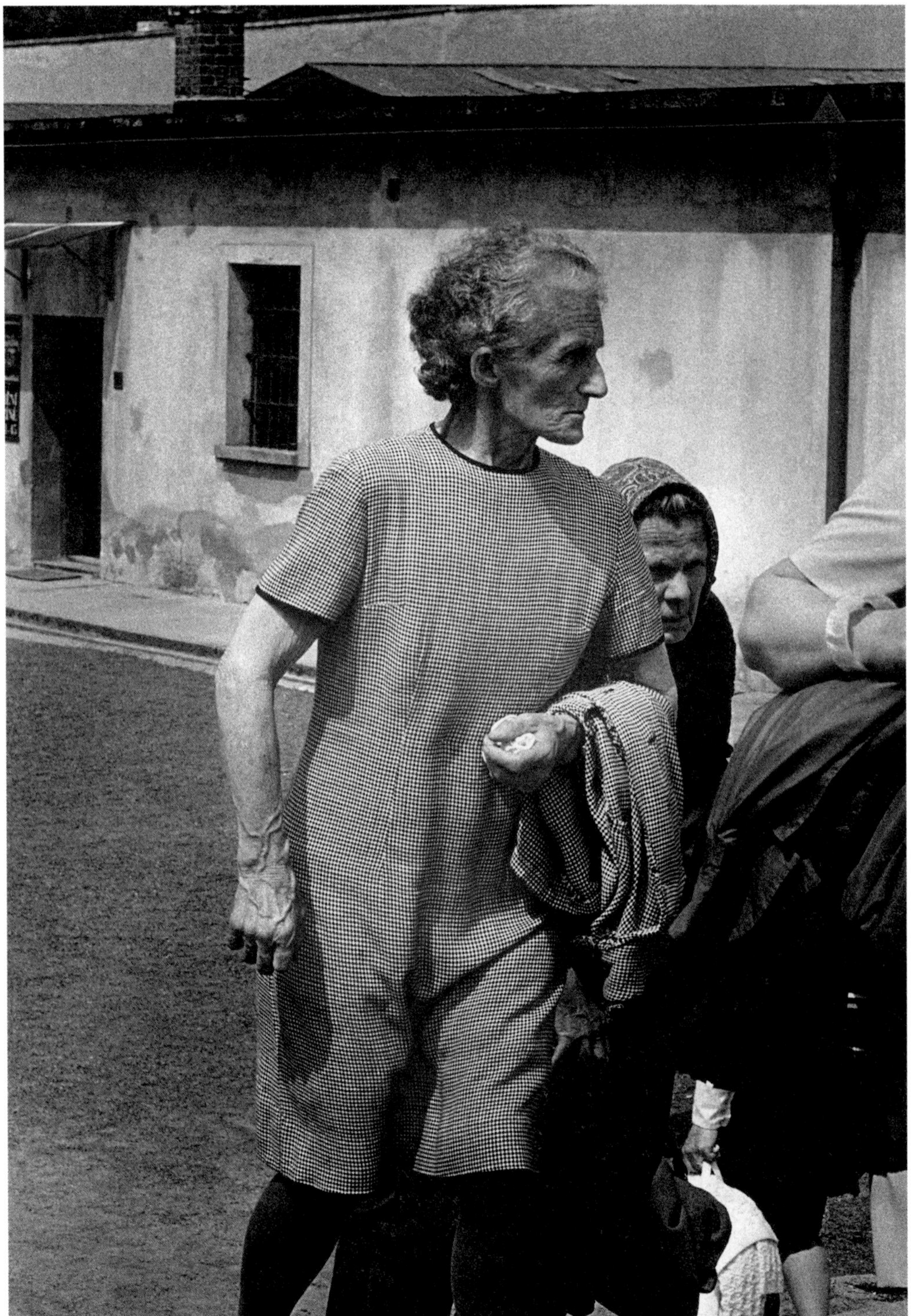

Terezín, 1975

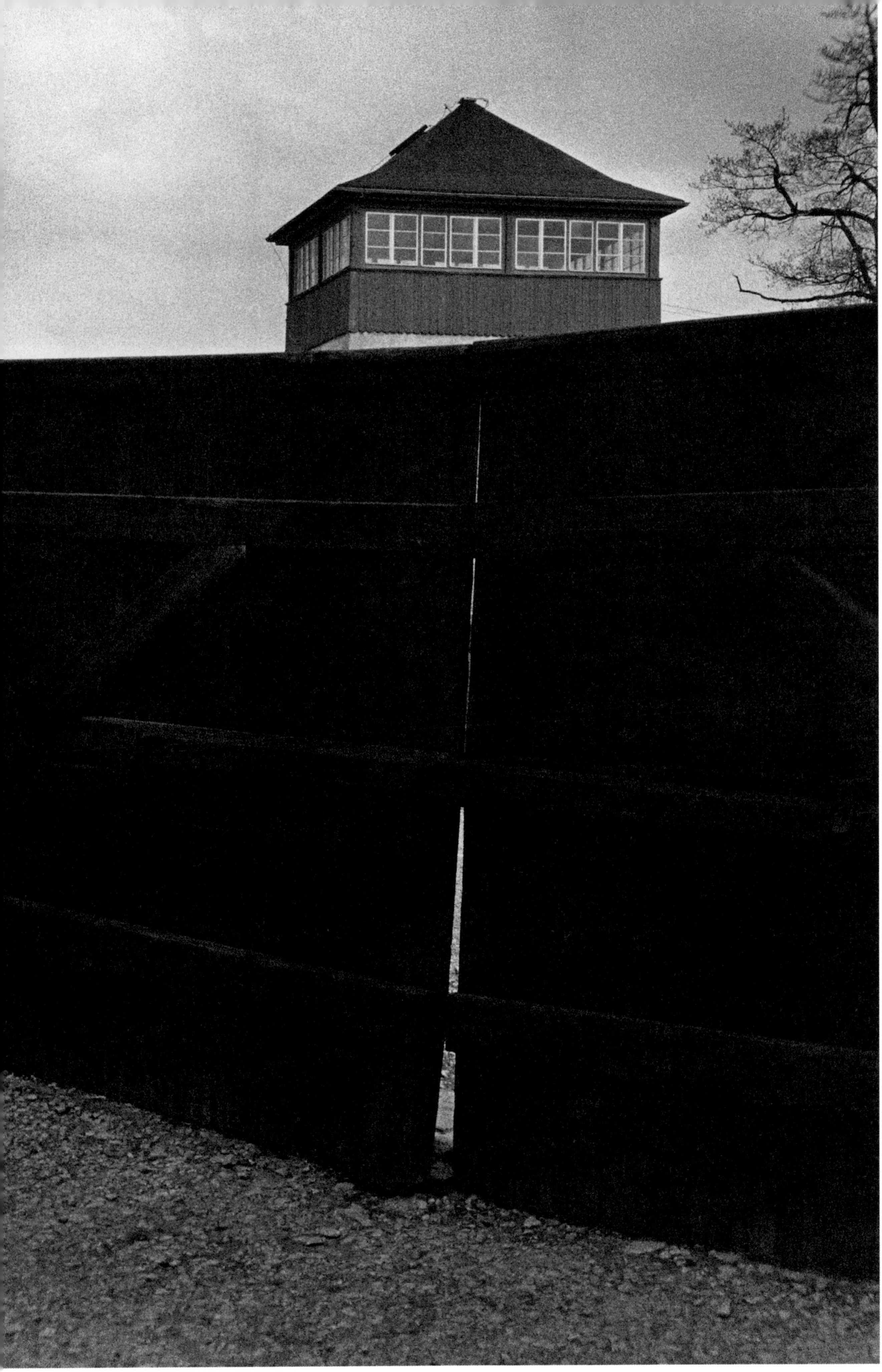

Buchenwald, 1962

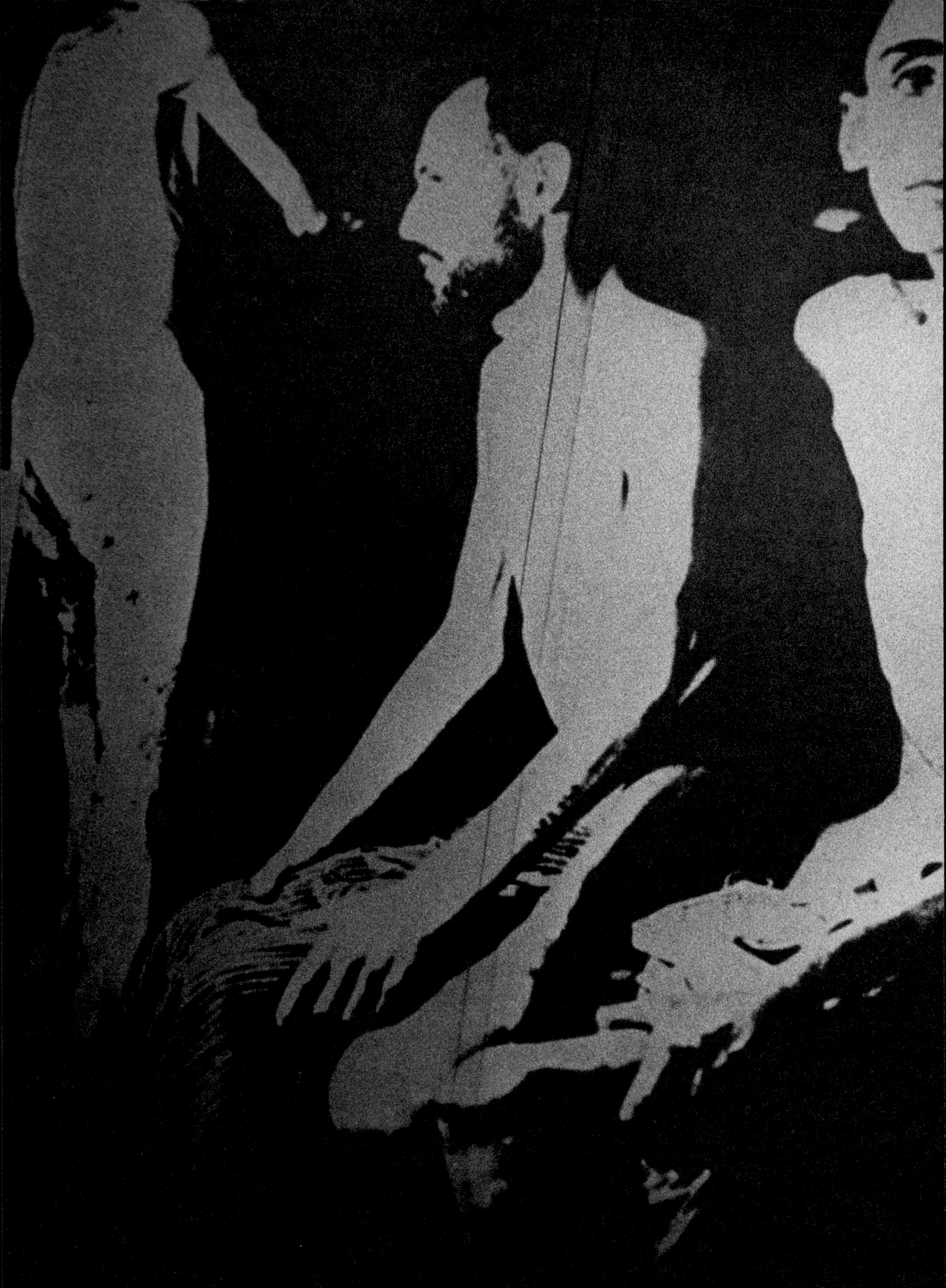

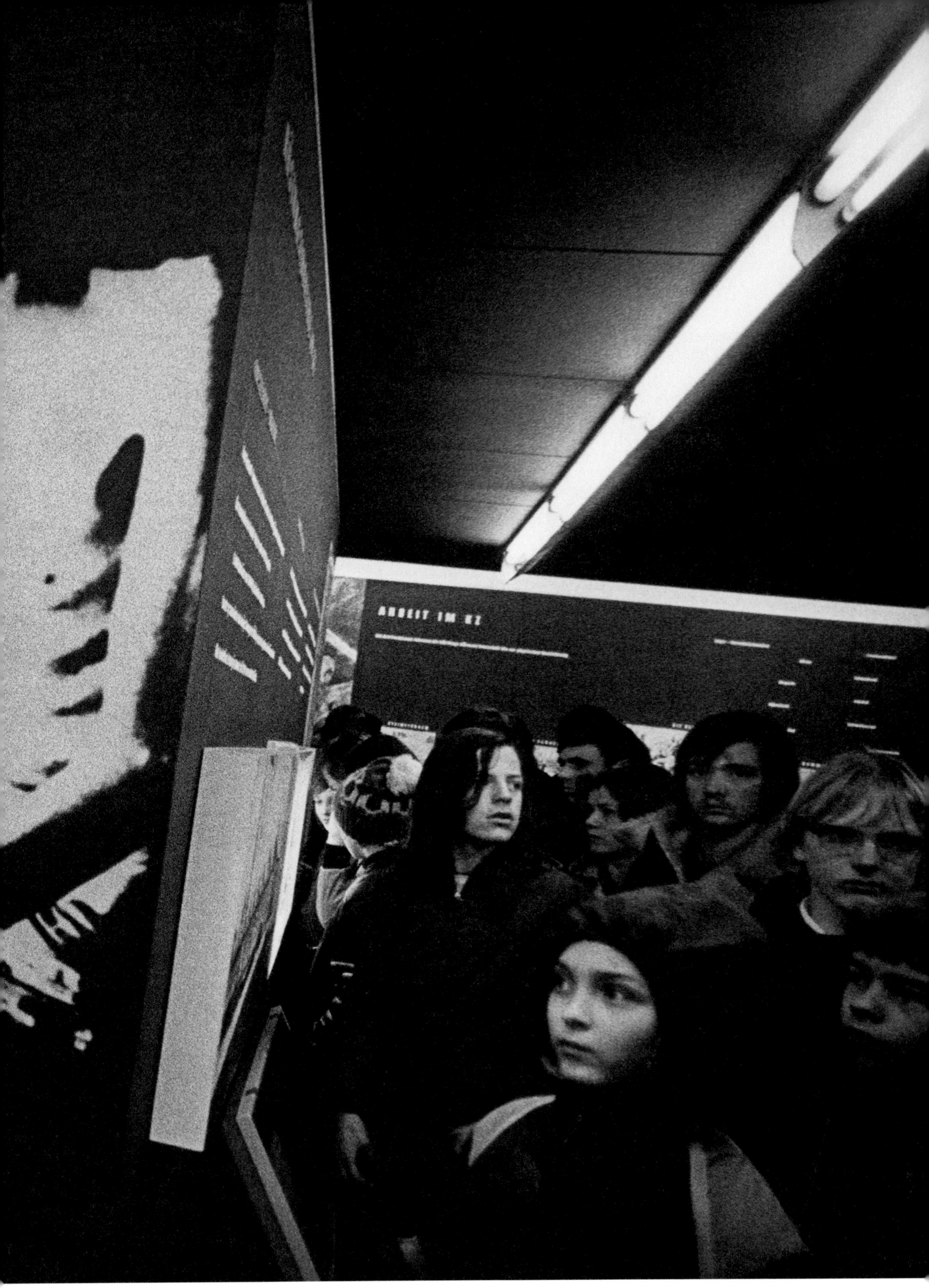

Buchenwald, 1975

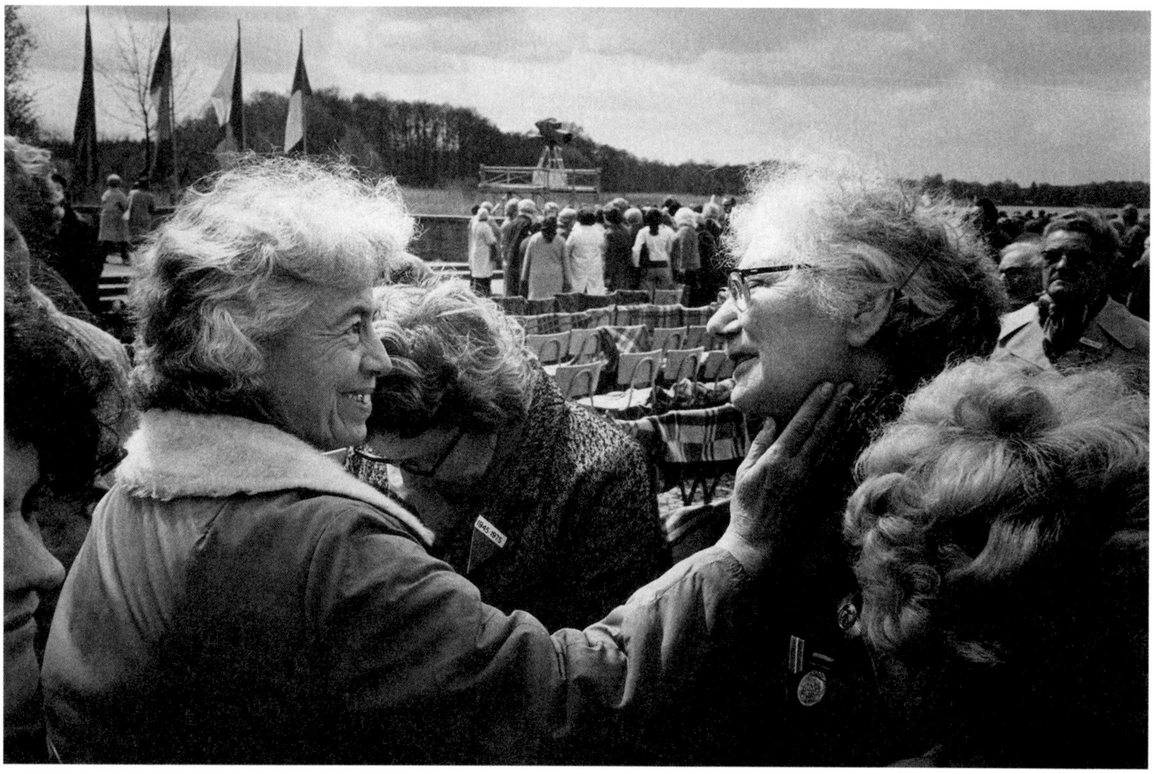

Oranienburg, 1975

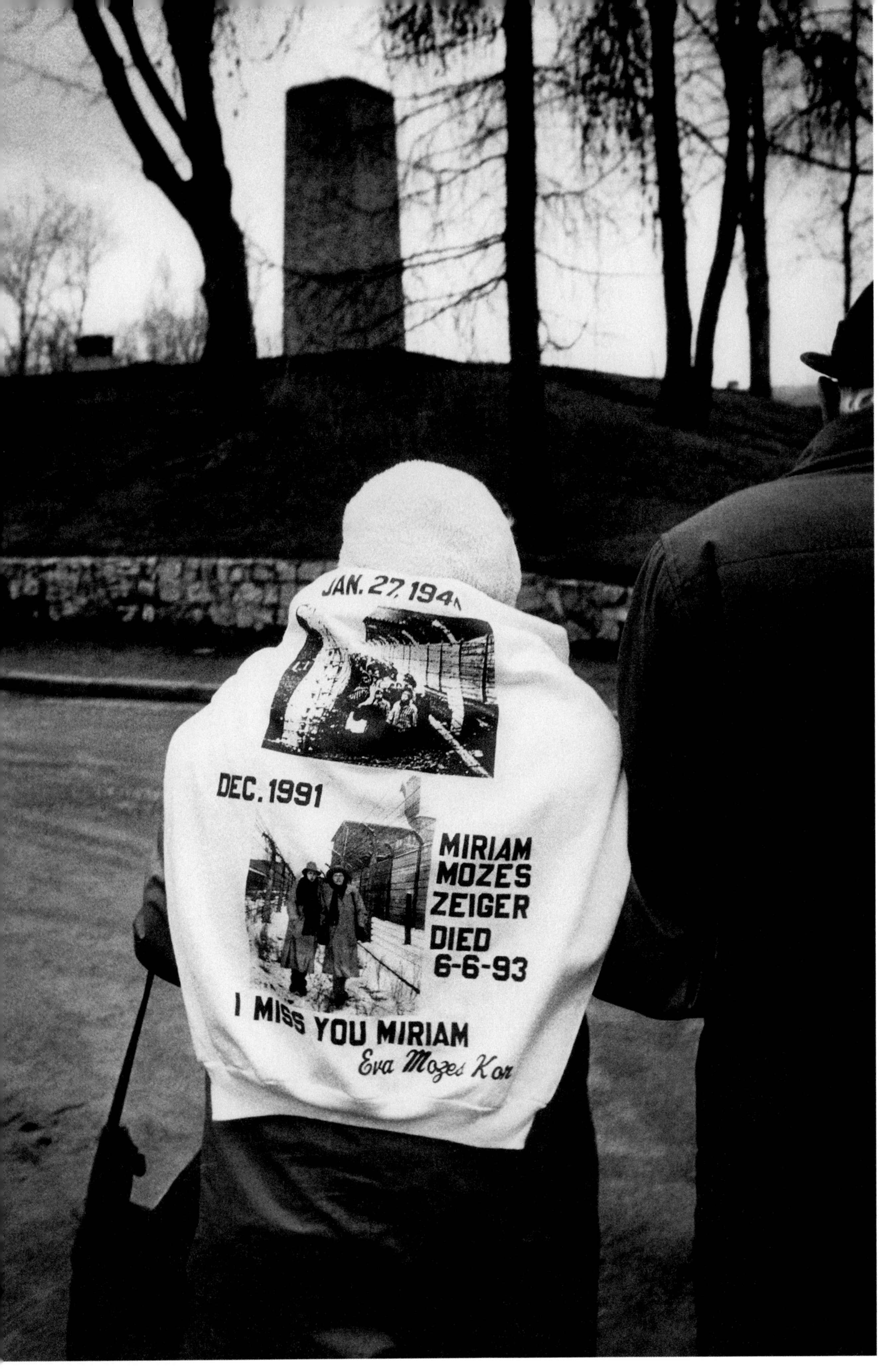

Osvětim
Auschwitz, 1995

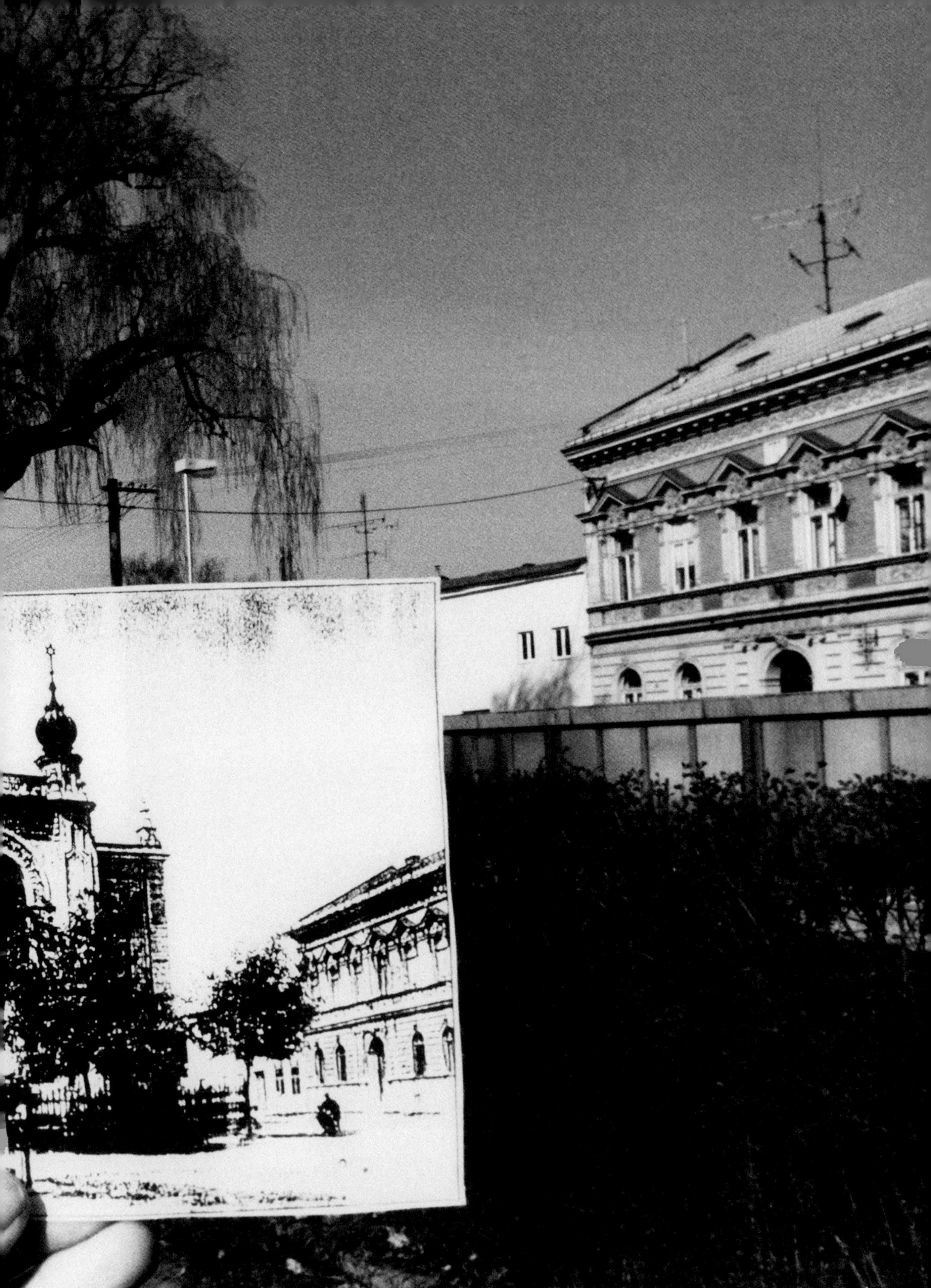

Holešov, 1999

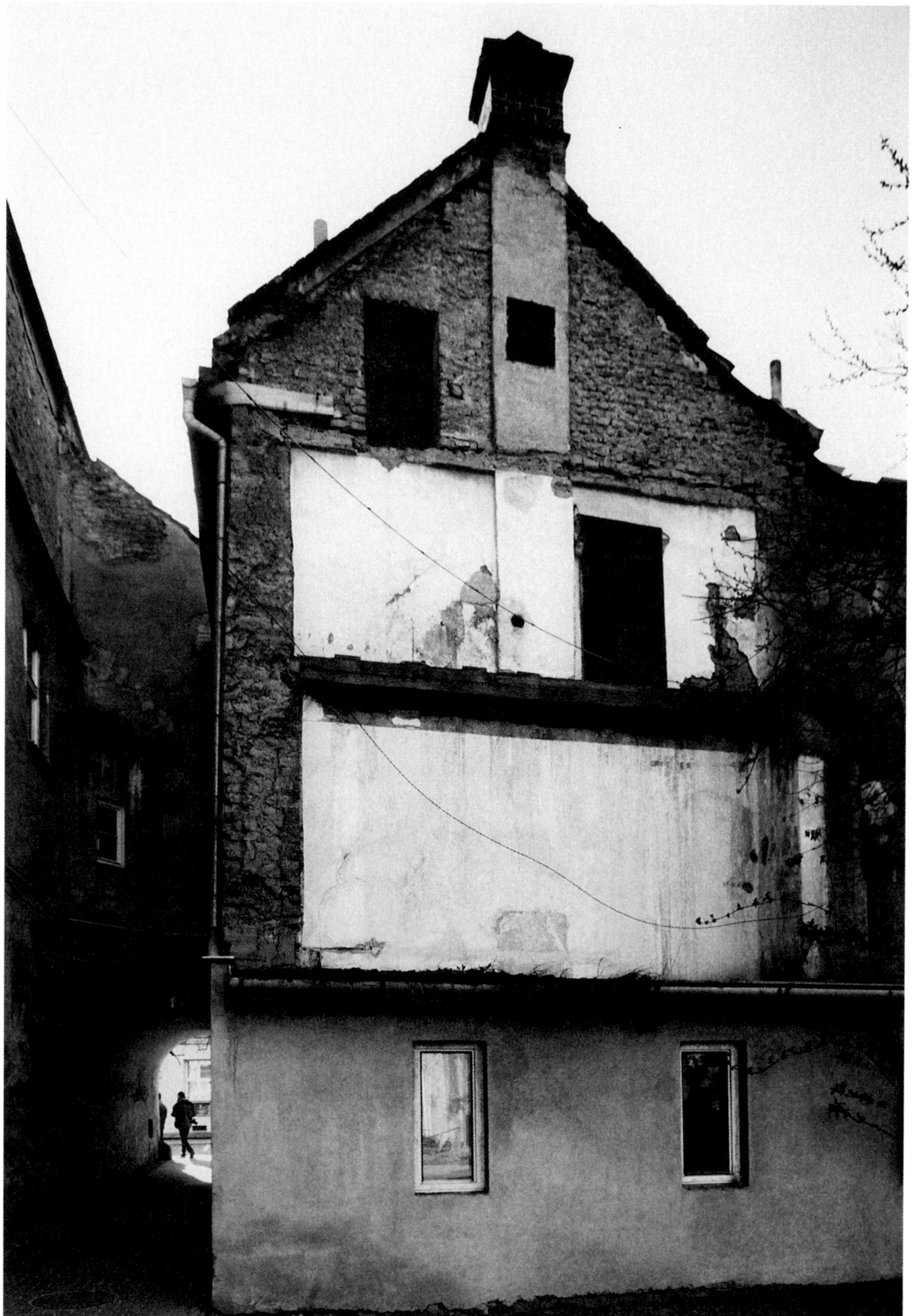

Prostějov, 1999

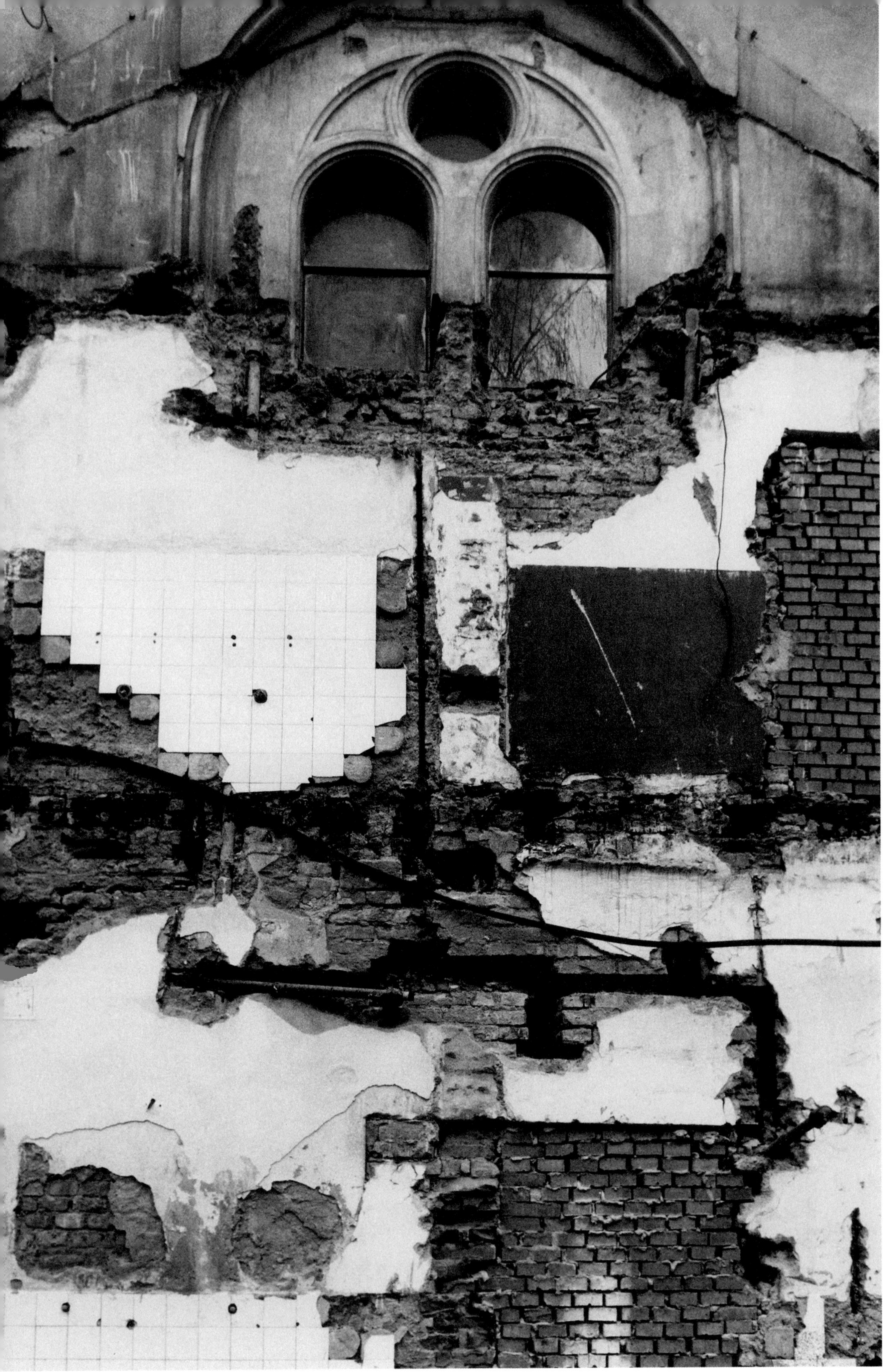

Uherské Hradiště, 1998

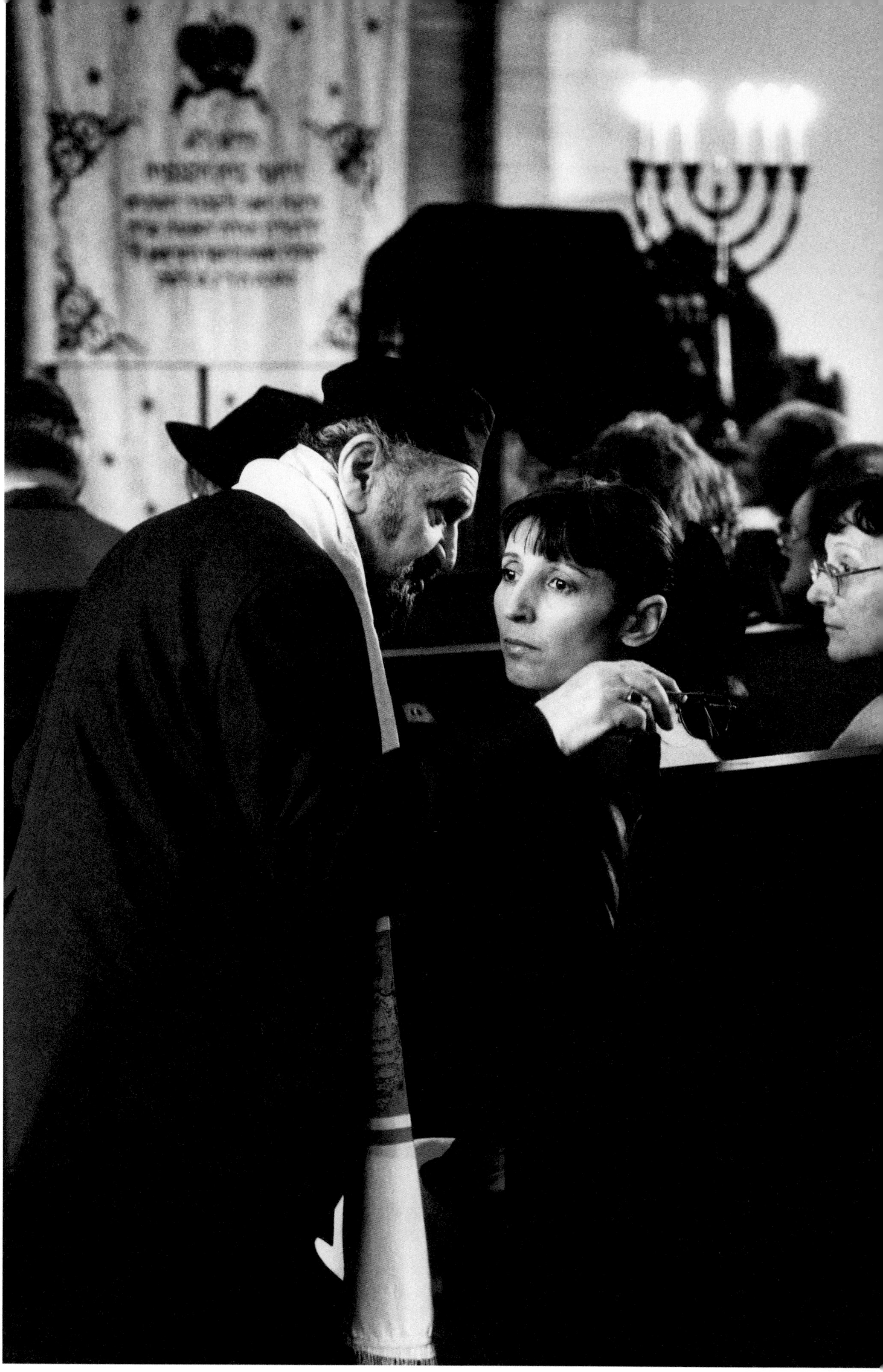

Hranice na Moravě, 1999

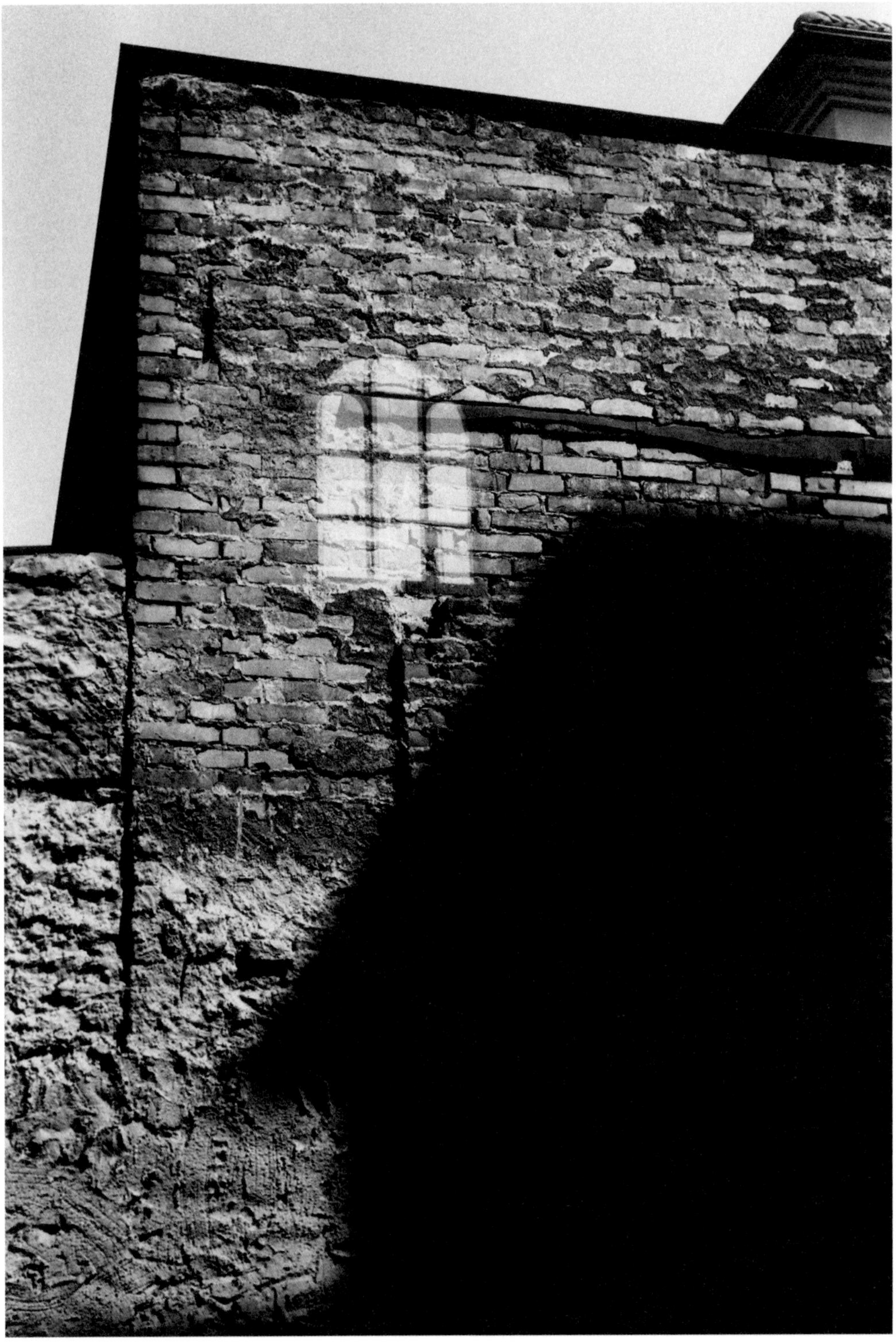

Brno, 1999

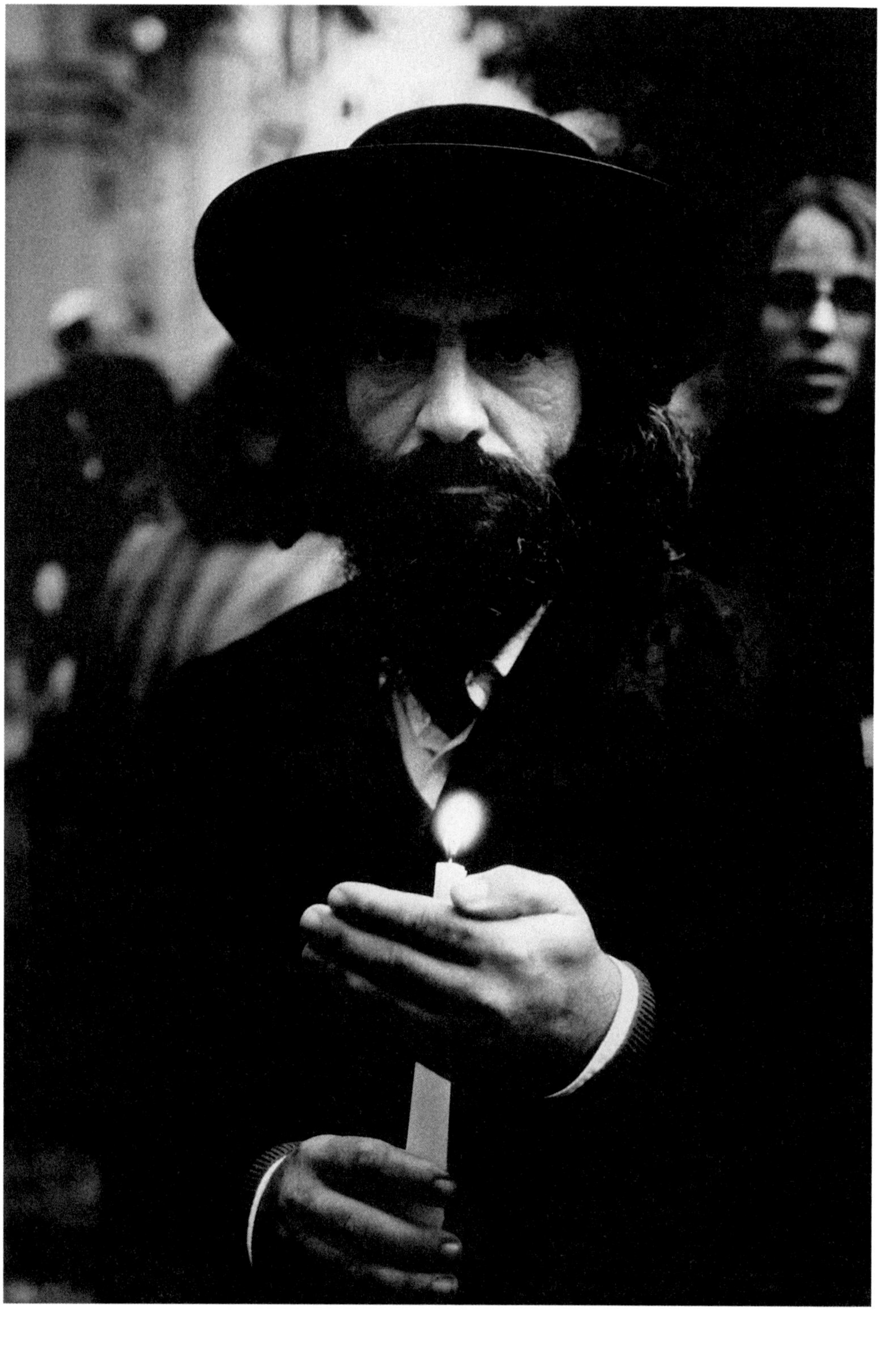

Praha
Prague, 2001

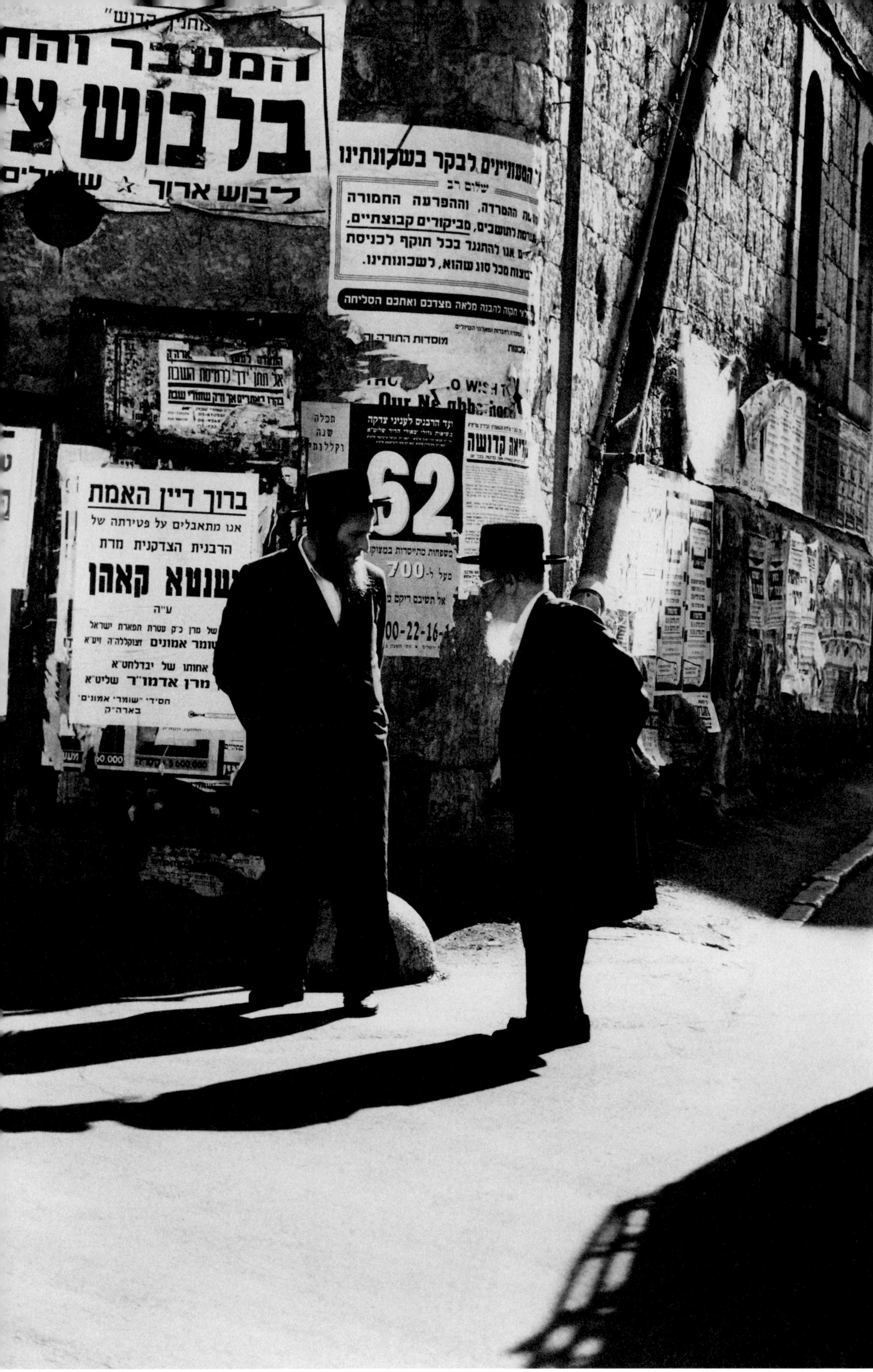

Jeruzalém
Jerusalem, 2000

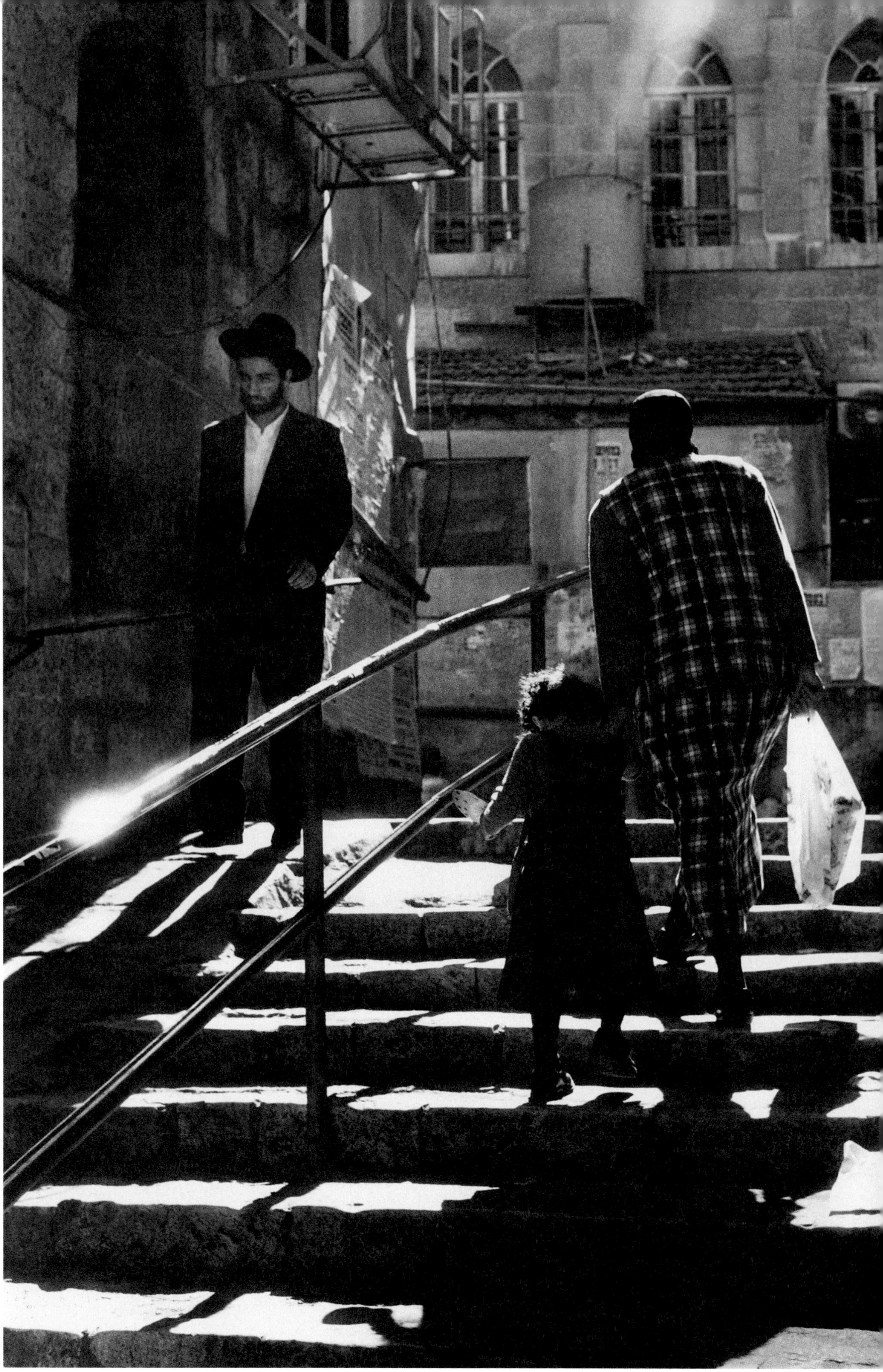

Jeruzalém
Jerusalem, 2000

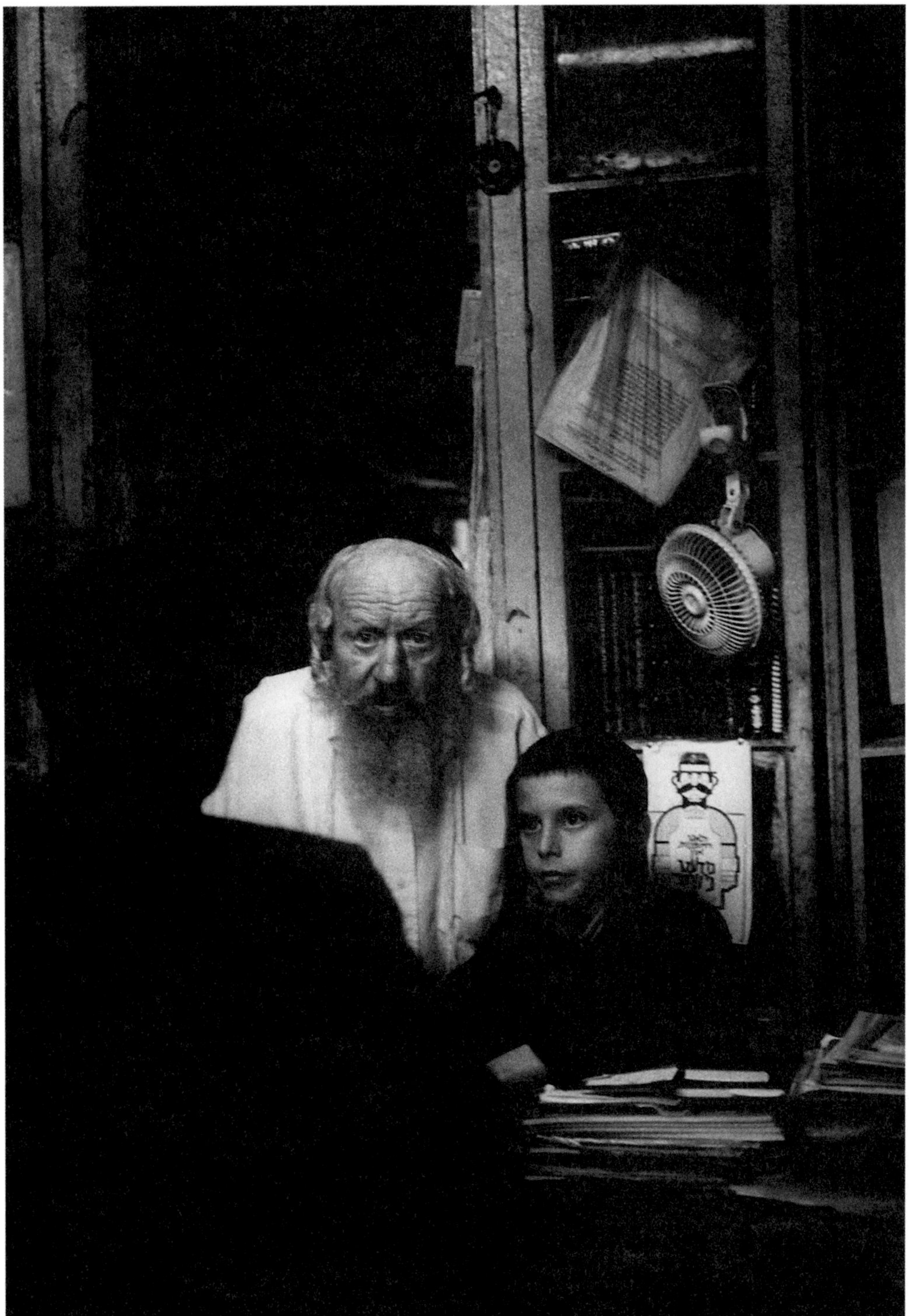

Jeruzalém
Jerusalem, 2000

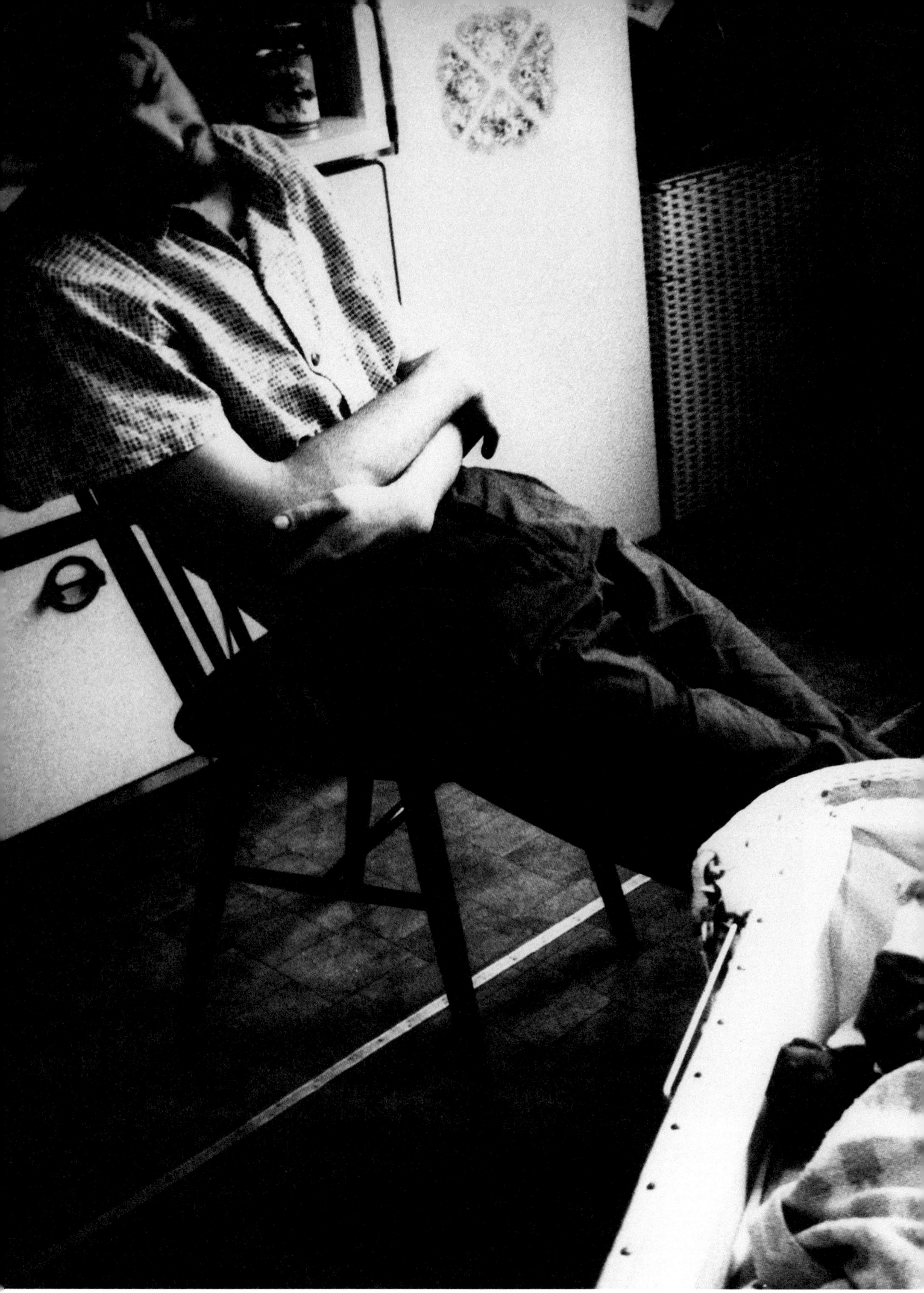

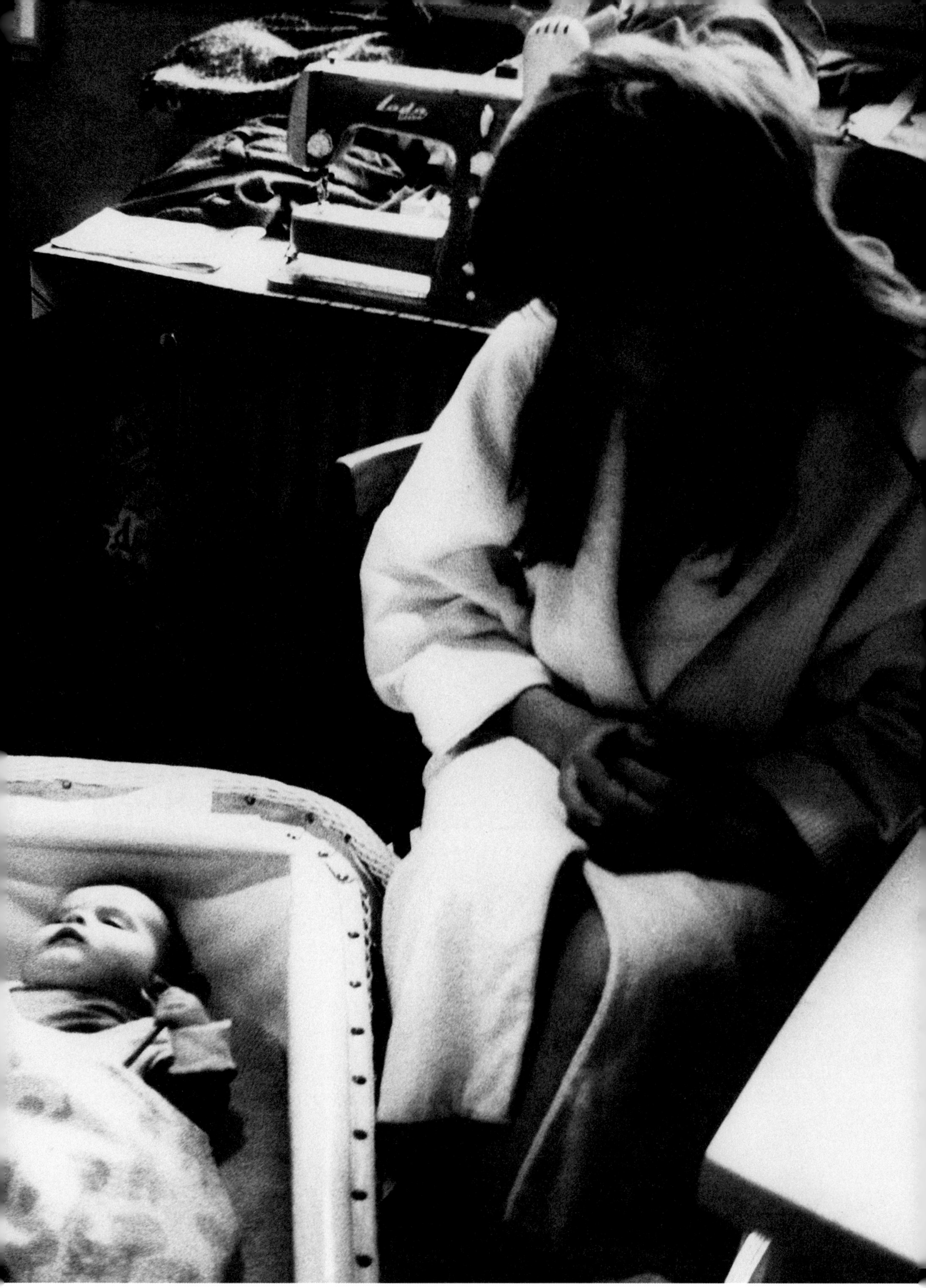

České Budějovice, 1989

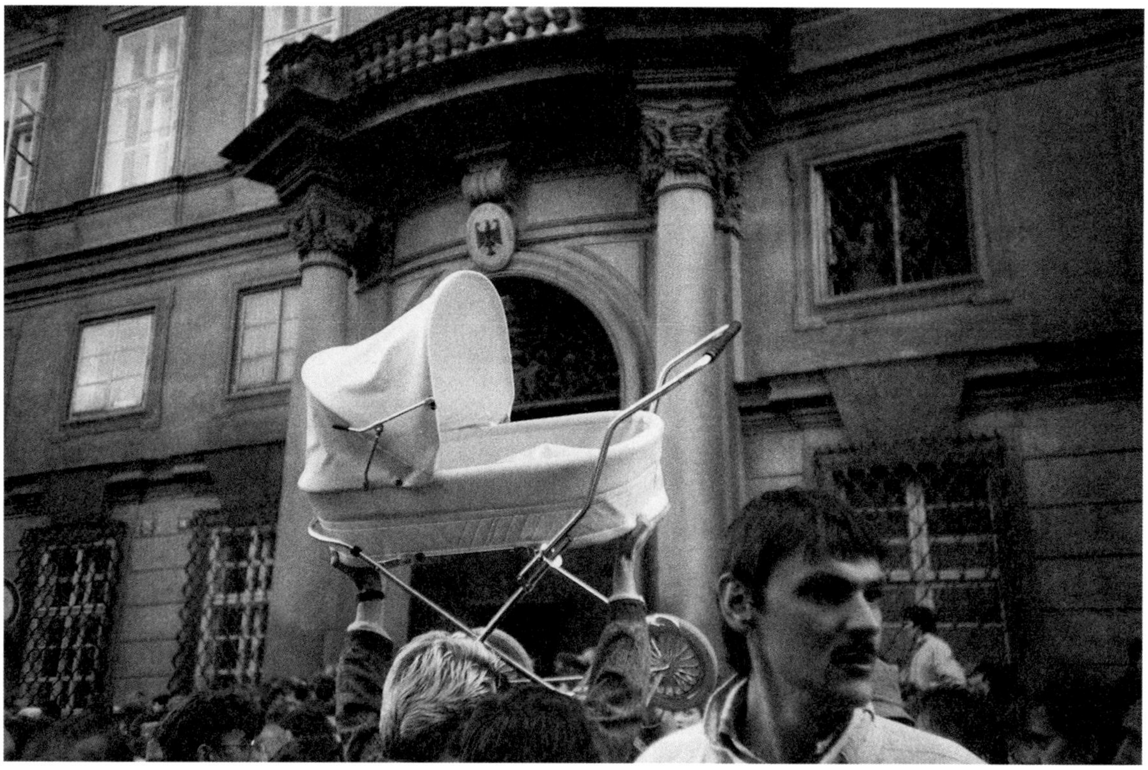

Odchod východních Němců přes velvyslanectví Spolkové republiky Německo, Praha, 1989
The exodus of East Germans via the West Germany Embassy, Prague, 1989

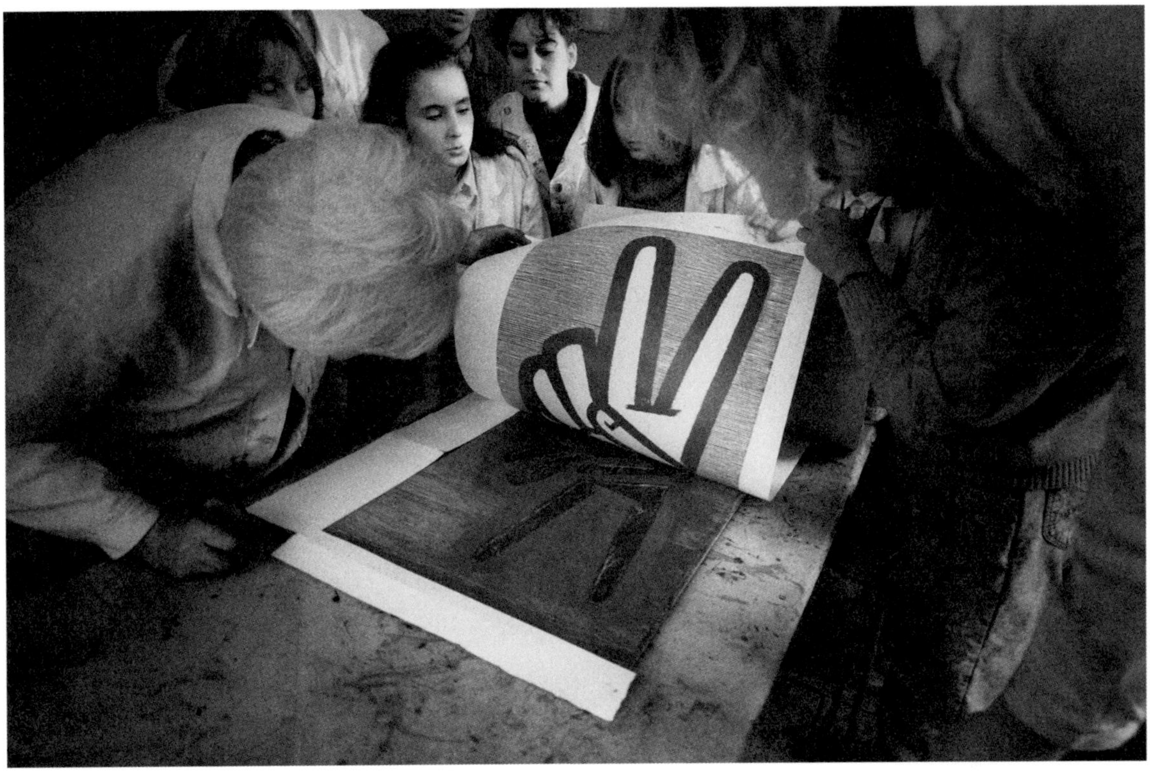

Brno, 1989

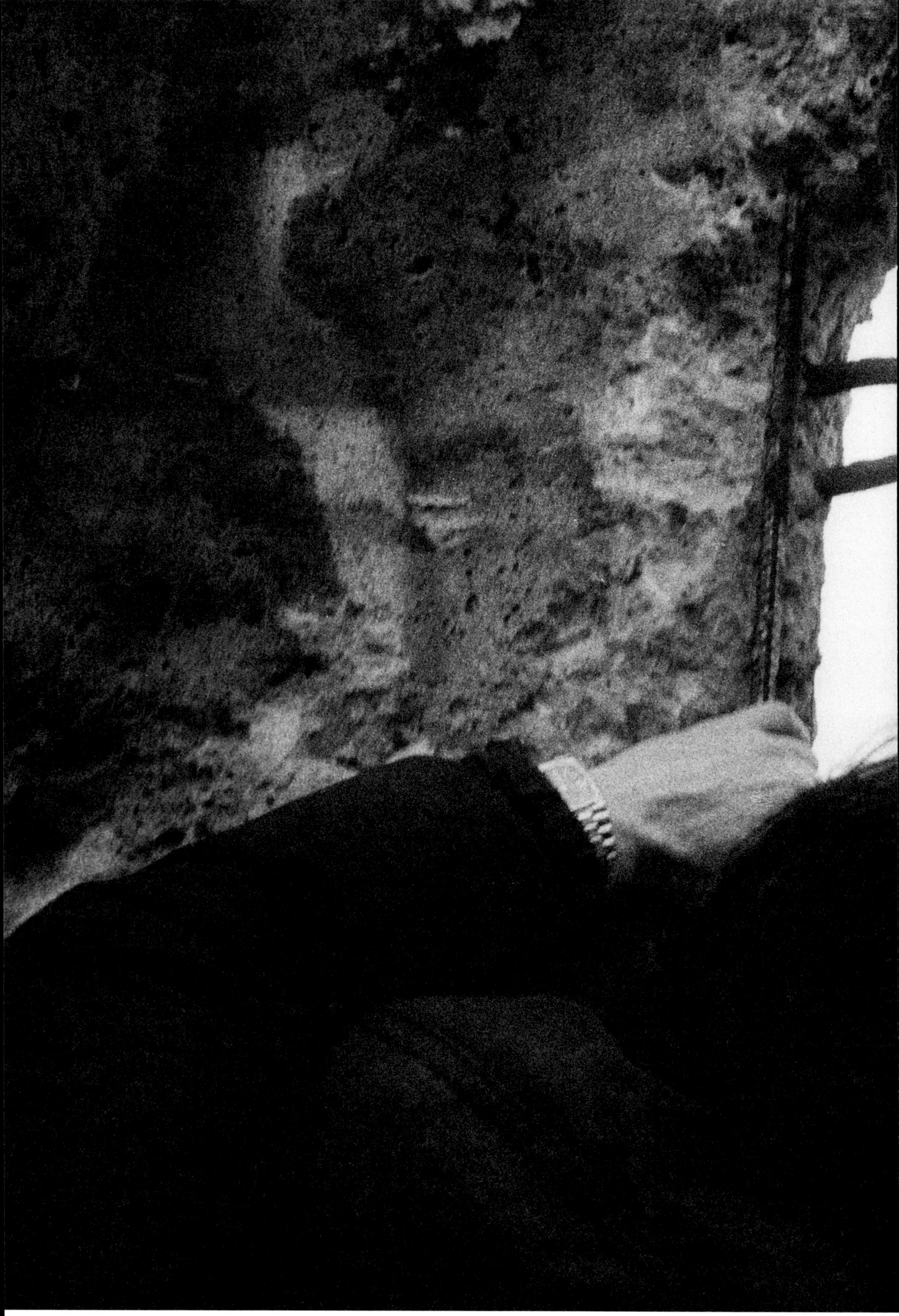

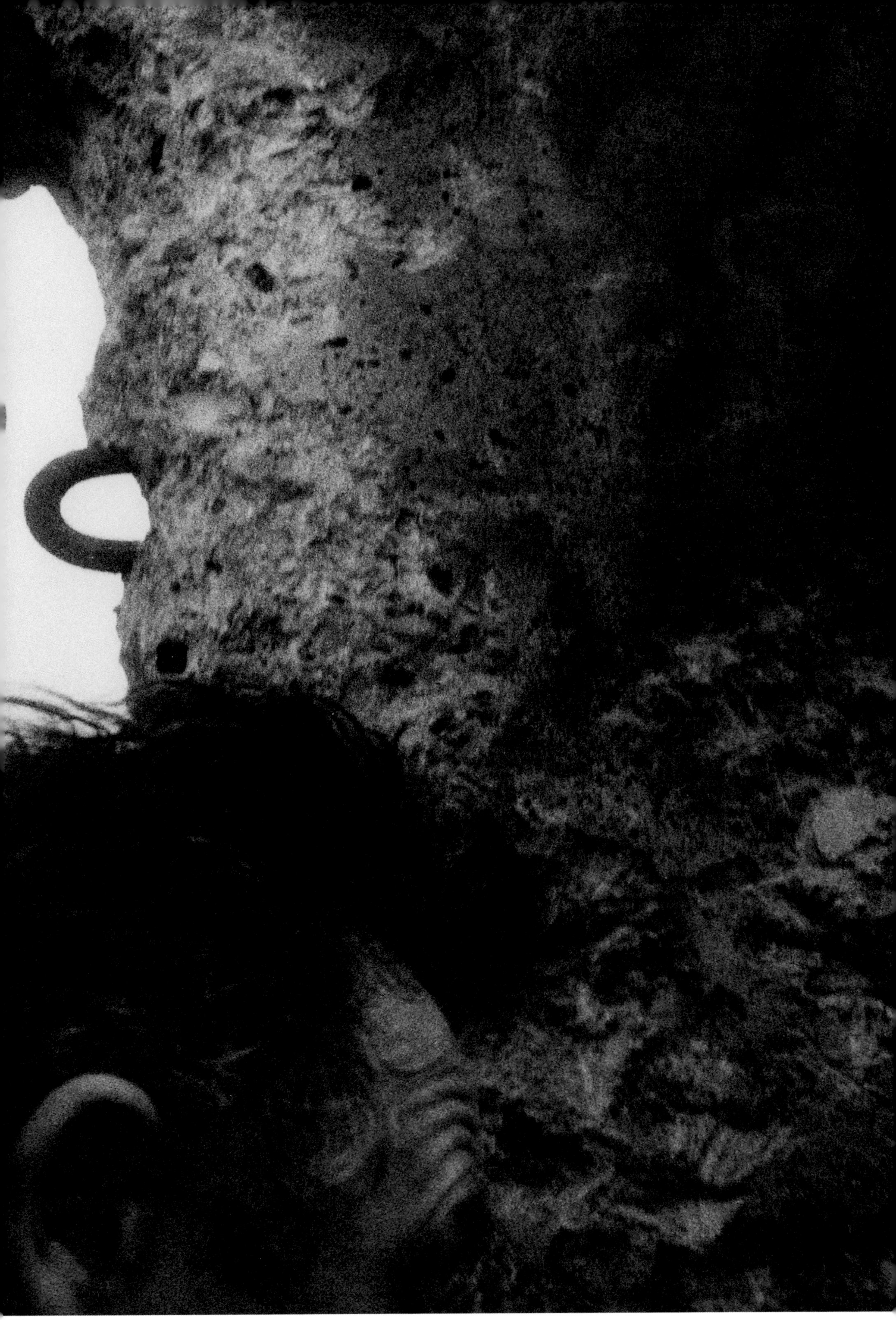

Pád berlínské zdi, 1989
The fall of the Berlin Wall, 1989

Vědomí řádu, soulad vědění, vizuality a morálky jsou součástí fotografovy připravenosti, přes kterou spolu s osobní filosofií nazírá srdcem na svět okem fotografické kamery.

An awareness of order and a concordance between knowledge, the visual and morality are elements of a photographer's preparation by means of which, along with his personal philosophy, he gazes with heartfelt passion at the world through the eye of the camera.

S maminkou
With mother
Brankovice, 1939

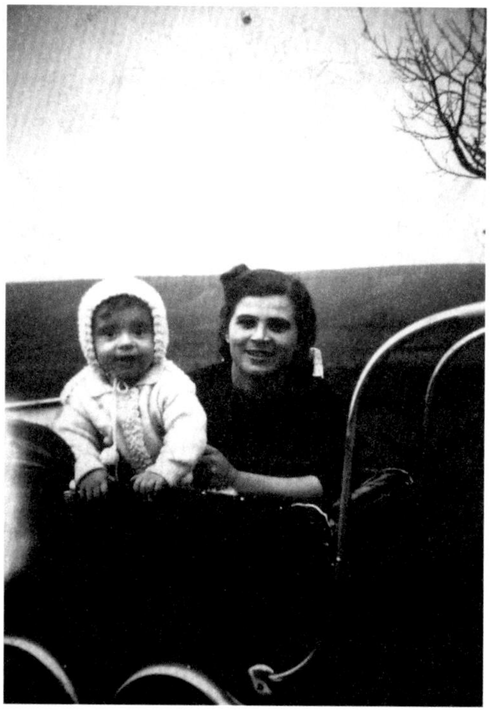

Foto: Archiv Pavla Diase

Kroměříž, 1946

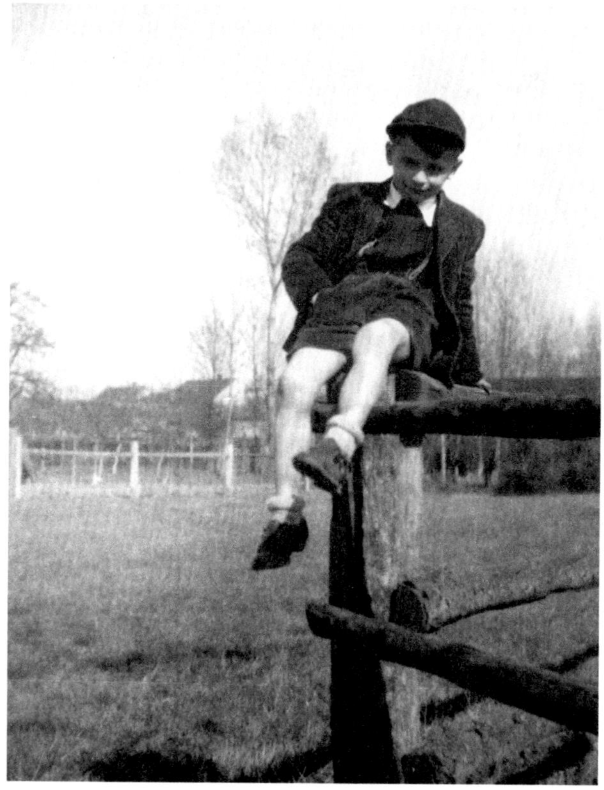

Foto: Archiv Pavla Diase

Karel Hvížďala *Hlubiny paměti Pavla Diase*

Když se tě zeptám před blížícími se pětasedmdesátými narozeninami, kdo je Pavel Dias, co mi odpovíš?

Pavel Dias je fotograf, který pracuje svobodně, převážně z vlastní vnitřní potřeby nazírání na svět. Je šťastný, že ještě může pracovat, chodit a že ho fotografování stále baví. Má radost z toho, že je obklopen mladými lidmi, svými studenty. Na druhé straně je to člověk, na kterého doléhají současné problémy. Musí si přiznat, že nečekal, že 23 let po roce 1989 to u nás může vypadat, jak to vypadá, a že naše cesta k opravdové demokracii ještě drahnou chvíli potrvá. Doba druhé světové války a následující etapa totalitního komunismu demokracii ubírala právo na existenci. Dvacet tři let je sice dlouhá doba, ale nedostačující na to, abychom se naučili, jak demokracii chránit a žít v ní.

To je tím, že jsme za železnou oponou, tedy za ostnatými dráty, kterými byla celá naše republika obklopena, snadno podlehli iluzi sami o sobě a o skutečném fungování demokratické společnosti, která je dravá, ale má fungující justici, pevnější pravidla, která se nám tu nepodařilo prosadit...

Asi to tak bude: proto nemluvím o svobodách, které jsme získali, ale myslím na gaunerismus, zlodějiny, nezodpovědnost politiků, kteří nedodržují společenskou smlouvu a sociální smír. Celý život jsem hodně pracoval, ale dnes jako důchodce si nemohu dovolit věnovat se pouze tvůrčí práci, musím pracovat, abych měl na činži a na základní živobytí. Naší společnosti chybí řád a jeho dodržování! To mě trápí.

Ty jsi mi před časem řekl, že chceš jet na oslavu Roš Hošana, Nového židovského roku. Celý život fotografuješ koncentrační tábory, kde za války bylo zavražděno šest milionů Židů. Jak ses dostal k zájmu o judaismus?

Nejsem halachický Žid ani konvertita, ani katolík, nejsem pokřtěn, ale dostal jsem se k judaismu na

Katalog, který navždy ovlivnil mou práci
The catalogue that had a crucial influence on all of my work

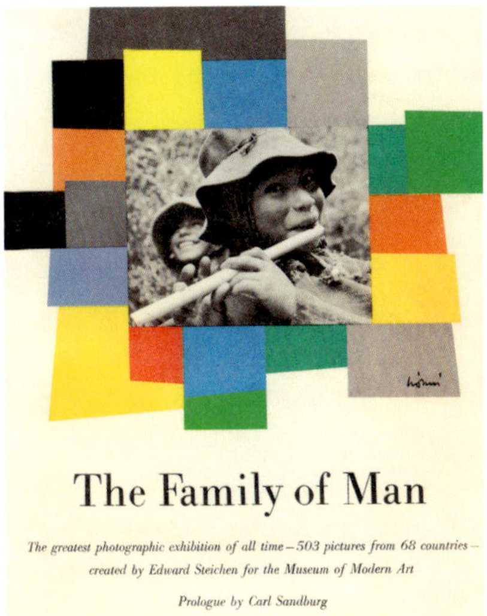

Škola uměleckých řemesel. Před maturitou s profesorem K. O. Hrubým
School of Applied Arts. Prior to my school-leaving examinations with Professor K. O. Hrubý
Brno, 1958

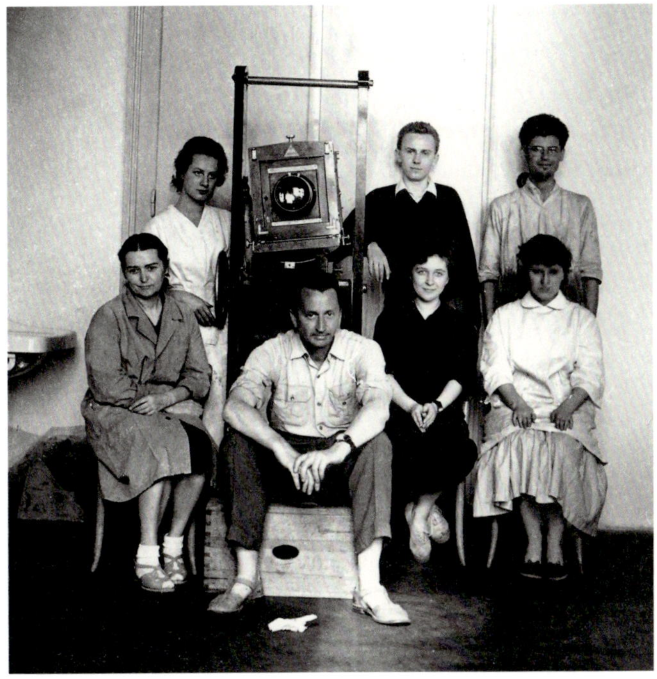

Foto: Archiv Pavla Diase

počátku šedesátých let. Moje generace se vracela k hrůzám holocaustu a i Nežidé soucítili s trpícími. Říkali nám bílí Židé.

A po právu, protože víra, v hebrejštině „emuna", má co činit s věrností a spolehlivostí. A ty ses k tomuto tématu věrně vracel...

Snad se to dá tak vykládat. Později jsem se začal zabývat historií svého příjmení a původu. Sefardští Židé, kteří museli po roce 1492 až 95 za Isabely Kastilské opustit Španělsko, se dostali přes Německo a Rakousko i do Čech a na Moravu. Viděl jsem mnoho španělských náhrobků na Moravě. Mnozí z pohřbených museli být sefardim, kteří postupem času dospěli k přijetí křesťanství. Historické zápisy v matrikách existují až po soupisu obyvatelstva nařízeném patentem Marie Terezie v roce 1753. Češi, zvláště za první republiky, byli v tomto směru oproti sousedním národům velmi tolerantní, proto často na svůj židovský původ dokonce zapomněli.

Až Adolf Hitler a Joseph Goebbels jim to zase po roce 1933 silně připomněli. Mimochodem, existuje slavná fotografie Alfreda Eisenstaedta, který Goebbelse fotografoval někdy před rokem 1935, kdy odešel do USA, pro časopis *Life*. Tehdy pořídil snímek akorát v okamžiku, kdy mu jeho spolupracovníci přišli sdělit, že fotograf je Žid. Tolik podezření v očích se vidí málokdy...

Jistě, taková fotografie by se u nás na počátku třicátých let nedala nasnímat a vidíme to na pražské židovské literatuře, v architektuře, výtvarném umění, muzice atd. Tato země byla kdysi domovem nejen Čechů, Němců, ale i Židů. Já jsem se judaismem nikdy doopravdy nezabýval, ale v jednu chvíli jsem zjistil, že inklinuji k Židům jako i ke všem slušným lidem bez rozdílu víry a že velká část mých kamarádů jsou Židé. Jeden z prvních takových mých přátel na FAMU byl Ivan Soeldner, filmař, novinář a fotograf. Toho si vážím dodnes. Byl nesmírně chytrý, schopný a zároveň velmi lidský a laskavý. Dále to bylo přátelství s Arnoštem Lustigem od konce padesátých let, jehož první knihy mě silně ovlivnily. Na filmu Věry Chytilové *Sedmikrásky* jsem se sblížil s kouzelným člověkem, spisovatelem a filmařem Zeno Dostálem. Zářil laskavostí své duše. Takových lidí je mnohem a mnohem více. Stále navštevuji mnohé naboženské obce a sdružení u nás. Náklonnost k Židům byla u mě také způsobena tím, že tři moji příbuzní skončili v koncentračních táborech a dva zemřeli. Zavraždili je kvůli odboji, ne proto, že by byli Židé. Osud těchto mých příbuzných mně s Židy spojil.

A pamatuješ si na nějaký moment, kdy sis tuto náklonnost zřetelně uvědomil?

Ano. To bylo na začátku června roku 1967, kdy jsem na nádraži v Brně potkal kamaráda, který byl leteckým odborníkem a vrátil se z Egypta. Bylo to v době, kdy v Izraeli vypukla šestidenní válka, což bylo 5. června 1967. Vyprávěl mi, jak to na egyptských letištích vypadalo. Hrozně jsem fandil Izraeli a radoval jsem se z toho, že vyhráli nad agresorem i s jeho sovětskými poradci…

Ale už předtím jsem ledacos věděl od stařečka, tatínka mé maminky, který jako jediný z příbuzných koncentrák přežil. Měl jsem privilegium, že jsem mohl spát s ním v pokoji, poslouchávali jsme spolu Londýn a později Svobodnou Evropu a hodně jsme si povídali. Často jsem se v jeho knihovně probíral knihami.

Co jsi tam tenkrát četl?

Mimo české klasiky B. Němcové, A. Jiráska, K. H. Borovského třeba Jeana Jacquese Rousseaua a jeho knihy *Emile* a *O společenské smlouvě*. K tomu jsem se z nějakých důvodů dostal poměrně brzy. Taky měl v knihovně řecké myslitele, četl jsem je, ale moc si z toho nepamatuji. Dodnes mám jeho bibli s pečlivými poznámkami ve Starém zákoně. Stařeček byl velmi letitý, ale čilý člověk a já byl vychován k přirozenému respektu ke starším lidem, za což jsem mu velmi vděčný. U nás doma se všechny důležité věci odehrávaly v kuchyni, pokoje se používaly jen na spaní a děti nikdo nevyháněl. A pokud si dospělí potřebovali říci něco důležitého jen mezi sebou, abychom to nevyžvanili, řekli si to jinde. Jinak se v kuchyni řešilo všechno a my jsme nebyli zvyklí starším lidem skákat do řeči, ani nás k tomu nemuseli vychovávat, pochopili jsme to sami. Pamatuji se, že když si začali povídat o vážných věcech, přestal jsem si hrát a bedlivě jsem je poslouchal. Měl jsem k nim úctu a asi jsem i jako malé dítě za války pochopil, že to byli slušní lidé: to i malý člobrda nějak vytuší.

Když jsem začínal s fotografováním a brigádničil jsem ve zlínských ateliérech, což bylo v době, kdy jsem si spíš myslel, že budu filmařem než fotografem, setkal jsem se tam s Jiřím Tarantíkem, který pracoval hlavně s režisérem Karlem Zemanem. Tarantík byl tehdy kameramanem hraných filmů a padli jsme si do oka a on komentoval mé fotografie, které jsem mu nosil. Tam v ateliérech na Kudlově jsem se dozvěděl, kdo byl Alexander Hackenschmied, jehož dílo obdivuji dodnes. Mnohem později jsem připravil výstavu jeho fotografií z cesty do Ameriky v roce 1936. Fotografie byly pořízeny z nalezených negativů, o nichž se všichni domnívali, že shořely na konci války ve Zlíně.

Ještě jsem měl jednoho mentora a to byl profesor na Střední uměleckoprůmyslové škole v Brně Karel Otto Hrubý, říkali jsme mu K-O-H. K oběma jsem měl taky přirozený respekt jako ke stařečkovi a stařence, vážil jsem si jich a to mi pak pomáhalo celý život. Mám je v sobě jako vzory.

Pavle, známe se bezmála padesát let, poznali jsme se v Mladém světě, jezdili spolu na reportáže a vždycky, když jsi zmiňoval rodinu, hovořil jsi pouze o dědouškovi a o matce jako v předchozí odpovědi. Můžeš mi něco říci o své mamince?

Maminka žila v Kyjově, kde pracoval i můj otec. Vztah mezi ní a otcem skončil mým narozením v roce 1938. V roce 1939 se jí podařilo najmout cukrárnu a provozovat ji až do roku 1948. Tehdy jsme ale již bydleli v Kroměříži, kde jsem začal chodit do školy a do skautu. Stal jsem se vlčetem a jako sedmiletý jsem hrál divadlo. Bydleli jsme v malém bytě za obchodem a tam jsem prožil konec války. Dodnes si pamatuji jak v parku na Miličově náměstí pochovávali padlé a jak je později Němci exhumovali.

Díval jsem se na ně z obchodu přes výkladní skříň. V hlavě stále vidím rozbité město, rozbořený most přes Moravu, hořící věž zámku, slyším vysílání BBC z Londýna a teprve později jsem zjistil, jak pro mne byly tyto zážitky důležité.

Jednou po zavření obchodu, večer, maminka jako vždy zapnula rádio. Ozvala se znělka bum, bum, bum, zvuk zvonu a v zápětí hlášení Volá Londýn… V pokoji, kde bylo rádio, bylo zhasnuto. Po chvíli se ozvalo výrazné zabouchání na parapetu okna zvýšeného přízemí. Maminka se lekla. Rádio okamžitě vypnula. Na rozhlasovém přijímači visela cedulka „Poslouchání zahraničního vysílání je zakázané a může být trestáno vězením, nebo i ztrátou života". Pro jistotu to bylo nejen německy, ale i česky. Mimochodem tu cedulku dodnes mám založenou v knize *The Family of Man*. Když maminka přišla k oknu, s hrůzou zjistila, že bylo okno otevřené a rádio bylo slyšet na ulici… Když se opatrně podívala z okna, viděla v dáli ke kasárnám odcházející dva německé důstojníky. To bylo pro mne první poznání, že nebyl Němec jako Němec.

Máma od německých a rakouských vojáků, kteří navštěvovali naši cukrárnu, získávala léky a teplé oblečení pro odbojáře a mne používala jako krytí. Tehdy asi žila v napětí, ale pro mne to bylo období dětsví a největšího štěstí. Po likvidaci cukrárny máma sehnala práci u firmy HASS v čokoládovně v Liberci. Pracovala tam jako vedoucí v největší prodejně firmy na Pražské 18. Neměli jsme byt, a tak jsme nejprve spávali v hotelu Bílý lev, později v nedalekých Ruprechticích a po uvolnění bytu v budově

Leoš Nebor, 60. léta, *60s*

Famácká mikulášská zábava, Veronika a Pavel Juráčkovi
Entertainment on St. Nicholas's day at FAMU. Veronika and Pavel Juráček
začátek 60. let / *the start of the 60s*

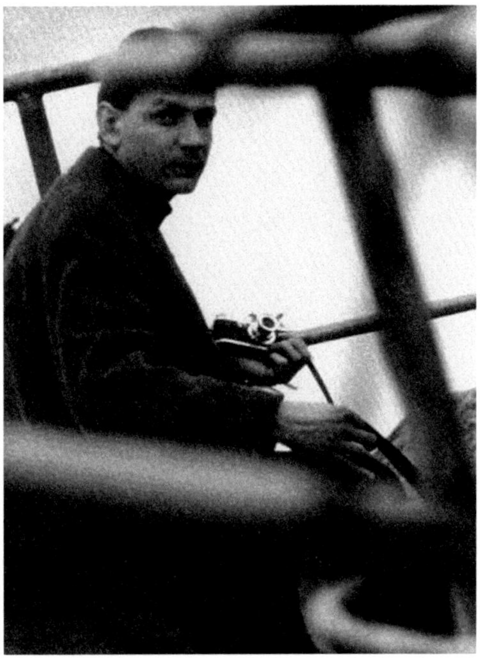

Foto: Archiv Pavla Diase

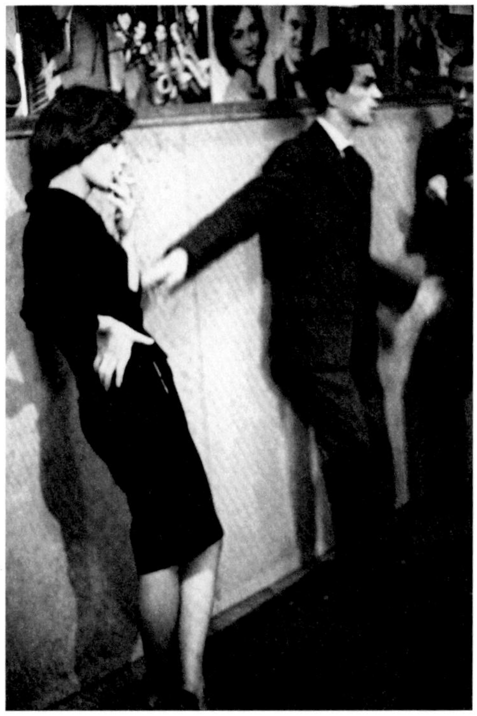

Foto © Pavel Dias

prodejny jsme se přestěhovali tam. Nad námi bydlela paní Hudcová, překladatelka z angličtiny a učitelka jazyků. Žila sama, děti neměla.

Chodil jsem k ní a poslouchal u ní muziku. Jednoho dne byla zatčena a souzena ve vykonstruovaném procesu s Marií Švermovou a spol. proti bývalým krajským tajemníkům KSČ. Z ničeho nic se nastěhovala do jejího bytu mladá žena s matkou. Když byla paní Hudcová propuštěna, potřebovala se ona mladá paní s matkou rychle přestěhovat jinam. Moje maminka byla tehdy na třítýdenním záskoku jedné vedoucí prodejny ORION v Praze, a tak jsem bydlel u paní, která maminku zastupovala v Liberci. Do bytu jsem si docházel jednou až dvakrát týdně pro prádlo a potřebné věci. Jednou jsem tam přišel, a než jsem stačil odemknout dveře, samy se otevřely a stála tam mladá paní, která předtím bydlela v bytě učitelky paní Hudcové. Řekla mi: „Pavlíčku, tady už nebydlíte." V Liberci, tehdy téměř zlatokopeckém městě, se takové věci děly běžně. Proto se maminka rozhodla, že se vrátíme na Moravu.

Když dovolíš, zeptal bych se i na tvého otce, o kterém jsi ještě nikdy veřejně nemluvil...

To je pro mne opravdu choulostivý problém. Nezmiňuji otce, protože jsem ho nikdy nepoznal. Viděl jsem ho možná párkrát jako malý kluk a později, když jsem se na něj optal, maminka říkala: žije v Kanadě. Poprvé jsem ho spatřil na konci střední školy a ta historka patří do oblasti telepatie. A na to si pamatuji velmi přesně; byl jsem v učebně, pracoval u jednoho ze zadních stolků, cvičili jsme písmo na plakáty a ta třída měla stále otevřené dveře. Vedle byl kabinet a tam pořád někdo chodil. Návštěvy člověk normálně vůbec nevnímal a najednou se stalo něco zvláštního, někdo na dveře kabinetu zaklepal, já nevěděl, kdo to je, ale srdce se mi sevřelo a nevěděl jsem, co se se mnou děje. Za chvíli přišel do třídy učitel a pravil: „Dias, máte tu návštěvu, na chodbě vás čeká fotr!" Tehdy jsem viděl poprvé svého otce. Bylo mi asi sedmnáct.

A přijel skutečně ze zahraničí?

Kdepak, on nikdy po válce v zahraničí nebyl, matka tu větu používala jen jako výmluvu, aby mi nemusela nic vysvětlovat. Proto to setkání pro mě představovalo šok. Učitel mi dal volno, chodili jsme po městě. Jako dneska si pamatuji, že jsem se ho chtěl zeptat na spoustu věcí, ale nedokázal jsem to. Ani jsme si nešli někam sednout do kavárny, aby k tomu byla příhodná chvíle. Jenom si vzpomínám, že mi řekl, kde v Brně bydlí. Místo do kavárny mě zavedl ke krejčímu, kde mi vzali míry a nechal mi ušít tříčtvrteční kabát. Celou dobu jsme se sice o něčem bavili, ale musím se přiznat, že ani tehdy, ani dnes už nevím o čem. Na zkoušku jsem nikdy nešel. Nepamatuji se vůbec na nic. Úplně jsem byl vyveden z míry.

Jan Bartůšek, 1958

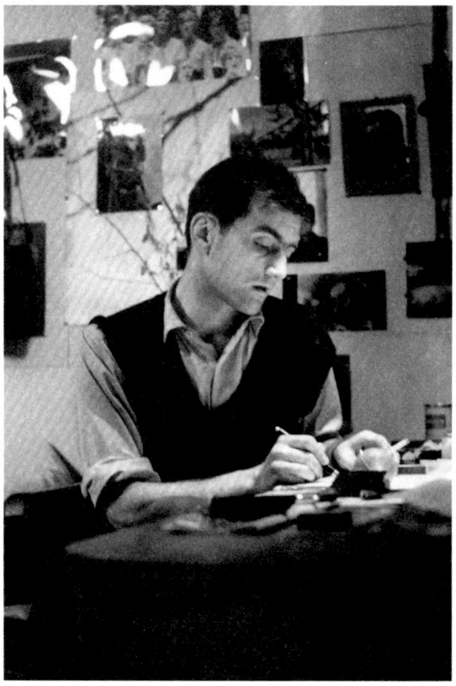

Foto © Pavel Dias

Miroslav Hucek, 1958

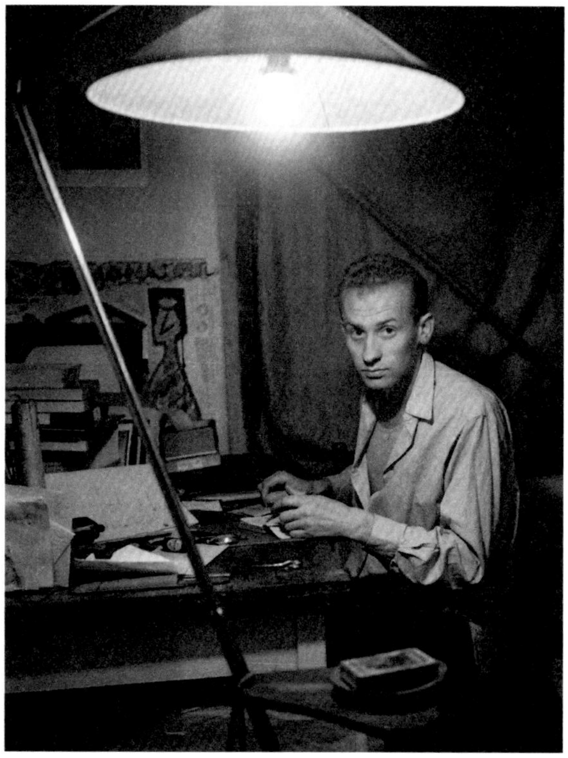

Foto © Pavel Dias

A viděl jsi otce ještě někdy později?

Ano. Můj otec byl o hodně starší než moje maminka, spíš se blížil věkem k mému stařečkovi. Původně byl zámožný obchodník, z ciziny dovážel jižní ovoce a do ciziny vozil prý hlavně živé koroptve. Byl to tedy za první republiky snad bohatý člověk. A později žil asi deset kilometrů od vesnice, kam jsem jezdil za stařečkem, kde jsem ho navštívil. Na to se rovněž dobře pamatuji. Přijel jsem tam celý napnutý, žil tam se svou paní a to setkání mělo velmi formální ráz.

Celou dobu jsem se těšil, že bude prostor, abych s ním mohl mluvit, ale jeho žena byla stále s námi, podstrojovala mi, ale nenapadlo ji nechat nás o samotě. Později jsem se tam stavil ještě několikrát, a to jsem měl už po škole, měl jsem vlastní děti, ale všechna ta setkání proběhla stejně formálně. Vzpomínám si, že jednou mým dětem poslal bednu jablek. Tím ale všechno vyšumělo, dřív než mohlo k něčemu mezi námi dojít. Musím se přiznat, že mně nechyběl. A ani náhradního otce jsem nikdy nepostrádal. Bratranci, kteří byli mými malými kamarády, také neměli svého tatínka.

Vidím, že to neříkáš rád…

Samozřejmě, protože si nejsem jistý, jestli tím někomu neublížím a pak mě neschopnost komunikace s otcem pronásleduje dodnes. Nesu to v sobě jako stigma. Ale takových věcí, s kterými jsem měl problémy vlastně donedávna, je víc…

Mohu být tak drzý a zeptat se, o co šlo?

Otec byl protipól mého starouška, který pomáhal v odboji. Aby mu vzkvétal obchod, za okupace vstoupil do fašistické Vlajky. Dědoušek se po válce vrátil z koncentráku a otec dostal za kolaboraci patnáct let. Nemyslím si, že byl nacista, ale byl to obchodník, který myslel v omezeném kontextu, a aby udržel firmu, zradil Čechy. O to víc obdivuji dodnes svého stařečka, který tohle všechno dobře věděl, a přesto mě za ním poslal do nedaleké vesnice. Otec si nakonec neodseděl celých patnáct let, jen asi dvanáct nebo třináct, a když ho pustili, pracoval jen o jeden blok domů dál, než kde jsme měli v Brně internát. To jsem ale nevěděl. O tomhle nikdo oficiálně nevěděl, protože otec se jmenoval jinak a já ho jako svého otce nikde neuváděl.

Potíže jsem měl až kvůli své lásce, spolužačce Hildě Misurové, kterou jsem si vzal později za ženu. Byla to nejkrásnější holka na naší škole, byl jsem na ni pyšný.

Počkej, u toho bych se rád pozastavil. Jak jste se s Hildou poznali?

Ve druhém ročníku na střední škole jsem už jako starý „mazák" vyhlížel nové studenty, prváky. Nejvíce jsem koukal po děvčatech. Padla mi do oka a později hluboce i do srdce dívka nejkrásnější. Hlásila se na stejný obor, a tak jsme se v ateliéru fotografie sešli. Studenti ze všech čtyř ročníků pracovali společně. Tedy i já s tou nejkrásnější dívkou, Hildou Misurovou.

Titulní strana Mladého světa s fotografií Pavla Diase k reportáži o Indii
Front page of Mladý svět (Young World) with a feature article on India
1969

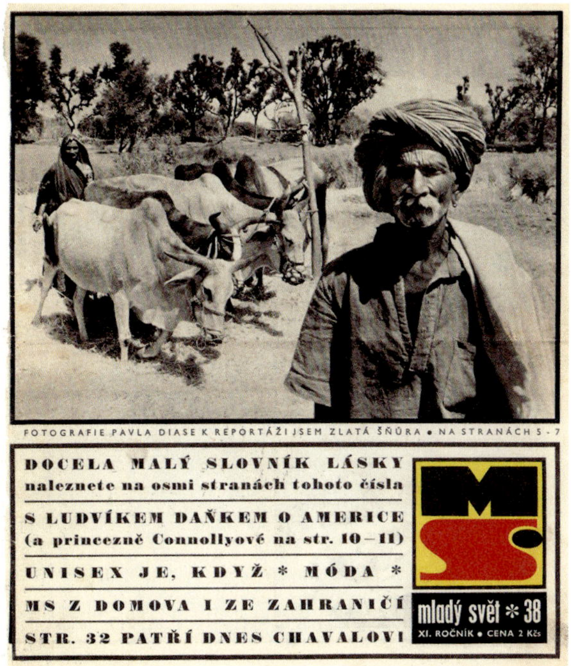

Novinářská legitimace
Press pass
1963

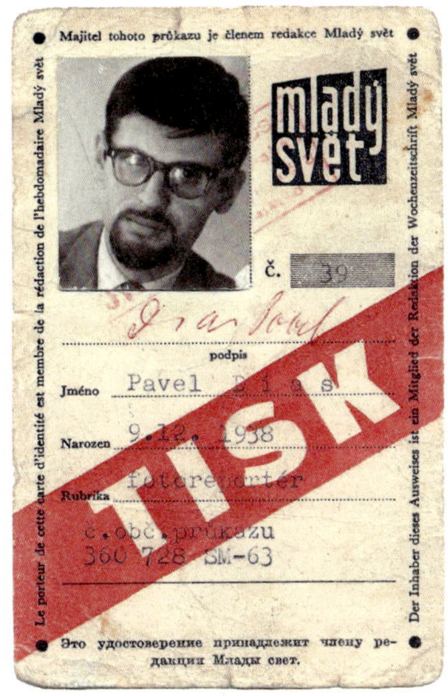

Hodně času jsme spolu trávili i mimo školu na procházkách v parcích a okolí Brna. Oba jsme prožívali období své první lásky a také aktivit společného zájmu o fotografování. Vlivy, které na nás působily, byly nám oběma společné. Již zmíněný profesor Karel Otto Hrubý, přátelé z brněnského „Krajského fotostřediska“, pánové Miloš Budík a Jan Beran, a další. Pak tu byla ona úžasná kniha, katalog výstavy *The Family of Man* Edwarda Steichena.

V tu dobu, krátce po jejím vydání, už jsme ji oba měli, i když jsme ještě neznali vznešený pojem „tvůrčí ponor“. Jen jsme věděli, že naše práce je náročnou mobilizací koncentrace.

V čem se lišily Hildiny fotografie od tvých?

Hilda mne často překvapovala svými fotografiemi, jejich čistotou výrazu a jasností obrazového sdělení. Byla v tom její bezelstná bezprostřednost, ženská jemnost estetického přístupu v neokázalých tématech. Když o léta později Ivan Soeldner k fotostránce Hildy v Madém světě napsal, že ženy mají zvláštní smysl pro osobitý projev-styl proto, že nemívají tendenci nekriticky kopírovat cizí vzory, souhlasil jsem. Její talent byl v mnoha aspektech asi výraznější než ten můj. Vytvořila nejen báječné fotografie, ale dala život mým dvěma nádherným dětem Pavlíkovi a Marečkovi. V životních osudech tvůrčích typů žen dochází k situacím, kdy musí své profesní tvůrčí aktivity potlačit ve prospěch péče o děti. Fotografie dětí v Hildině tvorbě se stávají jakýmisi obecnými znaky lidských poselství.

Ale přesto, že o Hildě tak krásně hovoříš, jste se rozešli...

Pár let po smrti staršího syna Pavla jsme to neustáli. Nejsme rozvedeni a s mladším synem a jeho dětmi se společně scházíme.

Když dovolíš, u tohohle momentu bych se rád zastavil, protože ten musel být pro tebe taky důležitý a nějak tě poznamenal.

Pavel zemřel po roční nemoci v roce 1979, pár dní před osmnáctými narozeninami, na akutní leukemii. To byl velmi těžký rok: většinou byl na jednotce intenzivní péče, kam jsme za ním nemohli.

A když ho pustili domů, vozil jsem ho dvakrát denně do nemocnice ráno v půl osmé a odpoledne ve tři hodiny. Byl na kapačce a odebírali mu vzorky. Bylo to velmi kruté období. Když nám doktorka Pavlíka poprvé pouštěla domů a sdělila nám diagnózu, sama plakala. Od toho okamžiku bylo jasné, že tu nemoc nezvládneme a s tím jsme museli žít. Asi jsme ale také doplatili na nezkušenost v žití kompletní rodiny. Oba jsme vyrůstali pouze v péči našich matek. Funkci otce jsme nazažili. Komunikačně jsme se hodně vzdálili, ale nerozešli jsme se, jen spolu nežijeme. Jediný syn, který nám zůstal, nám přinesl tři vnoučky. V období dětství mých dětí jsem byl nejšťastnější, i když byly velké potíže prosadit se a uživit se.

Titulní strana Mladého světa s fotografií Pavla Diase z filmu Věry Chytilové „Sedmikrásky“

Front page of Mladý svět (Young World) with a photograph from the film “Daisies”, directed by Věra Chytilová

1966

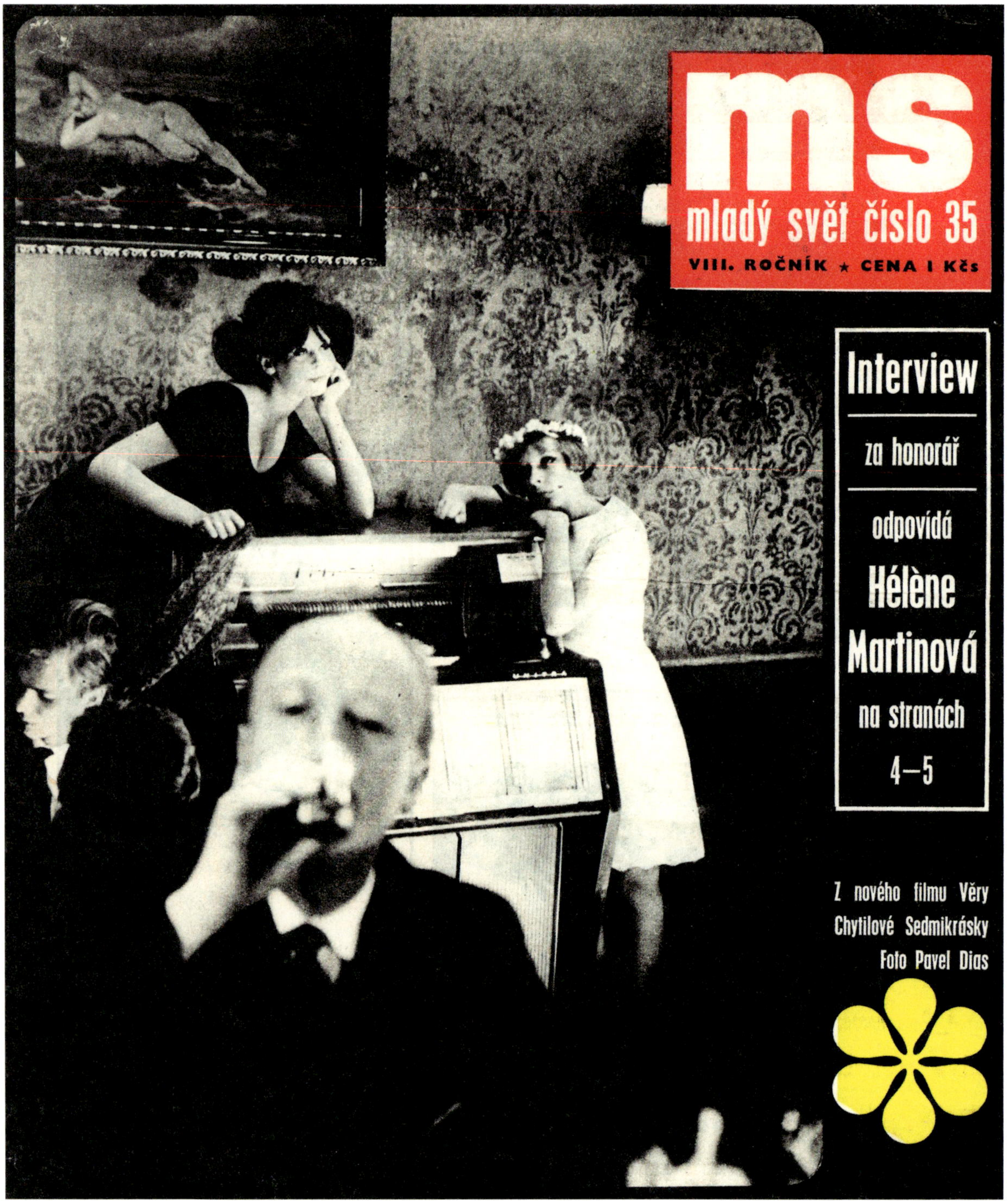

Japonský kamarád Akiasu Miyamoto
My Japanese friend Akiasu Miyamoto
1969

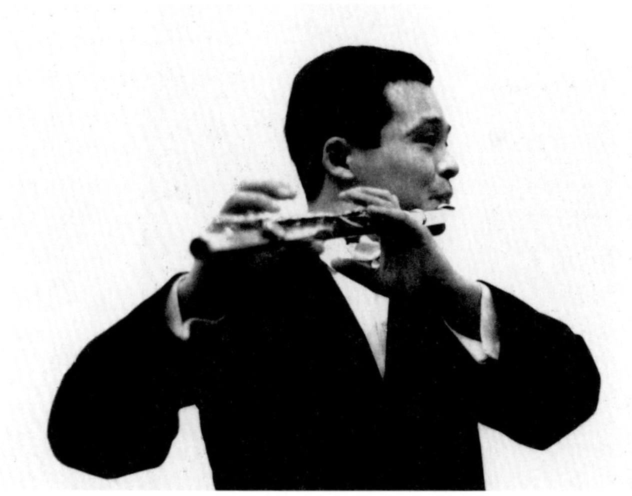

Foto © Pavel Dias

Jiří Stivín, 1961

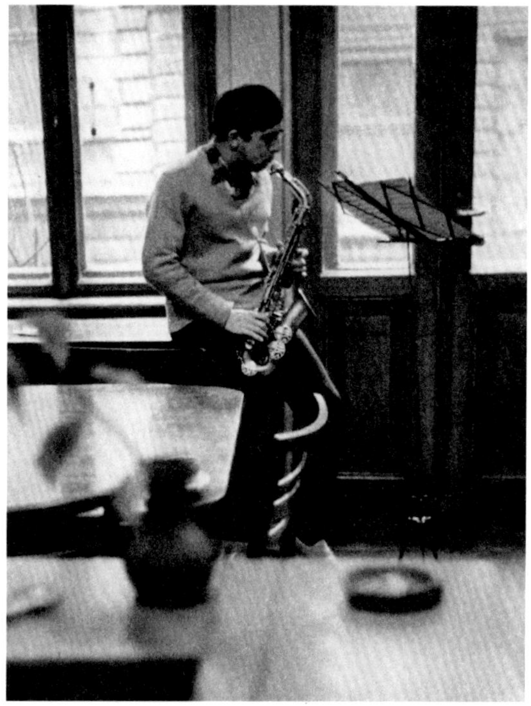

Foto © Pavel Dias

Ty jsi ale zkušenost s úmrtím syna použil i jako podnět k další práci, nechtěl by ses u toho taky na chvíli zastavit?

To začalo tím, že jsem chtěl ohromnou péči, kterou oddělení, která se věnují dětem nemocným krvetvorbou, kde ležel náš Pavlík, nějak doktorům a sestřičkám splatit. Dlouho jsem nevěděl, jak na to, až mě jednou napadlo, že fotografie nemusím dělat já, že mohou fotografovat samy nemocné děti. Vymyslel jsem si projekt Planeta Malého prince, sehnal jsem sponzora, koupili jsme díky sponzorům deset fotoaparátů a vznikly z toho úžasné záběry. Projekt jsem věnoval nadaci paní Olgy Havlové. V Rudolfinu z toho byla velká výstava a vydala se knížka. Zainteresoval jsem do projektu studenty a ti v tom pokračovali. Vedla je Marie Zachovalová, bohužel sama později zahynula. I já jsem ta oddělení později někdy navštěvoval, když mi bylo ouvej, protože lékaři a zdravotnický personál nemocnice s rodiči nemocných dětí táhli za jeden provaz. Z jejich úsilí vyzařovalo hluboké lidství a ohromná energie. Veškerá síla všech byla směrována k uzdravení dětí. To bylo velmi silné. Nemocné děti byly přítulné, vděčné za každý dotyk a s kapačkama na stojanech jezdily po nemocnici jako na koloběžkách. Byla to pro mě krásná lidská zkušenost. Umožnila mi setkání s paní PhDr. Reichlovou a vedoucím oddělení profesorem Starým.

Vraťme se k tvé ženě...

Hilda moc neznala svého otce, jako já, maminka žila s Hildou sama. Její otec byl povoláním akademický malíř, původem slovenský Maďar vychovaný v Rakousku a v roce 1945 odešel do Německa, žil v Mnichově. Bohužel to, že můj tchán je v Německu, se vědělo a věděla to i tajná státní bezpečnost, tedy StB, a kvůli tomu jsem měl potíže sehnat práci. A nejspíš mě právě kvůli tomu vyhodili z FAMU, i když mi to nikdo takhle přímo neřekl. Jako důvod mého vyhození z vysoké školy uvedli, že jsem fotograf, a ne filmař. Dva měsíce jsem točil sběrným systémem dokument a všechny denní práce jsem si nechal najednou vyvolat. Po pár dnech mi řekli, že film utopili: zůstal jen blank. To byl v roce 1959 oficiální důvod k mému vyloučení ze studia.

A z čeho usuzuješ, že je za tím existence tvého tchána?

Podle toho, co se dělo o něco později, na zlomu roku 1959 a 1960: Po čtrnácti dnech po mém vyhození mě navštívil nějaký pán, řekl, že je z ministerstva zahraničí a že by pro mě něco měl. Banální důvod, chtěl se před cestou do zahraničí ode mne naučit základům fotografie. Sešli jsme se dvakrát v kavárně Vltava a podruhé jsem už začal mít podezření, že je to fízl, estébák. A to podezření ještě zesílilo, když jsem se večer dověděl od Hildy, ona byla v přípravném ročníku na FAMU, že ji odvezli estébáci

Antonín Tomalík, 1969

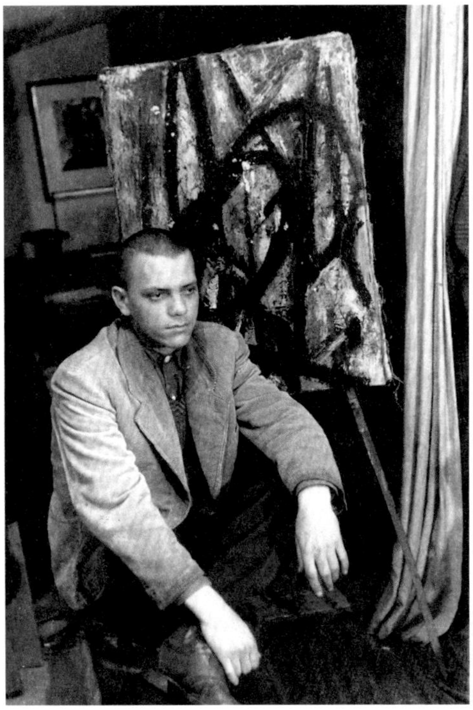

Foto © Pavel Dias

Zbyšek Sion, 1969

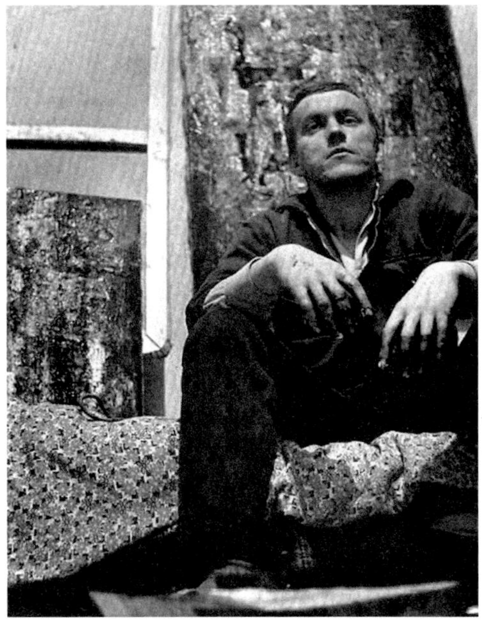

Foto © Pavel Dias

do kachlíkárny a vyptávali se jí na kontakty maminky s otcem. Třetí schůzka byla v restauraci Dubonnet a ten člověk přiznal barvu, řekl, že je z ministerstva vnitra, že ví z jaké jsem odbojářské rodiny a že by potřebovali, abych tedy svého budoucího tchána přemluvil k cestě do Čech. Pak mě chtěl nalákat, abych s ním šel do Hradební ulice, kde údajně bydlel: měl tam materiály, které mně chtěl ukázat. To jsem striktně odmítl a odešel jsem. Za pár dní na to mě zavolali z Obchodní komory, později se z toho stal Rapid, a nabídli mně zaměstnání fotografa s možností jezdit na veletrhy do zahraničí. V tu chvíli mně došlo, že jde o domluvenou hru, a hned jsem to odmítl.

A to všechno mělo tak hladký průběh? Přece kolem filmu se točila řada lidí přímo napojených na StB: ředitelem krátkého filmu byl Kamil Pixa, jeden ze zakladatelů StB a pozdější řídící důstojník Jiřího Muchy, tzv. společenského agenta…

Jistě, a nejen kolem filmu, i kolem tzv. výsadek, které směly obchodovat se zahraničím. Můj verbíř „Patera" mne předhodil řediteli Obchodní komory, později Rapidu. Ředitel, který měl rozhodnout o mém přijetí do toho podniku, evidentně spolupracoval s StB. Když jsem nabízené místo odmítl, byl onen známý – neznámý z vnitra vzteklý a zuřil. Ze stejných důvodů jsem později, v roce 1967, odmítl být odborným poradcem firmy Linhof v Praze, protože to by taky znamenalo spolupráci s estébáky.

Mezitím byl naštěstí konkurz na fotografa barrandovských ateliérů, přihlásil jsem se tam, ale zároveň jsem o tom s nikým nemluvil. Možná jen kvůli tomu jsem se tam dostal. Nastoupil jsem 30. prosince 1959. Po týdnu tam na čas přijali dalšího fotografa bez konkurzu. Byl tam krátkou dobu a nefotografoval. Jsem přesvědčený, že to byl estébák, který mě měl sledovat, a když se nic nedozvěděl, zmizel.

Ty potíže se mi občas různě vracely: tehdy jsem už začal spolupracovat třeba s Mladým světem a bylo mi naznačováno přáteli v redakcích, že se mnou mají problém.

A kdy ses vrátil na školu?

Asi po dvou letech. Ale několik věcí mi není jasných dodnes. Později jsem si na FAMU, kde jsem učil, mohl prohlédnout archiv a o mém vyloučení a o tom, že jsem neodevzdal cvičení, v zápisech katedry neexistuje jediný doklad. A ani jsem nikde nenašel zmínku o tom, proč jsem školu na dva roky opustil. Naopak jsou tam, a taky nevím proč, moje dost dobrá hodnocení od pedagogů. Tehdy jsem se na školu vrátil na pozvání profesora Šmoka a profesora Hanuše. Mohu se jen domnívat, že kompromitující materiály z roku 1959 někdo zničil. Byla to pokřivená doba.

Jsi první člověk, kterému to říkám. Ani v rodině o tom nemluvíme. Jedno ale vím jistě: spolupráci se Státní bezpečností šlo i na samém počátku šedesátých let odmítnout bez vážnějších následků. Paradox je, že po roce 1989 jsem na FAMU, jak už jsem řekl, začal učit a dodnes tam sedávám při docentských habilitacích a profesorských řízeních v komisích.

Poprvé jsi na sebe upozornil jako fotograf v roce 1960, čili právě v době, kdy jsi zažíval své potíže, o kterých jsme hovořili. Tehdy ses představil společně s Janem Bartůškem a Miroslavem Huckem na výstavě ve foyeru pražského kina Lucerna. Expozice se jmenovala *Chceme vidět život ve všem*. Vy tři jste tehdy pracovali pro Mladý svět. Co pro tebe znamenala spolupráce s tímto časopisem?

Byl to ohromný start. S některými zakladateli časopisu jsem se sešel ještě před vydáním prvního čísla. Do Mlaďáku jsem doporučil Bartůška i Hucka. Pro mě byla důležitá spolupráce s fotografem Leošem Neborem, který tam šéfoval fotooddělení a řada fotografů mé generace a i lidí o něco mladších mu vděčí za mnohé, aniž si to uvědomuje. Mimo jiné tím, že je představoval veřejnosti v populárním časopise s vysokým nákladem. Mladý svět, který byl tehdy hned vyprodaný, měl náklad 300 000 výtisků každý týden. Nebor tam o nich připravoval fotostránky. Pro start celé jedné generace to bylo moc důležité.

A nejen to, byl to právě Leoš Nebor spolu s výtvarným redaktorem Jaroslavem Weiglem, kteří právě na zlomu padesátých a šedesátých let posunuli grafiku a vnímání časopisecké fotografie o velký kus dopředu, stejně jako Miroslav Haďák Liďák posunul vnímání kresleného humoru a karikatury.

To určitě. Leoše Nebora mi v redakci *Nové vesnice*, z které se později v Panské ulici v Praze vyvinul Mladý svět, představil v roce 1958 Jan Kloboučník. Nebor, Neugebauer, jeden z těch, o nichž jsem hovořil na začátku povídání, který měl v sobě eleganci první republiky a hovořil několika jazyky, přešel do Mladého světa z ČTK. Předtím nafotografoval úžasně Mongolsko a fascinovalo mě na něm hlavně to, že se dokázal nesobecky starat o jiné fotografy a pomáhat jim. Byl to právě Leoš Nebor, který přijel do Brna na zahájení mé první a zároveň absolventské výstavy v Domě umění ve Funkeho kabinetu. Nebor mi taky nabídl místo, ale to už jsem byl zpátky na FAMU a odmítl jsem to, protože jsem chtěl řádně dostudovat. Dálkovému studiu jsem moc nevěřil. Mrzí mě, že se na Leoše Nebora trochu zapomíná. V devadesátých letech, tedy už po smrti, měl výstavu v Mánesu...

... já vím, hovořil jsem tam na zahájení...

... a k tomu vyšla knížka, která bohužel není moc dobrá. Nebor byl lepší než ta monografie. Teď mám ale studentku, která o něm píše diplomovou práci. Je to z půlky Vietnamka, jmenuje se Lucie Nguyen a má za sebou excelentní bakalářskou práci. Samozřejmě píše o Neborovi jako o fotografovi, ale hlavně taky jako o redaktorovi, který měl velký vliv na mladou generaci a drtivé většině z nich otevřel cestu do profesionálního života.

Taky na Leoše Nebora rád vzpomínám. Byl to v redakci Mladého světa jediný člověk, s kterým jsem si vykal, nepřijal jsem jeho nabídku na tykání, nějak mi to u něj nešlo přes rty. Tykat jsme si začali až po mém návratu z exilu...

To už bylo krátce před jeho smrtí. Měl vzácnou vlastnost: nezištnost, což u tehdy relativně mladého člověka bylo výjimečné. Přál úspěch mladým lidem a nesnažil se s nimi soutěžit, nebál se jich, neviděl v nich konkurenty. Byl to nóbl člověk.

Tys absolvoval FAMU v roce 1964, cos dělal potom, kromě příležitostného fotografování pro Mladý svět a další časopisy?

V pátém ročníku jsem začal pracovat v Ústředním domě lidové a umělecké tvořivosti jako metodik pro fotografii. Jezdil jsem po celé republice po fotografických střediscích a klubech.

V té době se má absolventská výstava z Brna přestěhovala do Prahy, do Malostranské besedy. Na základě obou výstav mi nabídli, abych se stal kandidátem Svazu výtvarných umělců. Ve stejném roce do Svazu přijali i Josefa Koudelku. Řádným členem jsem se stal až v roce 1966. Současně mi nabídli i členství ve Fondu výtvarných umělců, v komisi. Tam seděli lidé jako Tibor Honty, Dáša Hochová, Jindřich Brok, Fred Kramer. Jen dva lidé byli členy strany: zmíněný Tibor Honty a Josef Brožek. Oba byli slušní lidé. Honty měl u malířů a sochařů velký respekt. Nebyl jen fotograf, ale i sochař-keramik, jeho zásluhou bylo, že mezi hlavními směry výtvarného umění byla do organizace přijata i fotografie, která dlouho nebyla považována za umění. Já byl vlastně první mlaďoch. Po mně přišli do komise ještě lidé jako Kuklík, Novotný, Ságl atd. V poslední době před revolucí jsem se na Fondu hlavně staral o sociální příspěvky pro vdovy našich starších kolegů, jako byla třeba paní Hontyová. Když přišla revoluce a plénum fotografické sekce se sešlo, aby zvolilo novou komisi, nejvíc hlasů dostala Dáša Hochová, já byl na druhém místě, ale nominaci jsem už nepřijal. Poděkoval jsem za důvěru.

Vrátil bych se trochu zpátky do šedesátých let: po absolutoriu ses dle wikipedie kromě spolupráce s různými časopisy věnoval reklamní fotografii. Jakou reklamu jsi fotografoval? Na tvé reklamní fotografie se vůbec nepamatuji.

To je trochu omyl: já jsem reklamní fotografii, jak se dnes vnímá, nikdy nedělal. To, co jsem dělal, je spíš propagační fotografie, a kdybych to měl ještě upřesnit, řekl bych, že jsem běžnou fotografií propagoval lázeňství. Začalo to lázněmi Jeseník, později se to rozšířilo a začal jsem fotografovat mnohé jiné lázně pro Balneu. Kromě toho jsem fotografoval díky Radkovi Brychovi, který bydlel s námi v hotelovém domě, průmysl, například pro Teplotechnu, která vyráběla kotle, stavěla velké i malé pece na tavení skla, pálení keramiky, železa i oceli. Bylo to zajímavé, fotografoval jsem ve válcovnách a ve slévárnách. Miloň Novotný mi říkal vysokopecař. A nakonec jsem fotografoval nářadí pro firmu Narex. Tahle práce se blížila asi ze všeho nejvíc skutečné reklamě. Byl jsem ale zvyklý pracovat s Leikou a tiskárny kinofilm nechtěly, pamatuji se, že jsem měl pro Chemapol odevzdat fotografie koní, a ty jsem samozřejmě měl, ale jen na kinofilmu, a musel jsem diapozitivy předublovat na 6 × 9. Byla to slušná obživa, nemusel jsem se za nic stydět a ještě mi to umožnilo občas někam vyjet a fotografovat si pro radost s Leikou to, co mě skutečně zajímalo, třeba cykly o koních, koncentračních táborech, náboženských slavnostech a judaika.

Fotografovat znamená přivlastňovat si fotografované a výběrem vést dialog se světem. Jak si vybíráš svá témata a o čem je tvůj dialog?

Já jsem součástí světa a pak i svět je mou součástí, prochází mnou a souzní se mnou, nehovořil bych proto o přivlastnění. Ale máš pravdu, že fotografování je o výběru, a to dokonce minimálně trojnásobném. A volbou tématu si vybírám i obsah dialogu.

První fáze se týká výběru situace, a za tím je něco mimo mě, co mě k tomu tématu přitahuje, co jsem si vybral a o čem jsem si řekl, že se tím budu zabývat. A pak jde o to, aby má představa souzněla s tím, co cítím, co o tom vím a co vidím. Do tohoto prvního výběru patří i to, být dost trpělivý, protože většinou povedená fotografie není otázka jedné expozice, jednoho zmáčknutí. Proto to, co dělám, mne musí poutat a přitahovat. Ty pak ten jev máš nějakým způsobem v sobě zaznamenaný, nějakou situaci obcházíš a čekáš na svůj obrázek. Kdysi jsem neměl samozřejmě žádný motor ve fotoaparátu, pracoval jsem s Leikou, přetáčel ručně film a minimálně od každé fotografie mám dvě až tři či čtyři varianty a na nich jsem vždy studentům ukazoval způsob hledání, kdy moje představa byla nejbližší mému záměru. Byl o tom natočen i film, který tento postup výběru dokladoval na kontaktových arších fotografů. Byl to projekt Williama Kleina. Vždy se kamera zastavila na tom posledním okénku, které si autor vybral, aby dokladovala způsob fotografova uvažování.

To ale asi nebude tak snadné, dostat se k nepublikovaným kontaktům fotografů, nebo se mýlím? To je něco jako brát spisovateli z koše zahozené stránky...

Trochu máš pravdu, kontakty jsou velmi intimní záležitostí, ale kontakty mají ještě jeden význam: slouží ke kontrole pochodu tvého myšlení. Proto jsou série záběrů a pracovní snímky pro autory ohromně důležité. Ten typ živé, dokumentární fotografie vyžaduje, abys zjistil, v čem děláš chybu, abys mohl rekonstruovat v sobě, jak jsi danou situaci ohmatával a jak jsi docházel k definitivnímu záběru. V tomhle typu fotografií jsou takové situace, kdy změna úhlu o jeden stupeň či o milimetr představují velký rozdíl mezi nijakou fotografií a výbornou fotografií. Ve zmíněném Kleinově filmu to režisér dokazoval na fotografiích Josefa Koudelky a dalších autorů. A nejde jen o milimetry, jde i o zlomky sekundy.

Zajímavé v této souvislosti je, že dnes máš ve fotoaparátech motory, které ti nasekají automaticky řadu snímků. To funguje ve sportovní fotografii, ale v živé dokumentární fotografii to absolutně nejde. Nikdy tam nemáš ten dobrý snímek.

A proč to nefunguje?

Protože fotograf si vycvičí vnímání situace, která se nejvíc blíží jeho představě a má ji v hlavě. Taky se říká, že každá situace má nějaký vrchol, a to je ten moment, na který fotograf číhá, a jsi-li zkušený, spleteš se jen málo, kdežto stroj se vždycky střefí vedle, protože je nakonec pomalejší. Používám i tyto stroje, ale jen tehdy, když fotografuji koně v pohybu. To je ale jiný příběh. Koně běží šedesáti až osmdesátikilometrovou rychlostí. Fotografovat je na film by bylo moc drahé a ani nestačím tak rychle mačkat. Při takové práci je samozřejmě hrozně velký odpad. Proto jsem si pořídil digitální kameru, kterou jsem vyřešil spotřebu materiálu a našel možnost rychlého sekvenčního snímání. A právě tento výběr z kontaktů, ať digitálních nebo filmových, to je ten druhý stupeň výběru.

Fotografie mého syna Pavla a ženy Hildy, známá pod názvem „Bílá Madonna“
A photograph of my son Pavel and wife Hilda, known as the “White Madonna”
1962

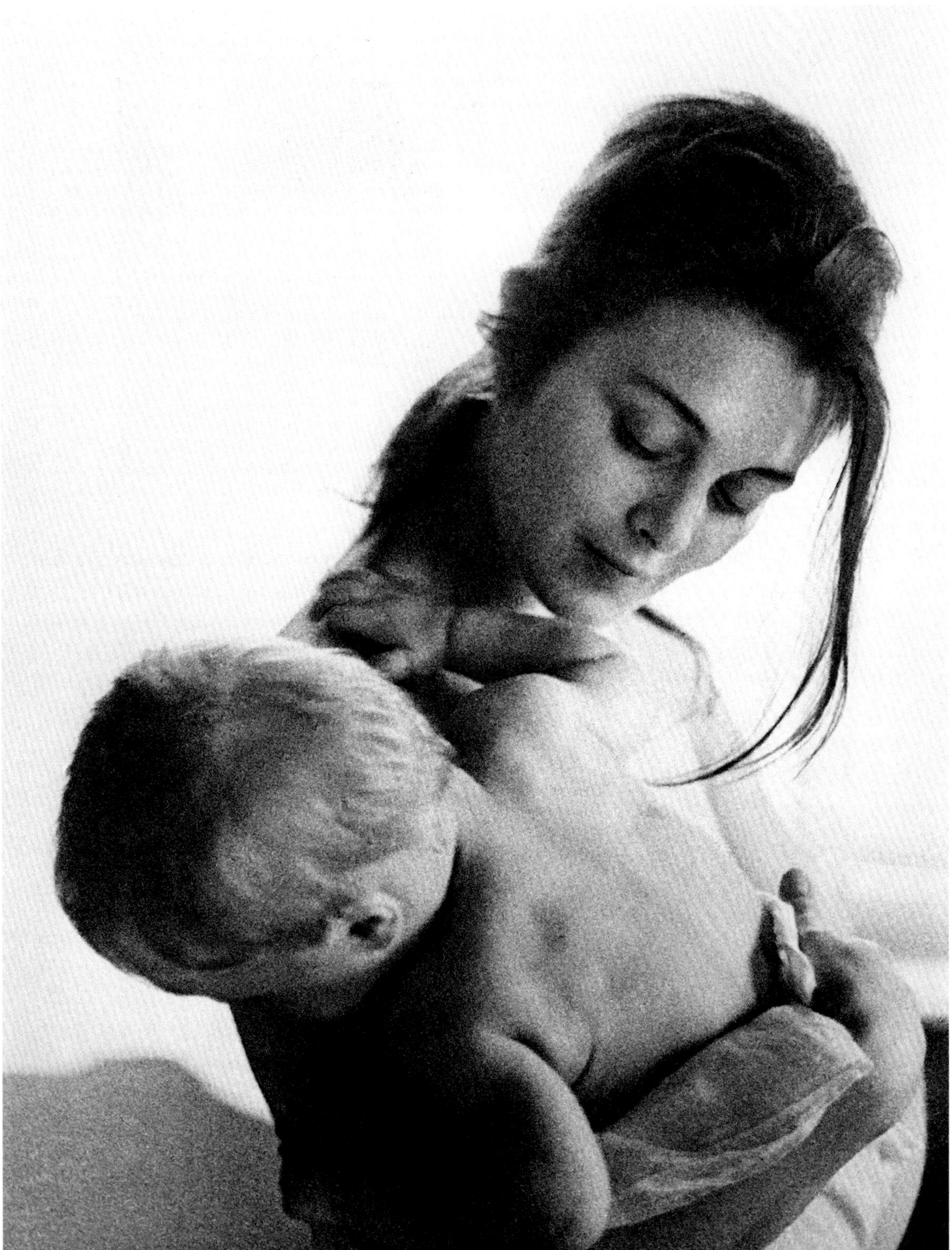

S dětmi Pavlem a Markem, hotelový dům Invalidovna
With my children Pavel and Marek, Invalidovna Residence
Praha / *Prague*, 1965

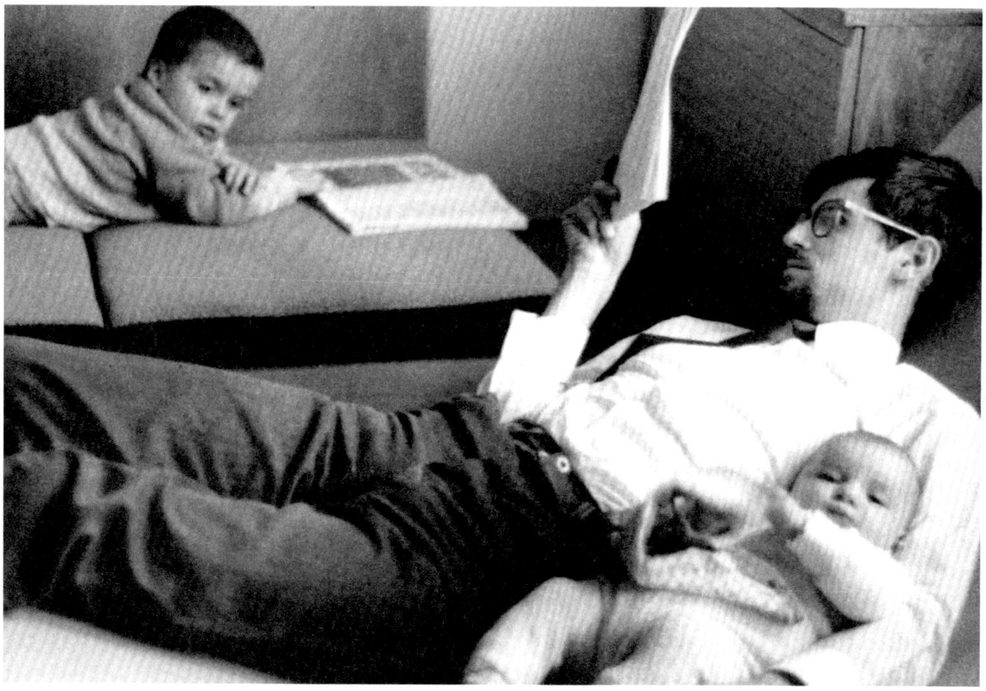

Foto © Hilda Diasová

A co představuje třetí stupeň výběru?
Kontakt je důležitá věc, ale pak je třeba se na fotografii podívat ve větším, pracovním formátu: vybrané kontakty si nazvětšovat třeba jako pohlednice. Důležité je, aby všechny byly stejně veliké (už proto, že ty větší vždy přitahují víc pozornost, vnucují se, aniž si to třeba zaslouží), taky je to nejjednodušší. Člověk si nastaví zvětšovák na jednu velikost a náhledovky naseká rychle jako Baťa cvičky. Čili třetí a poslední výběr dělám z těchto náhledových snímků, které pak nosím po kapsách, různě si je skládám k sobě a vybírám ty nejlepší a zároveň si z nich mohu skládat i nějaký celek, protože hned vidím, jak které fotografie na sebe navazují a které z nich podporují významy. Teprve potom jdu do komory a dělám definitivní zvětšeniny, i když i tam se občas stane, že zvětšená fotografie najednou nefunguje. A totéž platí i o výstavách. Když člověk tytéž fotografie, které dobře zná a které už vystavoval, umísťuje do jiného prostoru, zjistí, že musí měnit pořadí, či dokonce některé fotografie vůbec vyřadit. Fotograf musí dbát, aby došlo k jisté harmonii výrazu fotografií, jejich grafickému uspořádání na stránkách časopisů či knih a prostorovému řešení na výstavách. Je třeba vždy hledat optimum vyznění a nedržet se nějakého klišé. Kontext je velmi důležitý.

Vytváříš si před výstavou makety prostoru a lepíš si tam kontakty fotografií?
Dělám si makety a k tomu mi stačí malé fotografie, protože si záběry dost dobře pamatuji a z náhledových kopií je mám načteny. Jeden příklad: když jsme připravovali jubilejní školní výstavu v Brně se studenty, najali jsme si tělocvičnu, tam jsme archivované fotografie o velikosti 30 x 40 centimetrů rozložili po zemi a vybraná témata jsme kladli, rozmisťovali na jeden skutečný výstavní panel do nejvhodnější konfigurace. Výslednou skladbu na panelu jsme si nafotografovali a pak jsme přistoupili k poslední fázi: hledali jsme nejvhodnější pořadí panelů. Nakonec jsme v Domě umění na panely fotografie nalepili přesně podle toho, jak jsme to v tělocvičně vymysleli.

A stejně se dá dnes pracovat s digitální fotografií na obrazovce, ale pružnější a rychlejší je, když si to člověk vytiskne. Monitor člověka přece jen trochu víc svazuje, pokud připravuje výstavu. Pokud chystá stránku do novin či do knihy, je zase lepší obrazovka.

Přejděme nyní od selekce k tématům. Pokud se pamatuji, ty jsi začal koncem padesátých let fotografovat na vesnici a pak i v Brně lidi…
Původně jsem chtěl být malířem. Když jsem přišel do prvního ročníku střední umělecké školy v Brně,

dělali jsme nejprve kolečko: prošli jsme všemi ateliéry. A tehdy jsem měl ještě kromě malování zálibu ve filmu, proto jsem na FAMU chtěl být nejprve kameramanem. Doma jsem měl pětatřicítkovou promítačku a od dětství jsem si něco promítal a zřejmě díky tomu jsem nakonec zakotvil na fotografii. Nejprve jsem fotografoval Magnolou na formát 13 × 18, byla to kopie fotoaparátu Linhof, a pak českou Flexaretou, což nám nahrazovalo Rolleiflex.

A to bylo v půli padesátých let, kdy začali Rusové propouštět zajaté Němce od Stalingradu, lidi, kteří sloužili u wehrmachtu. Jeden z těch Němců, který pocházel z Kolína nad Rýnem a navštěvoval za války naši cukrárnu v Kroměříži, byl zajat u Stalingradu. Protože nebyl nacistou, dodával nám ze zásob armády, jak jsem již o tom hovořil, obvazový materiál a teplé doplňky oblečení. Maminka je okamžitě odvážela svému bratrovi uteklému z totálního nasazení a ten je předával dalšímu z rodiny v partyzánské skupině Olga. Po válce jeho rodině maminka pomáhala, posílala dětem sladkosti před Vánocemi. Po návratu z Ruska se to maminčin známý dozvěděl, mamince napsal dopis, poděkoval jí a zeptal se, co dělá její syn a jestli pro něj nemůže něco udělat. Maminka mu odepsala, že studuji fotografii, a on právě mně poslal katalog tehdy slavné Steichenovy výstavy z roku 1956 The Family of Man, která se stala mou ústřední inspirací. Tenhle katalog mě přitáhl k zájmu o obyčejná lidská témata a praxe u filmu mě dovedla k cyklické práci: Začal jsem fotografovat lidi na vesnici.

A kterou vesnici jsi zvolil?

Vybral jsem si tu, kterou jsem znal, kde žili moji stařečkové, děduškové. Ležela mezi Brnem a Zlínem, nebo jsem jezdil do jedné vesnice za Vsetín. První cyklus jsem nazval Vesnice-domov. Druhý cyklus se jmenuje Brno, život města. Tento cyklus jsem předložil i k maturitě. Civilní témata mě tehdy velice chytila, a to se mně stalo osudným, pracuji na nich dodnes.

Z Brna jsi ale přišel v roce 1958 do Prahy na FAMU, jak změna města ovlivnila tvou fotografii?

Ano, a tím pro mě začala šedesátá léta, která byla nejplodnější. Nejvíc jsem toho udělal v roce 1968, to se mi opravdu dařilo. Dostal jsem poprvé pas s výjezdní doložkou do všech států světa, což byl papír, bez kterého pas neplatil, ale netrvalo to dlouho: po srpnu 1969 mi pas zase odebrali. Stačil jsem ale projet Indii, Nepál, Egypt, Mongolsko, Itálii, Německo a Francii. Širší cyklus jsem z těchto cest udělal ve Francii a nazývám ho Reminiscence na Paříž. Negativy z Indie a Nepálu mi bohužel někdo ukradl. To je velká bolest.

V té době jsem také hodně fotografoval pro Mladý svět, kde jsem nejvíc pracoval s Jaroslavem Maršálkem a s tebou, v Literárních novinách jsem zase spolupracoval s Petrem Chudožilovem a současně jsem fotografoval pro režiséry Štěpána Skalského, Jiřího Hanibala, Martina Friče, Ladislava Rychmana, Zdeňka Sirového a Věru Chytilovou.

Ještě jednou bych se rád vrátil k tématu koncentračních táborů...

Musím začít trochu oklikou. Protože jsem vyrůstal bez otce, můj dědeček, o kterém jsme již hovořili, matčin otec, převzal jeho roli. A to byl člověk, který přežil výslechy na gestapu i koncentrační tábor Buchenwald. Strýci válku nepřežili. Jeden byl zastřelen jako vysokoškolák po 17. listopadu v Sachsenhausenu a druhý byl popraven ve Flossenburgu.

Hned po ukončení války Vlárskou tratí projížděly vlaky s vracejícími se vojáky a hlavně vracejícími se přeživšími vězni z koncentračních táborů. Na malém vesnickém nádraží bylo vždy připraveno občerstvení, které se podávalo do vagonů. Občas někdo vystoupil. My, se dvěma malými bratranci, jsme s dospělými chodili čekat na příbuzné. Nikdy na ten obraz nezapomenu. Jedním z posledních přijel náš stařeček. Jako dnes si pamatuji, když se konečně vrátil a přicházel do domu. Schoval jsem se za schody a jen jsem vykukoval. On totiž přišel úplně jiný člověk, než kterého jsem znal. Holohlavý, vybledlý, sinalý a vyhublý. Seděl u kamen a vyprávěl a vyprávěl. Tehdy jsem se poprvé něco dozvěděl o koncentrácích. Dřív jsem o tom nic nevěděl, ale ta slova Buchenwald a Auschwitz, Osvětim, člověku naháněla strach. Vlak, který měl přivézt tátu mých malých kamarádů, nikdy nepřijel.

Poprvé jsem se do Buchenwaldu dostal se zájezdem FAMU do Výmaru v roce 1961 a najednou jsem si uvědomil, když jsem se díval na fotografie, které jsem dovezl, že by to mohlo být moje téma, že tomu bych se mohl opravdu věnovat, a začal jsem tam pravidelně jezdit. V roce 1968 jsem se dostal do Mauthausenu u Linze a pracoval jsem na tom tématu až do roku 1995, do výročí osvobození. Tehdy jsem tento cyklus uzavřel.

A kdys toto téma začal vystavovat?

Nejprve jsem zašel do vydavatelství Svazu protifašistických bojovníků a nabízel jsem jim knížku o koncentračních táborech, což odmítli. Ty fotografie mi nechtěli nikde ani vystavovat, báli se. Až o mnoho let později jsem je mohl vystavit v Bánské Bystrici, kde v místní galerii pracoval Tomáš Fassati, a tím se trochu prolomily ledy. Vystavoval jsem i v Osvětimi a Sachsenhausenu. V Praze jsem tyto fotografie

Laco Deczi v Redutě
Laco Deczi at Reduta
60. léta / *the 1960s*

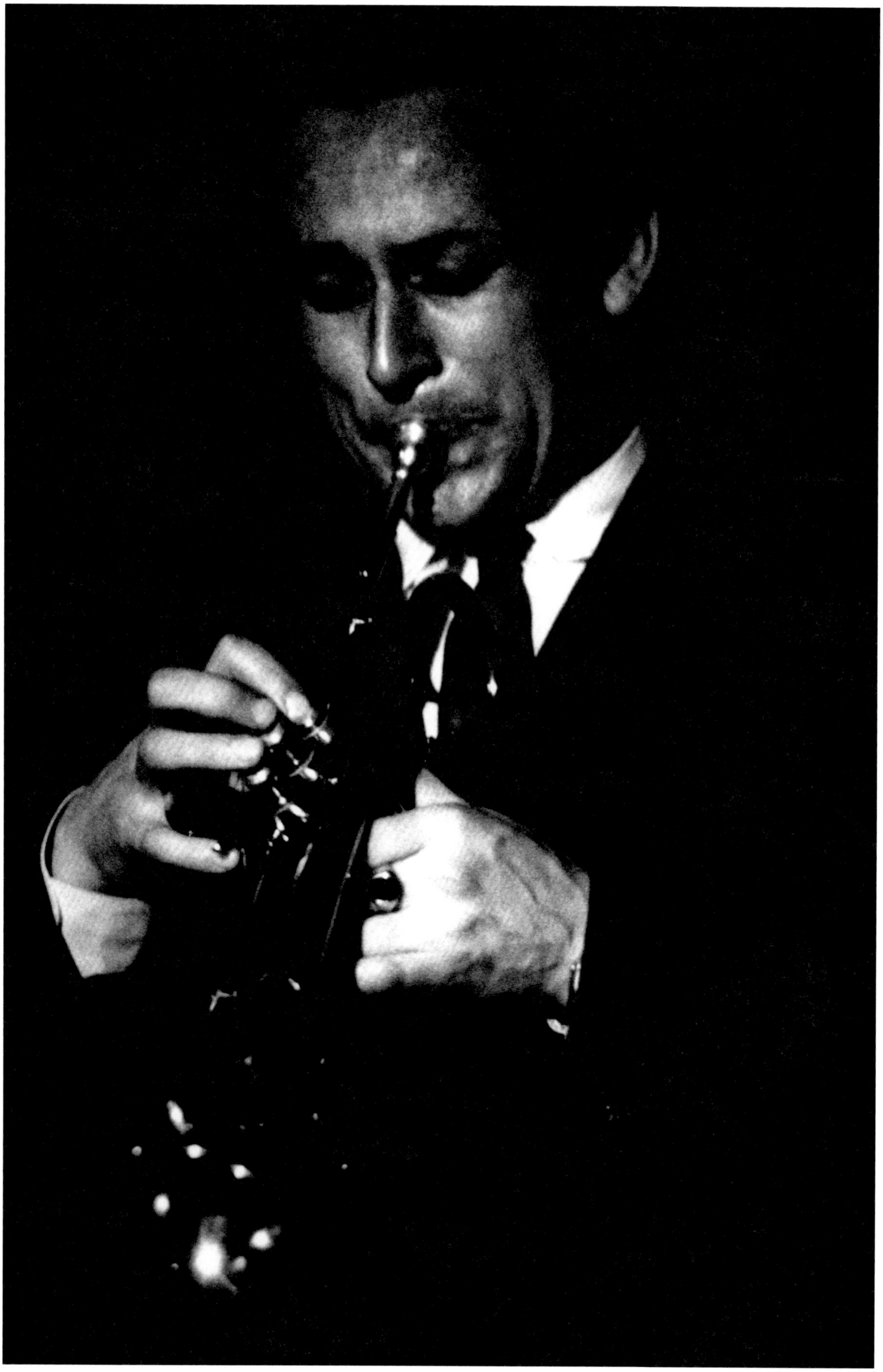

Foto © Pavel Dias

Titulní strana Literárních novin s fotografií Pavla Diase k reportáži Petra Chudožilova „Dům na vysoké noze“

Front page of Literární noviny (Literary Review) showing an article by Petr Chudožilov entitled “A house on a long leg”

1966

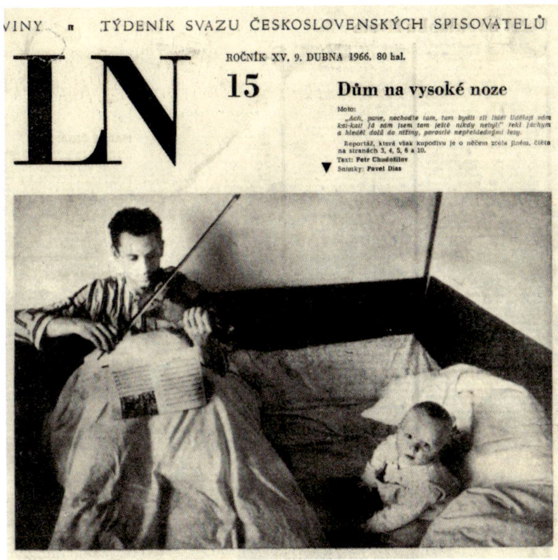
VINY ▪ TÝDENÍK SVAZU ČESKOSLOVENSKÝCH SPISOVATELŮ

LN

ROČNÍK XV. 9. DUBNA 1966. 80 hal.

15

Dům na vysoké noze

Text: Petr Chudožilov

Snímky: Pavel Dias

Filmař, fotograf, novinář a kamarád Ivan Soeldner

Ivan Soeldner, filmmaker, photographer, journalist and friend

60. léta / *the 1960s*

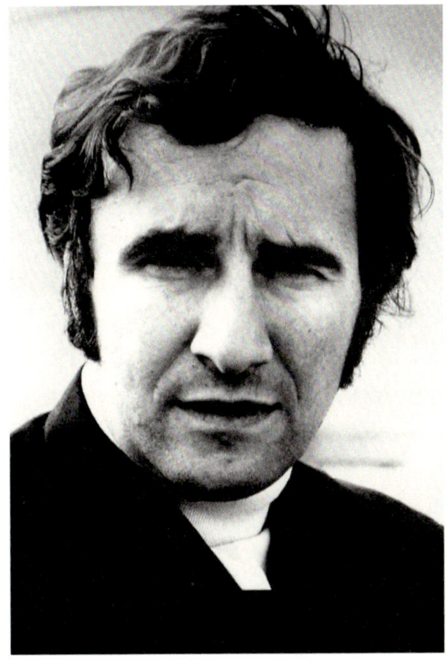

Foto: Archiv Pavla Diase

poprvé směl vystavit někdy koncem sedmdesátých let ve Fragnerově galerii u Betlémské kaple.

A proč jsi si vybral koně, to je takové téma méně civilní, dostihy jsou spíše záležitost exkluzivní, pro horních deset tisíc…

Hledal jsem něco pohodovějšího a jednou, když jsme seděli se Zdeňkem Sirovým v hospodě a popíjeli moravské vínečko, mně došlo, že již léta si jen tak bokem pro sebe fotografuji koně, které znám od malička z vesnice, kde někteří mí příbuzní byli koňaři. Už jako student jsem vyfotografoval na jižní Moravě koně, dostal jsem za jednu z těch fotografií i v zahraničí ceny a Mladý svět ji měl na titulní stránce. V té hospodě padlo rozhodnutí – budu dělat koně. Nejprve jsem fotografoval rovinné dostihy. Přitahovalo mě to, začal jsem se o koně víc zajímat a přešel jsem na vozatajské soutěže, jezdecké soutěže atd. Mým hlavním rádcem a kolegou v této oblasti byl Antonín Jelínek z Mladého světa, který je autorem textu k mé první knize. Později jsem jezdil na závody i do Polska a Maďarska, NDR, SSSR, a když se mi podařilo dvakrát vyjet na devizový příslib, což byl tenkrát skoro zázrak, fotografoval jsem koně i ve Francii, Belgii a Anglii. Tomuto cyklu jsem říkal Tvář dostihů. Projevil o ně zájem pan Řezáč z Pressfota, což bylo vydavatelství ČTK. Kniha vyšla nákladem 70 000 výtisků s texty Antonína Jelínka, ale bez fotografií z Anglie a Francie, ty tam nesměly být. Měla velký úspěch. Po vydání se mne vedení Pressfota zeptalo, proč tam nejsou fotografie z kolébky dostihového sportu z Francie a Velké Británie. Zřejmě byli redaktoři vyděšenější než vedení.

A jak vznikly cykly tvých církevních fotografií?

Cyklus se jmenuje Slavnosti víry a naděje, což jsou hlavně poutě. Ty jsem fotografoval ve Španělsku, v Itálii, na Sicílii, s Miloněm Novotným jsme byli ve Vatikánu, na Sicílii a v Indii a Nepálu. V roce 1998 se připravovala v Brně velká výstava, která se jmenovala Liturgické slavnosti. Tam jsem vystavil největší část tohoto cyklu, který byl doplněn fotografiemi dalších autorů a výstavou originálních liturgických předmětů, hlavně monstrancí a kněžských ornátů. V Rajhradě jsem pak ukázal postupnou devastaci kláštera za vlády komunistů. Do tohoto cyklu ještě patří dva celky, Židovská Morava a Slezsko z let 1999 až 2000 a Židovské Čechy z let 2000 až 2002, ale pracuji na tomto tématu dodnes. Měl jsem řadu výstav judaik s názvem Hlubiny paměti, což je mé hlavní téma posledních let.

A co Zlín? Tam dodnes jezdíš a toto město se také velice často objevuje na tvých fotografiích…

Ve Zlíně jsem ukončil základní školu a dlouho jsem tam měl maminku. V devadesátých letech mi nabídli, abych učil na Vyšší odborné škole filmové, kde jsem sám kdysi studoval. Kvůli mamince jsem nabídku přijal, žila tam tehdy sama. Asi po dvou letech otevřeli Institut reklamní tvorby a marketingových komunikací, kam jsem přešel a založil Ateliér reklamní fotografie, který dnes patří pod zlínskou univerzitu. Měl jsem ve Zlíně mnoho přátel výtvarníků a filmařů: Bedřicha Baroše, Františka Nikla, Laďu Včelaře, Zdeňka Rozkopala, Jiřího Kolína, Michala Zemana atd. Když mi zemřela maminka, práci ve Zlíně jsem ukončil, byl jsem stále kmenovým pedagogem pražské FAMU, kde jsem se stal profesorem. Někdy v roce 2004 jsem byl požádán, abych se na univerzitu ve Zlíně vrátil. Nedělalo mi to problémy, měl jsem na starosti i výuku architektury. Snažil jsem se studenty přesvědčit, aby fotografovali Zlín a jeho architekturu.

Josef Sudek fotografoval kdysi pro Baťu a měl k ruce fotografa a kameramana Antonína Horáka, jeho fotografie jsem objevil a udělal mu tam výstavu. Později se dostala i do Prahy a já ten projekt rozšířil pod názem „Zlín Josefa Sudka, Antonína Horáka a náš". Oni tehdy fotografovali na velký formát, a proto jsem musel pracovat stejně. Nakonec se to rozrostlo a fotografuji Baťovu architekturu po celé Evropě: ve Švýcarsku, Německu, Holandsku, Anglii a Francii. V roce 2006 jsem tento cyklus uzavřel. Zajímavé na tom je, že teprve v posledních letech si ve všech těchto zemích začínají uvědomovat, jak byl Baťův urbanismus geniální, funkční a levný. Hlavním z jeho architektů byl František Lydie Gahura, mimo jiné autor zlínské radnice a celého urbanistického řešení města. Projekt radnice zpracoval jako svou diplomovou práci. Tento velikán zlínské baťovské tradice byl po válce komunisty nařknut z kolaborace s fašisty. Současným největším zlínským zaměstnavatelem je právě mladá Univerzita Tomáše Bati.

Vrátil bych se k fotografii: Co myslíš, že je možné ve fotografii studenty naučit a co naopak nelze naučit nikoho?

Vynechám praktické řemeslné věci a digitální techniku, v níž jsou někteří studenti dneska mnohem dál než já. Nejsem cool, jak se dneska říká, patřím ke generaci, která se sice naučila pracovat s digitálem a s počítačem, ale nevyrostl jsem v tom. Zaměřuji se na živou dokumentární fotografii. Můj přístup má ale snad platnost i pro jiné fotografické žánry. Mohu říci, že se proto hlavně snažím studenty naučit mít respekt k tomu, co fotografují, k lidem, které mají před fotoaparátem. Fotograf se nesmí nikdy povyšovat nad ty, které fotografuje. Dobrý fotograf musí zůstat celý život pokorný. Přístup je důležitější než cokoliv jiného. Jakmile je fotograf veden jen snahou se odlišit, šokovat, upozornit na sebe, hned se to pozná a taková fotografie je bezcenná. V lidech je třeba hledat krásu, a tím nemyslím estetickou krásu, ale pro mě je krása v pravdě. Dokonce se domnívám, že dobrá fotografie musí souznít s člověkem, který ji nasnímal. Autor musí fotografii hodně obětovat, a to je to, co se pokouším svým studentům sdělit. Základ je, aby zůstali slušnými lidmi a nepodlehli levným lákadlům, kterých jim dnešní svět nabízí přehršle.

Nejlepším příkladem poctivého fotografa je Josef Koudelka: to byl vždycky superpracovitý člověk. Nádeník fotografie v tom nejlepším slova smyslu. Taky umí báječně komunikovat s lidmi, když je fotografuje, neustále si s nimi povídá udržuje je v aktivitě a oni z něj vycítí, že je má rád. Když jeho kariéra v Magnu, svého času nejznámější fotografické agentuře na světě, šla strmě nahoru, nikdo mu to tam moc nezáviděl, protože by nikdo nedokázal tolik pro fotografi obětovat a upozadit svůj osobní život.

Tady musíme připomenout, že on odešel z republiky v roce 1969, poté co se proslavily po celém světě jeho reportážní snímky ze srpnové okupace Prahy, a dvacet let bydlel u přátel či spával v Magnu na zemi a věnoval se pouze fotografii. Nikdy kvůli tomu neměl ani rodinu...

V posledních letech se jeho situace změnila, dnes je Koudelka solventní člověk, i když není žádný hromadílek majetku. Mohl si koupit v Paříži i v Praze byt. S Josefem se znám hodně dávno, ale mými kamarády se později stali i jeho spolužáci z techniky. A právě ti mu začali říkat Safez. Říkalo se o něm „Safez není charita". Tu přezdívku má již od vysokoškolských let. Mladší fotografové ho pod tímto jménem neznají, ale my jsme mu jinak neřekli. Setkali jsme se spolu i v době, když byl v exilu, v Berlíně, Paříži i v Londýně. Pamatuji se na jednu noc, když před odjezdem do Španělska, tehdy dostal stipendium od Magna, jsme popíjeli moravskou slivku v jeho žižkovském sklepním ateliéru a ráno jsme se šli projít do míst, kde je dnes žižkovská televizní věž. Zastavil se a pravil: „Pavle, ty máš ale děti, viď?" Vzpomeň si na to, co říkal Sudek: „Kdo chce být dobrým fotografem, nesmí mít rodinu."

To jsi zřejmě vystihl dost přesně, proto jsem také rozhovor s ním pro jeho monografii v edici Fototorst nazval Maximum, to je to, co mě vždycky zajímalo. A jako

Pavel Dias a Miroslav Hucek: 50 m² velká montáž pro zdravotnickou výstavu, 60. léta
Pavel Dias and Miroslav Hucek: 50 m² large installation for a health exhibition, the 1960s

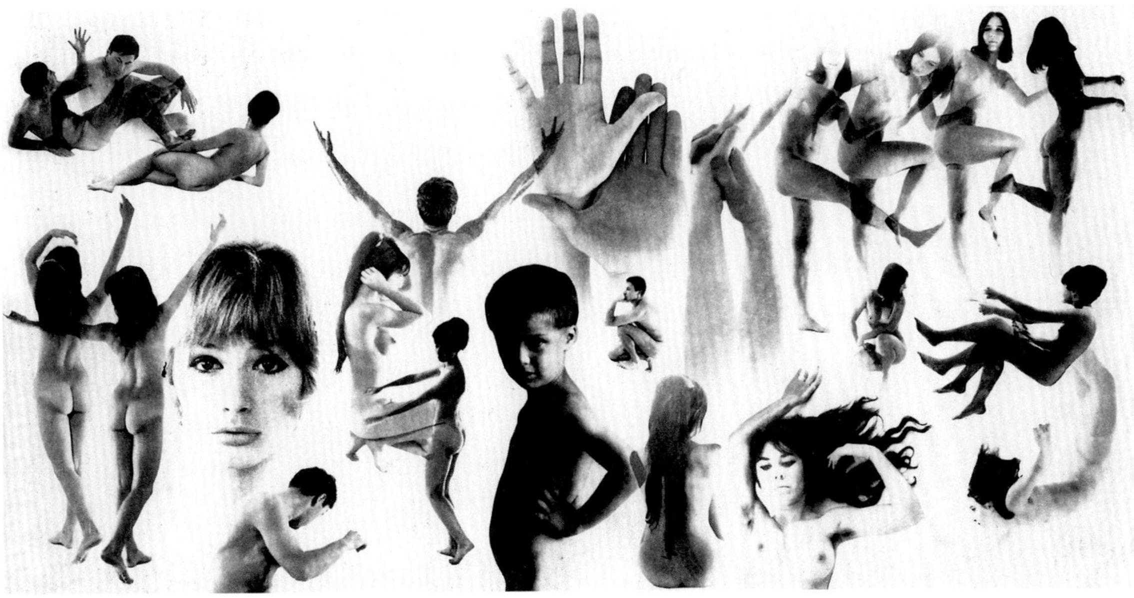

motto tam cituji jeho odpověď jednomu cikánskému chlapci v Jugoslávii, který se ho zeptal, když tolik cestuje, jestli našel místo, kde by chtěl zůstat, a Safez mu odpověděl: „Já se zoufale snažím takové místo nenajít."

Po šesti letech jsem ho potkal v anglickém Ascotu, kam jsem přijel fotografovat dostihy. Z trávníku se zvedl muž a křičel Diááás. Byl to Safez a jeho první slova byla „ty máš, vole, už určitě velký děti". Jako by žižkovský rozhovor při loučení pokračoval... Bydlel jsem v penzionu, a když jsem chtěl jít domů, řekl mi, že mám jít s ním. Tehdy spával na zemi u vynikajícího fotografa Jürgena Schadeberga, což je jihoafrický fotograf německého původu, který soustředil kolem sebe spousty mladých fotografů. Jejich práce pak vystavoval v Londýně ve foyer divadla. Nebyly ale na stěnách, zavěsil je v prostoru, musely být veliké, aby byly dobře vidět. Bylo to něco fantastického, protože fotografie se díky mírné turbulenci vzduchu pootáčely a měnily se konstelace významů. Schadeberg měl u Temže pronajatý malý domeček, kde s ním ti mladí fotografové bydleli a své práce zvětšovali. V jedné z těch místností spal na zemi Koudelka.

Samozřejmě jsem na dostihy jezdil v obleku a on byl jako vždycky v jedněch zelených kalhotách a khaki košili, které ze sebe sundal, jen když se na něm rozpadly. Když jsme si šli lehnout, potřeboval jsem si kalhoty někam pověsit, abych mohl ráno jít mezi nóbl lidi na tribuny, a on byl z toho mírně zaražený. Složené jsem je dal na šprušli žebříku. Jednou, když jsem se probudil, měl Safez své kalhoty také přeloženy a zavěšeny na žebříku. Koudelka je krásný člověk a svéráz. Nerad se ukazuje. Třeba nikdy po svém návratu z emigrace nechtěl navštívit FAMU, kde by ho lidé poznali, a když tam byla výstava cikánů studentky z Holandska, které on sám znamenitě fotografoval a chtěl je vidět, ptal se, kdy na škole nikdo není, aby se na ně mohl podívat.

Vrátil bych se k tvému učení, to v posledních skoro třiceti letech hrálo určitě velkou roli. Jak jsi ty dvě činnosti dokázal skloubit?

Stále pracuji na svých tématech, ale máš pravdu, musel jsem se přece jenom rozpůlit. Nejsem to, co jsem byl. Jsem od roku 1983 také učitel. To mne uchvátilo. Věnoval jsem se tomu na plný plyn. Nevěděl jsem, jak a co mám dělat, ale věděl jsem, co dělat nemám. Fotografování ustoupilo učení. Studenti jsou živými bytostmi, a to bylo přece jen důležitější. Místo jednoho ztraceného syna jsem získal mnoho dalších synů i dcer. Sice stále pracuji, fotografuji, i když dnes už jinak. Má témata byla vždy dlouhodobá. A má práce je rovněž dlouhodobá, jako ta témata. S učením jsem vlastně začal ještě

Rodinná fotografie
Family photograph
70. léta / *the 1970s*

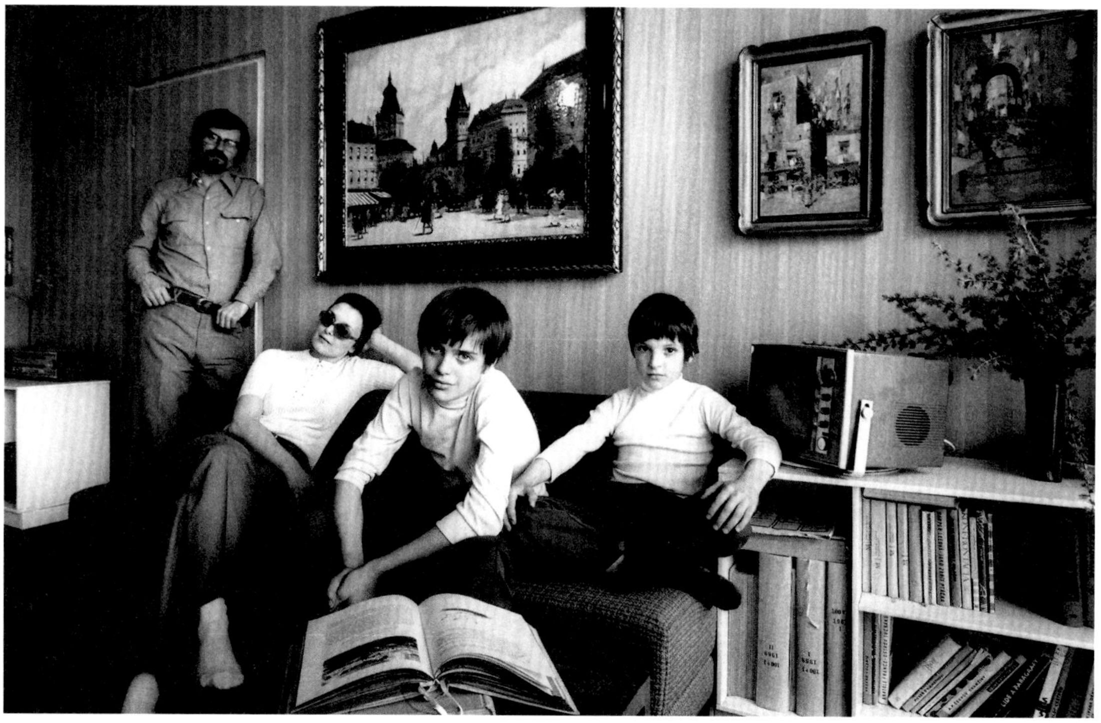

Foto © Pavel Dias

na škole v letech 1963 a 64 a těsně po ní. Pro ÚDLT (Ústřední dům lidové umělecké tvořivosti) jsem pracoval na přípravě metodik a prakticky jsem je ověřoval na ročním kurzu v Lounech. U toho všeho byl Jan Jíra, který dnes pracuje jako šef Lucerna filmu. Jezdili jsme tam i se Slávkem Vašulkou, zvaným dnes Woody, jeho americkým oficiálním jménem. Ten je nyní významným tvůrcem amerického videoartu. Jezdí po školách v celém světě, kde učí a sbírá tituly Dr. h. c. Na všech stupních, kde jsem jako pedagog a člověk pracoval, jsem získal celoživotní přátele. Hlavně z řad studentů. V Brně na ŠUŘ to byli Mgr. Roman Muselík, Jaromír Kalina, což je člověk, který se stal mým ochráncem. Jezdil se mnou tam, kde jsem vystavoval, a hlídal mne, abych neudělal průser. Byl jsem nabroušený na bolševiky a moc jsem se nehlídal. Měl obavy, abych se nedostal nějakou neuvážeností mezi udavače, kteří se vyskytovali všude.

A jak a kde jsi prožíval listopad 1989?

Na FAMU v Praze a v Brně na Škole uměleckých řemesel. V Brně jsme kopírovali na vojenské technické škole filmy a videa z Prahy ze školní famácké agentury RADOST. Filmy z demonstrací jsme pak na ŠUŘ promítali proti vůli ředitele. Vedení školy pro toto promítání nemělo pochopení. Televizor zapůjčil školník a video jedna studentka. Na pomoc vedení školy se tam dostavila funkcionářka, asi z StB, a velmi nám spílala. Aby mě zatkli, na to už neměli dost odvahy. Po revoluci přijeli studenti této školy za mnou a nabízeli mi, jestli bych se nechtěl stát jejich ředitelem. Nepřijal jsem to. Nejezdil jsem tam proto, abych dělal kariéru.

Vidíš ještě někdy své bývalé studenty? Stýkáš se s nimi?

Jedna má bývalá studentka, Kerstin Hecker, zaměřená na dokumentární fotografii, se stala znamenitou fotografkou a přítelkyní. Nyní učí na Cambridge university, kde zavádí studium fotograie. Je to báječná duše. Byl jsem v Londýně a v její škole jsem měl povídání. To je příběh sám o sobě. Další takový člověk je Jan Havel, muž s ohromnou schopností organizovat. Nyní mi připravují s kolegou Filipem Lábem monografii, pro kterou děláme právě tento rozhovor. Znamenitou studentkou a blízkým člověkem byla Maruška Zachovalová, o které jsme hovořili. Tragicky zemřela současně se svým tatínkem. Za školu jsem se účastnil jejího pohřbu na Moravě. Ale takových studentů bych mohl jmenovat celou řadu: Davida Kumermanna, Dragana Dragina a jeho ženu Biljanu Dragin, Bjorna Steinze, zlínského studenta Milana Bureše, Zdenu Hanákovou, Annu Feldekovou, kolegu Karla Cudlína a mnoho dalších. Všichni jsou pro mne velmi důležití a je jich mnohem více, než jsem jmenoval.

Syn Pavel
My son Pavel
70. léta / *the 1970s*

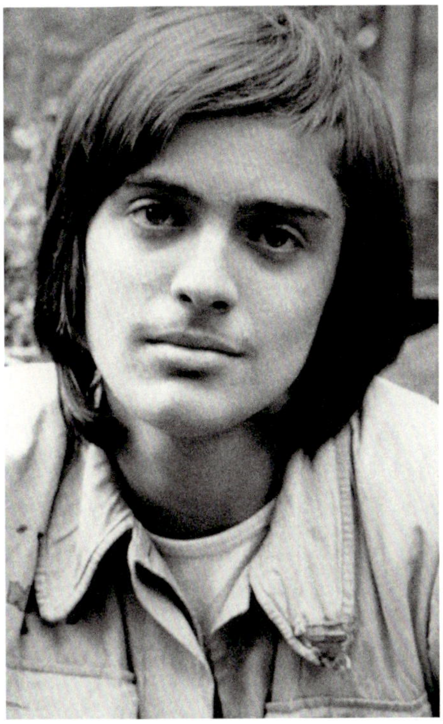

Foto © Hilda Diasová

Jeden ze série plakátů pro státní závodiště
One of a series of posters for the State Racecourse
1980

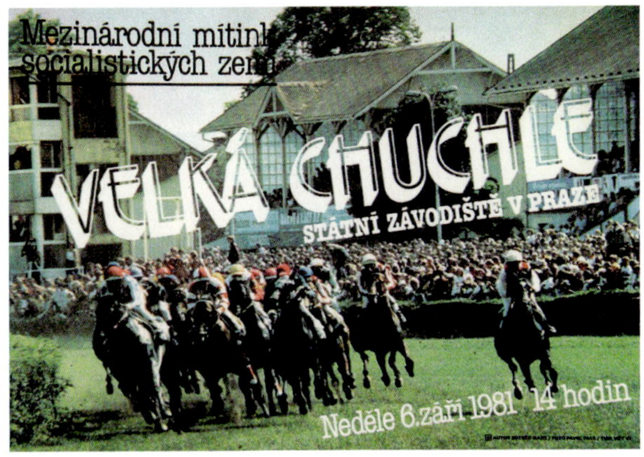

© Pavel Dias a Zdeněk Hart

Vraťme se k tobě: Co bys ještě rád stihnul?

Dokud mohu fotografovat, dokud budu moci učit a toulat se, budu pracovat. Až mě začnou zlobit nohy, uzavřu se možná v temné komoře a začnu zvětšovat, co jsem dosud nestihl – budu pracovat dál. A hlavně budu sedět u počítače, abych rekapituloval nafotografované. Ale kdo ví, co bude zítra a za týden! Jsem neposedný a ještě bych rád cestoval. Jenom připomínám, že moje fotografování nikdy nebylo prací, je mou přirozeností, jako práce s mladými. Jsem šťastný, že jsem s nimi mohl být tak blízko a tak často.

A máš nějakou svou fotografii, ke které se rád vracíš, která je pro tebe řekněme nejdůležitější, protože tě posunula někam dál?

Asi bych měl říci, že i když jsem fotografoval koně, nikdy mi o ně vlastně nešlo. Vždycky mě víc zajímali lidé kolem. Proto také dnes učím předmět, kterému říkám „Fotografie jako obraz lidských příběhů“. Mám rád fotografii starého žokeje, mnohonásobného šampiona Josefa Šacha, který už dávno zemřel. Sedí na ní ve vážnici před dostihem, z jeho tváře cítíš obrovskou zkušenost, moudrost, bolest, laskavost i vyrovnanost. A mám rád fotografii z Moravských Prus, mládence klanící se kříži Ježíše Krista a jeho stínů. Je jich ale víc, záleží na náladě a na tom, kdy jsem tázán.

A co bys chtěl, aby jednou, po tvé smrti, stálo o tobě v encyklopedii?

Přál bych si, aby lidé na mě vzpomínali jako na slušného člověka a na dobrého kantora, který svým žákům něco předal. Aby lidé měli rádi moje fotografie. A co by mělo stát v encyklopedii, to nevím, vlastně na tom asi ani tak moc nezáleží.

2009–2013, Praha

S Josef Koudelkou, Victoria Station
With Josef Koudelka, Victoria Station
Londýn / *London*, 1978

Miloň Novotný s Josefem Sudkem
Miloň Novotný with Josef Sudek
Praha 70. léta / *Prague, the 1970s*

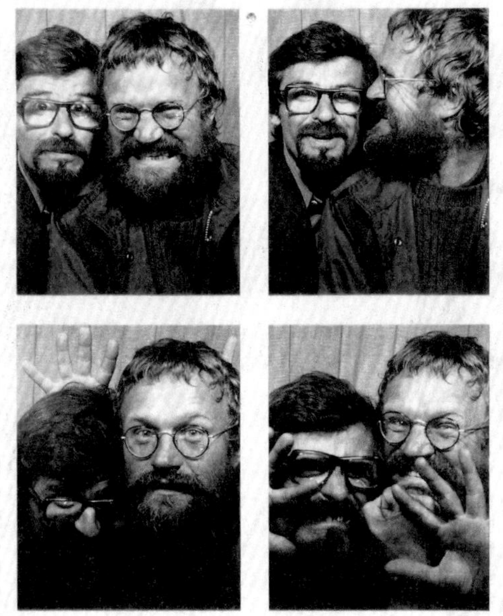

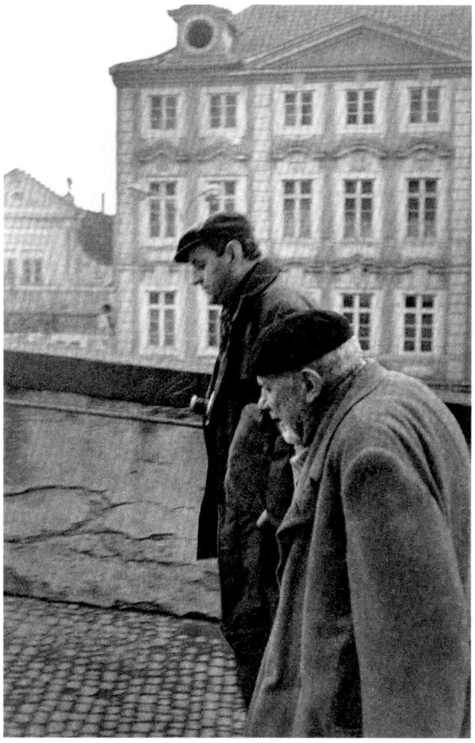

Foto © Pavel Dias

Karel Hvížďala *The Depths of Memory: Pavel Dias*

As you approach your seventy-fifth birthday, how would you introduce yourself? Who actually is Pavel Dias?

Pavel Dias is a photographer who is driven by the need to take pictures of the world as he himself sees it. He's happy that he can still work and get around, that he still loves photography, and that he's surrounded by young people who are his students. Having said that, Pavel is also perturbed by the problems of our time. He would be the first to admit that he didn't anticipate that things would be the way they are in this country 23 years on from the events of 1989, and that there is still a long way to go before genuine democracy is achieved. The Second World War and the period of communism that followed denied democracy the right to exist. Twenty three years may seem like a long time. But it has not been long enough for us to have learned how to cherish and live in democracy.

That's because here, behind the Iron Curtain, i.e. behind the barbed wire that surrounded our republic, we fell prey to an illusion about ourselves and a genuinely functioning democratic society that would be enterprising but would have a firmly grounded legal system with the necessary checks and balances. This we haven't attained.

Maybe you're right. That's why I don't speak so much of the freedoms we have acquired, but more of the racketeering and corruption that is rife here, and the irresponsibility of politicians who have no respect for the social contract and the wider community. I've worked hard all my life, but now as a pensioner I can't afford to devote myself to creative activities but have to work in order to pay the rent and put food on the table. Our society lacks rules that people would adhere to, and this is cause for concern.

Josef Koudelka
Anglie / *England*, 1978

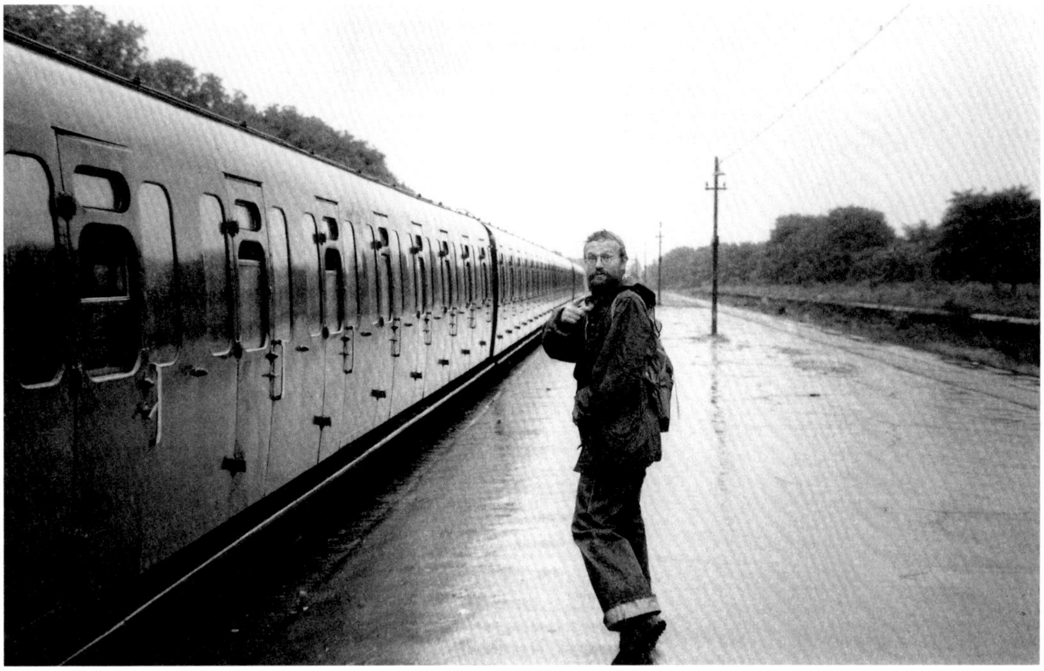

Foto © Pavel Dias

On the subject of suffering, a while ago you told me that you wanted to attend the celebration of Rosh Hashanah, the Jewish New Year. The whole of your life you have taken photos of the concentration camps where six million Jews were murdered during the war. Where does your interest in Judaism stem from?

I'm neither Jewish according to the *Halakha* nor am I a convert. I'm neither Catholic nor baptised. However, I discovered Judaism at the start of the 1960s. My generation looked back at the horrors of the Holocaust, and whether Jewish or not sympathised with the victims. They called us White Jews.

And rightly so, since *emunah*, the Hebrew word for faith, relates also to loyalty and reliability. And you have returned faithfully to this theme.

You could look at it like that. Later on I became interested in my family tree. The Sephardic Jews, who were forced to leave Spain between 1492 and 1495 under Isabella of Castile, found their way to Bohemia and Moravia via Germany and Austria. I've seen many Spanish tombstones in Moravia. Many of those buried must have been Sephardim who gradually converted to Christianity. Historical records only exist after the census ordered by the Patent of Maria Theresa in 1753. As opposed to their neighbours, the Czechs were very tolerant in this respect, especially during the First Republic, and as a consequence often simply forgot about their Jewish origin.

Until Adolf Hitler and Josef Goebbels reminded them of it in no uncertain terms after 1933 ... By the way, there exists a famous photograph by Alfred Eisenstaedt, who took a picture of Goebbels for the magazine Life sometime prior to 1935, when he left for the USA. Goebbels had just learnt that the photographer was a Jew, and his eyes are filled with a suspicion you rarely see.

That's true. In this country it wouldn't have been possible to take such a photo at the start of the 1930s, and we see this in Prague's Jewish literature, architecture, fine art, music, etc. This country was once home not only to Czechs and Germans, but to Jews too. I've never seriously researched Judaism. But there came a moment when I realised I had a soft spot for Jewish people, as I do for all decent people, regardless of faith, and that many of my friends were Jews. One of my first such friends was Ivan Soeldner, a filmmaker, journalist and photographer whom

Zleva Pavel Dias, Jan Bartůšek, Anna Fárová, Arita Hucková
From the left: Pavel Dias, Jan Bartůšek, Anna Fárová, Arita Hucková
1979

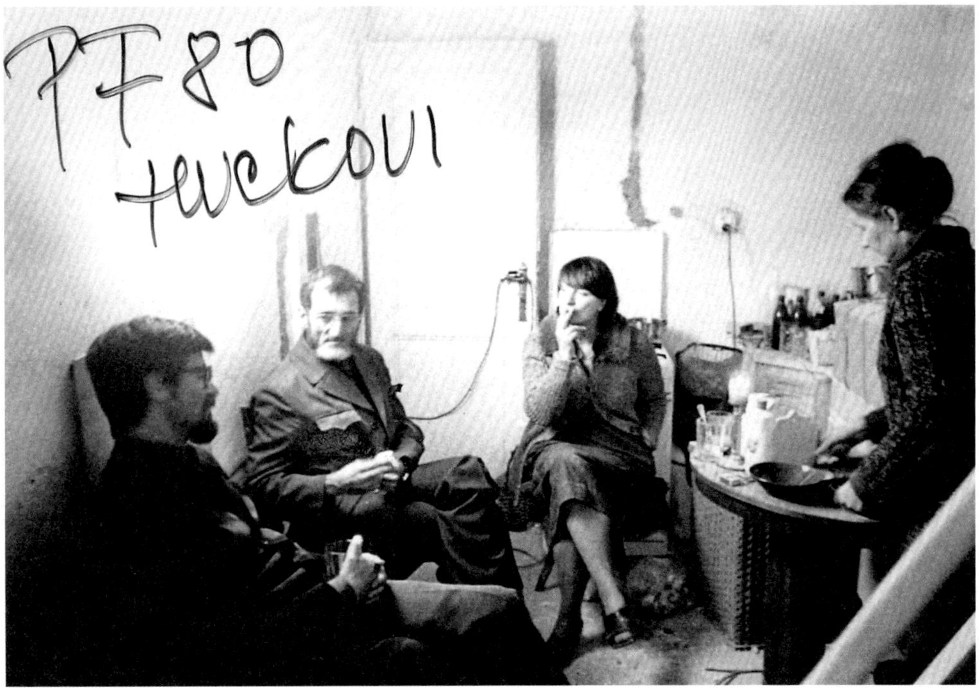

© Miroslav Hucek

I met at FAMU [the Film and TV School of the Academy of Performing Arts in Prague]. To this day I hold him in high esteem. He was incredibly clever, talented man, and yet kind and generous at the same time. There was also my friendship with Arnošt Lustig, dating back to the end of the 1950s, whose first book left a strong impression on me. I met Zeno Dostál, writer, filmmaker and all-round fantastic guy, on the film set of Sedmikrásky (Daisies) by Věra Chytilová. There was an aura of goodness about him. There were many such people. I still visit many religious groups in this country. Another reason I was so fond of Jewish people was that three of my relatives were held in concentration camps, where two of them died. They were murdered for being members of the resistance and not because they were Jews, but it created a bond between me and the Jews.

Was there a moment in time when you suddenly became conscious of this bond?

Yes, there was. It was at the beginning of June 1967, when I met a friend at Brno railway station who was an aeronautics expert and had just returned from Egypt. It was around the time that the Six-Day War broke out in Israel, i.e. 5 June 1967. My friend recounted how things looked on the ground at Egyptian airports. I was a big supporter of Israel and was happy that the country was holding its own against the aggressor and its Soviet advisors.

However, I had already heard stories from my maternal grandfather, who was the only one of my relatives to survive the concentration camps. I was lucky enough to sleep in the same bedroom as him. We used to listen to Radio London and later Free Europe and talk and talk... I used to pore over the books in his library.

What sort of things were you reading at that time?

Apart from Czech classics by B. Němcová, A. Jirásek and K. H. Borovský, I read *Emile* and *On the Social Contract* by Jean Jacques Rousseau. Somehow or other I ended up reading that while relatively young. My grandfather also had a collection of the Greek philosophers, and though I remember reading them, I don't remember much about them now. I still have a copy of my grandfather's bible, containing the careful notes he made in the Old Testament. My grandfather was old but had all his wits about him, and I was brought up to have a natural respect for older people, something I'm very grateful to him for. In our house everything important went on in the kitchen. The bedrooms were simply for sleeping in and nobody minded the presence of children. If the adults needed to say something important they felt wasn't for the children's ears, they simply went somewhere else. But basically the kitchen was the hub of the household and it never crossed our young minds to interrupt older people when they were speaking. Whenever they began talking about serious matters, I would stop whatever I was doing and listen carefully. I venerated them and as a young child who had lived through the war I knew instinctively that they were good people. Even a young kid can sense such things.

Anyway, I started to take photos and then found myself a summer job in the Zlín film studios. This was at a time when I still wanted to be a filmmaker rather than a photographer. At the studios I met Jiří Tarantík, who worked as a cameraman on feature films, mainly with the director Karel Zeman. We caught each other's attention and he told me what he thought about some photos I showed him. It was there in the studios at Kudlov that I learned who Alexander Hackenschmied was, whose work I admire to this day. Much later on I put together an exhibition of photos he had taken on a trip to America in 1936. The photos were developed from negatives that everyone thought had been burnt in Zlín at the end of the war.

I had another mentor, and that was my teacher Karel Otto Hrubý at the Secondary School of Applied Arts in Brno. We used to call him K-O-H. I looked up to these two in the same way as I did my grandparents. I respected them, and this has helped me all through my life. They set an example that I followed.

Pavel, we've known each other almost fifty years. We met at the magazine Mladý Svět [Young World]. We used to travel together covering stories, and whenever you mentioned your family, you spoke only about your grandfather and your mother. Could you tell me a little about your mother?

My mother lived in Kyjov, where my father worked. Their relationship ended with my birth in 1938. In 1939 she rented a confectionery shop, which she ran until 1948. But by that time we were already living in Kroměříž, where I started school and attended the Scouts. I became a Wolf Cub and acted in a theatre production when I was seven years old. We lived in a small apartment behind the shop, which was where we were when the war ended. To this day I remember how they buried the dead in the park on Milíčov Square, and how the Germans later exhumed them. I used to look out at them through the shop window. I can still see the rubble of the city, the ruined bridge over the River Morava, the chateau tower in flames, and I can still hear the BBC broadcasting from London. It was only later in life that I realised how formative these experiences had been for me.

One evening, after closing the shop, my mother switched on the radio as usual. There was the chiming of Big Ben, and then a voice saying "This is London calling". The lights were extinguished in the room where the radio was. Suddenly there was a loud banging on the window ledge of the raised ground floor. My mother was startled and switched off the radio immediately. There was a little sticker on the radio that said "Listening to foreign broadcasts is forbidden and can result in a prison sentence or even execution." It was written in both German and Czech so as to avoid confusion. By the way, I still have that sticker, hidden in the pages of The Family of Man. My mother went to the window and discovered to her horror that it was open and that you could hear the radio in the street. She peeped out of the window and in the distance saw two German officers heading back to their barracks from our building. That was the first time I realised that not all Germans were alike.

My mother used to receive medicines and warm clothing for the resistance fighters from German and Austrian soldiers who visited our confectioner's, and used me as a front. It must have been a very stressful time for her, though I was happy as only a child can be. After the shop closed down completely, my mother found work with the HASS chocolate factory in Liberec. She worked as a manager in the firm's largest shop at Pražská 18. We had no apartment, and so to begin with we stayed at the White Lion Hotel, and later in nearby Ruprechtice. When an apartment became vacant in the building where the shop was based, we moved in. Mrs Hudcová, an English teacher and translator, lived above us. She had no children and lived alone. I used to pop round to her flat and listen to music with her. One day she was arrested and tried on trumped up charges

Architekt Zbyněk Hloch
The architect Zbyněk Hloch
90. léta / *the 1990s*

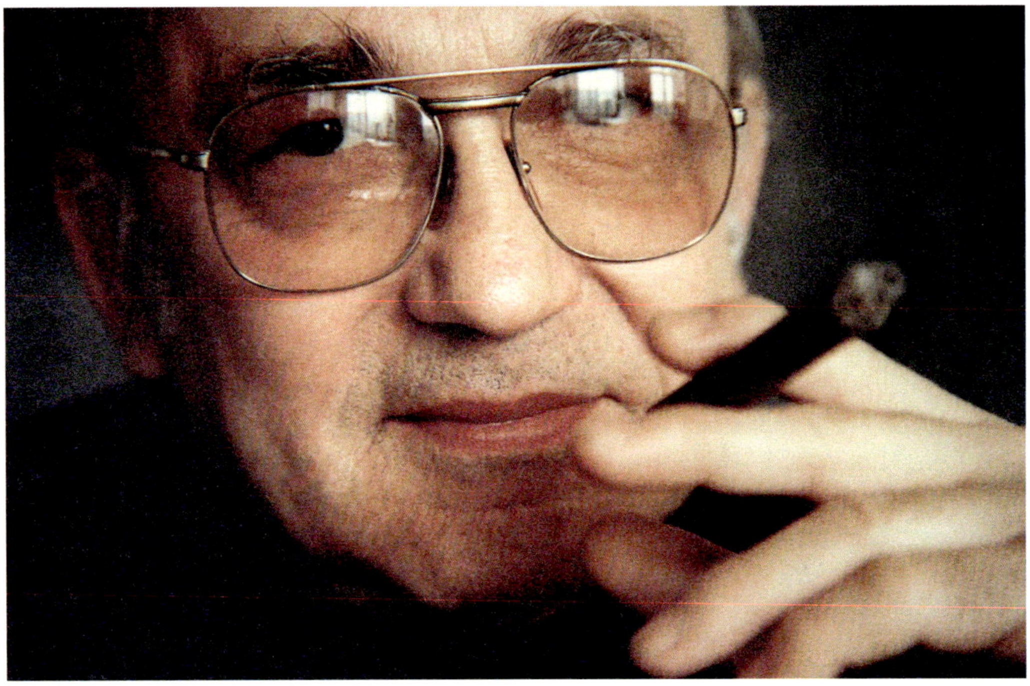

Foto © Pavel Dias

along with Marie Švermová and others against Communist Party officials. Out of the blue a young woman and her mother moved into the flat. When Mrs Hudcová was released, the young woman and her mother needed to find somewhere to live. At that time my mother was substituting for a manager at the ORION shop in Prague for three weeks, and I was living with the woman who was substituting for my mother in Liberec. I would visit our apartment once or twice a week to pick up clothes and other necessities. One day I popped round to the flat and as I was putting the key in the door, it opened of its own accord. In front of me stood the young woman who had previously lived in Mrs Hudcová's apartment. She told me: "Sorry Pavel, you no longer live here." This sort of thing was commonplace in Liberec, at that time a city regarded as having streets paved with gold. So my mother decided we'd return to Moravia.

If I may, I'd also like to talk about your father. You've never actually spoken in public about him.

This is a delicate issue for me. I don't speak about my father for the simple reason I never knew him. As a small boy I saw him a couple of times. Later on, when I asked about him, my mother told me he lived in Canada. I first caught sight of him at the end of secondary school, and this story belongs to the annals of telepathy. I can remember things vividly. I was sitting near the back of the class. We were being taught fonts for posters and the classroom door was open. Next door there was an office that people were always going in and out of. None of us normally took any notice of the goings-on, but suddenly something strange happened. There was a knock on the office door. I didn't know who it was, but my heart started racing and I had no idea why. The next moment the teacher walked into the classroom and said: "Dias, you have a visitor. Your father is waiting in the corridor." That was the first time I saw my father. I must have been around seventeen.

And had he really arrived from abroad?

Absolutely not. He hadn't set foot outside the country after the war. My mother had gone around saying he had so as not to have to explain anything to me. That's why this meeting was such a shock. The teacher gave me the day off and my father and I wandered around town together. I remember as though it were only yesterday how I had loads of questions, but couldn't pluck up the courage to ask. We didn't

Věra Chytilová při natáčení filmu „Dědictví“
Věra Chytilová making the film “The Inheritance”
1991

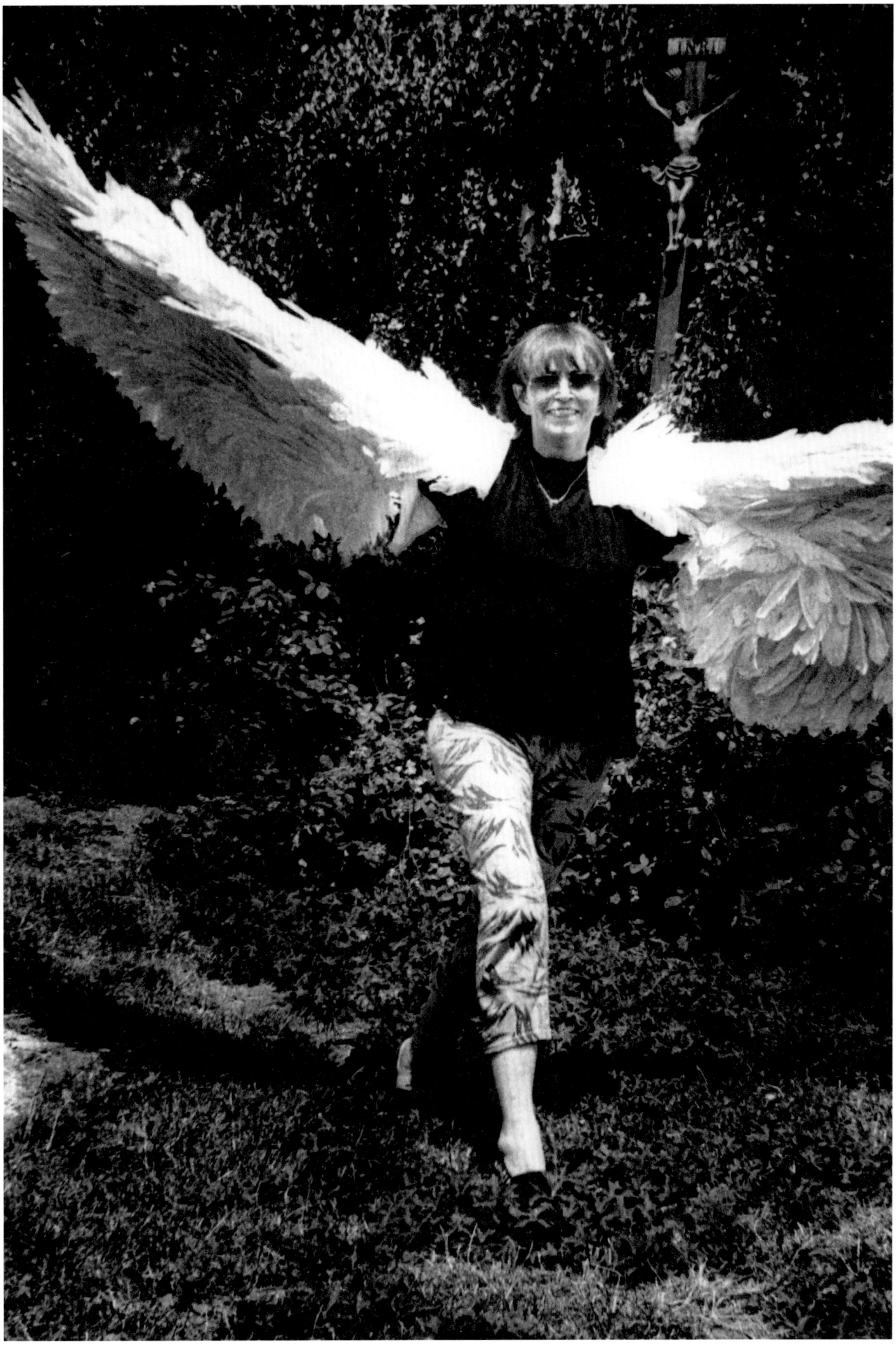

Foto © Pavel Dias

even go to a coffee bar, where I might at least have calmed down. I just remember that he told me where he was living in Brno. Instead of a coffee bar, he took me to a tailor's, where they took my measurements and he ordered a three-quarter length coat for me. Although we were speaking the whole time, I have to admit that then, as now, I have no idea about what. I don't remember anything. I was completely flustered.

Did you ever see your father again?

Yes. He was a lot older than my mother, closer to my grandfather in age. At one time he had been a wealthy businessman. He used to import fruit from Southern Europe and apparently exported live partridges. During the First Republic I guess he must have been rich. Later on he lived about ten kilometres from the village where my grandfather lived, and so I'd pay him a visit when staying with my grandfather. These memories are still vivid. The first time I was all tensed up. He lived with his wife and our meeting was very formal. I had been really looking forward to being able to chat to him. But his wife remained with us. She fed me up nicely, but it didn't occur to her to leave us together. I called in several times after that. This was well after I had left school, and I now had my own children, but all these subsequent meetings were just as formal. I remember that one time he sent my children a crate of apples. But after that everything fizzled out even before things had got going between us. And I never felt the need for a substitute father figure. My cousins, who were my childhood pals, also didn't have a father.

I can see that you're reluctant to speak about these things.

Of course. I don't want to say something that'll hurt someone, and my inability to communicate with my father haunts me to this very day. I still bear the scars. What's more, it led to other problems that have pursued me right up until recently.

Can I be impertinent and probe a little further?

My father was the exact opposite of my grandfather. My grandfather joined the resistance, whereas during the occupation my father allied himself with the Fascists for the sake of his business. After the war, my grandfather returned from concentration camp and my father was sentenced to fifteen years as a collaborator. I don't think he was a Nazi. But he was a businessman with a limited outlook. He betrayed his country for the sake of his company. To this day I admire my grandfather all the more for the fact that he was aware of all of this, and yet still he packed me off to see my father. In the end my father didn't serve the whole of the fifteen-year sentence, just twelve or thirteen years. He was released and worked only one block of flats away from where our hall of residence had been in Brno. But I didn't know this. Nobody knew it officially, because by now my father had a different name and I never introduced him as my father.

My difficulties only really began when I fell in love, with my classmate Hilda Misurová, who later became my wife. She was the most beautiful girl in our school and I was proud of her.

Hang on... How did you get to know Hilda?

In the second grade of high school I was already checking out the new pupils. Most of the time I was looking at the girls. The most beautiful of them caught my eye and later stole my heart. She was studying the same subjects as me and so we used to meet in the photography studio. Pupils from all four grades used to study together, and that included me and Hilda. We also spent loads of time together outside school, on walks in parks and around Brno. For the two of us it was first love. Plus we had a lot in common and a shared interest in photography. We were influenced by the same things, for instance Karel Otto Hrubý, the teacher I've already mentioned, friends from the Brno "Regional Photography Centre", Messrs Miloš Budík and Jan Beran, etc. In addition, there was that amazing book, the catalogue to the exhibition The Family of Man by Edward Steichen. Both Hilda and I had a copy, though we still weren't aware of what it was like to really immerse yourself in your creative work. All we knew was that our work demanded total concentration.

How did Hilda's photographs differ from yours?

Hilda's photographs often surprised me by their purity of expression and visual clarity. They were natural and unaffected, they exhibited a feminine subtlety of approach to delicate

S Jiřím Macákem na školním vánočním večírku
With Jiří Macák at a school Christmas party
2003

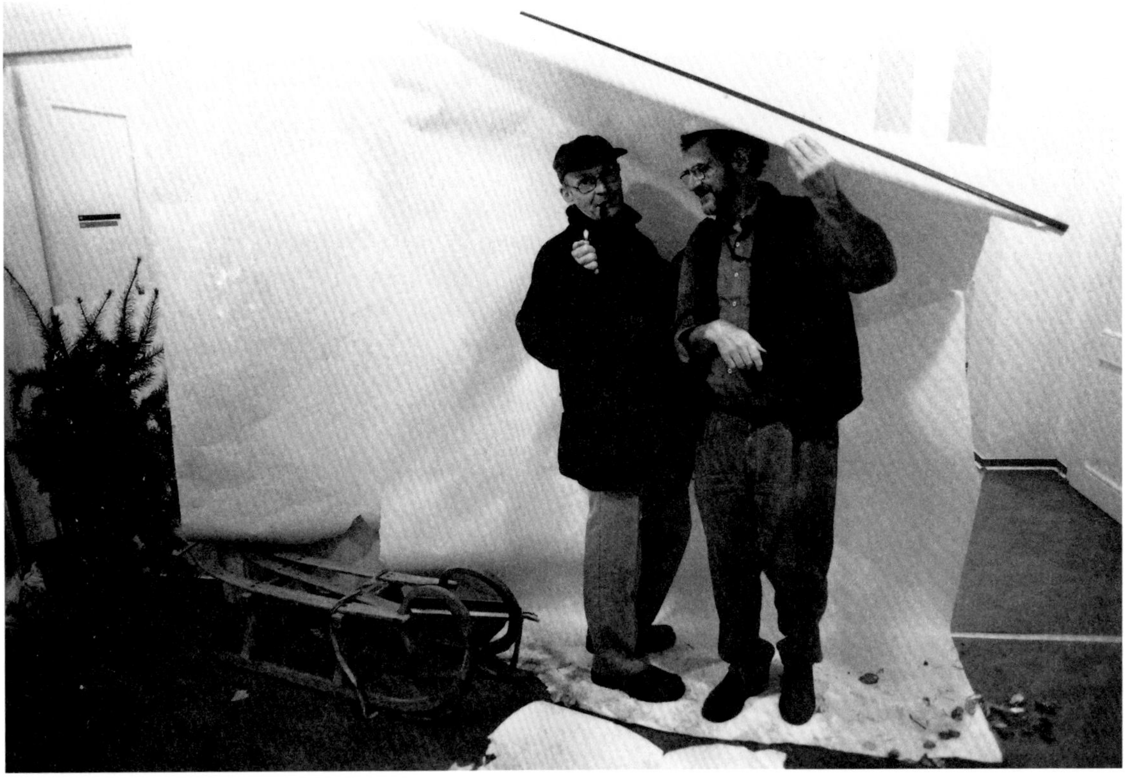

Foto: Archiv Pavla Diase

themes. Years later, when discussing some of Hilda's photos in Young World, Ivan Soeldner wrote that women have a special feel for the personal because they don't tend to copy slavishly someone else's examples. I agree. In many respects her talent was greater than mine. She created not only wonderful photographs, but she brought my two wonderful children, Pavel and Marek, into this world. In the lives of creative women there comes a point when they have to put their professional activities on the backburner in order to look after the children. The photographs of children in Hilda's oeuvre become a kind of general symbol of humanity.

And yet despite how fondly you speak of Hilda, the two of you separated.

We separated a few years after the death of our elder son Pavel. It was just too much to cope with. However, we never divorced and we meet up with our younger son and his children.

Your son Pavel must have been incredibly important to you and left deep scars in your life.

Pavel died after a year-long illness in 1979, a few days before his 18th birthday. He had acute leukaemia. It was a difficult year. He spent most of it in intensive year and we weren't permitted to visit him. When they discharged him and he returned home, I used to take him twice a day to hospital, at half past seven in the morning and at three o'clock in the afternoon. He was on a drip and they took samples from him. It took its toll on all of us. When the doctor first allowed Pavel to come home and informed us what he had, she herself was weeping. It was suddenly very clear that the illness couldn't be controlled and that we would have to live with it.

But perhaps Hilda and I also suffered the consequences of our never having lived in a conventional family environment. Both of us were raised by our mothers. We had no knowledge of the role of the father. Communication faltered and we grew apart. However, we didn't split up. We simply don't live together. Our remaining son has blessed us with three grandchildren.

I was the happiest I've ever been when my two children were growing up, even though it was difficult to make a name for myself and earn a living.

However, your son's death provided you with the impetus for another project. Would you like to say something about that?

I wanted to find a way of repaying the doctors and nurses in the paediatric ward treating

Vzácný kamarád, režisér Zdenek Sirový
My dear friend, the director Zdeněk Sirový
1991

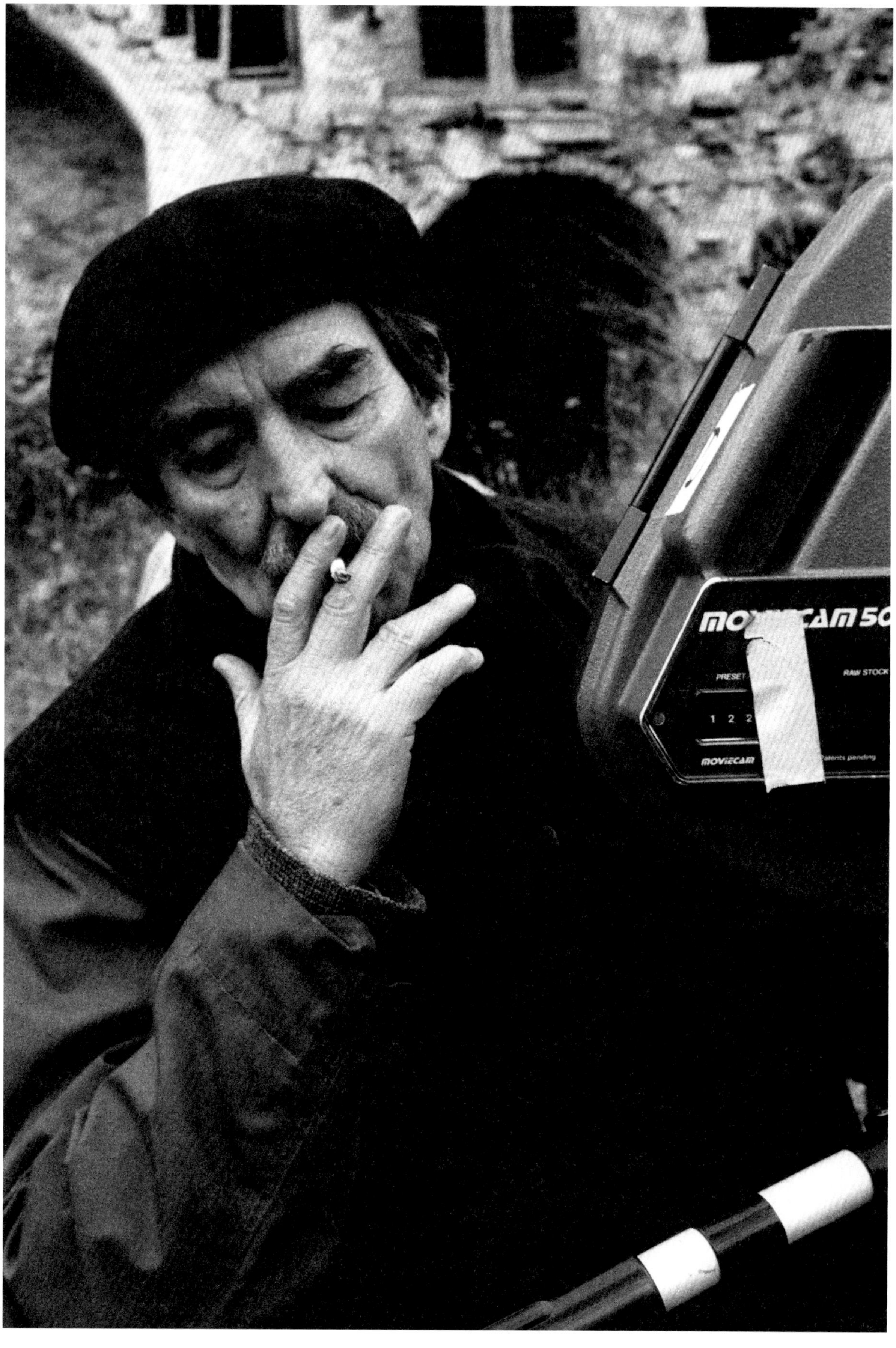

Foto © Pavel Dias

Kameraman Juraj Šajmovič
The cameraman Juraj Šajmovič
1999

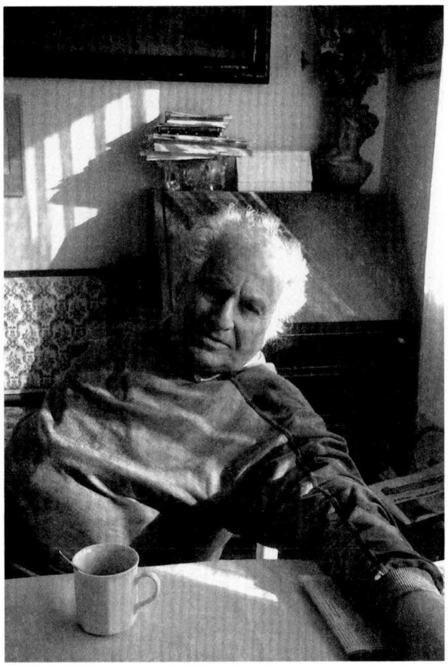

Foto © Pavel Dias

Petr Čech a Drahomíra Vihanová
Petr Čech and Drahomíra Vihanová
70. léta / *the 1970s*

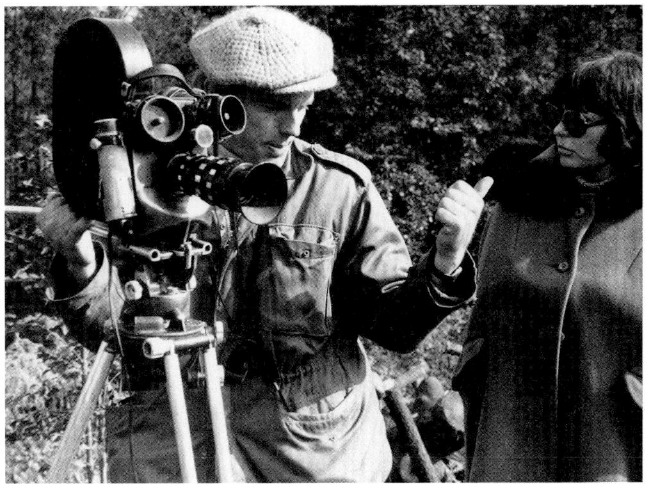

Foto: Archiv Pavla Diase

leukaemia sufferers where Pavel stayed. For a long time I couldn't think of a way. But then suddenly it struck me that I actually didn't have to take the photographs myself. The children in the ward could do it for themselves. I put together a project I called Planet of the Little Prince, found some sponsors with whose help I bought ten cameras, and the result was some amazing shots. I devoted the project to the Olga Havlová Foundation. There was a large exhibition at the Rudolfinum and a book was published. I got students interested in the project and they continued to work on it. They were led by Marie Zachovalová, who unfortunately is no longer with us. I too was later to visit the ward on occasion when there was something wrong with me, because the doctors and hospital personnel feel a real solidarity with the parents of the sick children. Their efforts radiated a deep humanity and generated incredible energy. Everyone was devoted to just one thing: curing the children. It was a powerful experience. The children were adorable, grateful for every contact, and used their drip feed stands to scoot around the hospital. It was the most wonderful experience for me and brought me into contact with Mrs Reichlová PhDr and the department head, Professor Starý.

Let's return to your wife, if we may.

Like me, Hilda didn't know her father very well and lived on her own with her mother. Her father was a Slovak Hungarian raised in Austria, an artist by training, who in 1945 moved to Germany and settled in Munich. Unfortunately, the fact that my father-in-law was in Germany was known by the state security service (StB), and as a result I had difficulty in finding work. It's probably why I was thrown out of FAMU, even though nobody actually ever told me to my face. Instead, they claimed it was because I was a photographer and not a filmmaker. For two months I shot reel after reel for a documentary I was making, and then had everything developed. A few days later they told me that the film was overdeveloped and that nothing remained of it. This was the official reason they gave in 1959 for expelling me from the studio.

What makes you think that this was in fact because of your father-in-law?

Because of something that happened toward the end of 1959. A fortnight after they had chucked me out I was visited by someone who said he was from the foreign ministry and that he had something for me. It was all very banal: he said he wanted to learn the rudiments of photography from me before travelling abroad.

Na návštěvě u Miroslava Tichého v Kyjově
Visiting Miroslav Tichý in Kyjov
90. léta / *the 1990s*

Vernisáž výstavy Kerstin Hacker
Private view of an exhibition of works Kerstin Hacker
90. léta / *the 1990s*

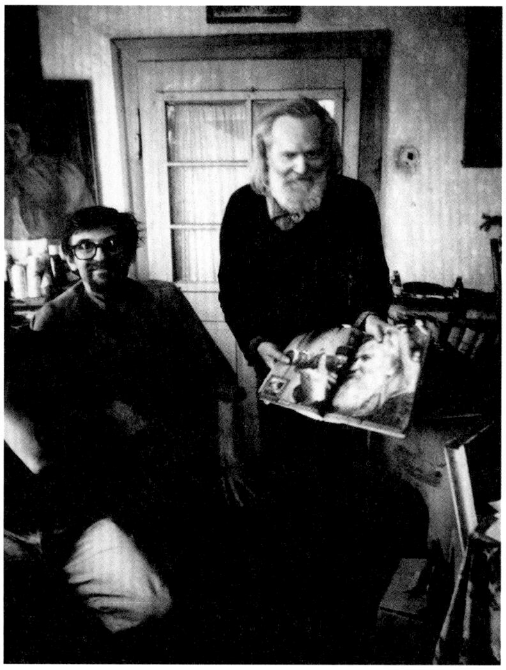

Foto: Archiv Pavla Diase

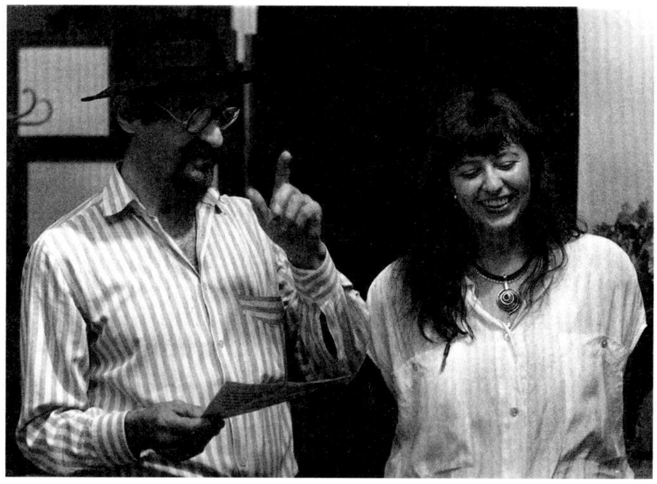

Foto: Archiv Pavla Diase

We met up twice in the Vltava coffee bar, and on the second occasion I began to suspect he was from the secret police. My suspicions grew stronger when I learned that same evening from Hilda (who was on the foundation course at FAMU) that undercover cops had taken her to the HQ of the Ministry of the Interior and asked her what contact her mother had with her father. The third meeting was in the Dubonnet Restaurant and the bloke finally came clean. He said he was from the Ministry of the Interior, that he knew that I was from a family that had been active in the Resistance, and that they wanted me to persuade my future father-in-law to travel to Czechoslovakia. Then he tried to get me to go with him to Hradební Street, where he said he lived. He claimed he had materials he wanted to show me. I refused outright and left. A few days later they called me from the Chamber of Commerce, which later became the Rapid unitary enterprise for foreign trade, and offered me a job as photographer with the possibility of attending trade fairs abroad. The penny dropped, I realised this was all a game arranged in advance, and I refused immediately.

And that was the end of it? After all, many people linked to the StB were associated with the film world at that time. The director of short films was Kamil Pixa, one of the founders of the secret service and later on the commanding officer of Jiří Mucha, the so-called social agent.

Yes, and they weren't only associated with the film world but also with the special units that were able to do business abroad. My recruiting officer, "Patera", passed me on to the director of the Chamber of Commerce, later Rapid. The director, whose job it was to decide whether to accept me into the enterprise, clearly collaborated with the secret police. When I turned down his offer, this *eminence grise* from the Ministry was furious. It was for the same reason that later, in 1967, I turned down the opportunity to act as special advisor to the company Linhof in Prague, because that would have meant collaborating with the secret police. Luckily, in the meantime a job was advertised for a photographer at the Barandov Studios. I applied, but without letting anyone know what I'd done. Perhaps this was the reason I got the job. I started work on 30 December 1959. A week later they took on another photographer without any selection procedure. He was only there a short time and took no photographs. I'm convinced that he was from

Druhý maturitní ročník mých studentů na Škole uměleckých řemesel v Brně
The second graduation year of my students at the School of Applied Arts in Brno
1986

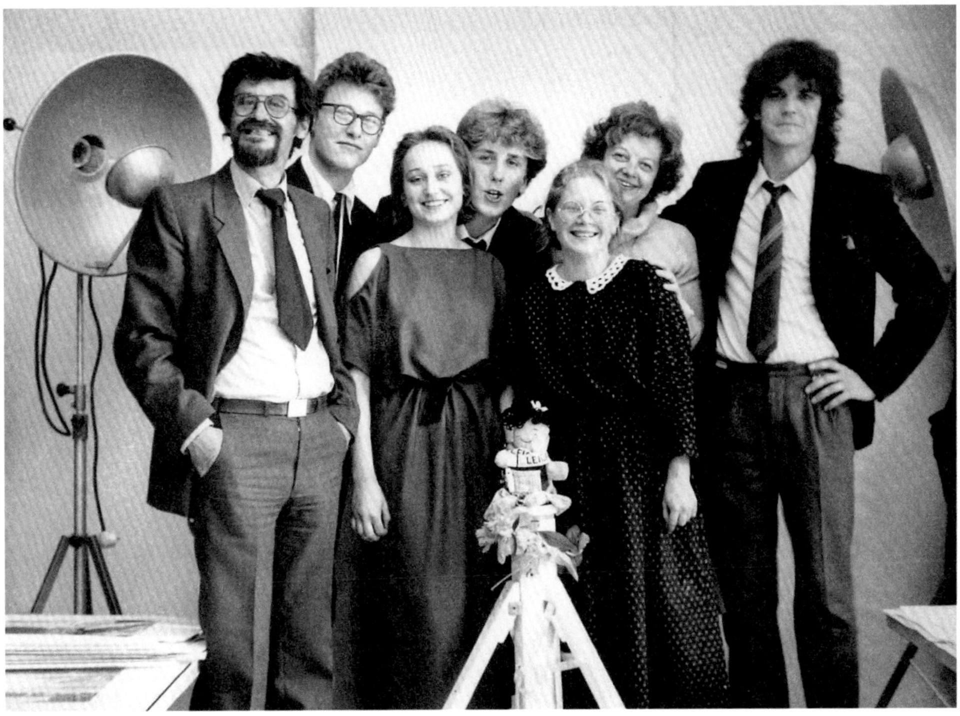

Foto: Archiv Pavla Diase

the secret police and that his job was to keep an eye on me. When he failed to dig anything up, he disappeared.

Similar difficulties arose from time to time. For instance, I had just started collaborating with the magazine Young World, and a few of my friends in the newsroom took me aside and told me that the authorities had a problem with me.

So when did you return to art school?
About two years later. But some things are still hazy to this day. Much later on, when I was by now a lecturer at FAMU, I had the opportunity to inspect the file on my expulsion and my alleged failure to hand in an assignment. There was no mention of any of this in the faculty records, and no reason given for why I had left the school for two years. On the contrary, for some reason, again I'm not sure why, the records contain pretty good marks from my teachers. I returned to art school at the behest of Professor Šmok and Professor Hanuš. I can only assume that someone destroyed the compromising material from 1959. It was a corrupt era. You're the first person I've told. We don't even speak of these matters in the family. However, one thing I do know, and that is that even at the beginning of the 1960s you could refuse to collaborate with the secret police without incurring too many serious consequences. The paradox is that after 1989 I began teaching at FAMU and to this day I still sit on commissions to decide on the conferral of titles and the appointment of professors.

You first appeared in the public eye as a photographer in 1960, i.e. right at the same time you were experiencing the problems you've just spoken of. You had a joint exhibition with Jan Bartůšek and Miroslav Hucek in the foyer of the Lucerna Cinema, Prague. The exhibition was called We Want to See Life in Everything. At that time all three of you were working for Young World. What did it mean for you, working for this magazine?
It was a fantastic start. I had met with some of the magazine's founders even before the first edition was published. It was me who recommended Bartůšek and Hucek to the magazine. What swung it for me was the chance to work alongside the photographer Leoš Nebor, who was head of the photography department. Many photographers of my generation and later owe him a huge debt of gratitude, among other things because he introduced them to the general public in the pages of a popular magazine with a large readership. Young World was

a weekly with a print run of 300,000 copies and was sold out as soon as it hit the newsstands. Nebor devoted pages to up-and-coming photographers. This was hugely important in launching the careers of an entire generation.

In addition, it was Leoš Nebor, along with the creative editor Jaroslav Weigl, who at the turn of the 1960s and 70s was responsible for a leap forward in graphic design and the whole way that magazine photography was perceived, in the same way that Miroslav Haďák-Liďák revolutionised the way we view animated humour and caricatures.

I completely agree. I was introduced to Leoš Nebor in 1958 by Jan Kloboučník at the offices of the magazine New Village, which later became Young World and settled in Panská Street. Nebor had something about him of the elegance of the First Republic and spoke several languages. He joined Young World from the Czechoslovak News Agency. Prior to that he had taken amazing photos of Mongolia. What fascinated me about him was the generosity with which he looked after other photographers. It was Leoš Nebor who came to Brno for the opening of my first exhibition, which happened also to be my graduate exhibition, at the Funke Room of the House of Arts. He actually offered me a job, but I was already back studying at FAMU and I turned it down, because I wanted to complete my studies. I didn't put much faith in extramural studies. I'm sad that the name of Leoš Nebor has faded from people's memories. In the 1990s, after his death, there was an exhibition of his work at the Mánes Gallery.

I know. I gave the introductory talk.

Unfortunately the exhibition catalogue was rather poor and didn't do justice to his talent. Luckily one of my students, Lucie Nguyen, is writing a thesis about Nebor at present. She's half Vietnamese and has already produced outstanding work for her bachelor's degree. She's focusing on Nebor the photographer, but in addition she's examining his work as an editor who had a huge influence on the young generation, for the vast majority of whom he opened the doors to professional life.

I also have fond memories of Leoš Nebor. At Young World he was the only person I addressed using the formal pronoun. It just didn't seem right to address him informally, even though he offered to. We only started using the informal pronoun after I had returned from exile.

That was shortly before his death. He possessed a rare quality, that of selflessness, which was exceptional in someone who at that time was relatively young. He wanted the best for young people and made no attempt to compete with them. He wasn't intimidated and didn't see others as rivals. He was a real gentleman.

You graduated from FAMU in 1964. Apart from occasional photos for Young World and other magazines, what did you do then?

In my fifth year at FAMU I started working at the Centre for the People's Artistic Creativity as a photographic supervisor. I travelled around the whole of Czechoslovakia visiting photography centres and clubs.

Around that time my graduate exhibition moved from Brno to Malostranská Beseda in Prague. On the basis of both exhibitions it was suggested that I stand as a candidate for the Union of Czechoslovak Artists. Josef Koudelka became a member in the same year. I only became a regular member in 1966. I was also offered a place on the commission of the Fine Arts Fund, joining people like Tibor Honty, Dáša Hochová, Jindřich Brok and Fred Kramer. Only two of those were members of the Communist Party, Tibor Honty and Josef Brožek. Both were good, decent people. Honty enjoyed great respect among painters and sculptors. He wasn't only a photographer, but a sculptor and ceramicist too, and it was thanks to him that photography, which had not long been considered an art, was accepted as one of the organisation's core activities. I was actually the first youngster. After me, people like Kuklík, Novotný, Ságl, etc. joined the commission. In the lead up to the revolution my main responsibility at the Fund was looking after social contributions for the widows of our older colleagues, such as Tibor Honty's wife. After the revolution the photography section met in plenary session to elect a new commission. Dáša Hochová received most votes, and I came second. However, I didn't accept the nomination but thanked those present for the trust they had placed in me.

Markéta Luskačová s Ing. Křivánkem
Markéta Luskačová with Ing. Křivánek
90. léta / *the 1990s*

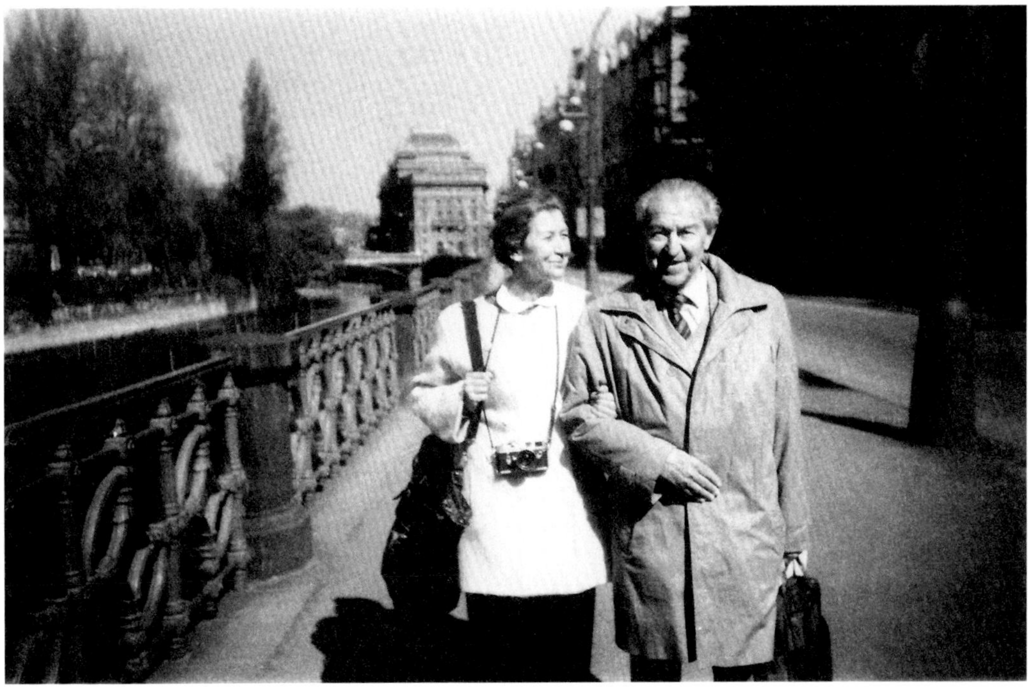

Foto: Archiv Pavla Diase

I'd like to return if I may to the 1960s. According to Wikipedia, after graduating, as well as working with various magazines, you took photographs for the advertising industry. What commercials did you work on? I can't remember anything about your advertising work.

That's not quite correct. I never worked as an advertising photographer in the sense we use the term today. What I did was more like promotional photography. What I mean by that is that photos I had taken off my own bat were used to promote the spa industry. It began with the Jeseník spa resort and gradually expanded until I was photographing many other spa towns for Balnea. As well as that, thanks to Radek Brych, who lived in the same hotel as us, I took photographs of industry, for the company Teplotechna, for example, which manufactured boilers and different sized furnaces for melting glass, firing ceramics, iron and steel. It was interesting work. I took photos in rolling mills and foundries. Miloň Novotný called me the boilerman. I also took photos of tools for Narex. That was probably the closest I got to advertising. However, I was used to working with Leica and printers weren't keen on 135 film. One time I was supposed to send Chemapol some pictures of horses. Of course, I had the photos at my disposal, but only on 35 mm, and so I had to have the slides blown up to 6 × 9. It was a pleasant way to make a decent living. I had nothing to be ashamed of and it enabled me to go off and take photographs for pleasure with my Leica of what really interested me, for instance cycles of horses, concentration camps, and Jewish and other religious festivals.

Taking a photograph involves appropriating your subject and engaging in a dialogue with the world through your choice of shot. How do you select your themes and what is your dialogue about?

I am part of the world and the world is part of me. It passes through me and is in harmony with me. And so I prefer not to speak of appropriation. However, you're right when you say that photography is about selection. In fact, it's a threefold selection process. And by selecting a theme I select the content of the dialogue. First of all I select a situation. There has to be something outside of me that attracts me, I have to feel involved. After that my idea has to be in harmony with how I feel about the situation, what I know about it, and what I see in front of me. This first selection involves

Šestiletý M. Malůšek, oceněný v projektu „Planeta Malého prince"
Six-year old M. Malůšek, a prize-winner in the project "Planet of the Little Prince"
1994

Planeta Malého prince
Planet of the Little Prince
1994

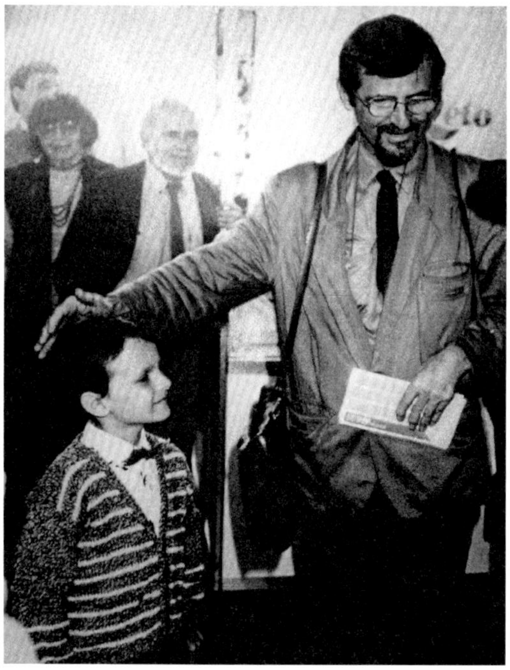

Foto: Archiv Pavla Diase

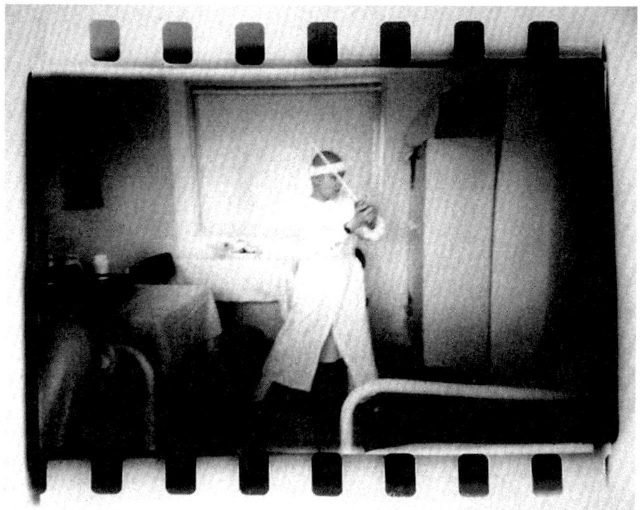

Foto: Archiv Pavla Diase

patience, because for the most part a successful photograph is not a question of one exposure, one press of the shutter. That's why what I do must attract and entice me. This phenomenon is then recorded inside you, as it were, while you circle the situation and wait for your image. At one time, of course, cameras didn't have motors. I used to use a Leica. I wound the film on manually and consequently still possess at least two, sometimes three or four variants of each shot. I use these to show my students how I used to search for the photo in which my vision came closest to my intention. There was even a film made that documented this approach to selection using contact sheets. It was one of William Klein's projects. The camera always came to rest upon the last frame, the one which the photographer had selected, in order to document the photographic method of thinking.

It can't be easy getting your hands on unpublished contact sheets, can it? It's a bit like retrieving a writer's rejected drafts from the waste paper bin.

There's some truth in that. Contact sheets are a very intimate thing. However, they are significant for another reason too, in that they allow you to check up on the development of your thinking. That's why series of exposures and working shots are enormously important for the artist. This type of realist, documentary photography demands that you find out where you've made a mistake, so that you can reconstruct in yourself how you examined the situation in question and how you arrived at the definitive picture. In this type of photography a change of angle by one degree or millimetre represents a huge difference between just any old photo and an excellent photo. In the film by Klein, the director demonstrated this with photographs by Josef Koudelka and others. And we're not just talking millimetres, but also fractions of a second.

While we're on the topic, it's interesting that these days cameras contain motors that will automatically reel off multiple frames per second. That's how things work in sports photography. However, in live documentary photography it's absolutely out of the question. You never find that perfect picture among all the rest.

Why doesn't it work?

Because a photographer trains himself to perceive that situation which approximates most closely to the idea he has in his head. In addition, every situation has a certain climactic moment, and this is the moment that the photographer waits for. If he's experienced, he won't often get it wrong, whereas a machine will never quite hit the mark because it's slower. I use these machines, but only when I'm shooting horses in motion. Horses gallop at sixty, maybe eighty kilometres an hour. Shooting them on film would be too expensive, and I'm not even capable of pressing the shutter fast enough. When you're doing that kind of work there's naturally a lot of wastage. That's why I bought a digital camera. There's no wastage and I'm able to take fast sequential shots. And it is this selection from the contact sheets, be they digital or film, that is the second level of selection.

So what's the third level of selection?
The contact sheet is important. But then you have to look at the photo in a larger, working format and enlarge the frames you've selected to the size of a postcard, for instance. It's important that each frame is the same size (if only because the larger will always attract more attention without necessarily deserving it). It's also simpler. You set your enlarger for one size and cut the previews quickly and instinctively. So the third and final selection is made from these previews. I carry them around with me, lay them out in various different arrangements and select the best. In addition, I can put them together as a group, because I see immediately which photos link up to each other and underpin the meaning of the series as a whole. Only then do I go to the darkroom and make the definitive enlargement, and even at this point I might find that an enlarged photograph suddenly doesn't work. The same is true of exhibitions. When you place photos side by side that you know well and that you've already exhibited in a different space, you suddenly realise that you have to change the sequence or maybe even reject some photos altogether. A photographer has to make sure that there is a certain expressive harmony to his photographs and their arrangement in the specific space of a gallery and their optimal location in the pages of a magazine. You always have to find the best impression and not simply confirm to a cliché. Context is very important.

Prior to an exhibition, do you create a mock-up of the space and work out the best arrangement using contact prints?
I create mock-ups and for this I only need small photographs, because I can remember the shots very well and know them from the previews. I'll give you an example. When my students and I were preparing the art school jubilee exhibition in Brno, we rented a gym, spread out the archived photographs sized 30 × 40 centimetres on the ground and then fixed them to an exhibition panel in the most appropriate configuration. We then took photos of the resulting arrangement on the panel and progressed to the final phase, which involved finding the best sequence of panels. Finally, in the House of Arts we arranged the photographs precisely as we'd envisaged in the gym. Nowadays with digital photography you can work on a screen. But the fastest, most flexible method is to print out the photos. If you're putting together an exhibition the monitor can hamper you. On the other hand, if you're getting a page ready for a newspaper or a book, the screen is a great help.

Let's move on from the selection process to the themes. If I remember rightly, at the start of the 1950s you began taking shots of people in a village and then in Brno.
Originally I wanted to be a painter. When I started at art school in Brno, I did the rounds of all the studios. Along with painting, I had a yen for film, which was why at FAMU I started off wanting to be a cameraman. At home I had a 35mm projector that I had been using since childhood, which was probably why I plumped for photography. To begin with I used a Magnola 13x8, which was an ersatz Linhof. After that I moved on to a Czech Flexaret, our version of the Rolleiflex.

This was in the mid-fifties, when the Russians began releasing captured Germans who had served with the Wehrmacht. One of these Germans, who came from Kolín nad Rýnem and visited our confectionery shop in Kroměříž after the war, had been captured during the Battle of Stalingrad. Because he was not a Nazi, he supplied us with bandages and warm clothing. My mother passed these on to her brother, who had escaped from the mass call-up, and he passed them on to families in the Olga partisan unit. After the war my mother helped this soldier's family and sent his children sweets during Advent. After he returned from Russia, my mother's friend learned of this and wrote her a letter thanking her and asking what

Bedřich Kocek, kolega Karla Hájka ve Světě v obrazech
Bedřich Kocek, a colleague of Karel Hájek at Svět v obrazech (The World in Pictures)
2007

S manželi Fišárkovými
With the Fišáreks
90. léta / *the 1990s*

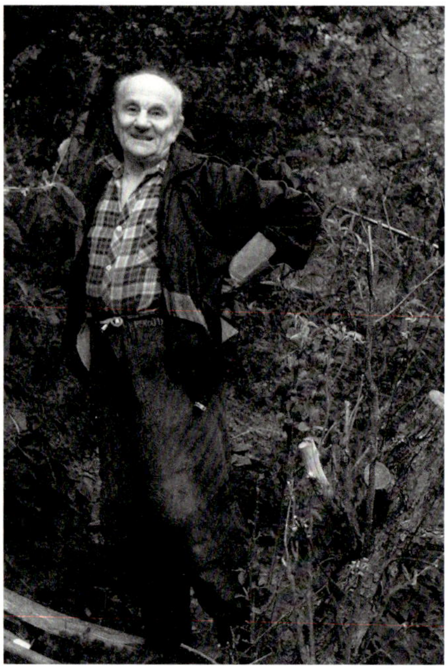

Foto © Pavel Dias

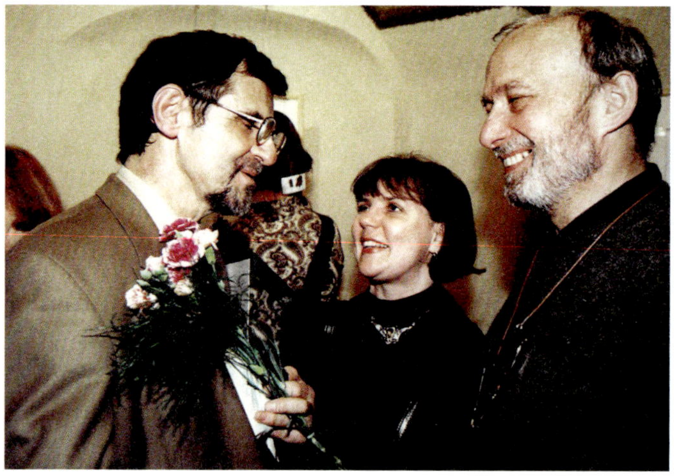

Foto: Archiv Pavla Diase

her son did and if he could do something in return. My mother replied that I was studying photography, so her friend sent her the catalogue of the famous 1956 exhibition of works by Steichen entitled The Family of Man. This had a profound effect on me and inspired me to take an interest in the lives of ordinary people, while my experience with film led me to work with cycles. I began taking shots of village people.

From which village?

I chose a village I knew well since my grandfather lived there. It was situated between Brno and Zlín. I also used to travel to a village near Vsetín. The first cycle was called Village-Home. The second was called Brno, Life of a City. I submitted the latter cycle as part of my baccalaureate. At that time was I was very interested in the lives of ordinary people, and this became a crucial theme for me and one I still work with today.

In 1958 you moved from Brno to Prague in order to study at FAMU. How did this change of city influence your work?

Yes, this marked the start of the 1960s for me, the most prolific time of my life. It culminated in 1968, when I did a huge amount of work. For the first time in my life I received a passport with an exit visa allowing me to go anywhere in the world. But I didn't have it for long. After August 1969 they confiscated it. However, by that time I had travelled to India, Nepal, Egypt, Mongolia, Italy, Germany and France. While in France I created a larger scale cycle that I called Reminiscences of Paris. Unfortunately someone stole the negatives from India and Nepal, which was a bitter blow.

Around that time I was doing a lot of work for Young World, where I worked intensively with Jaroslav Maršálek and you. At Literární noviny I worked with Petr Chudožilov, and I was also taking photographs for the directors Štěpán Skalský, Jiří Hanibal, Martin Frič, Ladislav Rychman, Zdeněk Sirový and Věra Chytilová.

I'd like to return to the theme of concentration camps if I may.

Let me begin with a slight detour. Because I grew up without a father, my maternal grandfather, whom I've already spoken about, assumed this role. This was a man who had survived interrogation by the Gestapo and life at the Buchenwald concentration camp. My uncles did not survive the war. One was shot while still a student following 17 November in Sachsenhausen, and the other was executed

Alexander Hackenschmied
New York, 1999

Hella Heyman a Alexander Hackenschmied
Hella Heyman and Alexander Hackenschmied
New York, konec 40. let / *end of the 1940s*

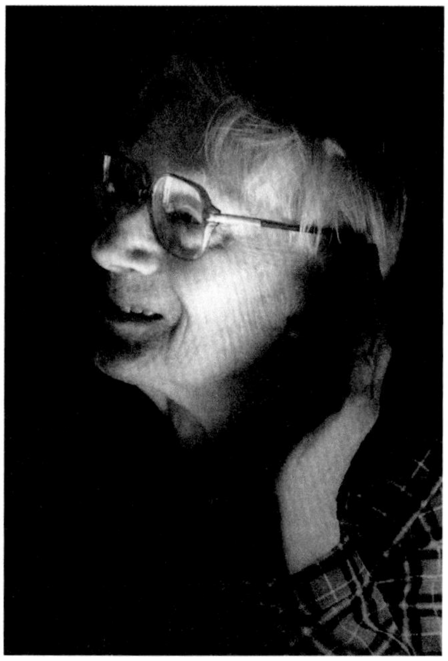

Foto © Pavel Dias

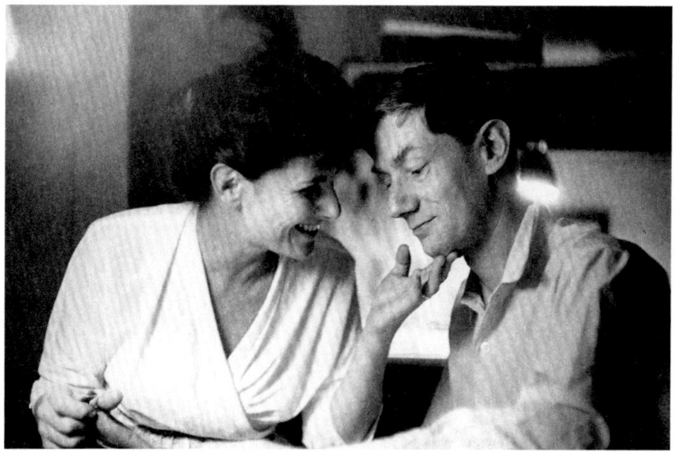

Foto © Eduard Ingriš

in Flossenburg. Immediately after the war the railway line running between Brno and Trenčianska Teplá in Slovakia brought trains full of soldiers and other survivors of the concentration camps. At the small village station there were always refreshments prepared that would be passed into the wagons. Sometimes someone got off the train. My two small cousins and I would wait with the adults for our relatives. I'll never forget that. One of the last to return was our grandfather. I remember how he entered his home as though he'd only been away a day. I hid behind the stairs and peeped out. He was a completely different person to the one I remembered. He was pale, bald and emaciated. He sat by the stove and talked and talked. This was the first time I had heard details of the concentration camps. Before that I knew nothing, even though the words Buchenwald and Auschwitz would elicit a shudder. The train that was supposed to bring back the father of my young friends never arrived.

I first saw Buchenwald on a trip with FAMU to Weimar in 1961. It was while I was looking at the photos I'd brought back that I suddenly realised that this could be my theme, that I could devote myself to this topic. I began to travel there regularly. In 1968 I went to Mauthausen near Linz. I worked on this theme until 1995, the 50th jubilee anniversary of liberation, and then I closed the cycle.

When did you start exhibiting this subject matter?

First of all I went to the publishing arm of the Union of Anti-Fascist Fighters and offered them a book on the concentration camps. But they turned it down. Nobody wanted to exhibit these photographs. They were too fearful. It was only years later that I was able to exhibit them in Bánská Bystrica, where Tomáš Fassati worked at the local gallery, and this set the ball rolling. I also exhibited in Oświęcim and Sachsenhausen. In Prague I had to wait until the end of the seventies before I was able to exhibit, this time at the Fragner Gallery next to the Bethlehem Chapel.

And what made you choose horses as one of your themes? Horse racing is less about everyday life, more an exclusive form of entertainment for the upper echelons.

I was looking for a more relaxed, less intense theme. One time I happened to be sitting in the pub with Zdeněk Sirový drinking Moravian wine and it occurred to me that for years I had been taking pictures of horses for my own amusement. I'd grown up around them, since some of my relatives had owned horses. Even as a student I had taken shots of horses in South Moravia, one of which had been awarded prizes in foreign competitions and had featured on the front page of Young World. I decided there and then that I was going to photograph horses. To begin with I shot flat races. I got more and more into the topic and started to shoot harness racing and steeple-chases, etc. My main advisor and colleague in this sphere was Antonín Jelínek from Young World, who wrote the text for my first book. Later on I travelled to competitions in Poland, Hungary, East Germany and the USSR. On two occasions I managed to acquire a foreign currency permit, something of a miracle at that time, and photographed horses in France, Belgium and England. I called this cycle The Face of Horse Racing. Mr Řezáč of Pressfota, which was the publishing arm of the Czech News Agency, displayed an interest. Seventy thousand copies of the book were published, with texts by Antonín Jelínek, but without the photographs from England and France, which were forbidden. It was a huge success and the management of Pressfota wanted to know why photos from the cradles of equestrian sports, France and Great Britain, were not included. The editors had clearly been more frightened than the management.

How did your cycle of religious photographs come about?

The cycle is called Celebrations of Faith and Hope and mainly contains pictures of pilgrimages. I took these in Spain, Italy, Sicily, the Vatican, India and Nepal, sometimes in the company of Miloň Novotný.

In 1998 I had a large exhibition in Brno entitled Liturgical Celebrations. I exhibited most of this cycle and added photographs by other artists and original liturgical items, mainly monstrances and priestly vestments. In Rajhrad I documented the gradual devastation of the cloister under the communists. This cycle also includes two series: Jewish Moravia and Silesia (1999 to 2000) and Jewish Bohemia (2000 to 2002), though I continue to work on this theme. I've had many exhibitions on Judaic themes entitled The Depths of Memory, and this has been my main theme in recent years.

What about Zlín? You still travel there and the town often appears in your photographs.

I completed junior school in Zlín and my mother lived there for a long time. In the 1990s I was offered a post there lecturing at the film school where I myself had studied. I accepted the offer because of my mother, who was living there on her own. About two years later they opened an Institute of Advertising and Marketing Communications, where I created an Advertising Photography Studio that is now part of Zlín University. I had many friends among the artists and filmmakers in Zlín, including Bedřich Baroš, František Nikl, Laďa Včelař, Zdeněk Rozkopal, Jiří Kolín and Michal Zeman. When my mother died, I gave up the job. I was still a lecturer at FAMU in Prague, and now I was made professor. Sometime around 2004 I was asked to return to Zlín University, where I taught architecture. I tried to persuade my students to photograph Zlín and its architecture.

Josef Sudek used to take photos for Baťa and worked with the photographer and cameraman Antonín Horák. I discovered Sudek's photos and organised an exhibition of his work. Later the exhibition found its way to Prague. I expanded it somewhat and gave it the title "Zlín through the Eyes of Josef Sudek, Antonín Horák and Others". They used to work with a large format, so I was obliged to do the same. The project expanded and I ended up taking pictures of Baťa's architecture in Switzerland, Germany, Holland, England and France. In 2006 I brought this cycle to a close. What's interesting is that it is only in the last few years that people in all of these countries have begun to realise how brilliant, functional and inexpensive Baťa's urbanism was. His main architect was František Lydie Gahura, who among other things designed Zlín Town Hall and the overall layout of the town. The Town Hall design was his graduate work.

After the war, this colossus of the Baťa tradition in Zlín was falsely accused by the communists of collaborating with the fascists. The largest employer in Zlín at present is the young Tomáš Baťa University.

I'd like to return to photography. What can and can't be taught?

S přáteli Davidem Kummermanem, Čedomírem Butinou a Jaroslavem Krejčím
With friends David Kummerman, Čedomír Butina and Jaroslav Krejčí
2004

Foto © Pavel Dias

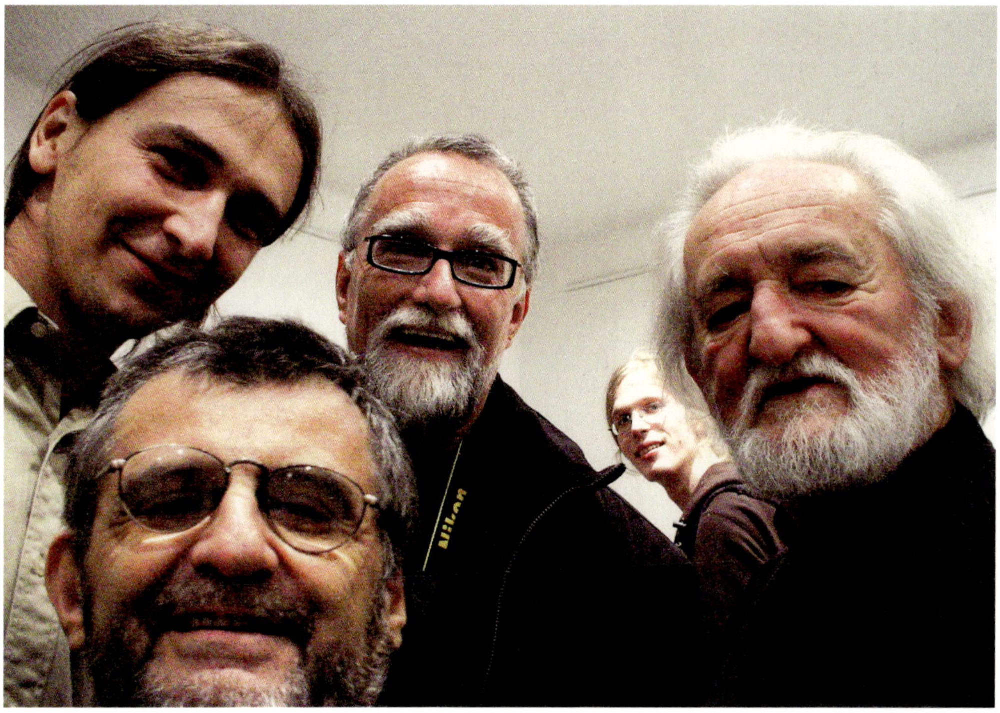

I'll leave aside practical matters and digital technology, since several of my students have already overtaken me in that respect. I'm not cool, as they say today. I belong to the generation that, though it's learned how to work with digital technology and the computer, didn't grow up with them. I concentrate on live documentary photography. However, my approach has applications in other photographic genres. It's for this reason that I do my best to teach students to have respect for what they are photographing, for the people they have in their viewfinder. The photographer must never look down on what he's photographing. A good photographer must remain humble the whole of his life. The attitude you take is more important than anything else. As soon as a photographer is led simply by the desire to stand out from the crowd, to shock and to draw attention to himself, it's immediately obvious and his photographs are worthless. You have to find the beauty in people. Not only aesthetic beauty, but the beauty that resides in truth. I believe that a good photo has to be in harmony with the person who took it. A photographer has to sacrifice a lot for his art, and this is something I try and tell my students. What's crucial is that they remain decent people and don't succumb to the cheap enticements that the modern world offers in such abundance.

The best example of an upstanding photographer is Josef Koudelka. He was always an incredibly conscientious person, a photographic labourer in the best sense of the word. He also knows how to communicate with the people he is photographing. He talks to them constantly, keeps them active, and they have the feeling he genuinely likes them. When his career took off at Magnum, at that time the most famous photographic agency in the world, nobody felt any envy because nobody was capable of sacrificing so much for photography and sidelining their personal life.

I'd like to put in that Koudelka left Czechoslovakia in 1969 after his photos of the August occupation of Prague had become famous around the world. For twenty years he stayed with friends or slept on the floor at Magnum and devoted himself exclusively to his photography. He didn't even have a family as a consequence.

His situation has changed over the last few years and nowadays Koudelka is comfortably off, although he's not one to hoard things. He was able to buy apartments in both Paris

Natálka, 2012

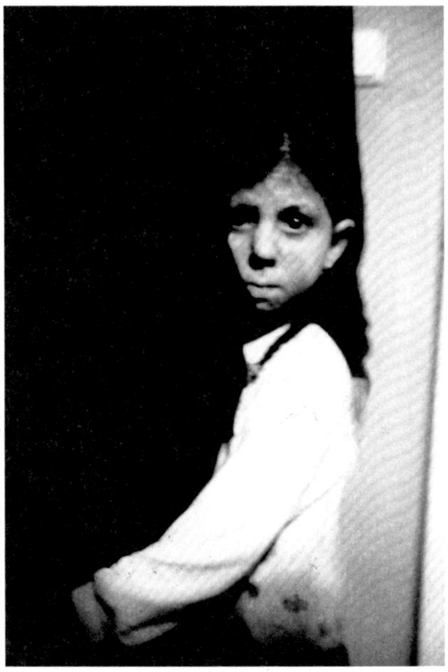

Foto © Pavel Dias

S Maruškou Zachovalovou
With Maruška Zachovalová
2006

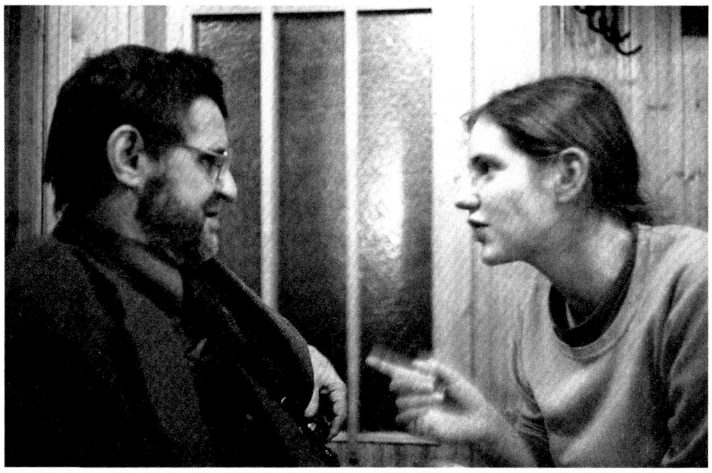

Foto © Petr Neubert

and Prague. I've known Josef a long time, and later on made friends with his classmates from technical school. They call him Safez and say "Safez isn't a charity". He's had this nickname since his art school days. Younger photographers don't know him by this name, but we never called him anything else. We were already meeting up when he was in exile, in Berlin, Paris and London. I remember drinking Moravian slivovitz in his studio in Žižkov the night before he set of for Spain having received a grant from Magnum. In the early hours we took a walk where the television mast is now located. Suddenly he stopped and said: "But Pavel, you've got children, haven't you?" Remember what Sudek used to say: "Anyone who wants to be a good photographer shouldn't have children."

You've summed him up perfectly. That's why the interview I did with him for his monograph for Fototorst was called Maximum. That was what always interested me. And as his motto I would cite his answer to a young Roma boy in Yugoslavia, who asked him whether, on all of his travels, he had ever found a place he would like to stay. Safez replied: "I do my best not to find such a place."

Six years after our meeting in Žižkov I met him at Ascot in England, where I was taking pictures of the horseracing. Someone got up from the grass and called out my name. It was Safez, and his first words were: "Your kids are obviously grown up by now". It was as though our previous conversation had never ended. I was living in a hostel, and when I decided it was time to go home, he invited me back to his place. At that time he was sleeping on the floor of the outstanding photographer Jürgen Schadeberg, a South-African of German origin, who had gathered a large group of young photographers around him. They were exhibiting their work in the foyer of a London theatre. However, the pictures weren't on the wall but hanging in space. They had to be big in order to be seen. It was a wonderful sight, because any slight breeze would see these large pictures slowly revolve and the constellations of their meanings change. Schadeberg was renting a small house by the Thames, where he lived and worked with these young photographers. Koudelka was sleeping on the floor there. I naturally attended the horse races in a suit. He, on the other hand, wore his customary green trousers and khaki shirt, which he only ever took off when they started falling

Spolužák Boris Baromykin
My classmate Boris Baromykin
2014

Karel Cudlín, Carlos Saura, Pavel Dias
Uherské Hradiště, 2013

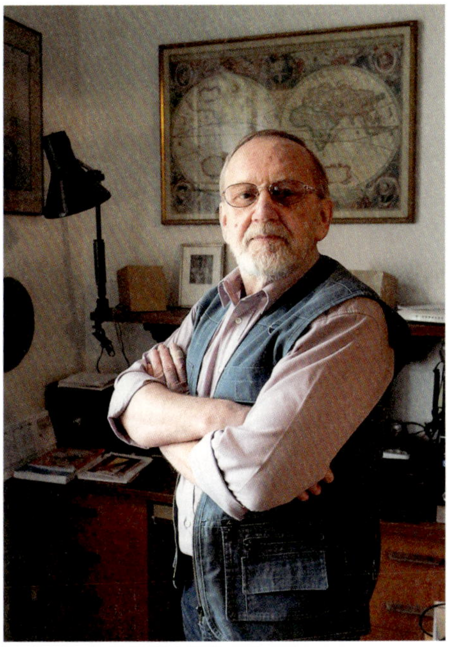

Foto © Pavel Dias

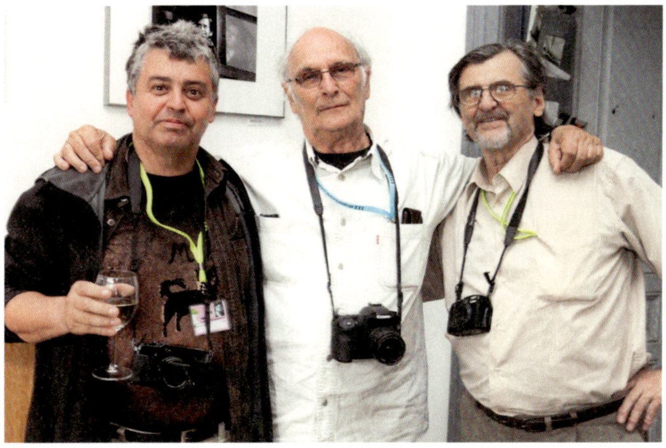

Foto © Marek Malůšek

to pieces. When we went to bed, I looked for somewhere to hang my trousers, so that in the morning I could once again mingle with the cream of the crop in the grandstand. He was somewhat perplexed by this. I ended up hanging my trousers on the rungs of a ladder. One day I woke up to see Safez's trousers neatly folded and hanging on the ladder. Koudelka is a wonderful person and a true original. He doesn't like to draw attention to himself. For instance, after he returned from emigration he didn't want to visit FAMU because people would have recognised him. One time there was an exhibition of Roma people by a Dutch photography student. He really wanted to see the exhibition because he too had taken some outstanding photos of the same people, so he asked when the school would be empty so that he could go along incognito.

This is a good point at which to return to your teaching, which must have played an important role in your life over the last thirty odd years. How have you managed to combine these two activities?

I'm still working on my thematic cycles. But you're right, I've had to split myself in two somewhat. Time is taking its toll. Since 1983 I've also been a teacher and I love it. I've really thrown myself into it. To begin with I didn't know what I should do, but what I did know was what I shouldn't do. Photography gave way to teaching. Students are living beings, and that's more important. In place of one lost son I've acquired many other sons and daughters. I still work, take photos, but these days things are different. My themes were always long-term. And my work is as long-term as these themes. In actual fact I started teaching when I was still at art school in 1963 and 64 and immediately after I left. I worked for the Centre for the People's Creative Activities as manual writer, and I put my theories into practice during a year-long course in Louny. Jan Jíra, now head of Lucerna Film, was present during this phase. We used to travel to Louny with Slávek Vašulka, known these days as Woody, his official American name. Slávek is now an important video artist in America. He travels around the world teaching and picking up honorary doctorates. Wherever I've worked, whether as teacher or photographer, I've made lifelong friends, mainly among students. At the Brno School of Applied Arts I got to know Mgr. Roman Muselík and Jaromír Kalina. The latter become a kind of bodyguard. He would travel to wherever I was exhibiting and make sure I didn't cock things up by saying something untoward that might have caught the attention of an informer.

Where were you during the events of November 1989?

At FAMU in Prague and at the School of Applied Arts in Brno. At the military academy in Brno we made copies of films and videos shot in Prague from the FAMU-based agency RADOST. We then showed films of the demonstrations at the art school in defiance of the director. The management couldn't understand why we wanted to show these films. The caretaker lent us a television and a student lent us a video player. An official from the secret police was brought in by the school management and rebuked us in no uncertain terms. However, they no longer had the courage to arrest me. After the revolution the students asked me to be the school director, but I turned the offer down. I hadn't gone there in order to build a career for myself.

Are you still in contact with any of your former students?

One of my former students, Kerstin Hecker, a specialist in documentary photography, has become an outstanding photographer and very good friend. At present she is teaching at Cambridge University, where she is putting photography on a secure footing as a discipline. She has a wonderful spirit. I gave a talk at her school in London, though that would be a story in itself. Then there's Jan Havel, someone with phenomenal organisational skills. He and Filip Láb are putting together a monograph on me, which this interview will be part of. Maruška Zachovalová, whom I've already referred to, was an outstanding student and close friend. She and her father died in a tragic accident. I represented the school at her funeral in Moravia. But I could come up with a long list of such students: David Kumermann, Dragin Dragan and his wife Biljana Dragin, Bjorn Steinz, the Zlín student Milan Bureš, Zdena Hanáková, Anna Feldeková, my colleague Karel Cudlín, and many, many others. All of them are very important to me, and there are many others I haven't mentioned.

So back to you. Is there anything special you'd still like to achieve?

As long as I can take photos, as long as I can teach and indulge my wanderlust, I'll carry on working. When my legs start giving out, maybe I'll lock myself away in a darkroom and start enlarging some of my old prints. In short, I'm going to carry on working. I'll sit in front of a computer and look through what I've photographed. But you never know what's around the corner. I don't know what's going to happen tomorrow or in a week's time. I'm a restless person and I still want to travel. I'd simply point out that I never really regarded photography as work. It's more like the air that I breathe, as is working with young people. I'm happy that I can be so close so often to these activities.

Is there a picture to which you enjoy returning, a picture that occupies a special place in your heart because it marks a new development in your career?

Even though I have taken many photos of horses, it was never the animals themselves that interested me so much as the people around them. That's why at present I am teaching a subject called "Photography as a reflection of human stories". I like the picture of an old jockey, the many times champion Josef Šach, who died a long time ago. He is sitting on the scales before a race and in his face you can see experience, wisdom, pain, generosity and composure.

And there's a photo I like from the village of Moravské Prusy of a young man genuflecting before the cross of Jesus Christ and its shadows. However, there are many more such photos. It just depends on my mood and when I'm asked.

And what you like to be written about you after your death in an encyclopaedia?

I would hope that people remember me as a decent person and a good teacher, who passed on something to his students. I hope that they like my photographs. As for what's written in an encyclopaedia, I don't know and perhaps don't ultimately care.

2009 to 2013, Prague

Ze série Baťovo město, 13 × 18
From the series "Baťa's City"
Zlín 2007

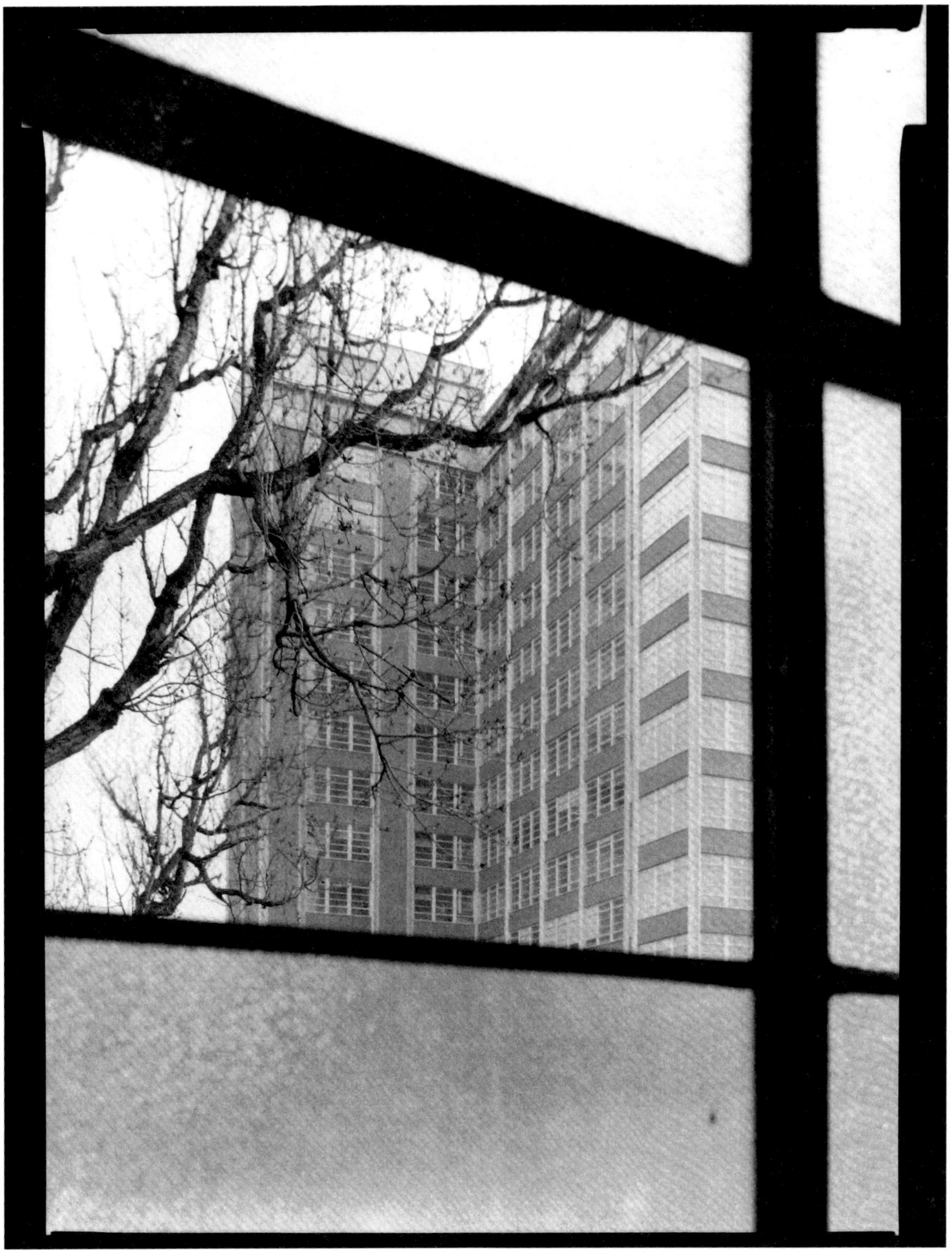

Foto © Pavel Dias

Karel Dvořák
Tvář dostihu

Fotografie prodloužila existenci skutečností, které dříve upadaly v zapomenutí, ztrácely obrysy i obsah, stávaly se po nějakém čase nevěrohodnými anebo se měnily v mýty.

Steichenovy fotografie z pařížských dostihů 1905 jsou mysteriózní záležitostí současné doby. Kde jsou třicetilété krasavice, graciózně odkopávající závaly lemů svých dlouhých sukní při nastupování do kočárů? Kde jsou kavalíři s monokly? Kde je vůbec celá ta skutečnost, která se odehrává na Steichenových fotografiích jako v temnosvitu historického obrazu? Co z toho všeho zůstalo schopno předčít svým významem důležitost samé existence té fotografie? Mrtev je autor, odešli aktéři, rozplynula se doba. Trvají protagonisté – koně a dostihy jako společenský fenomén. Přirozeně, že příklad se Steichenovými fotografiemi dostihů není vybrán náhodou. Také se tu setkáváme s konkrétními skutečnostmi, konkrétní událostí, jakou zaznamenal Edward Steichen na počátku minulého století a na sklonku století. Možná že někde i dokonce na stejném místě jako fotografoval Pavel Dias. Dva fotografové téhož století, vedeni stejnou pohnutkou, která platí i pro autora třetího, tentokráte jde o malíře Raoula Dufyhio s jeho dostihovými náměty z třicátých let.

Steichenovy fotografie „Hlavní tribuna" nebo „Po závodech" líčí společenskou atmosféru popisující dobu, typizují ji v některých postavách a v několika gestech, jsou fotografickým gestem vkusu, kulturního nivó a milieu, v němž se tehdy pohybovaly i umělecké tendence fotografování. Nešlo o závodící koně; hlavní fakt, neodmyslitelný od pojmu dostihy, mohl být vynechán. Byl automaticky obsažen v povědomí doby jako záminka ke společenské přehlídce.

Raul Dufy má na svých obrazech jezdce i koně, v Ascotu dokonce právě probíhá dostih. Když pomineme, co není souměřitelné – prostě malířský způsob vytváření formy obrazu, pak nám zůstane výpověď o povaze doby, o kulturním nivó, v němž se tehdy pohyboval vkus a zájem umění milovné společnosti.

Z obou příkladů vyplývá, že dostihy a koně tu byly sugestivní pohnutkou pro vznik uměleckého dokumentu, záminkou pro výpověď a počínání za jisté situační regule. To platí o tématu výstavy Pavla Diase.

Je třeba se zmínit o některých důležitých znacích srovnání s předchozími příklady. Především – Pavel Dias si zformuloval vnější záminky v hlubší tezi, v jakési cílové téma, které kdysi pro sebe nazval Mizejícím světem koní. Zadruhé – všechna hlediska pouhé záminky zkoumá jako pohnutky k sociálnímu průzkumu. Zatřetí – Steichenovo fotografické cítění stylu doby, stejně jako Dufyho subjektivní názor na svědectví doby, nahrazuje Pavel Dias objektivním odhalováním dílčích znaků doby, což je princip moderní fotografie.

Diasovu výpověď musíme řadit k formám uměleckého svědectví, jakými jsou i citované starší dokumenty Steichenovy i Dufyho. Všechna tři svědectví vedle sdělení jisté objektivní skutečnosti přinášejí vlastní názor a vlastní výraz a tím se liší od hojné a běžné reportáže o dostizích.

Na konci všech fotografických záměrů a předsevzetí Pavla Diase byl syntetický obraz niterného vztahu autora k okolnímu světu a různost zvolených námětů představovala analytickou cestu. Toto fotografování mozkem s použitím oka, aparátem s použitím estetických pohnutek a srdcem s použitím dokonalé techniky se stalo Diasovým fotografickým rukopisem. Když je řeč o posunu zájmového hlediska do oblasti sociálního průzkumu, mluvíme v podstatě o Diasově světě dostihových návštěvníků. Přímých i nepřímých účastníků i příživníků, fanatiků i utloukačů času, chamtivců i hazardérů, anglických ladies i českých fandů.

Pavel Dias byl od samých začátků svého fotografování zajímavý schopností někdy až v záměrně banálním pohledu odhalovat labilitu situace.

Zdá se, že autor nás nutí se obírat představou vzdálené doby, kdy také před jeho „Tváří dostihů" a „Without blinkers" stane někdo, kdo se zeptá: Kde je skutečnost, kde je její tehdejší význam? A bude se zamyšlen dívat na obraz mytizující tu minulost, kterou fotografie zachránila před ztrátou obrysu, obsahu – paměti.

Těmito slovy zahajoval v červnu 1979 Karel Dvořák, redaktor a výtvarný kritik, velkou Diasovu výstavu Tvář dostihu v pražské Galerii D na Smíchově, která se tak vydala na putování po našich i zahraničních výstavních síních. Obrazy dnes zahajované výstavy jsou z dominantních dostihovišť Anglického království nafotografované v Ascotu a Epsomu v roce 1977 a 1978.

Ludvík Kundera
Reportáž, dokument, podobenství, báseň

Pavel Dias je z generace těch fotografů, kteří nastoupili v 60. letech; nebyl asi ve svých začátcích uhranut našimi klasiky fotografické imaginace (jako jsou Štýrský, Reichmann, Hák...), nýbrž spíš filmem, zvláště někdejší francouzskou „novou vlnou" a italským neorealismem.

Jeho fotografie většinou navozují příběh. Kratičký, avšak dlouze doznívající. Má zbystřený smysl pro lidské houfování v okamžicích po zjitřených událostech a před vstupem do džungle budoucna. Nevidí svět v technicistních zázracích, nýbrž skrze lidské tváře zryté děním, věkem, podnebím, prací, údělem. Každá z nich je už příběh sám. Zvrásnění, nachýlení, flegmatičnost, zoufalství, ale stejně tak zaujetí, trpělivost, vytrvalost, ale i rozpustilost, nezbednost – to jsou na Diasově divadle světa pevniny osudů. Výmluvná je na Diasových fotografiích role pozadí. Konfrontacemi „kulis" druhého plánu s aktéry plánu prvého se rozjiskřuje doba. Atmosféra konce 20. století. Prstoklad melancholie, dloubnutí sarkasmu. Věčný labyrint! Úhel pohledu ruší nepohodu mysli. Um přechází v umění.

Diasovy rané cykly Mládí, Brno – život města a Panelová generace představují školu reportéra (zvláště v Mladém světě 60. let). Požadavky zručnosti a bystrého oka jsou tu splněny. Dias mohl jako tisíce jiných klidně zůstat na této úrovni, zdá se mi však, že se vyhoupl nad tento „seriózní průměr". Čím? Horečným cestováním. Střídá pobyty v cizích zemích jako posedlý globetrotter: Francie, Indie, Nepál, Egypt, Rusko, Mongolsko, Itálie, Sicílie, Anglie, Španělsko atd. ATD. Plody pobytu v každé z těch a jiných zemí jsou série snímků, které se z oblasti reportáže a dokumentu přechylují do oblasti básně.

Příběhovostí zvláštního druhu se vyznačuje i záhy načatý, ale dlouze pokračující cyklus Torzo. Pavel Dias byl dítě, když nacistické koncentrační tábory byly skutečností, prodírá se tedy k jejich podstatě, k podstatě zhůvěřilého lidství nejen nacistického skrze paměť, a to skrze paměť věcí, „rekvizit" – zbylých baráků, jam, plotů, ostnatých drátů, nabitých kdysi elektřinou, komínů, nápisů... Přístup tedy není a ani nemůže být doslovný, žádné hekatomby těl, žádní viselci nebo smečky divých psů, a přece je účin drtivě autentický. Tento projekt je v souvislostech naší, a nejen naší, poválečné fotografie ojedinělý: záběry bez lidí a přitom až přelidněné byvšími životy; varující před možným opakováním, před reprízou absence svědomí a úděsné nelidskosti.

Zcela jiného druhu je cyklus nazvaný Svět dostihu a fixovaný zčásti už knižně ve svazku Koně formule 1/1. Slovo dostih, dostihy v titulu už napovídá druhý význam, totiž dobové tendence, ne-li choroby neustálého opožďování, zpožďování, fiktivního nebo skutečného, vždy však zpozdilého ustavičného pachtění a dohánění. Zdá se mi, že u tohoto cyklu není nejdůležitější dostih sám, nýbrž spíš zpodobení lidského hemžení kolem závodů, okolo koní a jezdců – z tváří čteme opět děje a příběhy v rozpětí od frenetického nadšení po dokonalou skleslost, v nejednom zraku se pak zrcadlí Obchod jako alfa a omega dění. Ovšem i záběry přímo z dostihové dráhy – kůň vedle koně, fascinace skloněných jezdců, prach i čmouhy dráždivé barevnosti – jsou z nejlepších toho druhu. Je v nich skryto i téma dalších cyklů Svět koní, svět lidí a Mizející svět koní, které jsou ságou o vztahu člověka ke zvířeti, tedy k přírodě: vyvlékající se z pout sentimentu, vysouvající se z klišátek dokumentu a stávající se podobenstvím.

Pod oblouk paraboly se vejde minulost i budoucnost, válka i války, rasové třenice i rasová smíšení, fanatismus i kalkulace, spontánnost i křeč, žal i rozmařilý smích. To jsou zvláště znaky pařížského cyklu Reminiscence. V průsečíku přítomnosti není na těchto fotografiích nouze o jiskření, o plodná krátká spojení mezi fotografií a jejím divákem – jen kdyby lidé dneška tak nespěchali, kdyby si poshověli, kdyby uvolnili uzdy racionálního, konzumního pohledu a naučili se nad uměním, a to i fotografickým, ne snad hned náročně meditovat, nýbrž snít. Mám pocit, že fotografie Pavla Diase mají dar diváka k aktu takovéhoto snění taktně a zlehounka popostrkovat. Další jeho cykly jsou načaty a budou načínány. Při fotografově temperamentu a invenci, ale i pracovitosti můžeme očekávat nové výpovědi o světě a době, o zemích a městech, výpovědi důvěrně lidské každodennosti a básnického dosahu. I přesahu.

Ludvík Kundera *Hold Pavlu Diasovi*

Fotograf jde městem, dere se lesem tváří, čte z nich příběhy. Sotva zaznamená radost dítěte nad snovým balónkem, už se mu prolne v tvář nad absintem: s rýhami dvou válek, s tolikerou nocí na život a na smrt v očích – a potom hned mašíruje před kulisou Eiffelky kopáč, už si asi po blažené noci blaženě přihnul, za rohem úděs koncentráku, bez jediného člověka, holé rekvizity se zařezávají. Anebo je den sváteční, z dálky snad slyšet zvony, dáma se vyfintila, jen chvilku poshovění!, mihne se historka, co před třiceti lety být mohlo, kdyby – Není však žádné „ach" a „ó", spíš poprchává chuchvalečné „ech" a může být i cizokrajné „ojojoj", když gesto hrozí patosem. Také jsou dnové dějin, spíš než vlajkosláva fasád vyzývá zákulisí, Paříž se mísí s Brnem, napadl náhle sníh a pražskou ulicí se sunou strůjcové příběhů: „Kam jsem dal oči," nakusuje jeden, „Za nocí nejtmavších," zabásní druhý – a třetímu je dáno vláčet svou rikšu plnou drobného dění, fotograf pomáhá tlačit, sám zapřažen do vzdušných kár, neboť přituhuje a dějiny si žádají sarkasmu, neboť do týla vpadá léto a je čas na koně, už pádí po zelených závodištích a jezdci jistě nesou věcná poselství. Fotograf kmitá krajinou a hledá, nalézá a opouští prameny obou Dyjí, potajmu se usmívá, háje tváří houstnou, i kráčí skrze tváře, než padne ševelivé šero a v zrcadlech výkladních skříní zahlédneš někdy i čtverou skutečnost. Ráno je čas pro každodenní tragédie, školní brašna se válí na mokrém ornamentu dláždění a jsou i propasti, byť někde na nároží, kde nahněvaný hlouček načíná divadlo. A heslo byvší noci: Vera Cruz.

Leckterou ulicí tu kráčel básník Mácha, nikoli ten, co čichá k šeříku, ale ten žárlivec a herec z ochoty. Rej bizarností, zas jiné rekvizity v šikmém světle lehounké ironie, jak by je k budoucímu výčtu posbíral sám Vrchlický před poutí na hrad Svojanov. Koho to ještě potká fotograf vířící městem jako džunglí? Pilně se prosekává, je ve větrném státě jménem Balábile jak doma, cvakání opět houstne, hrnou se totiž děti, ne, nejdou na výstavu, jdou do kina a heslem toho dne je: Náhoda. Kdy prozkoumáme její zákonitost? Ráno je čas pro každodenní frašky, fotograf s chutí zabloudil a den má nádech dobrodružství. O jitřním zraku mluví s kamarádem, chechtá se jaksi napůl, nebere jej vážně. Tak tomu bývá u citlivců. Sledují proměny tváří, luhy i jatka osudů, zas někdo volá cosi v cizí řeči, pojede asi do Tunisu, tak jako malíř Klee, začne psát diář čili den co den, na str. 1 ranní sen, jenž vždycky utone v záplavě kroků z trotoáru, v oblacích vůní, pachu, je cítit kopr, česnek, cibule, cinkají šálky, sklenky, talíře, kolem vrat mihne se fantom koně, v sedle je pruhovaný přelud, fotograf chystá své přístroje, voláme za ním sedmerými jazyky, už ale cvaká za rohem, dere se lesem tváří, čte z nich příběhy...

Galerie U Řečických 21. 5. 1999

Anna Fárová *Hlubiny Paměti*

Prostor plzeňské synagogy upřednostňuje jedno z hlavních témat tvorby a myšlení Pavla Diase – judaika, dosud v takové šíři a významu nezveřejněná. Plynou prvotně z hlubokého pouta k dědečkovi Václavu Diasovi, který sehrál zástupnou roli otce i zasvětitele a jehož jméno nosí. Ateista a levičák, prožil nacistická vězení v Breslau a koncentrák Buchenwald, do nichž nevešel s Davidovou hvězdou. Pavel Dias si přes něho vytvořil jedinečný vztah k historii rodiny, platný od minulosti do přítomnosti. Fotografie příbuzných se v jeho díle mísí se záběry cizích osob, z osobní sféry plynule přecházejí do obecné a stávají se nepřehlédnutelnou klenbou jeho pohledu.

Diasovo dílo není snadné jednoznačně charakterizovat. Je třeba ho vnímat a přistupovat k němu z několika stran: z pozice různých témat, několika metod a jeho určení – buď volné nebo objednávkové tvorby.

První Diasovy fotografie vznikají v polovině padesátých let za studií na Střední uměleckoprůmyslové škole v Brně v oddělení fotografie K. O. Hrubého. Tehdejší metoda znamená používat dvouokou zrcadlovku, ze čtvercového negativu dělat vhodný výřez, jak to ostatně bylo v té době typické. Vizme první fotografie Josefa Koudelky. Opuštění tohoto způsobu a hledání nové metody způsobilo v roce 1956 seznámení se s koncepcí a skladbou Steichenovy výstavy Family of Man, jejíž katalog získal. Pavel Dias byl hluboce zasažen jak jejím humanistickým poselstvím (připomeňme rodinné fotografie Elliotta Erwitta), tak způsobem podání. Tehdy začíná používat přístroje na kinofilm, fotografie už neořezává, respektuje celé pole negativu i stávající osvětlení v souladu s metodou striktně vyhlašovanou francouzským fotografem Henrim Cartier-Bressonem, spoluzakladatelem agentury Magnum, jehož teze o „rozhodujícím okamžiku" a „události" poznal z definic obsažených v jeho malé, ale první monografii, vydané v roce 1958 v Praze.

Od střední školy Pavel Dias spolupracuje s novinami a časopisy. Oblast filmu je dalším závažným zájmem. Má talent malíře a kreslíře. Odtud plynou schopnosti pojmout dramatické okamžiky jako děje odvíjejícího se v čase (ku příkladu v tematice dostihů) a umění výtvarně řešit statické scenérie, jež se objevily v Torzu – holocaustu.

Důležitým momentem ovlivňujícím další postoje byla výstava, kterou vytvořili spolu s Janem Bartůškem a Miroslavem Huckem, spolupracovníky z Mladého světa, v roce 1960 pod příznačným názvem „Chceme vidět život ve všem" a která se konala ve foyer kina Lucerna. Byla to svým způsobem výstava manifestační a programová, která předváděla neokázalé fotografie všedních událostí všedních dnů zaznamenané samozřejmě na kinofilm bez oficiálního patosu. Začátek tohoto stylu spočíval u Diase ve spolupráci pro Mladý svět, kde publikoval ilustrační snímky, dokumenty i koncipované reportáže. Většinou to byly živé a přímé aktuální výpovědi humanistického zaměření – bezprostřední svědectví o obyčejném životě. Tematika se týkala autostopu, tanečních hodin, všednodenního života mladých rodin a působila uvolněně a svobodně oproti doporučovaným reportům ze svazáckých setkání, oslav pětiletek a odměňování úderníků. Od roku 1960 Pavel Dias vyjíždí na reportáže, z nichž mnohé (jako „širokorozchodná" s Petrem Chudožilovem) ani nevyšly. Frekvence cest se koncem šedesátých let zvyšovala, takže Dias navštívil Indii, Nepál, Egypt, Mongolsko, Itálii, NSR, Francii. Paříž ho zaujala natolik, že nezůstal u jednotlivých postřehů, ale vytvořil širší soubor nazvaný „Reminiscence na Paříž."

Veřejnou činností se Dias zabýval jak v této době, tak v 70. letech jako člen komisí nejrůznějších institucí: Český fond výtvarných umění, Svaz čs. výtvarných umělců, Pressfoto, Rapid, Čs. televize, Propagační tvorba. Tuto z dnešního pohledu diskutabilní činnost viděl jako možnost udržet úroveň „cechu" a zároveň pomáhat doporučujícími razítky kvalitním autorům a dílům. Nutnost výdělku pro život rodiny ho vedla k práci nejenom pro Mladý svět, ale také pro jiné podniky, za reportážemi o stavbě tranzitního plynovodu v SSSR, dále o našem lázeňství pro Balneu a kalendářem koní pro Chemapol...

Nekonfliktním atraktivním a fotogenickým tématem se stali v 70. letech koně, dostihy a všechno kolem nich. I toto téma mu umožnilo cestovat na devizový příslib po Anglii, Francii a Španělsku, stejně jako Polsku a Maďarsku. Kniha „Koně – formule 1/1" vyšla v roce 1986 v Pressfotu v nákladu 70 000 výtisků a stala se Diasovým nejslavnějším fotografickým souborem.

Dnes už je zřejmé, že nejosobnějším a pro Diase nejdůležitějším je téma nyní nazvané Torzo – holocaustu, které je jádrem současné expozice. S ním se osobně vyrovnává od dětství, fotograficky od studií na FAMU, systematicky od roku 1962 a 1965, kdy poprvé navštívil v Buchenwaldu, Sachsenhausenu a Osvětimi vzpomínkové slavnosti a sešlost u příležitosti 20. výročí ukončení války a osvobození koncentračních táborů. Viděl tam ty, kteří přežili, a to na místech, kterými museli projít, a tak se setkalo smrtící prostředí s těmi, kteří se z něho živí vynořili a znovu obnovili paměť. V letech 1964–1995 Dias několikrát navštívil Mauthausen, Dachau, Buchenwald, Rawensbrück, Sachsenhausen-Oranienburg, Majdanek a Osvětim. Začala symbolická „evokace", jak nazývám smysl souboru Torzo – holocaustu, evokace dávno zašlých, a přesto stále živých dějů, běsů, hrůz, chmur, utrpení, beznaděje a strádání. K evokaci je použito působivých, často symetrických kompozic, centrálních pohledů na nouzové stavby, komíny, kobky s ubíhající perspektivou a náznaky ostnatých drátů... Na jejich pozadí hledíme na bývalé vězně a návštěvníky. Výstava těchto fotografií se uskutečnila s velkým ohlasem v roce 1979 v Osvětimi a pak putovala dále.

K tomuto souboru se úzce pojí Kafkova Praha, vytvořená Diasem v roce 1964, a později velmi široce koncipované celky Židovská Morava a Slezsko (1999–2000), Židovské Čechy (2000–2002) a Izrael. Právě z výjevů ze židovských obcí diaspory v Čechách a na Moravě se vydělují výtvarné a statické obrazy židovských objektů, které zároveň celé téma rozšiřují a doplňují. Poskytují tak expozici konkrétní prostory a poznání, oku jinou fotogenii. Jako by tyto reality dodávaly souboru hlubší smysl a autentičnost. Statické objekty jsou snímány podobně, jako tomu bylo ve fotografiích lágrů ve stejně evokativním duchu zdůrazňovaném stíny, průhledy, pohledy na zavřená okna a vrata, poškozené zdivo, pobořené náhrobky a vegetaci. Takový jistý druh zmaru a zapomnění. Ve většině svých fotografií Dias využívá výškový formát, což je dost ojedinělé, a v něm vytváří bravurně kompozice živých a mrtvých, světel a stínů.

Jak bylo řečeno, Diasova judaika nebyla dosud v celé šíři prezentována. Jeho existenciální přístup je zřejmý i z ostatní volné tvorby, ale tady je zvláště umocněn. Člověk svázaný prostředím a historickými událostmi nabývá další významovou vazbu: život na pozadí smrti.

Zde v plzeňské synagoze při své premiéře je toto velké téma ještě rozšířeno o volně přiřazené fotografie – záznamy osobních a dobových peripetií: obrazy rodiny – předků i dětí, a obrazy z dějin (bourání berlínské zdi, sovětské Rusko s insigniemi moci, okupace 1968, pohřeb Jana Palacha 1969). Atmosféra výstavy se zesiluje a rozšiřuje o nové souvislosti v pocitu zmaru a zároveň křehkosti bytí…

Výstava neukazuje nic z ostatní tvorby, co by bylo indiferentní a zdržovalo od vnímání centrálního záměru: vylučuje obrazy z cest, pařížský soubor, svátky víry a naděje, koně a další.

Zřetězení je častým mottem Diasových úvah a akcentem jeho postojů. Tady zřetězuje téma holocaustu z různých jednotlivých židovských výjevů nalezených doma a v Izraeli a okolo tohoto centrálního motivu – srdce expozice – přidává fotografie obyčejných lidských situací. Zdůrazňuje tak obecné člověčenství, přetváří a utváří si Family of Man ve svou představu velké rodiny, která nejde cestou k ráji, ale kde smrt je stále přítomná.

Plzeň 9. 2. – 20. 3. 2002

Arnošt Lustig *O fotografiích Pavla Diase*

K fotografii mám vztah jako k obrazům, hudbě nebo literatuře. Jsou pro mne pohledem, který mému oku unikl, paprskem, který pronikl do duše, která je mi díky fotografii blízká. Netroufal bych si ji posuzovat víc než amatér, tedy z lásky, ale vím, čím je pro mne fotografie důležitá, jako voda k jídlu, nebo vůně k růži, anebo taky trny k ostružinovému keři. Narodil jsem se v zemi, kde fotografie už dávno patří mezi umění s velkým počátečním písmenem. Ve své knihovně mám nádhernou knihu fotografií Josefa Sudka. Je to jeden z vzorů Pavla Diase. Společně s ním má Dias vášnivou touhu se učit, vidět, cítit a sdělovat. Jeho nejživelnějším učitelem je život, jeho mnohovrstevnatost, a současně s tím paměť. Pavel Dias se inspiruje minulostí, ne jejími legendami, ale její pravdou a hrůzou. Odhaluje, co by nemělo být pomíjivé jen proto, že je to kruté. Jeden z rysů nadání Pavla Diase je odhalit viděné, ale nerozkryté, dotknout se tajemství viděného, ale nespatřeného.

Mám Pavla Diase rád. Jako kamaráda, kolegu, umělce, učitele, spolupracovníka z Mladého světa, jako osobnost, která se nikdy nezpronevěřila. Jako obětavého a skromného člověka, s kterým máme společné, co znamenaly koncentrační tábory, masová vražda, masové ponížení, jaké ještě dějiny nepoznaly, hrůzné a zároveň současně s odstupem času popírané. Rasové učení, které přešlo od slov k největší vraždě, jaké byl člověk svědkem. Máme společný dar paměti. Strach z lidské přirozenosti zapomínat zlé, z ponižování nevinných a triumfu arogantních a zpupných, kteří se drželi přesvědčení, že mohou všechno. Narodili jsme se do světa, ve kterém je pro některé život druhých bezcenný.

Je to jen jedna strana světa, ale nevidět ji znamená oslepnout. Pavel Dias ji vidí, zároveň s tím, že vidí i tu lepší polovinu. Sleduje zpětně, jako v ozvěně, dobu koncentračních táborů, kterou odnáší neúprosná i milosrdná řeka do říše zapomnění. A současně s tím sleduje, co je v životě povzbuzující.

Snad je to normální. To hrozné, co bylo, co by mělo být za námi, co prožila minulá generace, odcházející pokolení. Jsou lidé, kteří tomu rozumí, proč se někteří musí vracet. Jsou lidé, pro které se nevracet je nemožné.

Chtějí se dobrat, čeho se ještě nikdo nedobral, porozumět, vidět, odpovědět si na otázky, bez kterých by se ztratil smysl všeho ostatního.

To je také to, co máme s Pavlem Diasem společného. Dobu války a její ztráty, ty zjevné i ty neviditelné. Dobu lágrů, kde hynuli nevinní za to, že se nenarodili z árijských matek nebo že chtěli, co patří každému člověku. Volnost mluvit, co si myslí, a myslet si, co chtějí, vyznávat, o čem jsou přesvědčeni. Není to za námi. Je to s námi. Před námi. Nevím, je-li to jen nedostatek, třebaže to nemůže být jen přednost. Je to součást přirozenosti. Jako palec u nohy, krvinka, mozek. Paměť.

Diasovy fotografie mají krásu dokumentu i krásu umění, bolest a aktuálnost a stíny, které vrhá minulost. Minulost v přítomnosti, přítomnost těhotnou tím, co bylo. Ve svých snímcích se Pavel Dias projevil jako svědek, reportér, jako umělec. Vdechl každému snímku trojí dimenzi času: přítomnost, minulost, budoucnost. To se daří jen básníkům. Nebyli to jen rabíni, tradiční portréty, světla a stíny a exotika modliteben, zřícenin a hřbitovů s hroby zapomenutých známých a nevzpomínaných neznámých. Nebyly to jen tváře vojáků, kteří odešli z okupované republiky v roce 1939 na západ a na východ a do všech koutů světa, aby se zbraní v ruce bojovali o ztracenou svobodu, důstojnost a samostatnost země, a tváře a postavy vězňů v koncentračních táborech (kam odvlekli příbuzné Pavla Diase). Dal svůj hlas, své oči, svou schopnost a nadání volání času, aby je bylo slyšet. To, čím bylo jeho sdělení na obou výstavách, v každém jednotlivém snímku silné, nejsilnější ze všech, byla pravda. To je úkolem umění: vykutat pravdu z chaosu světa a současné chvíle. Pavel Dias je pro mne fotografem pravdy přetavené v umění, které se do pravdy a pravdou vrací. Je to neutichající ozvěna. Je to nekonečný proud, o kterém jsem přesvědčen, že je nesmrtelnější než člověk. Spojit báseň a pravdu, dokument a umění není jen úkolem fotografie, ale fotografové v tom mají své nezaměnitelné místo.

Ve světě, kde miliony zavražděných nemají hroby, je paměť nekonečným hřbitovem, jehož slovem v obraze mohou být s literaturou, hudbou a malbou i fotografie, někdy ze všeho nejsilnější.

Víc si netroufám říci, protože moje znalosti fotografie jsou jen eklektické. Bylo už řečeno, že Diasovy fotografie spojují jedinečné a obecné, faktografické s výtvarným, prudké s klidným a hlučné s umlklým. Jedinečnost doby a její výstřelky. Tradiční i současné. Charakter a svědomí. Světla, stíny, barevné s černobílým. Drsnost a něhu, a drsnost a soucit. Bohatství, které tryská z duše umělce, z jeho díla. Listuji stránkami „Torza“, které varuje. Popisky pod snímky mají hrozivou ozvěnu: Buchenwald, Auschwitz, Ravensbrück, Birkenau, Terezín, Mauthausen, Majdanek a Sachsenhausen. Místa, kde byli lidé, a pak už nebyli. Místa masové vraždy, která se budou opakovat, nebudou-li lidi vědět: tím, že budou silnější, aby se mohli bránit a zachránit si život. Je to v Pavlu Diasovi hlouběji, než aby se to neprojevilo. Pochází z dávno počeštěné rodiny španělských Židů, tak zvaných sefardů.

To, na čem pracuje Pavel Dias už od roku 1963, je jeho životní poslání a inspirace monografie, která v panoramatu současných fotografů chyběla. Je to současný i minulý svět, který má Pavel Dias v sobě a před sebou, i když zároveň za sebou.

Dává nám fotografie, které zasahují srdce. To lze říci o všech jeho snímcích, které pokládal za zralé, aby spatřily světlo. Snad se dá říci, že fotografuje srdcem.

To odborné o něm poví odborníci. Pro mne je důležité, čím je Pavel Dias zvláštní, trochu jiný než ostatní, čím je jedinečný každý umělec.

Ve Washingtonu 3. října 2001

Karel Dvořák
The Face of Horseracing

Photography prolonged the existence of facts that had formerly faded from memory, lost their contours and content, and had over time become unreliable or had been transformed into myths.

Steichen's photographs of Steeplechase Day in Paris 1905 present us with a mystery. Where are the thirty-year old beauties, delicately lifting the hems of their long skirts upon entering their carriages? Where are the monocled chevaliers?

Where indeed is the whole of that reality depicted in Steichen's photographs, as though in the chiaroscuro of a historical painting? What of the actual reality portrayed remained capable of surpassing in significance the importance of the very existence of this photograph?

The artist is dead, the actors have fled, the era has vanished. The protagonists linger – the horses and racing as a social phenomenon. Of course, the example of Steichen's photographs of horseracing is not chosen at random as we stand in the middle of an exhibition whose overarching theme remains extant. Here too we encounter concrete facts, a concrete event, as recorded at the start of the century by Edward Steichen and at the end of the century by Pavel Dias, sometimes, perhaps, even in the same place. Two photographers of the same century, led by the same motive, something that also applies to the third artist, the painter Raoul Dufy, and his pictures of horseracing from the 1930s.

Steichen's photographs "The Main Tribune" or "After the Races" depict the social atmosphere and offer an outline of the era in a few figures and gestures. They are photographic gestures of taste, cultural *niveau* and milieu, in which artistic tendencies were also present. This was not about the racehorses: the main fact, inseparable from the concept of horseracing, could be omitted. It was automatically contained in the collective unconscious of that time as a pretext for social display.

Raul Dufy has horses and riders in his pictures. The races are on at Ascot. If we ignore that which is incomparable – simply a painterly way of creating the form of an image – then that which remains is the testimony of the character of the time, the cultural level on which the taste and interest of art-loving society operated at that time.

In both cases it is clear that horseracing was a powerful incentive for the creation of an artistic documentary, a pretext for testimony and action under clear situational rules. This applies to the theme of the exhibition of works by Pavel Dias.

Here we should mention certain important comparisons to be made with the previous examples. Firstly and most importantly, Pavel Dias has formulated external pretexts within a deeper thesis, within a kind of target theme that he entitled "The Disappearing World of Horses". Secondly, Dias investigates all aspects of a simple pretext as the motivation for social research. Thirdly, Steichen's photographic sensitivity to the style of the period, like Dufy's subjective opinion of the testimony of the period, is replaced by Pavel Dias with the objective unveiling of the individual attributes of the period, which is the principle of modern photography.

We should rank Dias's testimony alongside forms of artistic testimony such as those of the older documentaries of Steichen and Dufy referred to. As well as the communication of a certain objective reality, all three testimonies offer up their own opinion and expression, something that sets them apart from much ordinary coverage of horseracing.

Behind all of Dias's photographic intentions and resolutions there was a synthetic picture of the internal relationship of the artist to the surrounding world, and the diversity of the subject matter selected represented an analytical path. Photography as a combination of brain and eye, camera and aesthetic impulse, the heart and perfect technique, became Dias's trademark. When people speak of the shift in the sphere of interest to the sphere of social research, they are basically talking of Dias's world of horseracing spectators, of direct and indirect participants and parasites, fans and timewasters, misers and gamblers, English ladies and Czech supporters.

From the very start of his career as photographer, Dias was interesting for his ability to reveal the instability of a situation in an almost deliberately banal scene.

It appears that the artist obliges us to focus on the idea of a remote time, when someone will stand in front of his "Face of Horseracing" and "Without Blinkers" and ask: Where is the reality? Where is the significance of the reality of that time? And this person will look thoughtfully at a picture mythifying this past, which the photograph protected against the loss of contour and content, against the loss of memory.

These words were spoken in June 1979 by Karel Dvořák, editor and art critic, as he opened the large exhibition of works by Dias entitled The Face of Horseracing at Gallery D in Smíchov Prague. The exhibition subsequently travelled around Czechoslovakia and abroad. The pictures of the present exhibition were taken at Ascot and Epsom in the UK in 1977 and 1978.

Ludvík Kundera *Reportage, documentary, parable, poem*

Pavel Dias belongs to the generation of photographers who appeared in the 1960s. To begin with he was not so much influenced by representatives of classical photographic imagination such as Štýrský, Reichmann and Hák, as by film, especially the French New Wave and Italian neo-realism.

His photographs usually conjure up a story, a short story, but one that lingers in the mind. He has a heightened sense of the way we humans gather together in those moments after disquieting events and prior to entering the jungle of the future. He doesn't see the world in terms of technological miracles, but through human faces etched with experience, age, climate, work and destiny. Each of these faces is a story in itself. Wrinkles, desire, phlegmatism, desperation, as well as preoccupation, patience, persistence, playfulness and mischief – in Dias's theatre these are the dramatis personae of providence. The background speaks volumes in his photographs. The era is depicted through confrontations between the stage set and the centre-stage actors. The atmosphere of the end of the 20th century. A touch of melancholy, a prod of sarcasm. An eternal labyrinth! The field of view disturbs the discomfort of thought. The artisan becomes the artist.

Dias's early cycles *Young People*, *Brno – The Life of the City* and *Prefab Generation* represent the school of the reporter (especially with the magazine Young World during the 1960s). Adroitness and a sharp eye are needed and duly exhibited. Like many others, Dias could easily have remained on this level. However, it seems clear to me that he transcended the reliable but mediocre. How? By becoming a restless globetrotter, visiting France, India, Nepal, Egypt, Russia, Mongolia, Italy, Sicily, England, Spain, etc. The fruit of his encounter with these and other countries is a series of photos that transcend the genre of reportage and attain the level of poetry.

A special narrative quality is also to be found in *Torso*, a cycle he began a long time ago and continues to finesse. Pavel Dias was a child when the Nazi concentration camps were a hideous reality. He works his way to their core, to the essence of a bestial, and not only Nazi, humanity, through memory, specifically the memory of things, "props" – the remaining buildings, pits, fences, barbed wire, some electrified, chimneys, signs... Access is not and cannot be literal. No hecatomb of bodies, no hanging corpses or packs of wild dogs... and yet the effect is devastatingly authentic. Within the context of post-war photography in this country and elsewhere this project is unique: images without people and yet almost crowded out with life; a warning against any possible repetition, against the reprise of the absence of conscience and terrifying inhumanity.

The cycle *The World of Horseracing*, part of which is published in the book *Horses Formula 1/1*, is a different matter altogether. The Czech word *dostih* [horseracing] also connotes catching up, closing the gap, drawing level, i.e. a period tendency, not to say sickness, involving constant delay, tardiness, be this fictive or real. What is important in this collection is not the horse race itself, but the depiction of the human paraphernalia surrounding the horses and the jockeys. In the faces contained in the pictures we read events and stories ranging from frantic enthusiasm to total dejection, while Commerce is reflected in more than one expression as the essence of human affairs. Of course, the shots of the track itself – horse competing against horse, the jockeys bent low over their necks, the dust and smears of thrilling colours – are simply best in class. These photos also contain the theme of future cycles: *The World of Horses*, *The World of People*, and *The Disappearing World of Horses*, which represent a saga telling of the relationship of man and beast, i.e. nature. They slip free of the shackles of sentiment, dust off the clichés of the documentary, and become a parable.

Past and future, war and wars, racial tensions and racial mixing, fanaticism and calculation, spontaneity and convulsion, grief and uncontrollable laughter – all these and more squeeze beneath the arc of the parabola. These are the special characteristics of the Paris cycle *Reminiscences*. At the intersection of the present there is no shortage of spark, the fertile short connection between the photo and the viewer – if only people were not in such a hurry these days, if they only relaxed, loosened the reins of rational, consumerist outlook and used art and photography to teach themselves not to meditate so strenuously but to dream. I have the feeling that Dias's photographs have the ability to tactfully and lightly nudge the viewer into such dreaming. Other cycles are underway, while others are yet to start. Given his photographic temperament and inventiveness, as well as his diligence, we can expect new testimonies of the world and our era, of countries and cities, testimonies of the intimate everyday life of people coupled with a poetic sensibility.

Ludvík Kundera *A Tribute to Pavel Dias*

A photographer walks through the city: He makes his way through a thicket of faces, reading stories in every expression. A child stares dreamily at a ball and becomes a face reflected in a glass of absinth, with the wrinkles of two wars, with so many nights between life and death in his eyes – and then a navy marches in front of the backdrop of the Eiffel Tower, perhaps he drank blissfully through a blissful night, around the corner the horror of the concentration camp, without a single person, simply trimmed props. Or it's a holiday, bells are ringing in the distance, a woman is dressed up to the nines, just a moment of relaxation!, a story flashes by of what thirty years ago might have been if – but it's not "oh well" or "wow", more a resigned "hmm" or a foreign "yowsa", when the gesture is threatened by pathos. There also exist days when the background beckons more than the bunting on facades, Paris intermingles with Brno, snow has suddenly fallen and the bearers of the stories move slowly along a Prague street. "What possessed me?" says one, "during the darkest nights" intones a second poetically – and the third must drag his rickshaw full of minor events, the photographer helps push, himself yoked to an airborne cart, since it's getting colder and history requires sarcasm, because summer is bursting into the rear and it is time for horses, they are already racing along the green courses and the riders are undoubtedly carrying an eternal message. The photographer flits through the landscape and searches for, finds and abandons the sources of both River Thayas, smiles secretively, the thicket of faces grows denser, and he walks through the faces before the rustling dusk falls and in the mirrors of display windows you sometimes see a fourfold reality. Morning is time for everyday tragedies, the school bag lies around on the wet ornament of the paving and there are gaps, albeit somewhere on the corner where an angry cluster begins to perform. And the motto of this night: Vera Cruz.

The poet Mácha used to walk these streets. Not the one that inspires the aroma of lilacs, but the jealous guy and amateur actor. A bustle of the bizarre, yet other props in the slanting light of light irony, as though Vrchlický himself collected them for a future work before a pilgrimage to the Svojanov Castle. Who else does the photographer meet, wandering the city as though it were a jungle? He diligently hacks a path, he feels at home in an windy state called Chaos, the clicking of the shutter speeds up, children swarm, no, they are not going to an exhibition but to the cinema and the motto of this day is: Chance. When will we investigate its laws? In the morning it is time for the daily farce, the photographer enjoys losing himself and the day holds the promise of adventure. He speaks of the morning vision with a friend, laughs nervously, doesn't take him seriously. That's what it's like with the sensitive. He follows the changes of faces, meadows and the slaughter of fates, someone again calls in a foreign langue, maybe he'll travel to Tunis, like the painter Klee, he'll start a diary, i.e. day by day, on page one the morning dream, which always drowns in the flood of steps from the troittoire, in the clouds of vapour there is the aroma of dill, garlic, onion ... the clinking of cups, glasses and plates, the phantom of a horse flashes through the gates, in the saddle is a striped vision, the photographer prepares his camera, we call to him in seven languages, but he is snapping around the corner, he is pushing his way through the forest of faces, reading the stories etched in them...

Galerie U Řečických 21 May 1999

Anna Fárová *The Dephts of Memory*

The Great Synagogue in Pilsen is a fitting venue for a uniquely comprehensive exhibition of one of the main themes in Pavel Dias's work: Judaism. The show is evidence of the strong bond Dias felt with his grandfather Václav Dias, who was both his father figure and mentor. An atheist and left-winger, Václav survived imprisonment by the Nazis in Breslau and the Buchenwald concentration camp, though not a Jew himself. Through his grandfather Pavel was able to create a unique relationship with his family history across all generations. Photographs of his relatives are interspersed with shots of unknown people, the personal flows smoothly into the universal, and an overarching structure to his vision is formed.

It is not easy to characterise Dias's work in a single word. It has to be perceived and approached from several angles according to the themes it explores, the methods it uses, and the reason it was created, i.e. whether it was created freely or commissioned.

Dias took his first photographs in the mid 1950s while studying at the Secondary School of Applied Arts in Brno in the Photography Department headed by K. O. Hrubý. At that time, creating a photograph involved using a twin-lens reflex camera and trimming a picture from a square negative, as we see in the work of Josef Koudelka. Dias was to abandon this method in 1956 upon being given a catalogue of Steichen's exhibition Family of Man. This book left a huge impression on him, both for its humanistic message (we might recall the family photos of Elliott Erwitt) and the way it was presented. He began using 135 film, gave up trimming his photographs, and respected the entire negative and the natural lighting. In this he was following the precepts laid down by the French photographer Henri Cartier-Bresson, co-founder of the Magnum agency, whose "decisive moment" and "event" Dias got to hear of from the definitions contained in Cartier-Bresson's first small monograph published in Prague in 1958.

After leaving school Dias worked on newspaper and magazines. Film was another keen interest, and in addition he was a talented painter and draftsman. This explains his ability to capture dramatic moments such as actions taking place in time (e.g. in his cycle on horseracing) and his mastery of static scenery, such as appears in Torso – the Holocaust.

In 1960 he co-organised an exhibition with Jan Bartůšek and Miroslav Hucek, colleagues from Young World, with the suggestive title "We want to See Life in Everything" in the foyer of Lucerna Cinema, and this had an important influence on his future work. In its way it was a call to arms that presented low-key photographs of everyday events taken on 35mm film without any of the mawkishness that characterised officially sanctioned photographs. The beginnings of this style were present in Dias's work for Young World, in which he published illustrative pictures, documentary shots and photo reportage. For the most part these photographs were live shots of everyday life, further evidence of his humanist orientation. The subject matter involved a bus stop, a dance class or the typical day of a young family, and had a relaxed and easy feel to it, as opposed to straight-laced reports from the Young Communist League, the celebrations of five-year plans and the remuneration of super-productive workers. From 1960 onward Dias made many trips abroad filing photo reportages, many of which (e.g. the large-scale project with Petr Chudožilov) were never even published. At the end of the 1960s the frequency of his foreign trips increased and saw Dias visiting India, Nepal, Egypt, Mongolia, Italia, West Germany and France. Paris so enchanted him that he went beyond individual photos and created a large cycle entitled "Reminiscences of Paris".

Dias was involved in public activities both at that time and in the 1970s as a member of the commission of various institutions: the Czechoslovak Fine Arts Fund, the Union of Czechoslovak Artists, Pressfoto, Rapid, Czechoslovak Television, and the propaganda agency. This last activity, controversial from today's perspective, he regarded as an opportunity to keep his hand in and to assist promising artists and works with a stamp of approval. The need to support a young family saw him take on work not only for Young World, but for other companies. He produced a reportage on the construction of a transit pipeline in the USSR, promoted the Czechoslovak spa industry for Balneum, and created a calendar of horses for Chemapol.

In the 1970s horseracing and its paraphernalia provided Dias with an uncontroversial, attractive and photogenic theme, as well as giving him an opportunity to travel on the basis of a foreign currency permit to England, France, Spain, Poland and Hungary. The book "Horses – Formula 1/1" was published by Pressfoto in 1986 with a print run of 70,000 copies and became Dias's most famous collection of photographs.

These days it is clear that Dias's most personal and important theme is that he entitled Torso, namely the Holocaust, which forms the core of this present exhibition. On a personal level the photographer had been trying to come to terms with the Holocaust since childhood. His interest in it as a photographer dates back to his studies at FAMU, and he dealt with it systematically between 1962 and 1965, when he visited Buchenwald, Sachsenhausen and Auschwitz for the commemorative events surrounding the 20th anniversary of the end of World War II and the liberation of the concentration camps. There he came face to face with the ghastly environment in the company of those who had escaped from it with their lives and were now refusing to let the memory of it die. Between 1964 and 1995 Dias paid many visits to Mauthausen, Dachau, Buchenwald, Rawensbrück, Sachsenhausen-Oranienburg, Majdanek and Auschwitz, and his symbolic "evocation" of the Holocaust, as I term the cycle Torso, began. This is an evocation of past and yet still living events, demons, horrors, fears, suffering, hopelessness and hardship. The evocation uses impressive, often symmetrical compositions, central viewpoints of makeshift buildings, chimneys, cells with a slowly disappearing perspective and hints of barbed wire. In the background we see former prisoners and visitors. An exhibition of these photographs was held in 1979 in Auschwitz that met with great acclaim before moving on.

Torso is closely related to Kafka's Prague, created by Dias in 1964, and later to the broadly conceived collections Jewish Moravia and Silesia (1999–2000), Jewish Bohemia (2000–2002) and Israel. Scenes of the Jewish communities of the diaspora in Bohemia and Moravia give way to static pictures of Jewish buildings that expand and complement the entire theme. They provide the exhibition with concrete spaces and knowledge, and the eye with another level of photogenicity. It's as though these realities lend the collection a deeper meaning and authenticity. The static buildings are shot in the same style as the concentration camps, with the same evocative spirit highlighted by shadows, apertures, views of shut up windows and gates, damaged masonry, demolished gravestones and vegetation. A type of ruination and oblivion. In most of his photographs Dias uses the portrait format, which makes him quite a rarity, and uses it to create virtuosic compositions of the living and the dead, light and shadow.

Dias's photographs on the theme of Judaism have never before been presented in such detail. Though his existential approach is clear in the rest of his work, here it is intensified. Humanity, bound by environment and historical events, acquires another semantic layer: life against the backdrop of death.

Here at its premiere in the Pilsen Synagogue, this great theme is offset against more personal photographs of the period: pictures of Dias's family, both older and younger generations, and pictures from history (the demolition of the Berlin Wall, Soviet Russia with the insignia of power, the occupation of Czechoslovakia in 1968, the funeral of Jan Palach in 1969). The atmosphere of the exhibition is intensified and expanded by new contiguities within a feeling of destruction and at the same time the fragility of being...

The exhibition contains nothing of the rest of Dias's output, which would only serve to distract attention from the central aim. It therefore contains no examples of the photos he took on his travels, the Paris collection, the celebrations of faith and hope, horses, etc.

Interconnection is a common feature in Dias's considerations and lends accent to his approach. Here he links the theme of the Holocaust from different Jewish images found in this country and in Israel, and around this central motif, the heart of the exhibition, he intersperses photographs of everyday human situations. In doing so he emphasises our shared humanity and reshapes the Family of Man, which is not travelling on the path to paradise, but is aware of the constant presence of death.

Plzeň 9 February – 20 March 2002

Arnošt Lustig *On the photographs of Pavel Dias*

I have the same relationship to photography as I have to painting, music and literature. It shows me something I had overlooked, it is a beam of light that penetrates my soul and brings me closer to myself. I speak only as an amateur, in the true sense of the word. But I know what is important for me about photography: it is water with food, the aroma of a rose or the thorns of a bramble bush. I was born in a country where photography has long been considered Art with a capital 'A'. My library includes a wonderful book of photographs by Josef Sudek, one of Dias's role models. Like Sudek, Dias possesses a passionate desire to learn, see, feel and communicate. His principal teachers are life itself, in all its diversity, and memory. Dias is inspired by the past: not by its legends, but by its truth and horrors. He lays bare that which should not be forgotten simply because it is cruel. He has a talent for revealing the visible but unobserved, for getting to the heart of the seen but ignored.

I like Pavel Dias. I like him as a friend, artist, teacher, as someone who worked with me on the magazine Young World, as someone who has never acted in bad faith. I like his selflessness and modesty. I like him for what we share, which is an awareness of what the concentration camps meant, what mass murder and oppression of a kind never seen before involved, an awareness of a horror that over the course of time is being banished from memory. A racism that was not content with hate speech but culminated in the largest act of murder Man has ever witnessed. We share the gift of memory. Anxiety at Man's propensity to forget evil, at the humiliation of the innocent and the triumph of the arrogant and overbearing, who remained convinced that they could do whatever they wanted. We were born into a world in which some deem the lives of others to be worthless.

This is only one side to the world. But not to see it is to be blind. Dias sees it, along with its better half. He tracks the reverberations of the time of the concentration camps, a time that is being swept away by a relentless yet merciful river into the realm of oblivion. At the same time he follows what is invigorating in life.

Perhaps this is normal. The horror that was, that should be behind us, the horror that a past generation, dwindling in number, experienced. There are people who understand why some must return. There are people for whom not returning is impossible.

They want to discover that which nobody has yet discovered, to understand, to see, to seek answers to questions without which everything else loses its meaning. This is something else Pavel and I share in common. The time of the war and its losses, both the manifest and the invisible. The period of the concentration camps, when the innocent perished because they had not been born to Aryan mothers, or they wanted that to which we all have a right. The freedom to say what they think and to think whatever they want, to hold true to their convictions. It is not behind us. It is with us and in front of us. I don't know if it is simply a flaw, though it cannot be simply a merit. It is part of nature, like a big toe, a blood cell, the brain. Memory.

Dias's photos possess the beauty of a documentary and the beauty of art. They express pain and contemporaneity, and show the shadows thrown by the past. The past in the present, a present fraught with that which was. In his photographs Dias is witness, reporter and artist. Into every photograph he breathes the three dimensions of time: the present, past and future. Only poets manage this. They were not simply rabbis, traditional portraits, light and shade and the exoticism of prayer rooms, ruins and cemeteries containing the graves of forgotten friends and strangers. They were not simply the faces of soldiers who left the occupied republic in 1939 for the West and the East and all four corners of the planet in order to take up arms and fight for lost freedom, dignity and the independence of their country, and the frightened faces of prisoners in concentration camps (where they dragged Dias's relatives). Dias gave his voice, his eyes, his abilities and talent to time's entreaties that they be heard. The message of both exhibitions, the message contained in every photograph, leaving the strongest impression, was truth. This is the task of art: to extract truth from the chaos of the world and the present moment. For me, Dias is a photographer of truth forged in art, an art that returns to truth through truth. It is a constant reverberation. It is an endless current, which I am convinced is more immortal than Man. It is not only the job of photography to marry poetry and truth, the documentary and art, though photographers have an irreplaceable role to play in this.

In a world in which millions of murdered have no grave, memory is an eternal graveyard, by means of whose word in an image photographs can, along with literature, music and art, sometimes be the strongest of all.

I would not presume to say more, because my knowledge of photography is but eclectic. I have already said that Dias's photographs combine the particular and the universal, the factual and the creative, the intense and the calm, the noisy and the silent. The uniqueness of the time and its excesses. The traditional and the contemporary. Character and conscience. Light, shade, colour and the black and white. The harsh and the gentle, the harsh and compassionate. The wealth that flows from the spirit of the artist and his work. I browse the pages of "Torso" and they issue a warning. The captions beneath the pictures still echo with horror: Buchenwald, Auschwitz, Ravensbrück, Birkenau, Terezín, Mauthausen, Majdanek and Sachsenhausen. Places where there were people and then there were none. The sites of a mass murder that will be repeated unless people know about it and are therefore stronger and more ready to defend themselves and save their lives. It is embedded too deeply in Dias for it not to be manifest. He himself comes from a naturalised family of Spanish Jews known as the Sephardim.

What Pavel Dias has been working on since as far back as 1963 is his mission in life and the inspiration of the monograph that was lacking in the panorama of contemporary photographers. It is the present and past world that Dias has inside him and before him, though also behind him.

He offers us photographs that touch our hearts. We can say this of all of his photos that he regards as mature enough to see light of day. Perhaps we can say that he takes photographs from the heart. Specialists will speak of the technicalities. For me what is important is how Dias is special, different to the rest, in the way that every artist is unique.

Washington, 3 October 2001

Pavel Dias ve svém vinohradském bytě
Pavel Dias in his apartment in Vinohrady
Praha / *Prague*, 2000

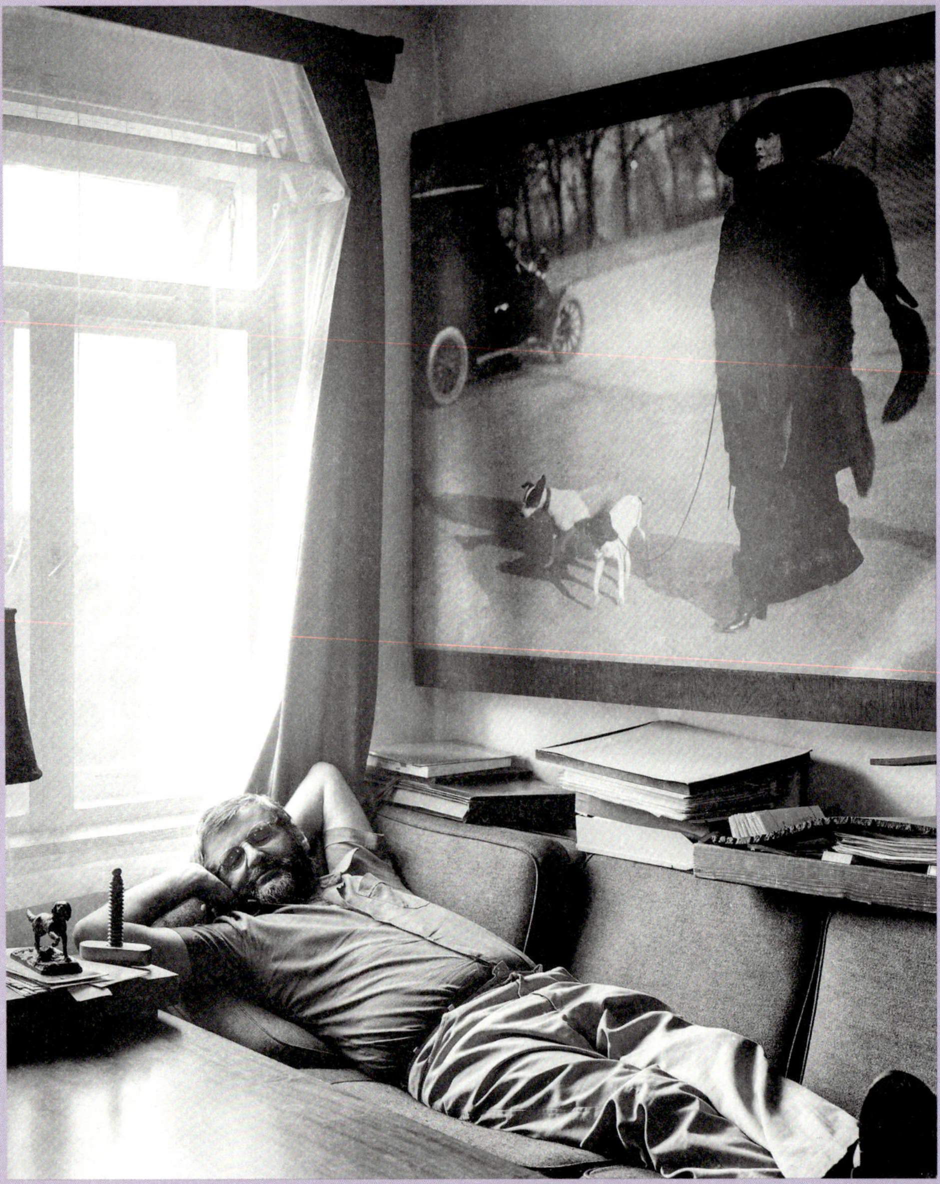

Foto © Petr Neubert

Pavel Dias
stručný životopis

Pavel Dias se narodil v roce 1938 v Brně. Vystudoval fotografii pod vedením Karla Otto Hrubého na Střední uměleckoprůmyslové škole v Brně (1958). Během středoškolských studií v rámci praxe asistoval u filmů Karla Zemana. Po skončení studia na SUPŠ pokračoval ve studiu na katedře filmového obrazu u profesora Jána Šmoka na Filmové fakultě Akademie múzických umění v Praze (FAMU) v letech 1958 až 1959. Po dvouletém přerušení studia, během kterého pracoval jako fotograf barrandovských filmových ateliérů se na FAMU vrátil. Zde se stal v roce 1964 prvním absolventem nově založené specializace umělecká fotografie, fungující na katedře kamery. Pavel Dias se v roce 1961 oženil se spolužačkou z brněnské střední školy Hildou Misurovou. V témže roce se jim narodil syn Pavel, o tři roky později pak druhý syn Marek. Prvorozený syn Pavel zemřel na konci sedmdesátých let na leukemii.

Již v době nástupu na FAMU byly fotografie Pavla Diase zastoupeny na řadě výstav jak doma, tak v zahraničí. Během prvního ročníku na FAMU se na základě pozvání prof. Linharta účastnil výstavy profesionálních fotografů výtvarníků, kde byly jeho snímky vystaveny spolu s pracemi např. Josefa Sudka, Karla Plicky, Freda Kramera, Dagmar Hochové či Miloně Novotného.

Soustavně spolupracoval s relativně svobodným časopisem Mladý svět od jeho založení v roce 1959, který v té době fungoval jako hlavní platforma pro publikování reportážní fotografie v Čechách. Kromě Mladého světa publikoval např. v časopisech Vlasta, Literární noviny, Kultura. Vedle komerční časopisecké a reklamní tvorby se dlouhodobě věnoval práci na svých fotografických cyklech.

Po skončení studií pracoval jako metodik Ústředního domu lidové umělecké tvořivosti. Podílel se na vstupu Československa do mezinárodní organizace FIAP (Fédération Internationale de l'Art Photographique). V roce 1964 se stal členem Svazu československých výtvarných umělců a od té doby pracoval ve svobodném povolání. Od roku 1983 do roku 1988 vedl obor fotografie na Střední uměleckoprůmyslové škole v Brně. Mezi lety 1989 a 2009 působil jako kmenový pedagog na katedře fotografie na FAMU (do roku 2008 jako vedoucí Ateliéru dokumentární fotografie). V roce 1997 založil Ateliér reklamní fotografie na Institutu mediálních komunikací Technologické fakulty Vysokého učení technického ve Zlíně. V roce 1995 byl na pražské FAMU jmenován docentem a v roce 2004 profesorem. Od roku 2005 působí na Univerzitě Tomáše Bati v ateliéru reklamní fotografie.

Je držitelem čestné ceny Interkamera z roku 1995 a 1999. V roce 2008 byl Pavlu Diasovi udělen Asociací fotografů České republiky titul Osobnost české fotografie 2008 za dlouhodobý přínos fotografii.

Pavel Dias *biographical details*

Pavel Dias was born in 1938 in Brno. He studied photography with Karel Otto Hrubý at the Secondary School of Applied Arts in Brno (1958). While still a student he worked as an intern on films by Karel Zeman. After completing secondary school he attended the Faculty of the Film Image headed by Professor Ján Šmok at the Academy of Film at the Academy of Performing Arts in Prague (FAMU) in 1958 and 1959. After a two-year break from studies, during which he worked as a photographer at the Barrandov film studios, he returned to FAMU. In 1964 he became the first graduate of the newly established artistic photography department, part of the camera department. In 1961 Dias married his classmate from secondary school in Brno, Hilda Misurová. In the same year their first son Pavel was born, followed by Marek three years later. Pavel died of leukaemia at the end of the 1970s.

Even before he joined FAMU Dias's photographs had been shown at many exhibitions in both Czechoslovakia and abroad. During his first year at FAMU, at the request of Professor Linhart, Dias participated in an exhibition of professional art photographers, at which his pictures were shown alongside those of Josef Sudek, Karel Plicka, Fred Kramer, Dagmar Hochová and Miloň Novotný.

From its establishment in 1959 he worked closely with the relatively free magazine Young World, which at that time was the main platform for the publication of photo reportage in Czechoslovakia. He also had his work published in the magazines Vlasta, Literární noviny and Culture. Alongside his commercial work for magazines and the advertising industry, he continued to work on his photographic cycles.

After graduating he worked as a manual writer at the Centre for the People's Artistic Creativity. He participated in the accession of Czechoslovakia to FIAP (Fédération Internationale de l'Art Photographique). In 1964 he became a member of the Czechoslovak Artists' Union and since then has worked as a freelancer. From 1983 to 1988 he headed the photography department at the Brno Secondary School of Applied Arts. Between 1989 and 2009 he was a lecturer at the Photography Department at FAMU (until 2008 as the assistant professor of the Department of Documentary Photography). In 1997 he established the Advertising Photography Studio at the Institute of Media Communication of the Faculty of Technology of the University of Technology in Zlín. In 1995 he was made senior lecturer at FAMU and in 2004 he was appointed professor. Since 2005 he has been working at the Advertising Photography Studio of Tomáš Baťa University (formerly the University of Technology).

He won honorary prizes at Interkamera in 1995 and 1999. In 2008 Dias won the lifetime achievement award given by the Association of Photographers of the Czech Republic for his contribution to photography.

Fotografické cykly

Vesnice - domov (1955–1965)
Brno - život města (1955–1958, pokračování v 60. letech)
Zlínské návraty (1958–1998)
Slavnosti víry a naděje (1964–1997)
Torzo varuje / Torzo / Torzo holocaustu (1963–1995)
Panelová klec (1964–1984)
Reminiscence na Paříž (1968)
Země Kertaka (1968)
Mizející svět koní (1959–1989)
Svět koní, svět lidí / Tvář dostihu (1975–1985)
Koně - formule 1/1 (1975–1985)
Without Blinkers (1975–1989)
Osiřelá sousedství / Židovská Morava a Slezsko (1998–2000)
Izrael (1999–2002–2007)
Hlubiny paměti / Paměť naděje (2000–2005)
Domovy a světy (2002)
Židovské Čechy (2000–2006)
Without Blinkers II. (2002–2008)
Bedřichova zahrada (2003–2004)
Mongolské thaki dnes (2005)
Zlín Josefa Sudka, Antonína Horáka a můj (2005–2008)
Nachmannova Umaň (2007)
Zanikající města funkcionalistické architektury Baťova impéria (2005–2013)

Samostatné výstavy

Absolventská výstava, Funkeho Kabinet, Dům umění města Brna, 1964.
Pavel Dias, Malostranská beseda, Praha, 1964 (dále Děčín 1964, Kyjov 1965, Hodonín 1965, Gottwaldov-Zlín, Luhačovice 1965).
Mládí, Autorská putovní výstava v SSSR, 1966.
Brno - život města, Autorská putovní výstava v SSSR, 1966.
Tvář dostihu, Galerie D, Praha, 1979. (dále: Kabinet J. Funkeho, Dům umění města Brna 1981, Pardubice 1983, Luhačovice 1984, Napajedla 1984, Slovácké divadlo Uherské Hradiště)
Torzo holocaustu, Památník holocaustu, Osvětim, Polsko, 1979 (dále: Oranienburg, Sachsenhausen 1980, Bánská Bystrica 1981, Děčín 2001–2002).
Koně Baltasziho hřebčína, Rotunda hřebčína a zámek Napajedla, 1986.
Fotografie Pavla Diase 1957–1987, Panský dům, Uherský Brod, 1988.
Retrospektiva Pavla Diase, Galerie výtvarného umění, Hodonín, 1989.
Reminiscence na Paříž, Knihovna, Boskovice, 1989.
17. listopad, Mahenovo divadlo, Brno, 1989.
Církevní slavnosti, Slovácké divadlo, Uherské Hradiště, 1990.
Retrospektiva Pavla Diase, Dům umění města Brna, Brno, 1990.
Divadlo Maringotka ve Španělsku, Galerie mladých SKN, Brno, 1991.
Tvář dostihu, Galerie moderního umění, Teherán, Írán, 1991.
Fotografie Pavla Diase, FOMA, Hradec Králové, 1992.
Deset fotografií Pavla Diase, Galerie Jungmann, Liberec, 1993.
Torzo, Galerie muzea, Svitavy, 1994.
Slavnosti víry a naděje, Galerie Genesis, Praha, 1994.
Pavel Dias, PHP (Pražský dům fotografie), Praha, 1995.
O těch, kteří řekli ne, Míčovna Pražského hradu, Praha, 1995.
Pavel Dias, Kabinet fotografie Slezského muzea, Opava, 1996.
Pavel Dias, Mezinárodní festival filmů pro děti a mládež, Zlín, 1997.
Ohlédnutí, Galerie u Řečických, Praha, 1997.
Profilová P. Diase, Akademické centrum, Univezita Tomáše Bati, Zlín, 1997.
Pavel a Marek Diasovi, Beroun, 1998.
Židovská Morava, Dům umění města Brna, Brno, 1999.
Slavnosti naděje II, Panský dům, Uherský Brod, 2000.
Zlínské návraty, Kabinet Alexandera Hackenschmieda, Muzeum Zlín, 2001.
Hlubiny paměti, Velká synagoga, Plzeň, 2002.
Památky židovské kultury na jihovýchodní Moravě, Kabinet Alexandera Hackenschmieda, Muzeum Zlín, 2003.
Památky židovské kultury na jihovýchodní Moravě, Muzeum Holešov, 2003.
Izrael, synagoga v Děčíně, 2005.

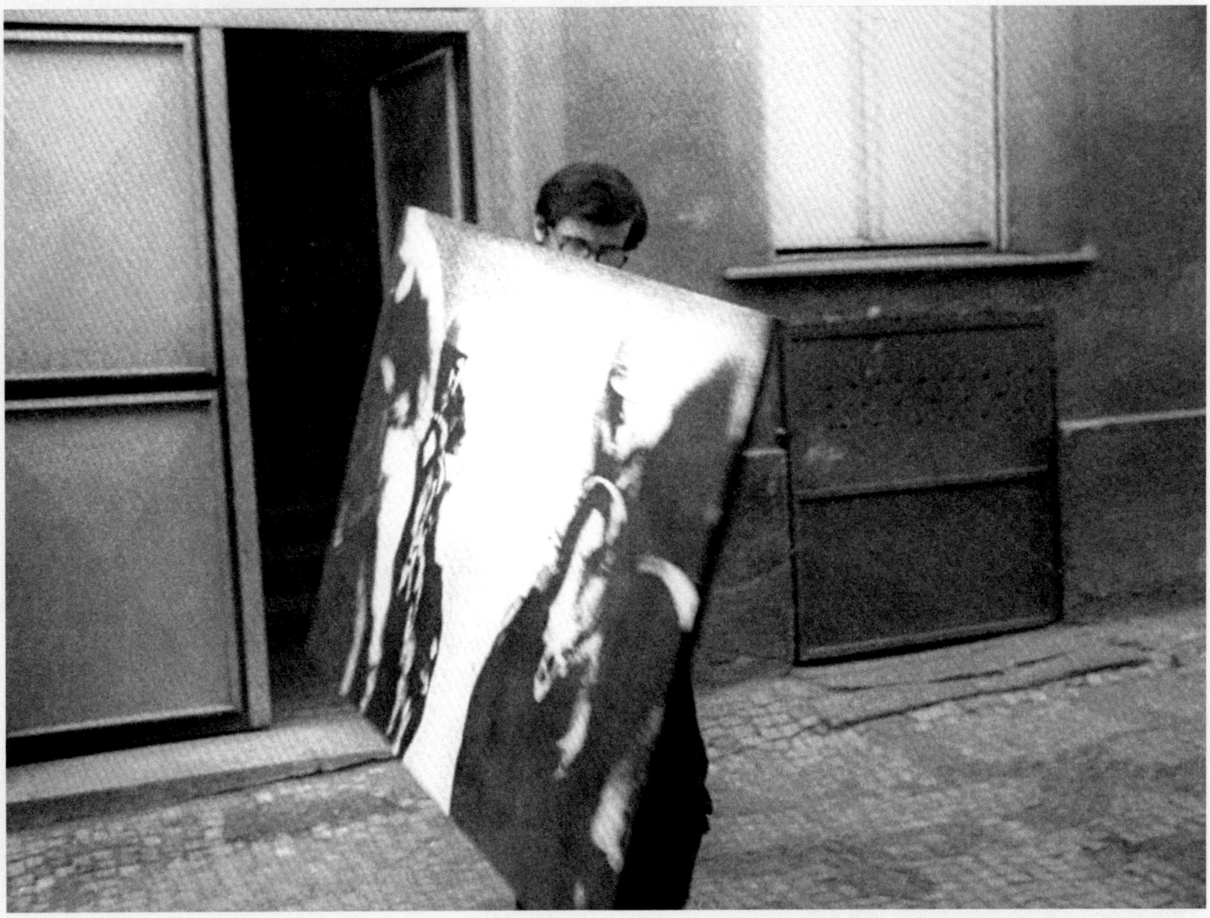

Foto © Miroslav Hucek

Pavel Dias – 50 let s fotografií, Benefiční galerie FONS, Pardubice, 2006.
Izrael, modlitebna Židovské obce v Teplicích, 2006.
Z hlubin paměti, synagoga v Mariboru, Slovinsko, 2006.
Hlubiny paměti, Národní muzeum fotografie, Jindřichův Hradec, 2006.
Slavnosti naděje, Malá galerie České spořitelny, Kladno, 2007.
Izrael 2007, synagoga v Teplicích, 2007.
Izrael, synagoga v Mikulově, 2008.
Život s fotografií, Muzeum jihovýchodní Moravy, Zlín, 2008.
Padesát, Galerie Langhanz Praha, 2008.
Padesát, Pardubice, 2009.
Pavel Dias, Pawlatsch Galerie, Vídeň, 2010.
Pavel Dias, Galerie Q studio, Uherský Brod, 2011.
Pavel Dias, Studio XXX, Zlín, 2012.
Pavel Dias, Letní filmová škola v Uherském Hradišti, 2012.

Dokumentární filmy s fotografiemi Pavla Diase

Shirley Tempel, režie Petr Protiva, 1990.
Pavel Dias v cyklu filmů *Deset moravských fotografů*, 1991.
Josef Koudelka, režie Rudolf Adler, 1991.
Pavel Dias, cyklus televizních filmů Kentaur, režie Zdeněk Brezina, 1994.
Ateliér reklamní fotografie – Pavel Dias – Zlín, ČT Televizní studio Brno, režie Pavel Jirásek, 1997.
Pavel Dias šedesátiletý, ČT Televizní studio Brno, 1998.
Židovská Morava a Slezsko, ČT Televizní studio Brno, režie Slávek Bařinka, 2000.
Židovská Morava a Slezsko, ČT Televizní studio Brno, režie Slávek Bařinka, 2000.

Pavel Dias, ČT Televizní studio Ostrava, 2002.
Vizovická pekárna, z cyklu *Osudy domů*, ČT, režie Slávek Bařinka, 2008.

Fotografická účast na filmech

Všude žijí lidé, režie Jiří Hanibal, Štěpán Skalský, 1960.
Devět klobouků na Prahu, režie Ladislav Rychman, 1960.
Meckie Messer, režie Ladislav Rychman, 1960.
Útěk do větru, režie Václav Táborský, 1965.
Sedmikrásky, režie Věra Chytilová, 1966.
Smuteční slavnost, režie Zdeněk Sirový, 1969.
Kaňon samé zlato, režie Zdeněk Sirový, 1975.
Outsider, režie Zdeněk Sirový, 1987.
Černí baroni, režie Zdeněk Sirový, 1992.
Dědictví aneb Kurvahošigutntág, režie Věra Chytilová, 1992.

Pedagogická činnost

Ústřední dům lidové umělecké tvořivosti, metodik pro obor fotografie, Praha, 1964–1966.
Lidová univerzita Jána Šmoka, 1964–65.
Střední uměleckoprůmyslová škola v Brně, středoškolský profesor, vedoucí oddělení fotografie, 1983–1988.
FAMU, katedra fotografie, odborný asistent a vysokoškolský profesor, Praha, 1989–2008.
Vyšší odborná škola filmová, Zlín, 1986–2000.
Vysoké učení technické – zakládal a stal se vedoucím vysokoškolského vzdělávání v oboru fotografie v **Ateliéru reklamní fotografie** 1997–1990, který vybudoval.
Univerzita Tomáše Bati – Fakulta mediálních komunikací, Ateliér reklamní fotografie ve Zlíně, profesor, 2004–dosud.
Janáčkova Akademie múzických umění, Brno, 2008.

Seznam témat přednášek v cyklu *Fotografie – obraz lidských příběhů*

Nejen černobílé návraty
Na světě není nic nového – příběh Turínského plátna
Etická motivace fotografa
Také tebe se to může týkat – holocaust
Úvod k momentní fotografii
Ivan Soeldner
Arles krok za krokem k fotografii
Arles katalog příběhu fotografie
Cesty Romů – Natálka
Fotografie ve filmech Dušana Hanáka
Jan Lukas
Nestárnoucí médium
Okupační stávky studentů ve fotografii P. Hněvkovského
Romano Drum
Inspirace Zlínem
Zlín, vzpomínky s vděčností
Zrod, vzestup a pád zlínského filmu
Symbióza osobního života s profesním
Život s fotografií
Fotografující filmaři
Zrod, vzlet a pád zlínského filmového studia
Etická motivace fotografa
Zlín jako inspirace a podhoubí vzniku FAMU

Organizační a kurátorské výstavy

Muzeum Jihovýchodní Moravy a filmové ateliéry Zlín:
Alexander Hackenschmied, MJM, Zlín
Fabiáni, Filmové studio Zlín, MFFPDM, Zlín
Antonín Horák, poslední z Fabiánů, MJV Zlín
Alexander Hackenschmied, Francouzský institut, Praha
Antonín Horák, Ateliér Josefa Sudka, Praha.

Titulní strana Mladého světa s fotografií Pavla Diase
k reportáži o mezinárodních táborech mládeže
*Front page of Mladý svět (Young World)
with a feature article on international youth camps*
1969

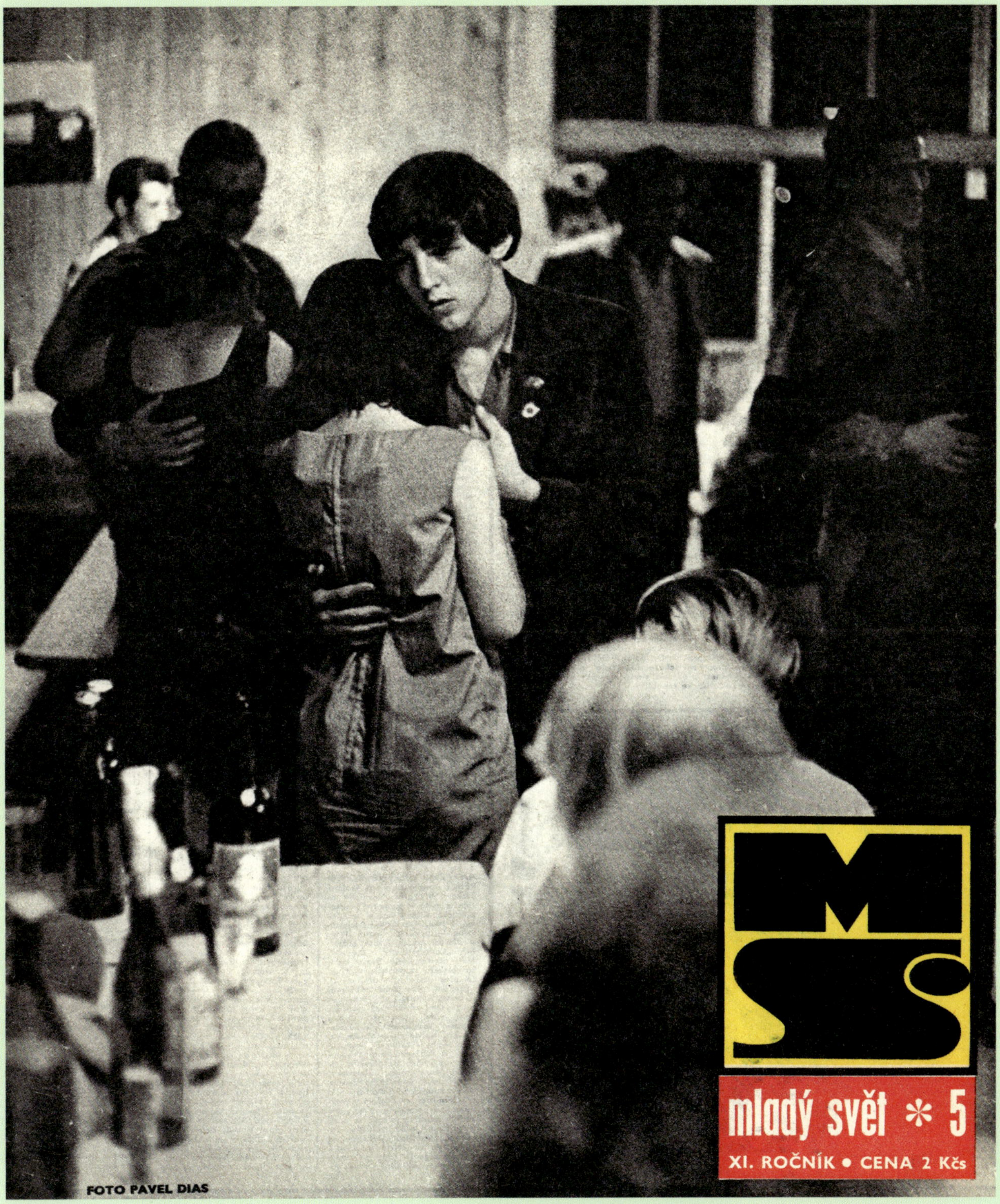

Titulní strana Ahoj na sobotu s fotografií Pavla Diase k rozhovoru s Janem Třískou
Front page of Ahoj na sobotu with an interview with Jan Tříska
1970

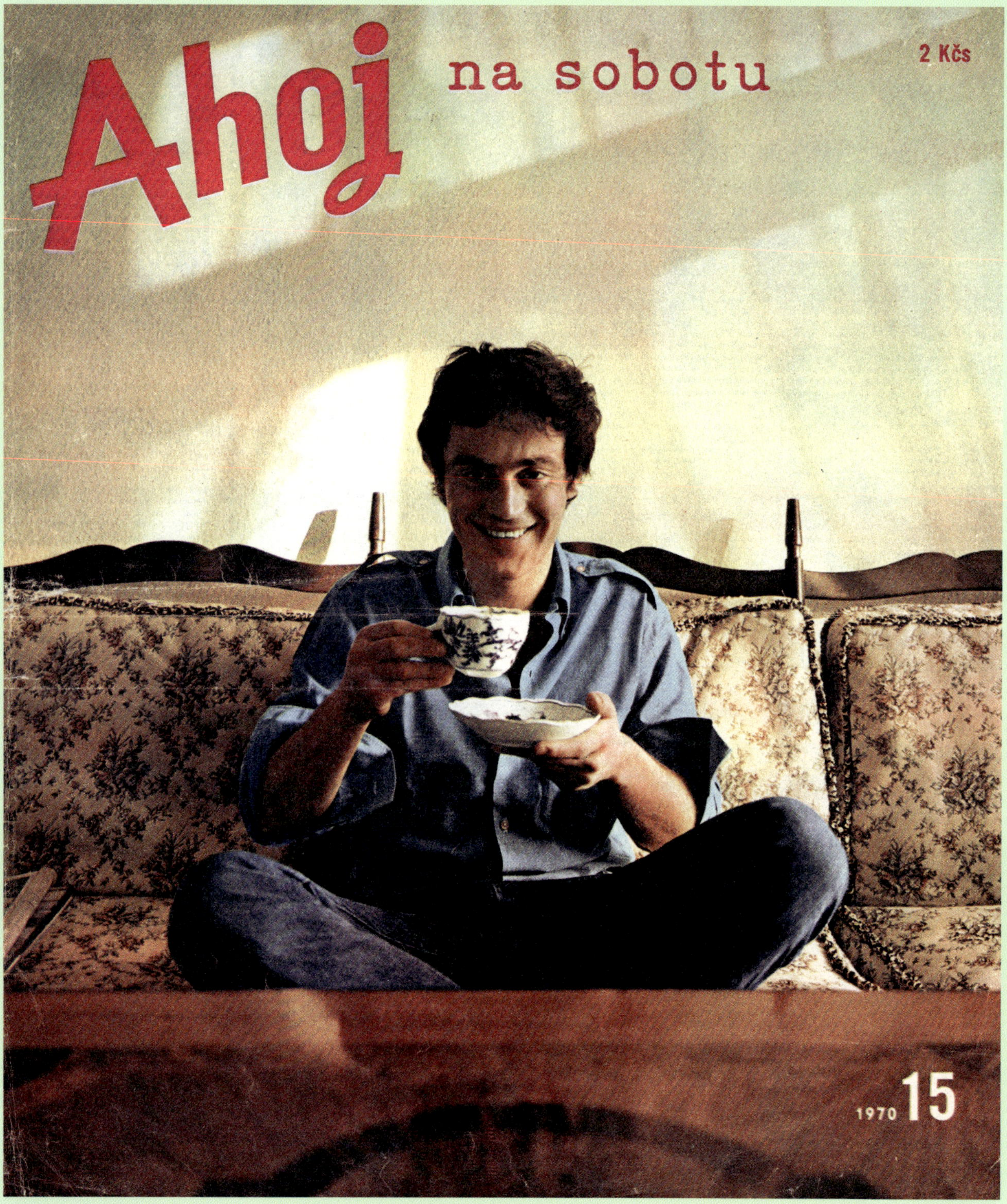

Photographic cycles

Village – Home (1955–1965)
Brno – The Life of a City (1955–1958, continued in the 1960s)
Zlín Homecomings (1958–1998)
Celebrations of Faith and Hope (1964–1997)
Torso Warns / Torso / Torso of the Holocaust (1963–1995)
Prefab Cage (1964–1984)
Reminiscences of Paris (1968)
The Country of the Mongolian Horse (1968)
The Disappearing World of Horses (1959–1989)
The World of Horses, the World of People / The Face of Horseracing (1975–1985)
Horses – Formula 1/1 (1975–1985)
Without Blinkers (1975–1989)
Deserted Neighbourhoods / Jewish Moravia and Silesia (1998–2000)
Israel (1999–2002–2007)
The Depths of Memory / The Memory of Hope (2000–2005)
Homes and Worlds (2002)
Jewish Bohemia (2000–2006)
Without Blinkers II. (2002–2008)
Bedřich's Garden (2003–2004)
The Mongolian Thaki Today (2005)
The Zlín of Josef Sudek, Antonín Horák and Me (2005–2008)
Nachmannova Umaň (2007)
Disappearing Functionalist Architecture of the Cities of the Baťa Empire (2005–2013)

Solo exhibitions

Graduate Exhibition, Funke Room, Brno House of Arts, 1964.
Pavel Dias, Malostranská beseda, Prague, 1964. (followed by Děčín 1964, Kyjov 1965, Hodonín, 1965, Gottwaldov-Zlín, Luhačovice 1965)
Young People, a touring exhibition in the USSR, 1966.
Brno – the Life of a City, a touring exhibition in the USSR, 1966.
The Face of Horseracing, Gallery D, Prague, 1979. (followed by the J. Funke Room, Brno House of Arts 1981, Pardubice 1983, Luhačovice 1984, Napajedla 1984, Slovak Theatre Uherské Hradiště)
Torso of the Holocaust, Memorial to the Holocaust, Osvětim, Poland, 1979. (followed by Oranienburg, Sachsenhausen 1980, Bánská Bystrica 1981, Děčín 2001–2002)
The Horses of the Baltazzi Stud Farm, Rotunda of the stud farm and Napajedla Chateau, 1986.
The Photography of Pavel Dias 1957–1987, Panský dům, Uherský Brod, 1988.
Pavel Dias – a Retrospective, Gallery of Fine Art, Hodonín, 1989.
Reminiscences of Paris, Library, Boskovice, 1989.
17 November, Mahen Theatre, Brno, 1989.
Religious Celebrations, Slovak Theatre, Uherské Hradiště, 1990.
Pavel Dias – a Retrospective, Brno House of Arts, 1990.
Divadlo Maringotka in Spain, Gallery of Young Artists, Brno, 1991.
The Face of Horseracing, Gallery of Modern Art, Teheran, Iran, 1991.
The Photography of Pavel Dias, FOMA, Hradec Králové, 1992.
Ten Photographs by Pavel Dias, Gallery Jungmann, Liberec, 1993.
Torso, Museum Gallery, Svitavy, 1994.
Celebrations of Faith and Hope, Gallery Genesis, Prague, 1994.
Pavel Dias, Prague House of Photography, Prague, 1995
Of Those Who Said No, Prague Castle Ballroom, Prague, 1995
Pavel Dias, Cabinet of Photography of the Silesian Museum, Opava, 1996.
Pavel Dias, International Festival of Films for Children and Young People, Zlín, 1997.
Retrospective, Gallery u Řečických, Prague, 1997.
A Profile of Pavel Dias, Academic Centre, Tomáš Baťa University, Zlín, 1997.
Pavel and Marek Dias, Beroun, 1998.
Jewish Moravia, Brno House of Arts, Brno, 1999.
Celebrations of Hope II, Panský dům, Uherský Brod, 2000.
Zlín Homecomings, the Alexander Hackenschmied Room, Zlín Museum, 2001.
The Depths of Memory, Great Synagogue, Plzeň, 2002.
Memories of Jewish Culture in Southeast Moravia, the Alexander Hackenschmied Room, Zlín Museum, 2003.

Vernisáž výstavy v Luhačovicích
Private view of an exhibition at Luhačovice
1964

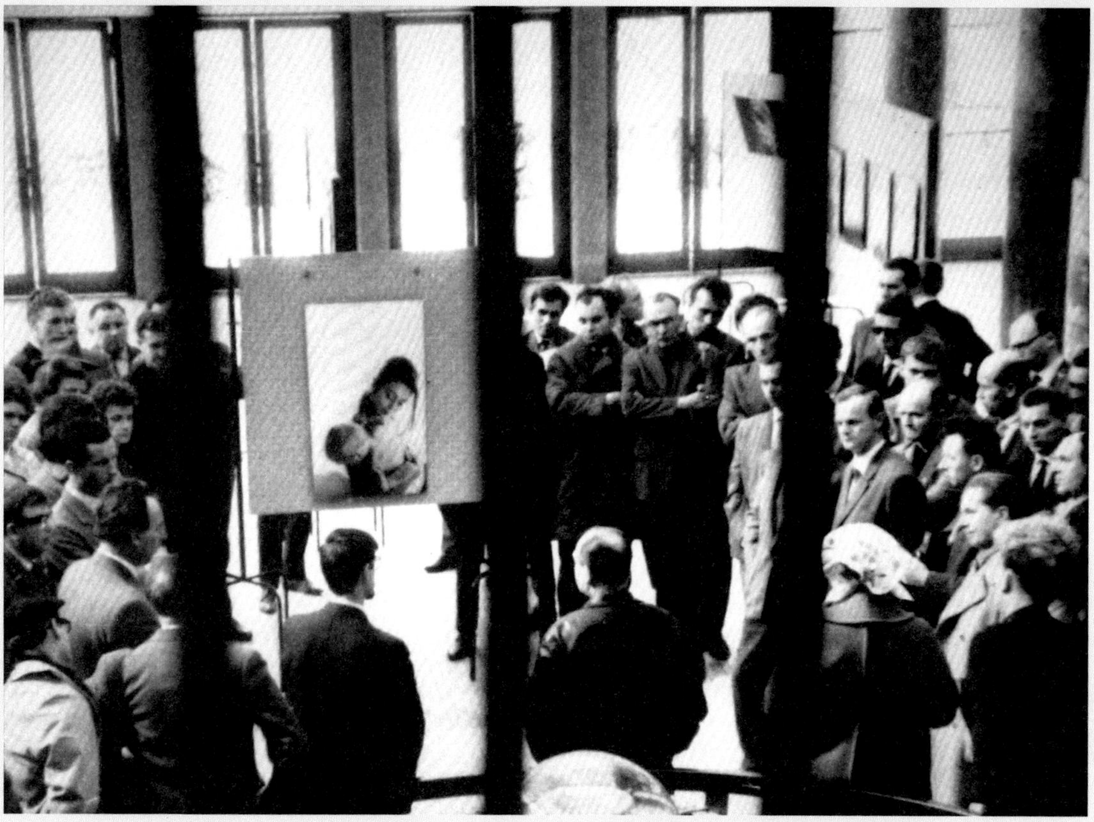

Foto: Archiv Pavla Diase

Memories of Jewish Culture in Southeast Moravia, Museum Holešov, 2003.
Israel, Děčín Synagogue, 2005.
Pavel Dias – 50 Years of Photography, Beneficial Gallery FONS, Pardubice, 2006.
Israel, prayer room of the Jewish community in Teplic, 2006.
From the Depths of Memory, Maribor Synagogue, Slovenia, 2006.
The Depths of Memory, National Museum of Photography, Jindřichův Hradec, 2006.
Celebrations of Hope, Česká spořitelna Small Gallery, Kladno, 2007.
Israel 2007, Teplice Synagogue, 2007.
Israel 2007, Mikulov Synagogue, 2008.
A Life with Photography, Museum of Southeast Moravia, Zlín, 2008.
Fifty, Gallery Langhanz Prague, 2008.
Fifty, Pardubice, 2009.
Pavel Dias, Pawlatsch Gallery, Vienna, 2010.
Pavel Dias, Gallery Q Studio, Uherský Brod, 2011.
Pavel Dias, Studio XXX, Zlín, 2012.
Pavel Dias, Summer Film School, Uherské Hradiště, 2012.

Documentary films with photographs by Pavel Dias

Shirley Temple, director: Petr Protiva, 1990.
Pavel Dias in the cycle of films *Ten Moravian Photographers*, 1991.
Josef Koudelka, director: Rudolf Adler, 1991.
Pavel Dias, a cycle of television films Kentaur, director: Zdeněk Brezina, 1994.
Advertising Photography Studio – Pavel Dias – Zlín, ČT television studio Brno, director: Pavel Jirásek, 1997.
Pavel Dias at Sixty, ČT television studio Brno, 1998.
Jewish Moravia and Silesia, ČT television studio Brno, director: Slávek Bařinka, 2000.
Jewish Moravia and Silesia, ČT television studio Brno, director: Slávek Bařinka, 2000.
Pavel Dias, ČT television studio Ostrava, 2002.
Vizovice Bakery, from the cycle *Fates of Buildings*, ČT, director: Slávek Bařinka, 2008.

Photographic participation in films

People Live Everywhere, director: Jiří Hanibal, Štěpán Skalský, 1960.
Nine Hats to Prague, director: Ladislav Rychman, 1960.
Meckie Messer, director: Ladislav Rychman, 1960.
Escape in the Wind, director: Václav Táborský, 1965.
Daisies, director: Věra Chytilová, 1966.
Funeral Celebration, director: Zdeněk Sirový, 1969.
A Canyon Full of Gold, director: Zdeněk Sirový, 1975.
Outsider, director: Zdeněk Sirový, 1987.
Black Barons, director: Zdeněk Sirový, 1992.
The Inheritance or Fuckoffguysgoodday, director: Věra Chytilová, 1993.

Teaching activities

Supervisor in photography, **Central House of the People's Creativity**, Prague, 1964–66.
Ján Šmok University of the People, 1964–1965.
Teacher at the **School of Applied Arts (ŠUŘ)**, Brno, head of the photography department, 1983–1988.
Lecturer at **FAMU, department of photography**, specialist assistant and professor, Prague 1989–2008.
Lecturer at **Film School**, Zlín, 1986–2000.
Lecturer at **University of Technology** – founded and was studies head of the photography department at **Advertising Photography Department** 1997–1990.
Tomáš Baťa University – Faculty of Media Communication, Advertising Photography Department, Zlín, professor, 2004–present day.
Janáček Academy of Music, Brno, 2008.

Lecturers given as part of the cycle *Photography – a Picture of Human Stories*

Not only black-and-white returns
Nothing New Under The Sun – the Story of the Turin Shroud
The Ethical Motivation of the Photographer
It Might Concern You Too – the Holocaust
Introduction to Momentary Photography
Ivan Soeldner
Arles: Photography Step by Step
Arles: catalogue of the course of a photograph
Path of the Roma – Natálka
Photography in the Films of Dušan Hanák
Jan Lukas
A Timeless Medium
Student Occupations in the Photography of P. Hněvkovský
Romano Drum
The Inspiration of Zlín
Zlín: Memories with Gratitude
The Birth, Rise and Fall of Zlín-based Film
The Symbiosis of Personal and Professional Life
A Life with Photography
Filmmakers who take Photographs
The Birth, Rise and Fall of the Zlín Film Studio
The Ethical Motivation of the Photographer
Zlín as Inspiration for the Creation of FAMU

Organiser and curator of exhibitions

Museum of Southeast Moravia and the Zlín film studios:
Alexander Hackenschmied, MJM, Zlín
Fabiáni, Zlín Film Studio, MFFPDM, Zlín
Antonín Horák, last of the FABians, MJV Zlín
Alexander Hackenschmied, French Institute, Prague
Antonín Horák, Josef Sudek Studio, Prague

Jmenný rejstřík Index

Strážnice, 80. léta / *the 1980s*
Foto: Archiv Pavla Diase

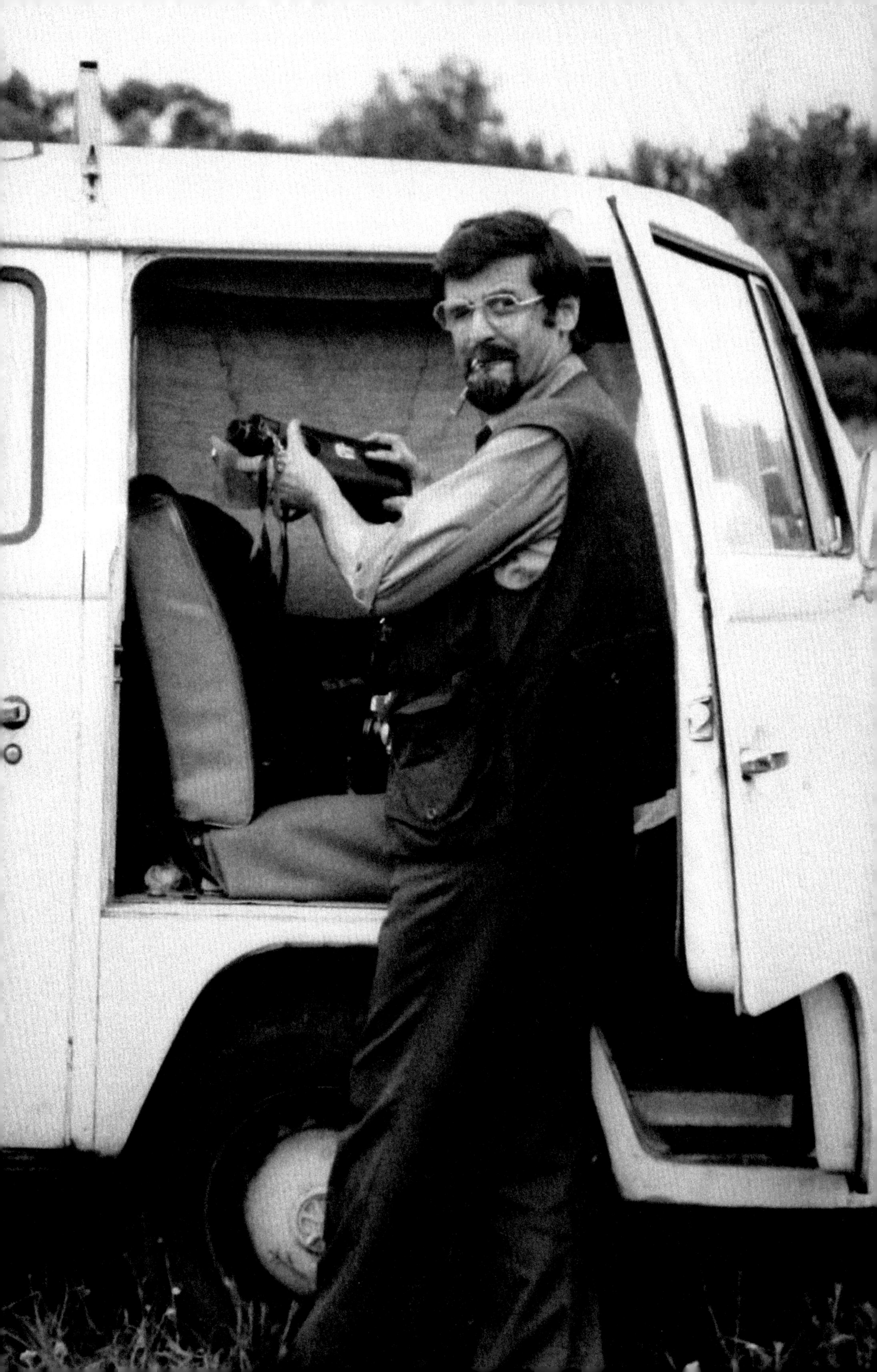

Poděkování patří Čedomíru Butinovi, bez jehož štědré podpory by monografie Pavla Diase nemohla vzniknout.

A debt of gratitude is due to Čedomír Butina, without whose generous support this monograph would not have been possible.

Pavel Dias
Fotografie 1956–2015
Photographs 1956–2015

K vydání připravili
Editors
Filip Láb, Jan Havel, Pavel Dias

Autoři textů
Authors
Filip Láb, Karel Hvížďala, Karel Dvořák,
Ludvík Kundera, Anna Fárová, Arnošt Lustig

Vydala Univerzita Karlova v Praze
Published by Charles University in Prague

Nakladatelství Karolinum / *Karolinum Press*
Ovocný trh 3, 116 36 Praha 1
Praha / *Prague* 2015

Redakce
Copyeditors
Jiří Šerých, Josef Táborský

Anglické překlady
English translation
Phil Jones

Grafická úprava
Layout
Belavenir

Reprodukce fotografií
Photo reproductions
Pavel Dias

Obrazová postprodukce
Visual post-production
Studio d76

Předtisková postprodukce
Pre-print post-production
Radek Typovský

Vytiskly
Printed by
Tiskárny Havlíčkův Brod, a. s.

Vydání první
First edition

ISBN 978-80-246-3017-5

Na střeše domu kde bydlel Alexandr Hackenschmied
On the roof of house, where lived Alexander Hackenschmied
New York, 1999
Foto © Pavel Dias

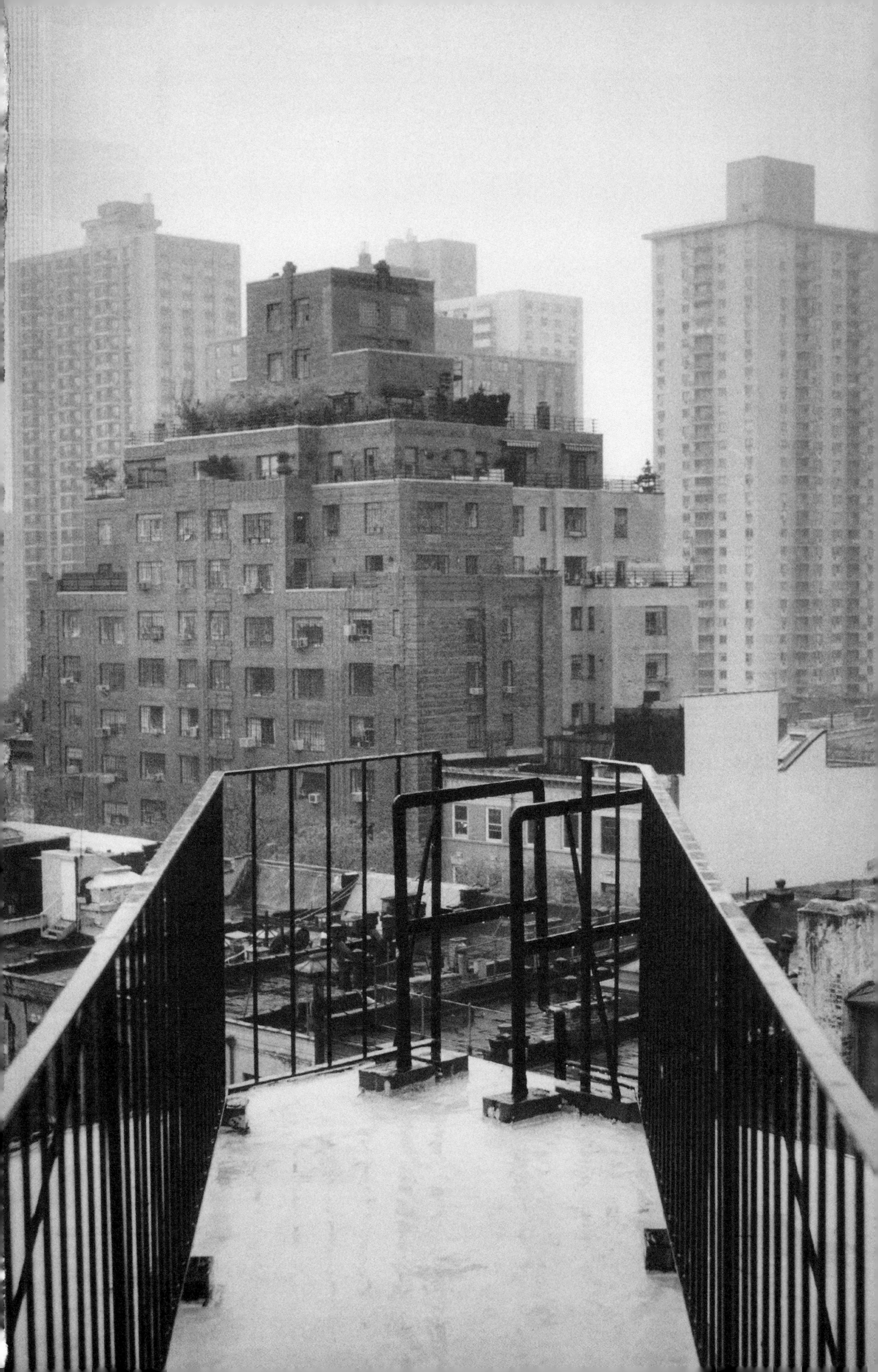

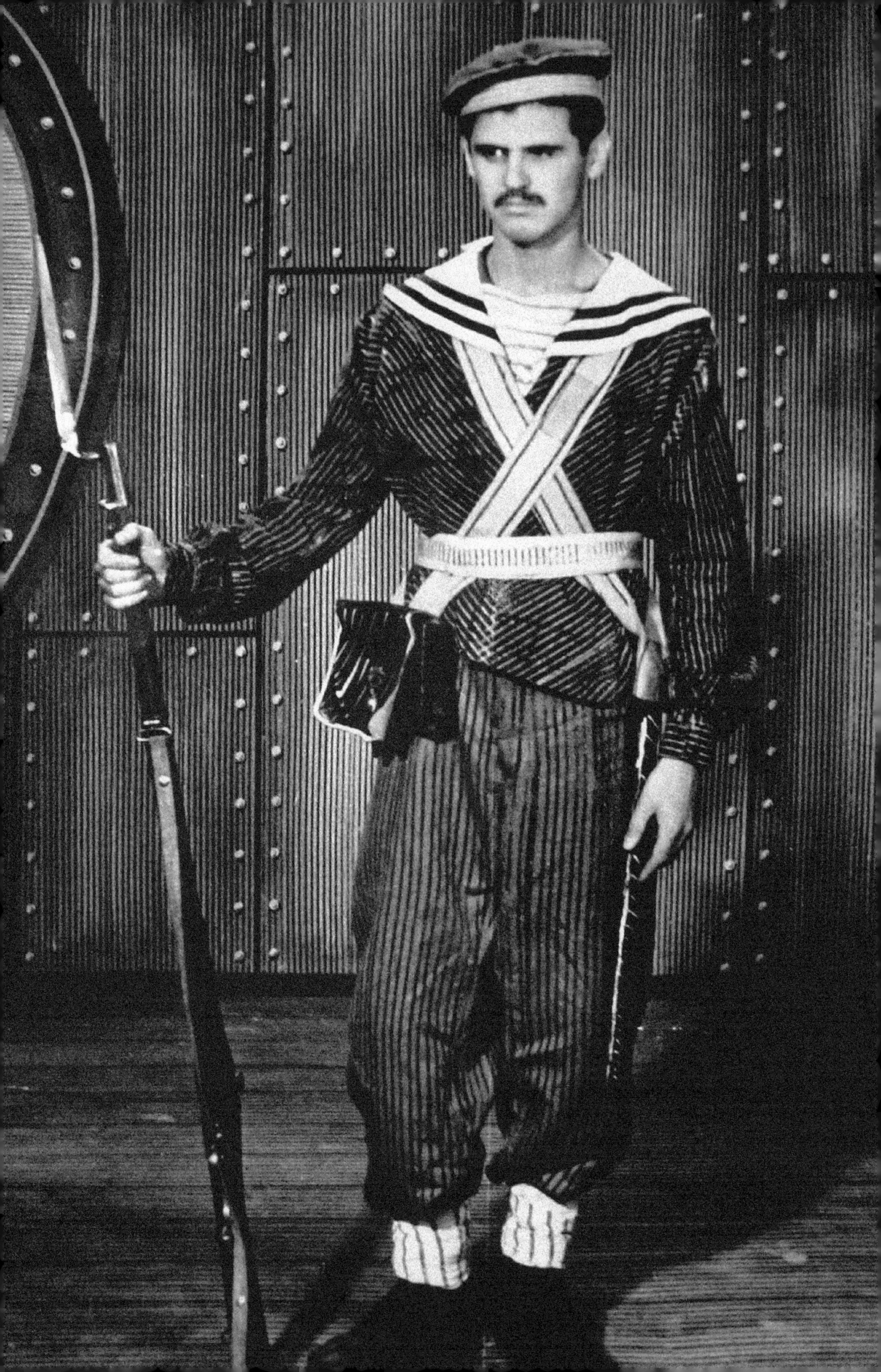